教育部人文社会科学重点研究基地
南开大学中国社会史研究中心资助
中央高校基本科研业务费专项资金资助
中国社会科学引文索引(CSSCI)来源集刊

中国社会历史评论

Chinese Social History Review

第二十四卷·二〇二〇

常建华 主编

天津出版传媒集团

天津古籍出版社

图书在版编目(CIP)数据

中国社会历史评论. 第二十四卷, 二〇二〇 / 常建华主编. -- 天津 : 天津古籍出版社, 2020.8
 ISBN 978-7-5528-0986-2

Ⅰ. ①中… Ⅱ. ①常… Ⅲ. ①史评－中国 Ⅳ. ①K207

中国版本图书馆CIP数据核字(2020)第135876号

中国社会历史评论　第二十四卷　二〇二〇
ZHONGGUO SHEHUI LISHI PINGLUN
常建华/主编

出　　　版	天津古籍出版社
出 版 人	张　玮
地　　　址	天津市和平区西康路35号康岳大厦
邮政编码	300051
邮购电话	（022）23517902
责任编辑	侯林莉
封面设计	鞠佳美
印　　　刷	北京建宏印刷有限公司
经　　　销	新华书店
开　　　本	787毫米×1092毫米　1/16
印　　　张	19.5
字　　　数	446千字
版次印次	2020年8月第1版　2020年8月第1次印刷
定　　　价	129.00元

版权所有　侵权必究
图书如出现印装质量问题，请致电联系调换（022—23517902）

编辑委员会
（以汉语拼音为序）

顾问

冯尔康　刘泽华

委员

常建华　杜家骥　江　沛　李金铮　李治安　刘　毅
王利华　王力平　王先明　许　檀　阎爱民　余新忠
张分田　张国刚　张荣明　张　思　朱凤瀚　朱彦民

编辑部

夏　炎　张传勇

主编

常建华

目 录

【唐宋社会的多样性】

唐代京畿地区民众生计的多样化
　　——以樵采渔猎生计为中心的考察 ················· 徐　畅(1)
地域集团视阈下的唐太宗东征与贞观末年政局 ········· 常志浩　李玉君(16)
常态、变态与回归
　　——两宋常规祭祀体系中道教因素的变迁 ············· 谢一峰(28)

【物质文化与生活俗尚】

礼仪与身体视角下的帨巾 ··································· 王春花(61)
山东地区汉代家具的考古学观察 ····························· 常　乐(71)
墓志资料所见元代归葬习俗 ································· 常　莹(88)
日常生活视域下的民国男子服饰变迁的考察 ·········· 吕天石　肖红松(104)

【医疗社会史】

移风易俗：医学方书与宋至清初的禁巫兴医活动新识 ············ 刘希洋(123)
医疗史视野下的晚明"红丸案"
　　——以医病关系为中心的探索 ······················ 朱亦灵(134)
从教育体制化到知识体制化：传统针灸的近代转型 ········ 赵　璟　张树剑(147)
中国近代医疗史新论：中医救护队与西医知识的传输(1931—1937) ········ 皮国立(158)

【文献与社会】

"人以地灵、地以人显"
　　——明代江浙私修乡贤传记探论 ······················· 张会会（174）

呈现、互动与舆论
　　——《北洋官报》之副产品与文献传播 ················ 杨莲霞（185）

世系与地缘两因素在族谱制作过程中的价值
　　——以山东临沂杜氏宗族为例 ························ 杜　靖（206）

【学术评述】

七十年来的中国社会结构史研究 ····························· 常建华（218）

近三十年来宋元时期的家族与地域社会研究综述
　　——以浙东地区为中心 ······························· 楼一格（241）

【书评】

"透物见人"的社会史研究典范
　　——《金道瓷行：商周时期北方地区印纹硬陶和原始瓷器研究》评介
　　·· 程文博（251）

从敦煌到河西，再到丝绸之路
　　——《敦煌学与五凉史论稿》读后 ···················· 魏军刚（256）

卷入市场的社会，渗入社会的市场
　　——《伞巢之局：清代湘潭的米谷贸易与地方社会》读后 ············· 顾　浩（260）

人地关系中的环境变迁与影响
　　——评吴海涛等《淮河流域环境变迁史》 ········ 刘龙雨　晋　文（267）

评辛圭焕《北京粪夫：一位中国劳动者的日常与革命》 ·········（韩）崔芝僖（274）

《中国社会历史评论》第16—23卷目录（2015—2019） ···················（279）

编后语 ··（292）

英文摘要 ··（293）

CONTENTS

【The Diversification of Tang and Song Societies】

Diversification of the Peasants' Livelihoods in Jingji of the Tang Dynasty
　　——Investigation on Wood Chopping, Fishing and Hunting for a Living ·········· Xu Chang(1)
Tang Taizong Attacks Gaoli and the Political Situation of the Last Year of Zhenguan under the
　　Visual Threshold of the Geographical Group ························· Chang Zhihao; Li Yujun(16)
Normality, Abnormality and Recurrence: the Transition of Daoist Elements in the National Ritual
　　System of Song Dynasty ·· Xie Yifeng(28)

【Material Culture and Everyday Customs】

In the Perspective of Etiquette and Body Observe Shawl and Towel ········· Wang Chunhua(61)
Archaeological Observation on Furnitures of Han Dynasty in Shandong ············ Chang Le(71)
Research on the Custom of Gui Zang in Yuan Dynasty ···························· Chang Ying(88)
An Investigation on the Changes of Men's Clothing in the Republic of China from the Perspective
　　of People's Daily Life ································· Lu Tianshi; Xiao Hongsong(104)

【Social History of Medicine】

Altering Social Customs and Habits: Medical Formulary and Social Activities of Banning Wizards
　　and Developing Medicine from Song Dynasty to the Early Qing Dynasty ······ Liu Xiyang(123)
A Research on The Red Pill Case in the Late Ming Dynasty in the View of Medical History——
　　Focus on Physician-patient Relationship ·· Zhu Yiling(134)
Institutionalization of Education and Knowledge: Modern Transformation of Traditional Acupuncture
　　··· Zhao Jing; Zhang Shujian(147)
New Perspectives on Chinese Modern Medical History: Traditional Chinese Medical Rescue Team
　　and Transfer of Western Medical Knowledge(1931—1937) ····················· Pi Guoli(158)

【History Data and Society】

"Man is the Spirit of the Earth and Man is the Manifestation of the Earth"—Exploring the Biography of the Sages of the Private Hometown of Jiangsu and Zhejiang in the Ming Dynasty
.... Zhang Huihui(174)

Presentation, Interaction and Public Opinion—By-products and Literature Dissemination of *Beiyang Official Newspaper* .... Yang Lianxia(185)

The Value of Descent Factors and Geopolitical Factors in the Making of Genealogy: The Case of Lin Yi Du People, Shandong Province .... Du Jing(206)

【Academic Commentaries】

A Study of the History of Chinese Social Structure in the Past 70 Years
.... Chang Jianhua(218)

A Summary of the Research on the Lineage and Regional Society between Song and Yuan Dynasties in the Past 30 Years——Centre on the Eastern Part of Zhejiang .... Lou Yige(241)

【Book Reviews】

"From Object to Subject"——A Model of Social History Research: Review *The Flow of Porcelain on Mental Route: Study on Stamped Hard Potteries and Proto-porcelains of the Shang and Zhou Dynasties in Northern China* .... Cheng Wenbo(251)

From Dunhuang to Hexi Corridor, to the Silk Road——Reaction to *Dunhuang Studies and Five Liang History* .... Wei Jungang(256)

The Mutual Effect of Market and Society: A Review of *The Trap of Rice Marketing: Rice Trade and Local Society of Xiangtan, Hunan Province in Qing Dynasty* .... Gu Hao(260)

Environmental Transition and Impact in Human-environment Relationship——Review of *History of Environmental Transition in Huai River Basin* Written by Wu Haitao
.... Liu Longyu; Jin Wen(267)

Book Review: *Nightsoil Workers of Beijing: Daily life and Revolution of a Chinese Laborer* by Sihn Kyu-huan .... Choi Ji-hee(274)

Contents of Chinese Social History Review vol.16-23(2015-2019) .... (279)

From the Editor .... (292)

Summary of Articles .... (293)

【唐宋社会的多样性】

唐代京畿地区民众生计的多样化

——以樵采渔猎生计为中心的考察

徐 畅

【摘 要】唐代京畿地处关中传统农业区,民众务稼穑、重农桑,但由于区域地狭人稠的特质及首都长安城市发展的需求,导致民户与土地分离,开展多元经营。以往学界多关注京畿民众转而从事手工业、商业,或读书求仕的路径;实际上,出于农业生产的惯性,民众为求取生计,通常会先诉诸农作内部的多种选择。京畿区山林茂密、气候温润、水资源丰饶,为以动植物为劳作对象的多种经营的开展提供了场地。本文收集史书、文学及考古资料中的信息,尝试复原唐代京畿民众从事樵采渔猎的生活图景;并讨论广义农业视野下生计多样化的内涵,希望揭开为农耕图所遮蔽的中古农人多元化生存之道。

【关键词】唐代;京畿;民众;生计多样化;樵采渔猎

一 农耕的渗透与遮蔽

汉唐京畿地处关中平原,北依黄土台塬,南接秦岭山脉,原隰宽平,土脉膏润,沃野千里,渭河及其支流环绕其间,古称"陆海""天府",是发展农耕的理想区域。相传上古时炎、黄二帝即在此发明耒耜,树艺五谷,后稷于此教民稼穑;西周在统治中心实行井田制,井田上灌溉系统发达,沟洫纵横;战国秦汉,随着郑国渠等水利工程的修建,关中平原东部大片不宜耕种的盐碱沼泽在浑水灌溉下,也变为良田美穰[①],关中自西向东连成一片,成为国之粮仓。两汉时代,司马迁、班固在介绍全国范围内"好稼穑"的区域时,皆首推关中、秦地。[②]关中民众的生活图景,也逐渐定格为以农桑为本,春耕夏耘,秋获冬藏。

入唐,关中农田水利之发达,更为一时之最,除最大限度利用泾、渭、浐、灞、丰、滈等水灌溉外,还在能够引水处开渠,如环绕长安城,主要供给城内用水的永安渠、清明渠、龙首

---

* 基金项目:本文系北京市社科基金青年项目"新出石刻与唐代京畿基层社会控制"(批准号 19LSC008)的阶段性成果。
① 司马迁:《史记》卷二九《河渠书》:"(郑国)渠就,用注填阏之水,溉泽卤之地四万余顷,收皆亩一钟。"北京:中华书局,1959 年,第 1408 页。
② 司马迁:《史记》卷一二九《货殖列传》,第 3261 页;班固:《汉书》卷二八下《地理志下》,北京:中华书局,1962 年,第 1642 页。

渠、黄渠,利用泾、洛较大径流"溉武功、兴平、咸阳、高陵等县田二万余顷"①的三白渠,引渭水东流经武功、兴平、咸阳之北,灌溉渭北的成国渠、昇原渠等,围绕长安形成一个相当周密的灌溉网。②

关中农业经济发达,粮食作物粟、麦、稻、菽、黍、豌豆、麻、荞麦等的种植面积广大,产量高;虽以种粟为主,在有灌溉条件的地方,官、私积极改旱地为水田,经营水稻。唐京兆府乃至更北的同、华二州皆以生产稻米著称,产量不亚于传统产地江南。③关于唐代关中平原农业的发展,学界曾展开过多层面的探讨。④

唐代京畿地区⑤南部的鄠、盩厔等县临近终南山,不少民众散居在地形崎岖、岭谷隔绝的秦巴山地,高山地区可耕地少,有限的耕地一般分布在流水强烈下切形成的河谷两侧。如孙樵《兴元路新记》记载由鄠县入秦岭的文川道中,每逢山谷四拆,原隰平旷之处,则"可耕稼,有居民似樊川间景气","往往涧旁谷中有桑柘,民多丛居,鸡犬相闻","往往垦田至一二百亩,桑柘愈多"。⑥终南山中居民,拥有耕地数一般不多,有"老农家贫在山住,耕种山田三四亩"⑦;顾况山居时,因有"薄田临谷口"⑧而庆幸,地力亦不佳。但山民依然坚持以农耕为主业,不足以维持家用时候,再以他业辅助。《太平广记》卷九六记唐玄宗因梦召狂僧访回向寺,"其僧径入终南。行两日,至极深峻处,都无所见。忽遇一碾石,惊曰:'此地人迹不到,何有此物!'"⑨虽为小说家言,终南山深处有粮食加工工具存在,也说明了农耕的渗透力。

站在《史记》《汉书》树立的关中"务农"传统中梳理,京畿地区从平原到"高山绝壑,末耜亦满"⑩,农耕图景,似无处不在。然而,城市史研究者在探讨隋唐长安周边民众生计时,常会引用到两段资料,一是《隋书·地理志》对京畿风俗的描绘:"俗具五方,人物混淆,华戎杂错。去农从商,争朝夕之利,游手为事,竞锥刀之末。贵者崇侈靡,贱者薄仁义,豪强者纵横,贫窭者窘蹙。"⑪二是唐人《御史台记》塑造的长安治生能手裴明礼:

---

① 《长安志》卷一四引唐李石《记》,宋敏求、李好文撰,辛德勇、郎洁点校:《长安志·长安志图》,西安:三秦出版社,2013年,第427页。
② 关于唐代关中水利工程,相关研究颇多,代表性论著有黄盛璋:《西安城市发展中的给水问题以及今后水源的利用》,《地理学报》1958年第4期,第406—426页;黄盛璋、吴汝祚:《关中农田水利的历史发展及其成就》,中国农业科学院南京农学院中国农业遗产研究室编著:《农业遗产研究集刊》第2册,北京:中华书局,1958年,第97—118页;郭声波:《隋唐长安的水利》,《唐史论丛》第4辑,西安:三秦出版社,1988年,第268—286页;史念海:《环绕长安的河流及有关的渠道》,《中国历史地理论丛》1996年第1期,第1—21页;李令福:《关中水利开发与环境》,西安:三秦出版社,2004年。等。
③ 详参华林甫:《唐代水稻生产的地理布局及其变迁初探》,《中国农史》1992年第2期,第27—39页。
④ 如杨希义:《唐代关中农业经济的主要产品及其地理分布》,《西北大学学报》1986年第1期,第72—79页;曹尔琴:《论唐代关中的农业》,《中国历史地理论丛》1989年第2期,第45—75页;樊志民、冯风:《关中历史上的旱灾与农业问题研究》,《农业考古》1997年第3期,第245—249页;妹尾达彦:《关中平原灌溉设施的变迁与唐代长安的面食》,史念海主编:《汉唐长安与关中平原》,1999年,陕西师范大学中国历史地理研究所,第42—64页等。
⑤ 本文所谓京畿,指唐都长安及其附近区域,在行政地理范围上,对应着雍州或京兆府辖区。
⑥ 董诰等编:《全唐文》卷七九,北京:中华书局,1983年,第8327页。
⑦ 张籍:《野老歌》,彭定求等编:《全唐诗》卷三八二,北京:中华书局,1960年,第4292页。
⑧ 顾况:《忆山中》,彭定求等编:《全唐诗》卷二六六,第2965页。
⑨ 李昉等编:《太平广记》卷九六《回向寺狂僧》,载卢肇:《逸史》,北京:中华书局,1961年,第639页。
⑩ 元结:《问进士(永泰二年通州问)》之三,董诰等编:《全唐文》卷三八〇,第3860页。
⑪ 魏征等撰:《隋书》卷二九《地理上》,北京:中华书局,1973年,第817页。

> 唐裴明礼，河东人。善于理生，收人间所弃物，积而鬻之，以此家产巨万。又于金光门外，市不毛地。多瓦砾，非善价者。乃于地际竖标，悬以筐，中者辄酬以钱，十百仅一二中。未浃洟，地中瓦砾尽矣。乃舍诸牧羊者，粪即积。预聚杂果核，具犁牛以耕之。岁余滋茂，连车而鬻，所收复致巨万。乃缮甲第，周院置蜂房，以营蜜。广栽蜀葵杂花果，蜂采花逸而蜜丰矣。营生之妙，触类多奇，不可胜数。①

隋唐京畿区域以首都长安为中核，长安城市发展的多样化需求，势必促使整个京畿区民众谋生手段走向多元化。《隋志》主要强调京畿民弃本逐末，竞相从事商业活动，既往学者对长安的手工业、商业、商人等问题做了充分的研究②，展示了京畿民在农作之外的一些治生手段。裴明礼的故事则讲述了小人物在长安金光门外垦荒、牧羊、植果蔬、养蜂采蜜而致富的经历，除地产购置和大宗货品贸易属于商业行为外，养殖、园艺等都属于广义的农业。

据权威定义，农业是人类通过劳动，利用生物对太阳能进行直接或间接的积蓄、转化与利用，以谋求人类衣食之源的生产活动③；而我们一般认同为农业的种植业，实际上只是狭义的概念，广义的农业还当包括畜牧、园圃、纺织、渔猎、采集等多种。以往的研究者在讨论历史时期民众生计多样性时，热衷于探讨农作之外的选择（士、工、商），其实，这种多样性应首先表现为在广义农业之内，耕作之外，其余利用自然界动植物资源进行创造、谋生的多种渠道。侯旭东先生以秦汉时代为例，率先开展了对渔采狩猎等其他农作形式的研究，指出它们与农耕相比，生产成本低、简便易行，在秦汉及以前深得民众青睐；秦汉之后，统治者以农立国，塑造"农民"，汉代零星"好稼穑"之地到唐初渐成广布之势。④

京畿地区如裴明礼这样熟练运用多种农作手段的小民，这是作为特例被记录下来，还是唐代关中农作区的普遍情况？民国时期编写的《澄城县志》把近世关中地区不同自然景观下农家生计活动的画面勾勒得鲜活多彩：

> 邑民既以农为职业，其农事之外，不能不副事他物，以助生理。其在北乡者，以地接洛川县，农事之暇，用铁轮小车，运售由洛川转入及本地出产之麦于同朝，每年冬春粮季，络绎不绝；沿河各处多产芦苇，故该处农人多能织布及打箔子者；近北山居民，利用山木制造各种器具，又有贩卖核桃及烧卖木炭、伐运木材者，近来北山多匪，此项业务较前萧条矣。其在中部者，以长闰镇产煤，农事之余则运售煤炭于郃阳、同朝各处，贫寒之家肩负驴驮，络绎不绝，故谚有"无事干，去卖炭"之语。其在南乡者，旧时多事搏埴，

---

① 李昉等编：《太平广记》卷二四三引，第1874—1875页。
② 相关研究成果颇多，论著有张泽咸：《唐代工商业》，北京：中国社会科学出版社，1995年；魏明孔：《隋唐手工业研究》，兰州：甘肃人民出版社，1999年；薛平拴：《长安商业》，西安：西安出版社，2005年；刘玉峰：《唐代工商业形态论稿》（增订），济南：山东大学出版社，2012年。等。
③ 参考李令福之定义，见氏著《历史时期关中农业发展与地理环境之相互关系初探》，《中国历史地理论丛》2000年第1期，第149—165页。
④ 详细观点见侯旭东：《渔采狩猎与秦汉北方民众生计——兼论以农立国传统的形成与农民的普遍化》，《历史研究》2010年第5期，第4—26页。

每年农隙,贫家壮者作工于窑场,陕、晋各地之窑业,大半皆澄人。①

仅澄城一小县内,因是否临河近山、与他省搭界,居民的谋生手段就变化多端。唐京兆府辖23县,北部诸县与黄土台塬相接;而南部鄠、盩厔县深入秦岭山区,东西地貌、水资源情况亦有差别。不同农村社区的自然禀赋、宏观区位特征决定不同社区人类生活发展的路径选择;京畿地区民众的生计,当是因地制宜,灵活多变的画面,只是这幅画面的元素散落在史书、文学、考古资料的各个角落,并为占主导话语的农耕图所遮蔽。

本文要做的工作是捡拾拼凑,重新复原京畿民众的日常生计。有别于以往对工、商业的密集讨论,主要关注由关中的自然地理环境、京畿的社会与市场需求所共同决定的樵、采、渔、猎等另类谋生手段。

二 民众生计多样化的形成原因

唐代京畿地区民众的治生手段,受到自然、社会与市场等多方面因素的影响,现尝试将这些因素逐一加以剖析。

(一)地形地貌

由于农耕的开展需要大片平坦的原地或盆地,地形地貌对于农业发展类型的选择具有决定性因素。唐代京畿地区的主体是关中平原,但其全境并不属于平原一个地形区,而包含了黄土台塬、渭河河流阶地、秦岭北麓冲积扇等多种构造。其中北部的好畤、奉天、醴泉、三原、富平、美原、奉先等县处于黄土高原与关中平原的分界点,沿着渭北台塬,自西向东有一系列低山丘岭,俗称"北山"②,为石土质山地,灰岩上覆薄层黄土,山一般较低矮,海拔不过1500米。

中部咸阳、长安、万年、鄠诸县正处关中平原核心。关中平原是三面环山向东敞开的河谷盆地,呈喇叭状,东部宽阔,南北距离由东部到西部逐渐从三四百里减少为百十里宽,地势西高东低,海拔在325—900米之间。③渭河横穿中部,河床为不对称的阶地与台塬,阶地平坦,台塬广阔,即古称"八百里秦川"。

南部鄠县、东南蓝田、新丰,西南部的武功、盩厔,处于秦岭北坡,《长安志》记载终南山在鄠县南二十里④,去盩厔县三十里⑤,蓝田县境内有黄山、倒虎山、峣山、虎候山、金山、七盘

---

① 王怀斌修,赵邦楹纂:《民国澄城县附志》卷四《实业志》,《中国地方志集成·陕西府县志辑》第22册,南京:凤凰出版社,2007年,第352页。
② 宋敏求:《长安志》卷一六至卷二〇记醴泉、蒲城、奉天、美原、云阳等县境内山名,《长安志·长安志图》,第495、544、564、567、606页。
③ 地形地貌之介绍参照宋德明主编:《陕西省志》第三卷《地理志》七章《地貌》,西安:陕西人民出版社,2000年,第277—279、254页。
④ 宋敏求:《长安志》卷一五,第466页。
⑤ 宋敏求:《长安志》卷一八,第553页。

山、王顺山、阜儿山①等山脉,其中王顺山海拔2311米,为秦岭北侧最高峰之一②,新丰骊山则成为皇家避暑胜地。秦岭北坡的山间河流众多,在河水冲刷下,形成自主脊向北延伸的深度切割河谷,或呈U型,或呈V型,称为峪道,峪道沟通秦岭南北,在河谷谷口处,地形趋于平坦,是山中的人口与耕地聚集区。③有学者曾对南山谷口的分布进行了详细介绍。④沿峪道翻越浅山,进入秦岭中的深山区,地质学上称为太白山古冰川高山。盩厔、鄠县境内的翠峰山、终南山、南五台海拔在1800—2800米⑤,山高谷深,是真正"不识两京尘"⑥的区域,而盩厔西南的太白山海拔3767.2米,是秦岭最高峰⑦。《长安志》武功县"太白山"条引《三秦记》曰:"在县南,去长安二百里,不知高几许。俗云:'武功太白,去天三百。'山下军行不得鸣鼓角,鸣鼓角则疾风暴雨兼至也。"又引《水经注》曰:"太白山南连武功山,于诸山最为秀杰,冬夏积雪,望之皓然。"⑧

京畿地区台原、山地、河谷平原等多种地形兼备,而山地与平原大约各占总面积之一半。⑨俗语说靠山吃山,山形地貌的变化,必然使其居民生活与平原地区有所不同,《汉书》以秦地"濒南山,近夏阳,多阻险轻薄,易为盗贼,常为天下剧"⑩,并强调南山附近居民的狩猎传统;唐长安终南山区也存在着所谓的"山民",他们利用山中的自然资源开展多种经营,比平地居民,有更多的经济生活知识,并且更加依赖长安市场。⑪

(二)气候、物产与水资源

从竺可桢开始,相关学者对历史时期关中气候变迁与隋唐气候冷暖变化展开了全方位研究。竺可桢通过隋唐长安种植梅树、柑橘以及驯象等现象,从物候学角度得出公元7世纪是一个相对温暖湿润期的结论。⑫但满志敏以为这些长安的物候现象带有人工保护措施,不能作为气候温暖的指示,他同时收集了唐代气候冷暖两方面的证据,认为唐代不是一个稳定的温暖时期,或者说,唐代中期(8世纪中期)以后气候转冷。⑬王铮等在此基础上又提出唐代气候属于混沌(Chaos)状态,不存在稳定的趋势。⑭在反对声音下,吴宏岐、党安荣依据

---

① 宋敏求:《长安志》卷一六,第482—483页。
② 数据参照《陕西省志》第三卷《地理志》后附《陕西省主要山脉、山峰一览表》,第321页。
③ 宋德明主编:《陕西省志》第三卷《地理志》,第261、280—281页。
④ 毛凤枝撰,李之勤校注:《南山谷口考校注》,西安:三秦出版社,2006年。
⑤ 宋德明主编:《陕西省志》第三卷《地理志》后附《陕西省主要山脉、山峰一览表》,第319—320页。
⑥ 李洞:《寄太白隐者》,彭定求等编:《全唐诗》卷七二二,第8281页。
⑦ 此数据采自王安泉主编,《周至县志》编纂委员会编:《周至县志》,西安:三秦出版社,1993年,第347页。
⑧ 宋敏求:《长安志》卷一四,《长安志 长安志图》,第437页。
⑨ 统计据西安市地方志编纂委员会:《西安市志》第一卷《自然地理志》,西安:西安出版社,1996年,第270页。
⑩ 班固:《汉书》卷二八下《地理志下》,第1642页。
⑪ 参考詹宗祐:《隋唐时期终南山区研究》第三章第二节《终南山区庶民的经济生活》,台湾中国文化大学史学研究所博士学位论文,2003年,第193—221页。
⑫ 竺可桢:《中国近五千年来气候变迁的初步研究》,《中国科学》1973年第2期,第168—189页。
⑬ 满志敏:《唐代气候冷暖分期及各期气候冷暖特征的研究》,《历史地理》第8辑,上海:上海人民出版社,1990年,第1—15页。
⑭ 王铮、张丕远、周清波:《历史气候变化对中国社会发展的影响——兼论人地关系》,《地理学报》1996年第4期,第329—339页。

物候、动物分布、孢粉、雪线、海平面等相关资料,对隋唐气候波动状况做了深入研究,肯定了竺氏的基本结论,以唐时平均气温较今日高1℃左右,气候带的纬度北移1°左右,不过他们吸纳了满志敏气候转折的意见,将隋唐五代北宋的气候分为第一个温暖期(550—800),第二个温暖期(950—1050),气候转冷点在德宗贞元十三年(797)前后。①据统计,唐代关中地区冬无冰雪的记载,竟多达16年,这在中国历史上各王朝绝无仅有,说明唐代确实比较温暖。②

学者们对不同区域气候的研究,都说明唐代在中国两千年历史上属于温暖湿润时期③,气候变化对农作物生长有着最直接的影响,学者们推定唐长安年均气温比今约高1—2℃,绝对最低气温高于-8℃,这便使得供农作物生长的周期增长、熟制增加,复种指数增大,单位面积总产量增大。④由于暖湿相伴,许多在较低纬度才能生长的亚热带作物,比如梅、竹、柑橘、水稻,乃至江南常有的菱芡、菰米等水生生物,都出现在北方的长安。

唐长安与今日陕西西安的植物景观殊为不同。唐时关中有大面积的竹林分布,官方在鄠县等县设司竹监,管理相关资源。⑤大概到唐中后期气候转寒时,竹已不适合在关中生长,南宋罗大经记录:"余闻秦中不产竹,昔年山崩,其下乃皆巨竹头。由是言之,古固产竹矣。"⑥可见当时竹子在秦地绝迹已久。唐长安城东的蓝田辋川,庄园里是一派"漠漠水田飞白鹭,阴阴夏木啭黄鹂"⑦的景象,城南曲江中有"卧蒋黑米吐,翻芰紫角稠"⑧,朱坡一带的水池中生长有菱和荇。⑨俨然都是江南水乡所见的物候,今天在陕南汉水谷地才可见到。

近世的关中平原几不产水稻,陕西水稻产地主要在陕南,以至于影响了陕人的饮食结构,乾隆《同官县志》记:"民食以麦为主,而五谷皆可种。稻则独鲜,以山多故也,故其价两倍于他处。"⑩邠州淳化县"欲得稻米,必购自他邑,民鲜知味者"⑪。而唐时水稻种植的北界在幽州—并州—绛州—同州—京兆府—陇州—渭州—兰州一线⑫,京兆府以北的同、华二州,皆

---

① 吴宏岐、党安荣:《隋唐时期气候冷暖特征与气候波动》,《第四纪研究》1998年第1期,第31—38页。
② 朱士光等:《历史时期关中地区气候变化的初步研究》,《第四纪研究》1998年第1期,第1—11页。
③ 见郭声波:《成都荔枝与十二世纪的寒冷气候》,《中国历史地理论丛》1989年第3期,第38页;盛福尧:《初探河南历史时期的寒暖》,《历史地理》第7辑,上海:上海人民出版社,1990年,第160-170页;陈家其:《江苏省近两千年气候变化研究》,《地理科学》1998年第3期,第219—226页;蓝勇:《近2000年来长江上游荔枝分布北界的推移与气温波动》,《第四纪研究》1998年第1期,第39—45页。
④ 蓝勇:《唐代气候变化与唐代历史兴衰》,《中国历史地理论丛》2001年第1期,第4—15页。
⑤ 《唐六典》载:"司竹监:监一人,正七品下…(今在京兆鄠、盩厔,怀州河内县。)……司竹监掌植养园竹之事;副监为之贰。凡宫掖及百司所需帘、笼、筐、篚之属,命工人择其材干以供之,其笋,以时供尚食。"李林甫等撰,陈仲夫点校:《唐六典》卷一九《司农寺》,北京:中华书局,1992年,第529页。
⑥ 罗大经撰,王瑞来点校:《鹤林玉露》丙编卷四,北京:中华书局,1983年,第300页。
⑦ 王维:《积雨辋川庄作》,赵殿成笺注:《王右丞集笺注》,上海:上海古籍出版社,1998年,第187页。
⑧ 张籍:《城南》,彭定求等编:《全唐诗》卷三八三,第4311页。
⑨ 许浑:《朱坡故少保杜公池亭》"楸梧叶暗潇潇雨,菱荇花香淡淡风"句,彭定求等编:《全唐诗》卷五三三,第6088页。
⑩ 袁文观纂修:乾隆《同官县志》卷四《风土·物产》,《中国地方志集成·陕西府县志辑》第27册,南京:凤凰出版社,2007年,第560页。
⑪ 万廷树修、洪亮吉纂:乾隆《淳化县志》卷八《风土记·五谷》,《中国地方志集成·陕西府县志辑》第9册,第465页。
⑫ 华林甫:《唐代水稻生产的地理布局及其变迁初探》,《中国农史》1992年第2期,第27页。

植粳稻,咸阳有万顷稻苗①,城南鄠杜有"稻花香泽水千畦"②,渼陂周围亦广植香稻③。概言之,由于温暖时期的到来,唐时关中地区的植物比寒冷时期更具多样性。不仅丰富了田地园圃中人工栽培的作物种类,也使得山林川泽中野生生物品种繁多,这为京畿民众发展农业之外的林业、园艺业、渔业、狩猎等多种经营提供了良好的自然条件。

与气候转向暖湿相伴的是唐时关中水资源的丰沛。水资源由地表水和地下水组成,地表水包括河流、湖泊、沼泽、冰川等,地下水包括孔隙水、熔岩水、裂隙水和黄土水等。④今天的西安市水资源严重不足,地表水人均占有量408立方米,为世界人均占有量的4.5%⑤,而唐时长安周围八水环绕,湖沼池陂密布。今日渭河水系,渭北的泾河、洛河等因流经黄土高原,含沙量特大;而渭南的支流黑河、涝河、沣河、灞河等,短小流急,年径流变化极大,冬春几近断流。唐时渭河水系诸水径流量大,河域宽广,含沙量小,水量供给充足,有余者还通过各种引水渠道,或充盈长安城内园林池沼,供文人游赏;或推动碾硙等大型机械,加工粮食;或灌溉稻田;或冲淡、改良长安东部盐卤湖泊之水质。

如果说河流之流量变化还不是很明显的例证,唐以后关中湖沼面积、数量的变迁则可谓巨大。今天的西安市内湖泊仅有兴庆湖、莲湖两处,而周边的湖沼亦不足10处,水量极小,多供观赏之用。而据不完全统计,隋唐时期关中地区有名称可考的大小湖沼多达191个,其中长安城内113个,城外诸县78个,这一数目为历史最高点。⑥湖沼的规模普遍广大,据《元和郡县图志》和《长安志》记载,周回在二十里以上的大湖就有盐池泽、马牧泽、煮盐泽、龙台泽、八部泽、小盐池、滈池⑦等7个。

而唐昆明池的规模,据考古发掘,东西约4.25千米,南北约5.69千米,池岸周长约17.6千米,池内面积约16.6平方千米,比起前述诸湖,又为宏大。昆明池在汉代即可承载高十余丈的楼船,而唐时池岸较汉时有扩大,有2条进水渠和3条出水渠,水量不会少于汉时。⑧唐人的游昆明池诗描述其"神池望不极,沧波接远天。仪星似河汉,落景类虞泉","坎㙋四十里"⑨,"云光波处动,日影浪中悬",而水中有大鲸,可泛舟。⑩连周回仅十四里,以产鱼闻名的渼陂,亦可泛舟,可见"舟移城入树,岸阔水浮村"⑪、"波涛万顷堆琉璃"⑫的景色,其中亦有龟

---

① 李华《咏史十一首》有"咸阳古城下,万顷稻苗新"句,彭定求等编:《全唐诗》卷一五三,第1587页。
② 韦庄:《鄠杜旧居二首》,彭定求等编:《全唐诗》卷六九八,第8038页。
③ 杜甫《秋兴八首》:"……紫阁峰阴入渼陂。香稻啄余鹦鹉粒,碧梧栖老凤凰枝。"仇兆鳌:《杜诗详注》,北京:中华书局,1979年,第1497页。
④ 参考王双怀的定义,见所撰《五千年来中国西部水环境的变迁》,《陕西师范大学学报》2004年第5期,第5—12页。
⑤ 数据来自西安市地方志编纂委员会:《西安市志》,第323页。
⑥ 参照赵天改之统计,见所撰《关中地区平原湖沼的历史变迁》,陕西师范大学硕士学位论文,2001年,第16—27页。
⑦ 李吉甫撰,贺次君点校:《元和郡县图志》卷一《关内道一》,第10页,卷二《关内道二》,北京:中华书局,1983年,第25、27、30页;宋敏求:《长安志》卷一一至卷一九,第355-588页。
⑧ 中国社会科学院考古研究所汉长安城工作队:《西安市汉唐昆明池遗址的钻探与试掘简报》,《考古》2006年第10期,第53-65页。
⑨ 储光羲:《同诸公秋日游昆明池思古》,彭定求等编:《全唐诗》卷一三八,第1397页。
⑩ 任希古:《和东观群贤七夕临泛昆明池》,彭定求等编:《全唐诗》卷四四,第543页。
⑪ 岑参:《与鄠县群官泛渼陂》,陈铁民、侯忠义校注:《岑参集校注》,上海:上海古籍出版社,1981年,第136页。
⑫ 杜甫:《渼陂行(陂在鄠县西五里,周十四里)》,仇兆鳌:《杜诗详注》,第179页。

与大鲸。

湖沼之外,京畿诸县境内池潭湫泽密布,如美原县东北隅的神泉:"平地可深百许尺,东西延袤七八十尺。下积员泉,(阙一字)淳镜澈,莫测其底。"①武周时万年县霸陵乡庆山之醴泉涌出,"山南又有醴泉三道,引注三池,分流接润,连山对浦,各深丈余,广数百步。味色甘洁,特异常泉。"②兴平县灵宝泉"周数十步,深不可测"③。终南山灵应台的三娘子湫"与炭谷相近,水波澄明,莫测深浅",有飞鸟、巨鱼等水生生物环绕,湫潭水涨时,几乎吞没来观赏的士人。④

江河湖沼池陂,除发挥灌溉农田作用外,也为京畿民众开展捕捞业、水产养殖、渔业提供了资源。

(三)社会特质

《史记·货殖列传》记汉代京畿"长安诸陵,四方辐凑并至而会,地小人众,故其民益玩巧而事末也"⑤,由于地狭人众,导致民众争相弃本逐末;唐代京畿的情况更有甚之,时人称"地狭人稠,耕植不博"⑥,"土狭人稠,营种辛苦"⑦。隋以来,关中地区由于政治移民、商业人士的迁入,已为狭乡。⑧唐初贞观中,太宗至京兆新丰县零口见到的情况则是"村落逼侧,问其受田,丁三十亩,遂夜分而寝,忧其不给"⑨;到七世纪后半期,出现了"少地者三万三千户,全无地者五千五百人"⑩的情况,天宝时京兆府36万户⑪,按照这个比例,少地者已达1/10。

百姓耕地严重不足,唐令虽有乐住之制,但国家为保证统治中心的赋役来源,形成举重驭轻的局面,不准许京畿民众外迁。⑫在这种情况下,仅依靠对有限土地的精耕细作,已很难维持举家生计,京畿民众不得不将目光扩展至区域内的动植物、微生物、矿物、水力等其他资源,寻求多样化的谋生方式。

(四)市场需求

乡村社会中男耕女织的小农家庭,生产所得物品先用于自己消费,参与市场交换的不

---

① 韦元旦:《游神泉诗序》,董诰等编:《全唐文》卷二〇八,第2102—2103页。
② 张说:《为留守奏庆山醴泉表》,熊飞校点:《张说集校注》,北京:中华书局,2013年,第1160页。
③ 宋敏求:《长安志》卷一四,第427页。
④ 康骈撰:《剧谈录》卷上《华山龙移湫》,萧逸校点:《唐五代笔记小说大观》,上海:上海古籍出版社,2000年,第1474—1475页。
⑤ 司马迁:《史记》卷一二九《货殖列传》,第3261页。
⑥ 刘昫等撰:《旧唐书》卷八二《高季辅传》载其上封事,北京:中华书局,1975年,第2701页。
⑦ 唐高宗武皇后:《置鸿、宜、鼎、稷等州制》,董诰等编:《全唐文》卷九五,第981—982页。
⑧ 唐《田令》规定正常情况下一丁受田可得永业田20亩,口分田80亩,共100亩,李林甫等撰,陈仲夫点校:《唐六典》卷三《尚书户部》引,第74页。
⑨ 《册府元龟》卷四二《帝王部·仁慈》、卷一〇五《帝王部·惠民第一》皆记其事,前系于贞观八年,后系于贞观十八年,前记巡行之地为"壶口村",后记为"灵口",北京:中华书局1960年,第477—478页、1250页。据《长安志》卷一五、卷一七,唐新丰县下有零口镇、零口店(第450、532页),则此二处地名或皆为零口之误。
⑩ 《唐(公元七世纪后期)判集》,唐耕耦、陆宏基编:《敦煌社会经济文献真迹释录》第2辑,北京:全国图书馆文献缩微复制中心,1990年,第601页。
⑪ 数据见欧阳修等撰:《新唐书》卷三七《地理一》,北京:中华书局,1975年,第961页。
⑫ 李林甫等撰,陈仲夫点校:《唐六典》卷三《尚书户部》记:"畿内诸州不得乐住畿外,京兆、河南府不得住余州。其京城县不得住余县,有军府州不得住无军府州。"第74页。

是大宗,但这种情况在京畿乡村却非常态。长安郊县,是长安城市近百万人口生活资源的第一供应地,民众必得采取多样化经营,围绕城市居民基本衣食需要,发展园艺业、养殖业、畜牧业等,并将产品供给都市。关于长安城内外进行的这种短途物流,已有很多学者做过相关研究。①据龚胜生估计,以长安人口八十万计,宫中、官员及一般家庭的年耗薪柴约四十万吨,薪炭供用主要来自终南山、岐陇山一带。②长安宫廷所需生鲜如蔬菜、瓜果、鲜花、鱼类等,一般由相应之官署供送,如蔬菜由司农寺供应,鱼类由都水监河渠署供应,而太医署及京兆府下置采药师,负责长安官需药物的采集。③但由于需求数量大,以及生鲜的实效性等原因,很多情况下需依赖市场。如《唐会要》卷六六载:"(贞元)七年十月,司农卿李模有罪免官。初,司农当供三宫冬菜二千车,以度支给车直稍贱,又阻雨不时,菜多伤败。模以度支为辞,上责其不先闻奏,故免之。于是模奏司农菜不足,请京兆市之,京兆尹薛珏、万年令韦彤禁有菜者私卖,上令夺珏俸一月、彤俸三月。"④司农输送蔬菜不利,无法满足需要,只能通过市场渠道,向民间采购。

官方之外,长安城士庶对蔬菜、水果、药物、花草、水产品乃至蜂蜜等都有需要,而这些物品大多产自长安近郊的终南山或其他区域,如《南部新书》卷戊记哀家梨的产地:"长安盛要,哀家梨最为清珍。谚谓愚者得哀家梨,必蒸吃。今咸阳出水蜜梨,尤佳。鄠杜间亦有之,父老或谓是哀家种。"⑤白居易诗记渭水中产淡水鱼鲤与魴等。⑥这些物产自郊县,城内居民往往通过市场,自入城贩卖的京畿乡民手中购得,如白居易在长安市中曾见到春暮至帝城内卖花的专业户,经营规模巨大,"灼灼百朵红,戋戋五束素",手段专业,"上张幄幕庇,旁织巴篱护";⑦而韦应物于宅中移栽之药草,亦是以缣帛从山客处采购的。⑧

城市需求的多样化,也在某种程度上促使了京畿地区民众生计的多样化。

三 京畿民众的樵采渔猎谋生

(一)伐木、樵采、薪炭加工

终南山及长安以西岐、陇等州的山中林木繁茂,是长安城市建设,宫廷建筑所需栋梁类巨木的供应地,但在唐前期的大规模营建中,巨木几砍伐殆尽,以至于贞元十年(794),德宗欲修神龙寺,须五十尺松,裴延龄奏同州山谷中有"木数千株,皆可八十尺",德宗犹不信,

---

① 如武伯纶:《唐代长安郊区的研究》,《文史》第3辑,1963年,第157—183页;关于长安城市与近郊的物资流动,参照张天虹:《物流与商流:唐长安——变动中的都城社会》,北京师范大学硕士学位论文,2005年。
② 龚胜生:《唐长安城薪炭供销的初步研究》,《中国历史地理论丛》1991年第3期,第137—153页。
③ 参王溥撰:《唐会要》卷六六,上海:上海古籍出版社,1991年,第1363页;李林甫等撰,陈仲夫点校:《唐六典》卷二三《河渠署》,第600页;欧阳修等撰:《新唐书》卷四八《百官志》"太医署"条,第1245页。
④ 王溥撰:《唐会要》卷六六,第1363页。
⑤ 钱易撰,黄寿成点校:《南部新书》卷壬,北京:中华书局,2002年,第153页。
⑥ 白居易:《渭上偶钓》,朱金城笺校:《白居易集笺校》,上海:上海古籍出版社,1988年,第313页。
⑦ 白居易:《秦中吟》之《买花》,朱金城笺校:《白居易集笺校》,第96页。
⑧ 韦应物《种药》:"好读神农书,多识药草名。持缣购山客,移莳罗众英。不改幽涧色,宛如此地生。"陶敏、王友胜校注:《韦应物集校注》(增订本),上海:上海古籍出版社,2011年,第526页。

言:"开元、天宝间求美材于近畿犹不可得,今安得有之?"①后主要从豫章等地采伐巨木。从德宗所言,可以推想唐前期京郊县山林中大规模伐木活动的存在。朝廷在终南山中鄠县、盩厔县分设库谷监与就谷监,"掌采伐林木之事"②,并在城南开漕渠,大量伐运秦岭北坡的木材。官方的伐木工作,除动用军人外,也会雇佣大量的当地山民。伐木是一项大工程,从砍伐到编筏运送木材下山都需要团体合作及专门技术,所需人手相当多,过程艰苦,从张玄素上书中描述的建造隋宫于豫章伐木之情状可见一斑:"二千人曳一柱,其下施毂,皆以生铁为之,中间若用木轮,动即火出,铁毂既生,行一二里即有破坏。仍数百人别赍铁毂以随之,终日不过进三二十里。略计一柱已用数十万功,则余费又过倍于此。"③

秦岭山中也存在以伐木为生的职业伐木人,《广异记》记载在陕南有巴人群体从事伐木,其作业范围自褒中至太白山,跋山涉水,寻找木材。④沈亚之有诗:"伐木丁丁,鸟鸣嘤嘤。东行西行,遇饭遇羹。如切如磋,如琢如磨。欺客打妇,不当娄罗。"⑤揭示伐木人在深山中整日劳作,饭食无暇之艰辛生活。山中人伐木也是营造房舍所需,据张晓虹研究,秦巴山地中的居民多为茅屋、草房或板屋,板屋的建造需要大量木材。⑥

相比于伐木,樵采对于从业者的数量、体力、劳动时间与强度皆无过高要求,砍柴或是拾柴,是普通民户均可进行的零散型劳动,樵采所得也多为自用,因而得以成为山区民众的主要营生。当时终南山中有许多专业樵采人,日常生活的主题是"上山采樵选枯树,深处樵多出辛苦。秋来野火烧栎林,枝柯已枯堪采取。斧声坎坎在幽谷,采得齐梢青葛束";樵采也有集体工作的情况,樵客工作一天之后,用竹担担着自己的劳动成果,在日薄西山时,与伙伴们同时下山,由于"共知路旁多虎窟",所以脚步匆匆,不敢停歇。⑦樵采人中有很多是世代为业,全户为此营生,即"几世传高卧,全家在一林"⑧;樵翁年老后,可将事业传与儿孙,享受"举案馈宾客,糟浆盈陶尊。醉闲鹿裘暖,白发舞轩轩"⑨的闲逸,在诗人看来有类避世高卧的隐士生活。

但樵采的收入不够固定,且有季节性,唐《采木判》记:"终南山下,人每至冬中,于山北采木。"⑩樵户必须考虑兼营其他谋生手段,如将樵取之柴烧制为薪炭贩卖;或在山中樵采的同时采集植物果实,"行山行采薇"⑪;或与农耕相间,保持"辋川朝伐木,蓝水暮浇田"⑫的生

---

① 司马光等撰:《资治通鉴》卷二三五《德宗纪》,北京:中华书局,1956年,第7563页。
② 李林甫等撰,陈仲夫点校:《唐六典》卷二三,第598页。
③ 刘昫等撰:《旧唐书》卷七五《张玄素传》,第2640页。
④ 李昉等编:《太平广记》卷四二六《田人》,出《广异记》,第3472页。
⑤ 彭定求等编:《全唐诗》卷八七九,第10024页。
⑥ 张晓虹对陕西不同地区、不同地形决定的聚落形态进行了系统研究,参所撰《陕西历史聚落地理研究》,《历史地理》第16辑,上海:上海人民出版社,2000年,第75—88页。
⑦ 张籍:《樵客吟》,彭定求等编:《全唐诗》卷三八二,第4304页。
⑧ 姚合:《寄紫阁隐者》,彭定求等编:《全唐诗》卷四九七,第5636页。
⑨ 鲍溶:《山行经樵翁》,彭定求等编:《全唐诗》卷四八六,第5516页。
⑩ 李昉等纂:《文苑英华》卷五四六,北京:中华书局,1966年,第2789—2790页。
⑪ 崔涂:《樵者》,彭定求等编:《全唐诗》卷六七九,第7778页。
⑫ 宋之问:《蓝田山庄》,彭定求等编:《全唐诗》卷五二,第635页。

活节奏。这与隐士、僧道偶"负薪以卖",随即"穿入白云,行翠微"①的逍遥生活,不可同日而语。终南山中以樵采为营生之人口数量当不少,以至于形成了樵人往来的所谓"樵径"。②谙熟路况的樵采人也多为深山远行者提供方便,山中失道之人,预期"去此二三里,与采薪人相值,可以随之而至,国门不远"③,而寻找山中聚落投宿的客人,可以"隔水问樵夫"。④

采集来的柴木除自家使用或直接参与交换外,可以烧制成薪炭至城中贩卖。冬春是薪炭消费旺季,仲冬甫至,终南山北麓一带便是"筚路载驰,析薪负荷"⑤,山民在山下谷地如炭谷,用大火将薪材烧制成炭,然后载炭进入市场。⑥白居易笔下的卖炭翁便是这样一位劳动者,于南山中伐薪并烧制,"满面尘灰烟火色,两鬓苍苍十指黑",指望以卖炭所得果腹衣食,在寒冷的冬日"晓驾炭车辗冰辙",到达长安市中南门,不想千余斤之炭却被宫市掠夺,仅以少量丝织品充值。⑦山民的经历令人心酸。南山中有专职烧炭人,称为"炭丁",见《法苑珠林》卷五七:"唐永徽五年,京城外东南有陂名苟家嘴,有灵泉乡里长姓程名华,秋季输炭,时程华已取一炭丁钱足。……"⑧从记载看,炭丁需向国家交纳税钱,由里正负责征收。

(二)采集

到自然界中采集各类可食植物,以为饮食之补充,亦是唐人在农耕以外的生存手段之一,甚至是在社会最为繁荣的时期。⑨唐代京畿民众好为野外采集,主要是由于长安周边山中可食用植物资源丰富。唐诗中最常提及的终南山野外生物是栗,秦汉时关中的栗子即著称于世,《齐民要术》卷四《种栗》引《三秦记》:"汉武帝果园有大栗,十五颗一升。"⑩秦岭中段的终南山以及关中西部陇山一带,分布有大片野生栗林⑪,岑参夜宿盩厔仙游寺时,观察到山中"林晚栗初坼"⑫。栗子香甜可口,淀粉含量高,秋熟后常为山中活动的野生猿猴捡拾,终南山圭峰之上有"云深猿拾栗"⑬,紫阁峰上有"秋猿守栗林"⑭,生活在燕子龛的禅师常"行随拾栗猿"⑮;栗当然也是山民捡拾充饥之选,山人有"拾栗远寻深涧底,弄猿多在小峰头"⑯的活动。

---

① 李昉等编:《太平广记》卷二四《许宣平》,出《续仙传》,第159页。
② 如李华《仙游寺》诗"舍事人樵径"句,彭定求等编:《全唐诗》卷一五三,第1589页。
③ 康骈撰:《剧谈录》卷下《严史君遇终南山隐者》,萧逸校点:《唐五代笔记小说大观》,第1489—1490页。
④ 王维:《终南山》,赵殿成笺注:《王右丞集笺注》,第124页。
⑤ 李昉等纂:《文苑英华》卷五四六《采木判》,第2789页。
⑥ 详龚胜生:《唐长安城薪炭供销的初步研究》,《中国历史地理论丛》1991年第3期,第137—153页。
⑦ 白居易:《卖炭翁》,朱金城笺校:《白居易集笺校》,第227—228页。
⑧ 释道宣撰:《法苑珠林》卷五七《债负篇》,周叔迦、苏晋仁校注:《法苑珠林校注》,北京:中华书局,2003年,第1725页。
⑨ 王赛时曾对唐人的采集为生有所关注,指出采集充食主要发生在非常时期,参所撰《唐代的采集食物》,《古今农业》2000年第3期,第49—57页。
⑩ 贾思勰著,缪启愉校释:《齐民要术校释》,北京:中国农业出版社,1998年,第65页。
⑪ 详杨希义《唐代关中农业经济的主要产品及其地理分布》一文对关中物产的介绍。
⑫ 岑参:《冬夜宿仙游寺南凉堂呈谦道人》,陈铁民、侯忠义校注:《岑参集校注》,第45页。
⑬ 李洞:《鄠郊山舍题赵处士林亭》,彭定求等编:《全唐诗》卷七二一,第8272页。
⑭ 张籍:《寄紫阁隐者》,彭定求等编:《全唐诗》卷三八四,第4322页。
⑮ 王维:《燕子龛禅师》,赵殿成笺注:《王右丞集笺注》,第81页。
⑯ 贯休:《山居诗二十四首并序》,彭定求等编:《全唐诗》卷八三七,第9425页。

除此外,多种野果与野菜亦可供采集。白居易游蓝田山中悟真寺时,曾见到"山果不识名,离离夹道蕃,足以疗饥乏",并"摘尝味甘酸"①;李德裕在商山遇"紫芝呈几曲,红藓闯千春",并赞叹首阳山的蕨菜②;贯休山居时认识的植物品类繁多,有紫术、黄菁(精)、云母、茯苓、薜萝、橡栗、葛苞以及菌类③;孟郊策藤竹游山,喜见"山蔬薇蕨新"④。山中人对于可用的蔬菜花果,往往随摘随食,王建曾目睹山僧"温泉调葛面,净手摘藤花。蒲鲊除青叶,芹齑带紫芽"的一餐。⑤采薇终南,不仅是唐人诗中贯见的意象,亦应为山民采集生活之实况。⑥

由于山中采集靠天吃饭,产出不稳定,一般情况下只能作为山民生计之补充手段,而非其主业。如趁"秋深橡子熟,散落榛芜冈"之时,起早拾之,"移时始盈掬,尽日方满筐"的橡媪,本业是种稻,"山前有熟稻,紫穗袭人香。细获又精舂,粒粒如玉珰";只是采集橡实作为缺粮冬季之补充,"几曝复几蒸,用作三冬粮";但没有想到官家科敛,余稻输税尽,自冬及春,只能以橡实充饥肠。⑦有的山民会将采集品至市中出卖,取得现钱以补充生计,如《云仙杂记》卷三引《清异志》:"王鲸逢卖蕨姥,黄衣破结,有饥色。悯之,乃以千钱买蕨,姥谢而去。"⑧

比起其他野生植物,药类的价值较高,尤其名贵药品如黄精、云母等在长安市场上的需求量很大,因而倒是有以采药为本业的山民。但药材不易寻,多在深山绝壁中,山中多猛兽、毒虫,地理形势变化多端,因而此工作十分艰险。《三国志》卷八裴注引《魏略》记载了蓝田山中采药人的事迹:"刘雄鸣者,蓝田人也。少以采药射猎为事,常居覆车山下,每晨夜,出行云雾中,以识道不迷,而时人因谓之能为云雾。"⑨唐代南山中的专职采药人更多,常一人野外作业,"只在此山中,云深不知处"⑩,将"妻儿共寄浮云外"。采药又有世代相传的特点,住山三十载的采药客,其家中孩童自小便懂得辨识草药,"小男学语便分别,已辨君臣知匹配"⑪。

由于京畿人口众多,消费需求量大,本地区的采集业远较外州县发达,这从史书记载高力士贬谪的故事中可见一斑,"力士至巫州,地多荠而不食,因感伤而咏之曰:'两京作斤卖,五溪无人采。夷夏虽不同,气味终不改。'"⑫

(三)捕鱼

据相关研究,渔民在唐代已经作为一个特殊职业而存在,而部分南方地区甚至出现户口半渔樵的局面。⑬今天的西安附近以旱作为主,在餐馆中,人们仅偶尔食鱼,会格外小心。⑭

---

① 白居易:《游悟真寺诗》,朱金城笺校《白居易集笺校》,第852页。
② 李德裕:《思山居一十首·题寄商山石》,彭定求等编:《全唐诗》卷四七五,第5438页。
③ 贯休:《山居诗二十四首并序》,彭定求等编:《全唐诗》卷八三七,第9425页。
④ 孟郊:《长安羁旅行》,彭定求等编:《全唐诗》卷三七二,第4192页。
⑤ 王建:《饭僧》,彭定求等编:《全唐诗》卷二九九,第3392页。
⑥ 如钱起《忆山中寄旧友》所忆"与君同采薇"事,彭定求等编:《全唐诗》卷二三八,第2650页。
⑦ 皮日休:《正乐府十篇·橡媪叹》,彭定求等编:《全唐诗》卷六〇八,第7018页。
⑧ 冯贽编,张力伟点校:《云仙散录》,北京:中华书局,1998年,第38页。
⑨ 陈寿:《三国志》,北京:中华书局,1959年,第266页。
⑩ 贾岛:《寻隐者不遇》,彭定求等编:《全唐诗》卷五七四,第6764页。
⑪ 李涉:《春山三朅来》,彭定求等编:《全唐诗》卷四七七,第5426页。
⑫ 刘昫等撰:《旧唐书》卷一八四《高力士传》,第4759页。
⑬ 张剑光:《唐代渔业生产的发展及其商品化问题》,《农业考古》1996年第3期,第195—204页。
⑭ 参考孟文科、陈慧英:《关中地貌及其近世农家生计》,《安徽农业科学》2011年第21期,第13261页。

但前文指出,隋唐时关中平原温暖潮湿,不啻水乡泽国,唐长安人喜食鱼,而长安附近的河流湖沼中,也盛产淡水鱼类以及其他水生生物。昆明池中有龟有虾,有"游鱼皱皱"①;𣲗陂更是以产鱼闻名,"本五味陂,陂鱼甚美"②,唐人盛赞"鄠陂鱼美酒偏浓"③;渭水中有鲤与鲂等品种④;郊县区域的泾阳县龙泉陂多蒲鱼之利⑤,奉天县莲子池"旧有莲藕之利"⑥,栎阳县的清泉陂"多水族之利"⑦。不过在长安近周的池沼,水产多供官,通常禁止平民进入,所谓"蒲鱼之利",平民能否共享呢?

富有水产的昆明池、𣲗陂,在中唐以后都曾经对民众开放。贞元十三年(797)德宗诏京兆尹韩皋修浚昆明池时,发布诏令,就提到重修原因是"蒲鱼所产,实利于人"⑧;完工后,朝廷果然开放了昆明池,任近地居民渔采,并免其租税,白居易目睹"渔者仍丰网罟资,贫人久获菰蒲利"的情形,大赞"菰蒲无租鱼无税,近水之人感君惠"。⑨而文宗甫即位,思励精图治,重返升平故事,与民为利的措施中,就有"鄠县𣲗陂、凤翔府骆谷地还府县"。⑩

在官方对民众渔捕为业许可的情况下,京畿区域也出现了不少专业捕鱼人,如《玉堂闲话》记:"清渭之滨,民家之子,有好垂钓者,不农不商,以香饵为业,自壮及中年,所取不知其纪极。仍得任公子之术,多以油煎燕肉置于纤钩,其取鲜鳞如寄之于潭濑,其家数口衣食,纶竿是赖。"⑪此钓者不农不商,专靠渔业维持全家生计。唐人多于昆明池畔见到钓鱼人(渔翁)⑫,钱起于蓝田溪水边见到垂纶叟"静若沙上鹭,一论白云心"⑬,因相与夜宿。连终南山深有水处,亦有"邻家一钓翁"。⑭

(四)狩猎

唐长安从帝王到王公大臣、游侠都热衷于狩猎,唐诗中保存了相当数量的狩猎诗,多描述宏大的狩猎场面。⑮唐长安周边山林密布,山中野生动物出没,为民众以猎为业提供了良好条件。《酉阳杂俎》即载京畿近山有"柴蒿鸟,头有冠如戴胜,大若野鸡。"⑯唐人小说中多有在终南山活动值遇野兽的记载,如《太平广记》卷四三四记唐大中时候,有秀才宁茵租赁某

---

① 白居易:《昆明春——思王泽之广被也》,朱金城笺校:《白居易集笺校》,第176页。
② 宋敏求:《长安志》卷一五《鄠县》引《十道志》,第469页。
③ 张籍:《寄徐晦》,彭定求等编:《全唐诗》卷三八六,第4361页。
④ 白居易:《渭上偶钓》,朱金城笺校:《白居易集笺校》,第313页。
⑤ 宋敏求:《长安志》卷一七,第525页。
⑥ 宋敏求:《长安志》卷一八《蒲城》,第546页。
⑦ 宋敏求:《长安志》卷一七,第519页。
⑧ 唐德宗:《修昆明池诏》,董诰等:《全唐文》卷五三,第572页。
⑨ 白居易:《昆明春——思王泽之广被也》,朱金城笺校:《白居易集笺校》,第176页。
⑩ 刘昫等撰:《旧唐书》卷一七上《文宗纪》所收文宗即位诏,第524页。
⑪ 李昉等编:《太平广记》卷一〇一《渭滨钓者》,出《玉堂闲话》,第683页。
⑫ 如杜甫《秋兴八首》之七:"昆明池水汉时功,武帝旌旗在眼中。……关塞极天唯鸟道,江湖满地一渔翁。"仇兆鳌:《杜诗详注》,第1494页;贾岛《昆明池泛舟》:"一枝青竹榜,泛泛绿萍里。不见钓鱼人,渐入秋塘水。"彭定求等编:《全唐诗》卷五七三,第6675页。
⑬ 钱起:《蓝田溪与渔者宿》,彭定求等编:《全唐诗》卷二三六,第2613页。
⑭ 岑参:《冬夜宿仙游寺南凉堂呈谦道人》,陈铁民、侯忠义校注:《岑参集校注》,第45页。
⑮ 可参考文学界对狩猎诗的研究,如谷文双:《唐代狩猎诗研究》,《社会科学家》2012年第2期,第121—125页。
⑯ 方南生点校:《酉阳杂俎》卷一六,北京:中华书局,1981年,第155页。

官员在南山的别庄居住,夜遇桃林斑、特二处士来访,与语一宿,"及明,视其门外,唯虎迹牛踪而已,宁生方悟,寻之数百步,人家废庄内,有一老牛卧,而犹带酒气,虎即入山矣。"①

因猛兽活动会威胁近山居民人身安全,唐政府鼓励山民从事狩猎,并以重金奖赏猎杀大型野兽的行为,《南部新书》引唐《令》:"诸有猛兽之处,听作槛阱、射窝等,得即送官,每一头赏绢四匹。捕杀豹及狼,每一头赏绢一匹。若在监牧内获者,各加一匹。其牧监内获豹,亦每一头赏得绢一匹,子各半之。"②钱易由此《令》特别联想到:"信乎长安上林近南山,诸兽备矣。"可见当时的禁苑、终南山区内野兽具有一定的密度。终南山民由于长期与山中动物接触,以致"入鸟不相乱,见兽皆相亲",他们捕猎有专门的工具或辅助动物,如唐诗所言"设置守毚兔,垂钓伺游鳞"③、"晓矄猎人铛"④、"猎马带禽归"⑤。史书中虽没有对南山猎户的专门记载,但《隋书·地理志》提及秦岭以南汉中的民俗"性嗜口腹,多事田渔,虽蓬室柴门,食必兼肉",所谓的"性嗜口腹"、"食必兼肉"⑥,作为一种饮食习俗,也提示我们秦岭山中人极易获得肉食,大部分应来自其日常狩猎成果。关于山民的狩猎,詹宗祐有更详细的介绍⑦,此处从略。

四 小 结

通过以上对唐代京畿区域民众谋生方式的梳理,我们可以体会到生计之多样化。所谓的"多样化",至少体现在两个方面:

第一,中国中古士、农、工、商四民分业,在唐代京畿区域,虽然男耕女织仍是首要的谋生之道,但"末业日滋,今大率百人才十人为农"⑧,民众涉足工、商的比例甚高;既往研究多从农作之外的选择讨论生计的多样性,希望揭示商品经济与小农的关系。实际上,"多样化"应首先表现为农作内部的多种选择。广义的农业还包括林业、渔业、畜牧、家庭副业等多种⑨,农耕(种植业)的强大,常遮蔽其他劳作方式,而被目为农业几乎唯一的生产部门。本文试图跳出这种遮蔽,讨论京畿民依凭自然资源所从事的樵采渔猎等多样生产方式。这些生产方式诞生在人类发展初期,远早于农耕方式,并且较之农耕,投入少、产出快,简易便捷,因而

---

① 李昉等编:《太平广记》卷四三四《宁茵》,出《传奇》,第3525页。
② 钱易撰、黄寿成校点:《南部新书》卷壬,北京:中华书局,2002年,第146页。按,《唐六典》卷七"虞部郎中"条注引唐令与此略同(第224页),天圣《杂令》宋41条亦本此条,可知此令属唐《杂令》,戴建国指出当以《南部新书》所载最为完整,见所撰《唐〈开元二十五年令·杂令〉复原研究》,《文史》2006年第3辑,第105—132页。
③ 上两处见王维《戏赠张五弟諲三首》,赵殿成笺注:《王右丞集笺注》,第24页。
④ 林宽:《朱坡》,彭定求等编:《全唐诗》卷六〇六,第7001页。
⑤ 王绩:《野望》,彭定求等编:《全唐诗》卷三七,第482页。
⑥ 魏征等撰:《隋书》卷二九《地理志》,第830页。
⑦ 詹宗祐:《隋唐时期终南山区研究》,第193—199页。
⑧ 欧阳修等撰:《新唐书》卷一四〇上《突厥上》,第6026页。
⑨ 定义据"农业"词条,中国农业百科全书编辑部:《中国农业百科全书·农业经济卷》,北京:农业出版社,1990年,第186—187页。

在人多地狭、自然与社会资源紧俏的唐代京畿地区扮演了重要角色。

第二,在强调四民生计专门化的同时,我们还应注意到,农作内部的各种劳作方式是互不排斥的。唐代京畿可耕地有限,民户在薄田种植粟、麦、稻等传统农作物收益不大,而纯粹依靠自然资源所从事的樵采渔猎又不具有稳定性,决定了同一农户的谋生手段并不单一。农户常将农耕与副业并行,"耕樵隔日轮"①,"种田烧白云,斫漆响丹壑"②;而在农闲之时,穿插采集等工作。③兼具多样技能以维系生活,是本区民众的常态。

最后要说明的是,有别于既往唐代经济史、农业史研究中从国家经营的视角切入,本文的出发点是钩稽散碎信息,从民众的立场出发,观察普通家庭的日常生计,体验中古农人的生存之道。限于资料,这种体验的脚印必然深浅不一,有不当之处,尚祈方家赐正。

作者简介:徐畅,北京师范大学历史学院副教授。

---

① 李洞:《寄太白山隐者》,彭定求等编:《全唐诗》卷七二二,第8281页。
② 王维:《燕子龛禅师》,赵殿成笺注:《王右丞集笺注》,第81页。
③ 储光羲《杂诗二首》记"耕凿时未至,还山聊采薇",彭定求等编:《全唐诗》卷一三六,第1380页;拾橡媪也是在种稻田的同时从事采集,见皮日休:《正乐府十篇·橡媪叹》,彭定求等编:《全唐诗》卷六〇八,第7018页。

地域集团视阈下的唐太宗东征与贞观末年政局*

常志浩 李玉君

【摘 要】从陈寅恪地域集团说出发可推知,唐太宗决意东征高丽与贞观十七年晋王得为储贰有关。关陇集团强推仁弱的李治为储君引发太宗的忧虑,太宗因而考虑扶植山东豪杰作为李治摆脱关陇集团的控制进而平衡朝堂势力的助臂,以构建有利于新君的政治格局。在方隅大定、惟辽东未平的情况下,东征就成为太宗操纵两集团力量消长、实现双方力量平衡的突破口。为达成这一政治目标,无论是在东征将帅的选任上,还是在作战策略的取舍上,太宗都极力压制关陇集团而意图让功于山东豪杰。此种安排既造成了大军内各集团间的相互掣肘乃至东征失利,也导致了重建政治格局设想的落空。

【关键词】唐丽战争;贞观政局;地域集团

陈寅恪《唐代政治史述论稿》乃有唐一代政治史研究之典范。此书下篇《外族盛衰之连环性及外患与内政之关系》开宗明义云:"所谓外族盛衰之连环性者,即某甲外族不独与唐室统治之中国接触,同时亦与其他之外族有关,其他外族之崛起或强大可致某甲外族之灭亡或衰弱,其间互相之因果虽不易详确分析,而唐室统治之中国遂受其兴亡强弱之影响,及利用其机缘,或坐承其弊害。"在论及唐丽交战时,陈氏认为:"唐太宗、高宗二朝全盛之世,竭中国之力以取高丽,仅得之后,旋即退出,实由吐蕃炽盛,唐室为西北之强敌所牵制,不得已乃在东北方取消极退守之策略";又说,"除前所谓外族盛衰之连环性外,尚别具天时、地理、人事三因素",即辽东之气候、百济之向背及高丽之治乱。①

陈氏有关唐丽战争之言诚为高论,然而他对战争骤起之原因未作解释,其是否与贞观末年唐朝内政变化有关,仍是一个值得深究的问题。自贞观十九年(645)始伐高丽,至总章元年(668)高丽覆灭,辽东问题历经两朝,始终是太宗父子的心头之患。唐与高丽的和战与贞观末年政局有着千丝万缕的联系,实为唐代政治史上一大命题,以往不乏学者关注。金毓黻认为唐初东征有以下几种动因:1.声讨弑逆;2.拯救汉民;3.恢复旧疆;4.预防后忧。②岑仲勉认为:"(新罗)来诉百济、高丽累相攻,是贞观十九年征辽之一因。"③后来学者多在此基础

---

* 基金项目:本文系国家社科基金重大项目"中国古代北方游牧民族与中原农耕民族交融史研究"(项目批准号17ZDA177)的阶段性成果。

① 陈寅恪:《唐代政治史述论稿》,北京:生活·读书·新知三联书店,2015年,第321、334—345页。
② 金毓黻:《东北通史》,北京:五十年代出版社,1981年,第193—195页。
③ 岑仲勉:《隋唐史》,北京:中华书局,1982年,第134页。

上发挥,创见不多。①但也有学者将唐丽战争与贞观末年的政局联系起来进行讨论,提供了新的研究思路。汪篯曾提及贞观十七年李治被立为储君是太宗晚年改易边疆政策的原因之一②;韩昇从"恐为后世乱源"的角度出发进一步提出晋王得立是促成太宗东征的一个因素③;曹印双认为太宗伐辽的内因在于他要将政权平稳的移交给太子。以上研究已触及本文主旨,可惜仍未达一间:1.太宗东征当有推动贞观末年政局变动之目的,但并不像曹氏所言是为了在军政两大系统中清除废太子与魏王泰的余党、培植太子的势力④;2.太宗为实现东征之政治目的所采取之举措也是导致东征失败的因素之一,此前贤所未及论者。本文即以陈寅恪构建的地域集团说为指导,从贞观末年储贰之争与太宗东征的关系入手,分析辽东之役参与人员的地域政治背景,解剖其内部组成与党派分野,探究太宗东征的深层动机和失败原因,以期有所发覆、稍惠学林。

一　东征动机的政治内核

《旧唐书》评价唐太宗说:"若文皇自定储于哲嗣,不骋志于高丽;用人如贞观之初,纳谏比魏征之日。况周发、周成之世袭,我有遗妍;较汉文、汉武之恢弘,彼多惭德。"⑤可见,立储、东征、用人、纳谏是贞观晚期政治最让后人抱憾的几个方面。其中,立储与东征一前一后均发生于贞观十七年,这一贞观政局的拐点,已经引起了史家的注意。

汪篯提出:"太宗认为李治庸懦无能,他要及身之未老,彻底解决边疆问题。"韩昇从"恐为后世乱源"的角度出发,认为"太宗以前对高句丽操纵自如,现在则因为太子的软弱而不得不提前亲自解决";又进一步阐释道:"太宗始终觉得晋王太软弱,担心他应付不了严峻的国际局势,更担心他将来被主战的将军所包围,开启战端却控制不了局势,步隋炀帝的后尘。"⑥笔者稍有不同意见——太子软弱不假,担心他被主战的将军包围却不必。所谓"恐为后世乱源"的真意恐不在于边境之外,而在于朝堂之内。东征的背后应当隐藏着太宗一个深谋远虑的政治动机,该动机可从晋王得立的过程中推求。《资治通鉴》载:

---

① 蔡靖夫:《就〈三国史记〉评"唐丽战争"》,《北方论丛》1983年第6期;解如智:《试论隋唐时期对高丽的战争》,《社会科学》1989年第6期;刘进宝:《"唐丽战争"初探》,《兰州学刊》1990年第5期;韩昇:《唐朝对高句丽政策的形成与嬗变》,《东北亚研究》1995年第2期;秦升阳:《唐代对高句丽的政策及其演变》,《通化师院学报》(社会科学版)1996年第1期;姜维东:《唐丽战争史》,长春:吉林文史出版社,2001年;王小甫:《唐朝与新罗关系史论——兼论统一新罗在东亚世界中的地位》,《唐研究》第六卷,2000年;王小甫:《总论:隋唐五代东北亚政治关系大势》,《盛唐时代与东北亚政局》,上海:上海辞书出版社,2003年;厉声:《隋唐征伐高句丽刍议》,《东北史地》2004年第2期;李德山:《试论唐朝初年的唐丽关系》,《北华大学学报》(社会科学版)2006年第6期;刘琴丽:《碑志所见唐初士人对唐与高句丽之间战争起因的认识》,《东北史地》2012年第2期。
② 汪篯:《唐太宗》,《汪篯汉唐史论稿》,北京:北京大学出版社,2017年,第114页。
③ 韩昇:《贞观永徽之际的政局》,《中华文史论丛》2001年第一辑,第43页。
④ 曹印双:《唐代政治人物新论》,西安:陕西人民出版社,2008年,第71—72页。
⑤ 刘昫等纂:《旧唐书》卷三《太宗本纪下》,北京:中华书局,1975年,第63页。
⑥ 韩昇:《贞观永徽之际的政局》,《中华文史论丛》2001年第一辑,第43页。

太子承乾既获罪,魏王泰日入侍奉,上面许立为太子,岑文本、刘洎亦劝之;长孙无忌固请立晋王治。上谓侍臣曰:"昨青雀(胡注:泰,小字青雀。)投我怀云:'臣今日始得为陛下子,乃更生之日也。臣有一子,臣死之日,当为陛下杀之,传位晋王。'人谁不爱其子,朕见其如此,甚怜之。"谏议大夫褚遂良曰:"陛下言大失。愿审思,勿误也! 安有陛下万岁后,魏王据天下,肯杀其爱子,传位晋王者乎! 陛下日者既立承乾为太子,复宠魏王,礼秩过于承乾,以成今日之祸。前事不远,足以为鉴。陛下今立魏王,愿先措置晋王,始得安全耳。"上流涕曰:"我不能尔!"①

魏王泰是太宗属心已久的继承人,这是不争的事实,故岑刘之徒揣测上意,请立为太子。但是长孙无忌、褚遂良等人坚持请立晋王,太宗也不能无视他们的意见。技穷之下,太宗编造"青雀投怀"的梦话,开出魏王百年之后传位晋王的空头支票,试图作一折中,软化长孙无忌、褚遂良的立场。但二人不为所动,太宗无奈之下也只得依从。《资治通鉴》又云:

承乾既废,上御两仪殿,群臣俱出,独留长孙无忌、房玄龄、李勣、褚遂良,谓曰:"我三子一弟,所为如是,我心诚无聊赖!"因自投于床,无忌等争前扶抱;上又抽佩刀欲自刺,遂良夺刀以授晋王治。无忌等请上所欲,上曰:"我欲立晋王。"无忌曰:"谨奉诏;有异议者,臣请斩之!"上谓治曰:"汝舅许汝矣,宜拜谢。"治因拜之。②

以李治为储君,后世史书如《旧唐书》等多有微词。其实李治庸懦世所共知,太宗岂有不明之理?即使在立李治为储一年之后,太宗仍充满担忧,说:"吾如治年时,颇不能循常度。治自幼宽厚,谚曰:'生(子如)狼,犹恐如羊,'冀其稍壮,自不同耳。"③然而晋王最终成为储君,《新唐书》云:"以太宗之明,昧于知子,废立之际,不能自决,卒用昏童",已经点出太宗"不能自决"的无奈。④孙国栋即认为此事实为长孙无忌一手安排,太宗乃是受其胁迫。⑤之后太宗又想改立吴王恪,"(太宗)疑太子仁弱,密谓长孙无忌曰:'公劝我立雉奴(李治),雉奴懦,恐不能守社稷,奈何! 吴王恪英果类我,我欲立之,何如?'无忌固争,以为不可。上曰:'公以恪非己之甥邪?'无忌曰:'太子仁厚,真守文良主;储副至重,岂可数易? 愿陛下熟思之。'上乃止。"⑥可见,晋王无论是最初坐上储君宝座还是最后坐稳储君宝座,长孙无忌都起了至关重要的作用。王夫之评价道:"长孙无忌曰:'太子仁恕,实守文之德。'此佞者之辩也。太宗不能折之,遽立治而不改,唐几以亡";又说长孙无忌是"挟仁恕之名以欺太宗"⑦,其强推晋王为太子,实乃包藏祸心。韩昇做了更加全面的分析,认为:"长孙无忌的立场既有维护门第,

---

① 司马光等纂:《资治通鉴》卷一九七,贞观十七年四月乙酉,北京:中华书局,2011年,第6308页。
② 司马光等纂:《资治通鉴》卷一九七,贞观十七年四月乙酉,第6309页。
③ 司马光等纂:《资治通鉴》卷一九七,贞观十八年四月,第6321页。
④ 欧阳修等纂:《新唐书》卷三《高宗本纪》,北京:中华书局,1975年,第79页。
⑤ 孙国栋:《唐贞观永徽间党争试释》,《唐宋史论丛》,上海:上海古籍出版社,2010年,第58页。
⑥ 司马光等纂:《资治通鉴》卷一九七,贞观十七年十一月癸巳,第6319页。
⑦ 王夫之:《读通鉴论》卷二十《太宗》,北京:中华书局,2013年,第626页。

巩固权力的私心,却也代表了相当部分朝廷既得权利的高级官僚的利益。因为长孙无忌辅佐晋王的体制,可以基本维持当前的政治秩序,不至于有太大的变更。在强大的官僚面前,太宗也只好妥协,他只有一条路,就是全力培养太子,希望他能进步,消除自己的担忧。"①此处有两点值得深究:1.长孙无忌所维护的门第及部分既得权利高官所指是谁?2.这种臣强主弱的政治秩序是太宗想要的并欲留给懦弱的晋王的吗?

从上述晋王得立的过程来看,反对魏王而支持晋王态度最为坚决的不外乎长孙无忌与褚遂良二人。那么这种"强大的官僚"压力来自何方势力,我想陈寅恪所谓褚遂良为关陇集团之"俘虏家臣""附属品"已为我们道出了答案。②至于贞观末年的政治秩序,从上引太宗立吴王恪的理由来看,恐怕也不是太宗想要留给晋王的政治遗产。

贞观十七年的皇位继承人问题对太宗来说是一个警醒:一是关陇集团已成尾大不掉之势,甚至可以左右储君的人选;二是长孙无忌固争立晋王有擅权的可能。③这两点迫使太宗不得不考虑晋王即位后该如何守成。毕竟以太宗之英武尚受制于关陇集团,那么仁弱的晋王继位后必然受到关陇集团的包围而成为傀儡。如何平衡朝堂势力以使新君不为权臣所制,当是太宗晚年思虑最重者。对此,陈寅恪认为李勣所领导的山东豪杰集团是太宗留给晋王的一支政治力量:

> 当时中国武力集团最重要者,为关陇六镇及山东豪杰两系统,而太宗与世勣即可视为其代表人也。世勣地位之重要实因其为山东豪杰领袖之故,太宗为身后之计欲平衡关陇、山东两大武力集团之力量,以巩固其皇祚,是以委任长孙无忌及世勣辅佐柔懦之高宗,其用心可谓深远矣。④

笔者对此十分赞同,征之于史,太宗的确为此多有举措。

首先,使山东豪杰对晋王得立有拥戴之功,即前引立晋王时"独留长孙无忌、房玄龄、李勣、褚遂良"。其次,提升山东豪杰的政治地位。李治被立为太子当月,太宗即"诏以长孙无忌为太子太师,房玄龄为太傅,萧瑀为太保,李世勣为詹事,瑀、世勣并同中书门下三品。同中书门下三品自此始。"⑤可见,其年宰相并无缺员,但为了让李勣忝列相位,太宗新设了同中书门下三品。⑥该年八月庚戌,又以"张亮为刑部尚书,参预朝政。"⑦接连提拔两位山东豪杰集团的成员进入宰相行列,太宗之心昭然若揭。再次,对山东豪杰多加笼络,明示托孤之意。"李世勣尝得暴疾,方云'须灰可疗';上自剪须,为之和药。世勣顿首出血泣谢。上曰:'为社稷,非为卿也,何谢之有!'世勣尝侍宴,上从容谓曰:'朕求群臣可托幼孤者,无以逾公,公往

---

① 韩昇:《贞观永徽之际的政局》,《中华文史论丛》2001年第一辑,第39页。
② 陈寅恪:《记唐代之李武韦杨婚姻集团》,《金明馆丛稿初编》,北京:生活·读书·新知三联书店,2015年,第275页。
③ 汪篯:《唐太宗》,《汪篯汉唐史论稿》,第112页。
④ 陈寅恪:《论隋末唐初所谓"山东豪杰"》,《金明馆丛稿初编》,第254页。
⑤ 司马光等纂:《资治通鉴》卷一九七,贞观十七年四月己丑,第6310页。
⑥ 参见吴宗国《隋与唐前期宰相制度》,《盛唐政治制度研究》,上海:上海辞书出版社,2003年,第18页。
⑦ 司马光等纂:《资治通鉴》卷一九七,贞观十七年八月庚戌,第6317页。

不负李密,岂负朕哉!'世勣流涕辞谢,啮指出血,因饮沉醉;上解御服以覆之。"①最后,太宗对此仍不放心,在濒死之际仍叮嘱李治:"'李世勣才智有余,然汝与之无恩,恐不能怀服。我今黜之,若其即行,俟我死,汝于后用为仆射,亲任之;若徘徊顾望,当杀之耳。'五月,戊午,以同中书门下三品李世勣为叠州都督;世勣受诏,不至家而去。"②可见君臣之间已经达成默契。

然而,以上这些还远远不够。相对于自宇文泰以来历经四朝、把持中央的关陇集团,兴起于隋末的山东豪杰虽在隋唐鼎革中立有大功,又得太宗赏识而大力拔擢,但其根基仍浅,难与关陇集团匹敌。况且政治集团的地位升降并非君主一纸任命可以决定,其后必须有功勋与声望作为依托。因而,山东豪杰想要在庙堂之上与关陇集团相抗衡必然要经过一番苦斗;但若因此引起朝局动荡甚至影响社会安定又非太宗初衷。应当如何解决这一问题呢?太宗的设想是,将政治集团争斗这一内部矛盾转化为与周边国家的"国际"矛盾,将争斗的阵地由朝堂之内转移到边境之外;在"方隅大定,惟此(辽东)未平"的情况下③,东征高丽可能是实现两集团势均力敌并相互制衡的唯一机会,而盖苏文弑君并且违诏攻伐新罗正好又为太宗提供了兴兵的借口。因此,笔者有充分理由相信,改变贞观末年的政治格局才是太宗东征背后隐藏的核心动机。

二 东征将帅的选派任用

如上所述,唐太宗意欲利用东征高丽实现关陇集团与山东豪杰两派政治势力的此消彼长,从而平衡双方实力、构建有利于新君稳固帝位的政治格局。为此目的,太宗在东征人员的配备及将帅的选用两方面上均做出了有助于山东豪杰立功、同时压制关陇集团的安排。

(一)东征官员的地域集团背景

据《贞观年中抚慰百济王诏》记载:"今遣大总管特进太子詹事英国公李勣董率士马,直指辽东。大总管刑部尚书郧国公张亮总统舟舻,径临平壤。朕仍亲巡辽碣,抚彼黎庶,诛其凶逆,布以恩威。"④可见贞观十九年东征大军分为三路,职责亦各有不同:李勣主攻辽东,张亮径取平壤,双方水陆并进,完成对高丽的包围作战;而太宗所领一军,以政治功用为主(安抚占领区民众)、军事功用为辅(协调各军关系),配合两道大军作战。

《新唐书》记载:"帝幸洛阳,乃以张亮为平壤道行军大总管,常何、左难当副之,冉仁德、刘英行、张文干、庞孝泰、程名振为总管,帅江、吴、京、洛募兵凡四万,吴艘五百,泛海趋平壤。以李勣为辽东道行军大总管,江夏王道宗副之,张士贵、张俭、执失思力、契苾何力、阿史那弥射、姜德(行)本、魏智盛、吴黑闼为行军总管隶之,帅骑士六万趋辽东。"⑤以上记载基本

---

① 司马光等纂:《资治通鉴》卷一九七,贞观十七年四月己丑,第6310—6311页。
② 司马光等纂:《资治通鉴》卷一九七,贞观二十三年四月乙亥,第6379—6380页。
③ 司马光等纂:《资治通鉴》卷一九七,贞观十九年三月丁丑,第6331页。
④ 陈尚君辑校:《全唐文补编》卷二,北京:中华书局,2005年,第21—22页。
⑤ 欧阳修等纂:《新唐书》卷二二〇《高丽传》,北京:中华书局,1975年,第6189页。

涵盖了本次东征平壤道与辽东道行军总管以上人员,唯缺辽东道行军总管张君乂,平壤道行军总管丘孝忠。①太宗自领一军的随从人员记载相对散乱,姜维东《唐东征将士事迹考》钩沉甚详,可资参考。②今取文武大臣掌知机务、总管及诸卫将军以上者,有长孙无忌、岑文本、褚遂良、杨师道、杨弘礼、许敬宗、尉迟敬德、牛进达、刘弘基、阿史那社尔、李思摩、王君愕、郑仁泰、裴行方等。下对东征重要官员各自所属的地域集团作一统计:

表1　东征大军内高级官员的地域背景统计

	文职				武职						合计
	关陇文职		南朝侨姓		关陇武职		山东豪杰		番将		不明身份	
辽东道	无	0	无	0	李道宗 姜行本 张俭	3	李勣 张士贵 吴黑闼	3	执失思力 契苾何力 曲智盛 阿史那弥射	4	张君乂	1	11
平壤道	无	0	无	0	丘孝忠	1	张亮 常何 左难当 程名振	4	冉仁德 庞孝泰	2	刘英行 张文干	2	9
中路军①	杨师道 杨弘礼 长孙无忌	3	岑文本 褚遂良 许敬宗	3	刘弘基 裴行方	2	牛进达 王君愕 郑仁泰 尉迟敬德	4	阿史那社尔 李思摩	2	无	0	14
合计	3		3		6		11		8		3		34
	6				28								

由表中统计可知,除三人身份不可考外,其他人员总体可以分为四类:一是山东豪杰,该集团把持了辽东道、平壤道两大征东主力的统率权,且在领兵的28员武将中占据11个席位(武将占比39%),当之无愧为本次东征之主力;二是关陇武将,本次出征的只有6人(武将占比21%),而且分散于三路大军之中,无论是数量还是官阶皆不占优;三是关陇文职及南朝侨姓,共计6人,且都是两集团的头面人物。他们都以"掌知机务"身份随驾太宗,可知太宗对他们有牵制之意;最后,尤可注意的是番将群体,共有8人(武将占比29%),都是"率其种落,随机进讨"的部落酋长。④其中,番将人数虽多,却与关陇集团和山东豪杰不同。后两者皆是以武力为进身之阶而跻身统治阶层,番将则是或亡国请降或主动归顺的部落首领,他们只是唐王朝对外征伐的军事工具,是唐王朝军事力量不足的补充,即李林甫所谓:"国家武德、贞观已来,蕃将如阿史那社尔、契苾何力,忠孝有才略,亦不专委大将之任,多以

---

① 张君乂见刘昫等纂:《旧唐书》卷九二《魏元忠传》,第2950页;丘孝忠见司马光等纂:《资治通鉴》卷一九七,贞观十九年五月癸亥,第6333页。
② 姜维东:《唐东征将士事迹考》,第12—82页。
③ 此路大军由太宗亲领,金毓黻视之为中路军,参见金毓黻:《东北通史》,第216页。
④ 董诰等编:《全唐文》卷七,唐太宗《命将征高丽诏》,北京:中华书局,1983年,第87页。

重臣领使以制之。"①因此,番将的地位大致与南朝侨姓类似,都是俘虏家臣,只不过是一文一武而已。因而番将人数虽众,却不可能在军事或政治上起主导作用。

(二)东征统帅的任用与调换

李勣、李道宗为不世出之名将,太宗心中早有定论。在贞观十八年三月,太宗曾说:"于今名将,惟世勣、道宗、万彻三人而已。世勣、道宗不能大胜,亦不大败;万彻非大胜则大败。"②可见李勣与李道宗都有能力充当东征统帅。年底大军分为三路开拔,平壤道由张亮统领,辽东道由李勣负责,中路大军则太宗亲自统率,道宗只以辽东道行军副大总管的身份从征高丽。然而据贞观十九年二月《贞观年中抚慰新罗王诏》:

> 去年王使人金多遂还日,俱有玺书。以水军方欲进路,令王遣大达官将领人船前来相迎引讶。王比来绝无消息,为是被高丽断截?为是不遣使来?引领东顾,每劳虚想。前本欲礼部尚书江夏郡王道宗统率水军,今道宗别有任使,仍先令光禄大夫刑部尚书张亮总统舟舻。又令特进太子詹事英国公李勣亦为大总管,董率兵马,并水陆俱进,直指贼庭。计四月上旬之内,当入高丽之境。若同恶相济,敢拒王师,便肆军威,俾无遗类。王与高丽怨隙既重,所部之兵,想装束久办,宜与左骁卫长史任义方相知,早令纂集应行兵马,并宜受张亮等处分。③

太宗本欲李道宗统率水军,这是一个符合太宗先前论断的人事安排,最后却改任张亮。于赓哲认为这与新罗消极对待太宗东征有关:"太宗原本很看重水军的作用,但是新罗方面的消极使得太宗意识到开辟南线战场已不可能,所以转而倚重陆军,把道宗由水军统帅变成陆军统帅。"④笔者不敢苟同。上引诏书反映了太宗的三层意思:一是对新罗久疏消息表示关切;二是告知新罗平壤道统帅人选的变更;三是敦促新罗配合张亮军执行"水陆俱进,直指贼庭"的既定方针。可见,新罗与水军仍是太宗十分重视的力量,况且以张亮为主帅是在贞观十八年十一月宣布的。⑤若如于赓哲所言太宗已对水军及新罗不抱希望,则难以解释太宗于翌年二月仍发布此诏书的目的。因此,太宗以张亮代替道宗并非因为放弃水师攻取平壤的计划。

结合地域集团说,笔者相信太宗临阵换帅应与两人的身份有关。根据诏书,平壤道行军大总管不仅要总统本部水师,还要统率新罗军队,责任重大,且唐太宗的既定方针是"水陆俱进"——两道军队相互配合以保证东征的胜利。若辽东道以山东豪杰集团领袖李勣为主将,那么平壤道在孤军悬外、交通不畅的情况下,其主将人选必须是能与李勣密切配合之人。如此重要的职位,自然不能假手于关陇集团。且从表一统计来看,平壤道人员配备也以山东豪杰为主、蕃将为辅。那么若以道宗统率平壤道诸军,是否能让将士用命也是一个疑问,故其"另有任用"也就不奇怪了。另外,这也能对《旧唐书·张亮传》中的相关记载作一圆

---

① 刘昫等纂:《旧唐书》卷一〇六,《李林甫传》,第3239页。
② 司马光等纂:《资治通鉴》卷一九七,贞观十八年三月辛卯,第6321页。
③ 陈尚君辑校:《全唐文补编》卷二,第22页。
④ 于赓哲:《隋、唐两代伐高句丽比较研究》,王小甫主编:《盛唐时代与东北亚政局》,第68页。
⑤ 刘昫等纂:《旧唐书》卷三《太宗本纪下》,第57页。

通的解释:

> 太宗将伐高丽,亮频谏不纳,因自请行。以亮为沧海道行军大总管,管率舟师。自东莱渡海,袭沙卑城,破之,俘男女数千口。进兵顿于建安城下,营垒未固,士卒多樵牧。贼众奄至,军中惶骇。亮素怯懦,无计策,但踞胡床,直视而无所言,将士见之,翻以亮为有胆气。其副总管张金树等乃鸣鼓令士众击贼,破之。太宗知其无将帅材而不之责。①

单看这条史料,有两点令人生疑:1.张亮本不赞成太宗东征之举,为何又要主动请缨从征高丽?2.太宗明知张亮"无将帅材",为何还要让他担任平壤道统帅?其实只要联系上地域集团背景,这两点就不难解释。陈寅恪即认为"张亮在此(山东豪杰)系统中地位甚高,亦或徐世勣之亚,故太宗委以保据洛阳,招引山东豪杰之重任。"②笔者可稍做补充。山东豪杰集团之所以能为太宗所看重并倚借之抗衡关陇集团,在于他们不但是武将群体(有军事功劳),而且是政治集团(有政治建树)。相反,番将就是单纯的武将群体。如前所引,张亮入相在贞观十七年八月,仅比李勣晚四个月。考太宗一朝,山东豪杰中位至宰相者唯李勣、张亮二人,那么张亮在山东豪杰集团中的地位就不言自明了。张亮既为太宗之心膂又是山东豪杰集团的二号人物,所以他虽无将才,太宗也必用之为平壤道主帅,以期能与李勣军密切配合,保证东征胜利。但张亮为人怯懦,不愿东征以身犯险,故而苦谏;谏言不被采纳又不敢违逆上意,自知不免只好请从。

三 东征战役的策略检讨

既往研究认为太宗东征失败的一大原因,是太宗舍弃了惯用的出奇制胜策略,而欲以万全之策取辽东。胡三省注《资治通鉴》云:"是役也,不唯不用乘虚取平壤之策,乘胜取乌骨之策亦不用也"③;又说,"太宗之定天下,多以出奇取胜,独辽东之役,欲以万全制敌,所以无功。"④王夫之亦有感于斯:

> 太宗自克白岩,将舍安市不攻,径取建安,策之善者也,而世勣不从。高延寿、高惠真请拔乌骨城,收其资粮,鼓行以攻平壤,而长孙无忌不可。乃以困于安市城下,而狼狈班师。夫世勣、无忌岂不知困守坚城之无益,而阻挠奇计,太宗自策既审,且喜闻二高之言,而终听二将以迁延,何也?唯天子亲将,胜败所系者重,世勣、无忌不敢以万乘尝试,太宗亦自顾而不能忘豫且之戒也。⑤

---

① 刘昫等纂:《旧唐书》卷六九《张亮传》,第2515—2516页。
② 陈寅恪:《论隋末唐初所谓"山东豪杰"》,《金明馆丛稿初编》,第253页。
③ 司马光等纂:《资治通鉴》卷一九八,贞观二十年三月己巳,第6348页。
④ 司马光等纂:《资治通鉴》卷一九八,贞观十九年八月壬申,第6342页。
⑤ 王夫之:《读通鉴论》卷二十《唐太宗》,第628—629页。

但不同的是，胡三省认为万全之策是出于太宗的谋划，而王夫之认为太宗始欲出奇制胜，但为李勣、长孙无忌所阻，太宗也鉴于"豫且之戒"不再坚持。金毓黻则从比较隋唐两朝东征的策略入手，详细分析了唐军的进军路线与作战策略，结论基本沿袭了胡三省的说法，认为太宗借鉴炀帝之败，执行的是抚定辽东、固其根本然后挥师而下一举平灭高丽的万全之策，又推测事后太宗有悔亲征之意。①后来学者在此观点上多有发挥，认为太宗亲征及太宗不复年少时决胜两阵之间的勇气而畏手畏脚是其放弃出奇制胜、选择万全之策的原因。②这种说法未免受了前人的蒙蔽，也有乖于史实。据《资治通鉴》记载，围攻安市时，太宗不仅亲临行阵，且"在辽外，凡置营，但明斥候，不为堑垒"③。可知太宗并无怯懦畏战之举。于赓哲也注意到了太宗从出奇制胜到万全之策的转变，但并未将原因简单地归结到太宗个人身上，而是认为辽东地理环境大异于中原是太宗施行万全之策最主要的考虑。④

笔者认为太宗本人并没有"豫且之戒"的担忧，且从始至终都没有放弃出奇制胜的军事主张。辽东之役之所以陷入"万全之策"的泥淖，实非太宗本意，乃是东征大军诸集团间各怀鬼胎、相互掣肘的结果。

贞观十五年太宗云："高丽本四郡地耳，吾发卒数万攻辽东，彼必倾国救之。别遣舟师出东莱，自海道趋平壤，水陆合势，取之不难。"⑤可见在发动辽东之役以前，太宗对攻辽已有完整的设想，其总体作战规划是"水陆合势"进取平壤。贞观十八年十一月，太宗又重申了这一作战方针，并做了更加详细的规划：

> 遣使持节辽东道行军大总管英国公勣，副总管江夏郡王道宗，士马如云，长驱辽左。奋夷岳之威，屠豕蛇于险渎；乘建瓴之势，斩鲸鲵于镂方。行军总管执失思力、行军总管契苾何力，率其种落，随机进讨。契丹蕃长於勾折、奚蕃长苏支、燕州刺史李元正等，各率其众，绝其走伏。使持节平壤道行军大总管张亮、副总管常何、总管左难当等，舟楫相继，直指平壤。新罗王金善德，倾其城邑，竭其府藏，荷不赀之泽，复累叶之仇。出乐浪而冲腹心，临沃沮而荡巢穴。⑥

其中陆路诸军的作战目标是吸引高丽军队的主力，进而将之围歼于辽东地区，而攻取平壤并不是辽东道的主要作战目标。张亮所领平壤道军队及新罗援军的作战目标才是袭取平壤，即所谓"舟楫相继，直指平壤"、"出乐浪而冲腹心，临沃沮而荡巢穴"。由此可知太宗东征之初的作战方针十分明确，即辽东道诸军大举进攻辽东，围点打援，伺机消灭高丽主力，张亮率领平壤道诸军与新罗援军进袭平壤，使其首尾不能相救，那么太宗的作战方针必然是出奇制胜。但张亮所率之军并未按照原作战计划直取平壤，而是自东莱泛海围攻辽东半岛之沙卑城，其原因不得而知。或如赓哲所言，因新罗消极对待太宗东征，张亮在朝鲜半

---

① 金毓黻：《东北通史》，第217—221页。
② 刘进宝："唐丽战争"初探，《兰州学刊》1990年第5期，第88页。
③ 司马光等纂：《资治通鉴》卷一九八，贞观十九年六月丁巳，第6338页，同卷贞观十九年八月丙午，第6340页。
④ 于赓哲：《隋、唐两代伐高句丽比较研究》，王小甫主编：《盛唐时代与东北亚政局》，第55—57页。
⑤ 司马光等纂：《资治通鉴》卷一九六，贞观十五年八月己亥，第6283页。
⑥ 董诰等编：《全唐文》卷七，唐太宗《命将征高丽诏》，第87页。

岛失去接应,不敢贸然泛海,最终放弃原来的作战计划成为辽左的一支偏师。也因此,太宗原来出奇制胜的作战预想未能实现,东征最终成了与高丽在辽东地区缠斗的攻坚战。

但是从东征的进程看,太宗并未完全放弃出奇制胜的想法,且有三次制胜良机:1.太宗建议"城有所不攻"、绕过安市攻打建安之策;2.道宗提议袭取平壤、覆其根本之策;3.高丽降将高延寿、高惠真二人提议舍弃安市、进取乌骨之策。可惜的是这三策皆未付诸施行,以致唐军坐失良机、狼狈班师。分析个中原因,便可知太宗对山东豪杰之偏袒及对关陇集团之压制,东征失败的原因亦可得窥一斑。

第一策是在攻克白岩之后,太宗已预想到安市会是东征的最后一道难关,向李勣提出的一个避实击虚的建议:

> 上之克白岩也,谓李世勣曰:"吾闻安市城险而兵精,其城主材勇,莫离支之乱,城守不服,莫离支击之不能下,因而与之。建安兵弱而粮少,若出其不意,攻之必克。公可先攻建安,建安下,则安市在吾腹中,此兵法所谓'城有所不攻'者也。"对曰:"建安在南,安市在北,吾军粮皆在辽东;今逾安市而攻建安,若贼断吾运道,将若之何?不如先攻安市,安市下,则鼓行而取建安耳。"上曰:"以公为将,安得不用公策。勿误吾事!"①

太宗在尚未围攻安市之时,即提出绕过安市直接攻取建安。在高丽主力未灭之时,提出这样的建议,可见太宗仍然崇尚出奇制胜的作战方针,并非只愿意采取稳扎稳打的"万全之策"。同时,他向李勣提议也有让功于李勣的考虑。但李勣作为军队主帅,担心有被切断后路以致全军覆没的危险,还是希望稳扎稳打。此外,如果太宗执意绕过安市,那么即使伐辽成功,其功劳也会记在太宗头上,而不能作为山东豪杰增强实力的政治资本。因而太宗虽要让功也需先征得李勣的同意,这正是"以公为将,安得不用公策"的真意所在。

第二策是在唐军进围安市时道宗提出的袭取平壤之策,与太宗的"城有所不攻"简直如出一辙,皆是避实击虚。可太宗并不愿道宗得此殊功,故不纳其策。先看道宗所献之策:"上与无忌等从数百骑乘高望之,观山川形势,可以伏兵及出入之所。高丽、靺鞨合兵为阵,长四十里。江夏王道宗曰:'高丽倾国以拒王师,平壤之守必弱,愿假臣精卒五千,覆其本根,则数十万之众可不战而降。'上不应。"②太宗"不应"也并非因为他认为此策不可行。

其一,"高丽倾国以拒王师"符合太宗对辽东战场形势的判断。上文有述,在贞观十五年太宗已做出"吾发卒数万攻辽东,彼必倾国救之"的预测。这也是太宗制定"自海道趋平壤,水陆合势"之战略方针的基础。且从驻跸山之战大获全胜后太宗"高丽倾国而来,存亡所系,一麾而败,天佑我也"之语来看③,对于"高丽倾国以拒王师"的判断,太宗自始至终没有任何改变。其二,从文献记载来看,道宗所言"高丽倾国以拒王师"也是符合实际的。据《旧唐书》载:"高丽北部傉萨高延寿、南部耨萨高惠贞率高丽、靺鞨之众十五万来援安市城。"所谓"傉

---

① 司马光等纂:《资治通鉴》卷一九八,贞观十九年八月壬申,第6341页。
② 司马光等纂:《资治通鉴》卷一九八,贞观十九年六月丁巳,第6338页。
③ 刘昫等纂:《旧唐书》卷一九九上《高丽传》,第5325页。

萨",高丽"大城置傉萨一,比都督"①。又高丽"分五部:曰内部,即汉桂娄部也,亦号黄部;曰北部,即绝奴部也,或号后部;曰东部,即顺奴部也,或号左部;曰南部,即灌奴部也,亦号前部;曰西部,即消奴部也。"②可见,高丽傉萨已是五来其二。且"昔高丽全盛之时,强兵三十余万"③。安市援兵已占其半,"高丽倾国以拒王师"当是实情,那么李道宗袭取平壤之计有其客观依据。值得注意的是道宗献策时间还在太宗之后,是在高丽十五万援兵在安市外围与唐军决战之际,其国内守备力量必然不足。道宗提出偏师袭取平壤,比太宗全师舍安市攻建安更加保险,即使失败,亦不会影响东征全局。而太宗不用道宗之策,打压关陇集团之心昭然若揭。

第三策是在攻打安市受挫之时,高延寿等言:

"今奴以高丽十余万众,望旗沮溃,国人胆破,乌骨城傉萨老耄,不能坚守,移兵临之,朝至夕克。其余当道小城,必望风奔溃。然后收其资粮,鼓行而前,平壤必不守矣。"群臣亦言:"张亮兵在沙城,召之信宿可至,乘高丽凶惧,并力拔乌骨城,渡鸭绿水,直取平壤,在此举矣。"上将从之,独长孙无忌以为:"天子亲征,异于诸将,不可乘危徼幸。今建安、新城之虏,众犹十万,若向乌骨,皆蹑吾后,不如先破安市,取建安,然后长驱而进,此万全之策也。"上乃止。④

安市久攻不下,辽东寒时将至,东征有功败垂成的危险。此时高延寿等又献避实击虚之策,群臣也认为可与张亮合击乌骨城,进取平壤。此计不仅能取得征辽之胜利,还可归功于山东豪杰集团,正合太宗心意。却因长孙无忌反对而未能施行,致使东征无功而返。

以上三策有一共同之处,即舍弃重兵防守的安市,绕道攻取平壤,但皆未施行,原因各有不同。太宗在攻克白岩城后即提出绕过安市、直取建安,但李勣不同意。李勣作为征辽之主帅,必须老成持重(即太宗所谓"不能大胜,亦不大败")。他可以无功而返,但绝不能丧师辽东,否则恐不免于诛戮。道宗献袭取平壤之策,以偏师即可得全功,但太宗不同意。太宗不纳的原因正与其东征背后之政治目的有关,即抬升山东豪杰的政治地位,打压关陇集团。如果道宗得此殊功,那么虽可平灭高丽却不能改变当前的政治格局,此非太宗所愿。高延寿献舍安市而取乌骨之策,但长孙无忌不同意。因为此时辽东已近"草枯水冻",唐军势不能久,而困守安市以致山东豪杰劳而无功是关陇集团所能想到的最好结果。倘若用此避实击虚之计,一旦征辽之役获得成功,那么势必会抬升山东豪杰的地位进而在朝堂上对己方势力形成制衡,这是关陇集团难以容忍的。

---

① 刘昫等纂:《旧唐书》卷一九九上《高丽传》,第5324、5319页。
② 欧阳修等纂:《新唐书》卷二二〇《高丽传》,第6182页。
③ 刘昫等纂:《旧唐书》卷一九九下《渤海靺鞨传》,第5361页;参见杨军《高句丽人口问题研究》,《东北史地》2006年第5期,第11—16页。
④ 司马光等纂:《资治通鉴》卷一九八,贞观十九年九月壬申,第6342页。

余 论

东征高丽的失败进一步证明以太宗之英武亦不能乾纲独断、完全驾驭关陇集团,那么以高宗之柔懦恐难免沦为关陇集团的傀儡。因此,太宗抬高山东豪杰政治地位、制衡关陇集团的计划既未实现,则辽东之役就不会停止。贞观二十一年仍习前年故事,太宗以牛进达、李勣分为海陆两军统帅,迭扰高丽疆场。次年六月,太宗又"以高丽困弊,议以明年发三十万众,一举灭之。"①然而随着太宗驾崩、长孙无忌执掌权柄,辽东之役遂罢。此后至显庆四年(659),唐军多处于防御状态,正是因为在国内稳定的情况下,不擅开边衅、抑制军功是对除战功以外仕进乏途的山东豪杰最好的压制。其年长孙无忌获罪后,唐军随即开始转变策略,为大举征伐高丽做准备。乾封元年(666)高宗仍以李勣为统帅征伐高丽,不过是秉承太宗遗志、完成其未竟事业而已。②

《新唐书》云:"夷狄为中国患,尚矣。在前世者,史家类能言之。唐兴,蛮夷更盛衰,尝与中国亢衡者有四:突厥、吐蕃、回鹘、云南是也。"③高丽之患,虽不及以上四者,然大唐对其用兵之重,亦不遑多让。太宗执意"骋志于高丽",非是不顾劝谏之穷兵黩武,实与贞观末年之政局有着极大牵连。太宗本不愿立晋王,却又受制于关陇集团不得不从。高宗仁弱,既被立为储君就必须考虑"守成"问题。太宗必于关陇集团之外,另寻一政治集团与之相抗以平衡朝局、巩固皇祚。既想实现朝局变动,又要维持国内稳定,就难免滋事于外了。从太宗策划东征开始,高丽国运就牵系于关陇集团与山东豪杰集团的争斗之间。东征失败,太宗驾崩,关陇集团得势,辽东之役遂罢,高丽暂得保全;及高宗渐掌中枢,山东豪杰集团复振,辽东之役再兴,高丽因而亡国,新罗则借势完成朝鲜半岛之统一。由此可见,在唐朝国力鼎盛时期,其内政之变革对周边国家与民族盛衰连环的影响确实深巨,此即陈寅恪所谓"外族盛衰之连环性及外患与内政之关系"也。惜陈氏未及明言题中之义,今笔者稍做发挥,以为此鸿篇之一注脚。

作者简介: 常志浩,辽宁师范大学历史文化旅游学院博士研究生。李玉君,辽宁师范大学历史文化旅游学院教授。

---

① 司马光等纂:《资治通鉴》卷一九九,贞观二十二年六月癸酉,第6371页。
② 司马光等纂:《资治通鉴》卷二〇一,乾封元年十二月己酉,第6465页。
③ 欧阳修等纂:《新唐书》卷二一五上《突厥传上》,第6023页。

常态、变态与回归

——两宋常规祭祀体系中道教因素的变迁

谢一峰

【摘　要】 道教，作为一种非常重要的官方宗教，深刻地参与了有宋一代的常规国家祭祀体系。真宗朝所创立的一系列具有道教色彩的礼典，确立了其参与国家祀典体系的标准模式，即将道教元素融入儒家传统为主的体系之内。徽宗前期，他基本上承续了真宗时期的既有模式；而在政和、宣和时期，徽宗则在很大程度上突破了之前道教参与国家祀典的"真宗模式"，代之以一种以道教，尤其是神霄派理念为核心，试图全面挑战既有之祀典体系的新模式——即所谓的"徽宗模式"。然而，随着徽宗的失败和靖康二年（1127）北宋王朝的覆灭，南宋的第一位君主——高宗不得不面临其自身与宋廷合法性的双重危机。在重建和强化其政治权威的过程中，神道设教和神圣谱系的延续显然是必要的。正因如此，他必须接受"真宗模式"，继续强调道教因素在国家祀典体系中的重要地位，而并未接受部分士人和官僚全面摒弃道教仪典的建议；然而，在当时的政治语境下，高宗也必须同徽宗朝对于国家祀典体系激烈的道教化改造进行明确的切割。总而言之，如若我们将真宗朝以来道教参与国家祀典的模式视为一种常态的话；徽宗朝，尤其是徽宗朝后期的一系列举措，则是某种宗教狂热之下的变态；而在南宋前期，道教参与国家祀典的基本模式则在经历了一系列拨乱反正的措施之后，重新回归常态，体现出很强的延续性。

【关键词】 国家祭祀；道教；真宗；徽宗；高宗

序　引

在苏辙所撰的《龙川别志》中，记载了一则真宗君臣之间的问对：

> 契丹既受盟而归，寇公（即寇准）每有自矜之色，虽上，亦以自得也。王钦若深患之，一日，从容言于上曰："此《春秋》城下之盟也，诸侯犹且耻之，而陛下以为功，臣窃不取。"真宗愀然不乐，曰："为之奈何？"钦若度上厌兵，即谬曰："陛下以兵取幽、燕，乃可刷耻。"上曰："河朔生灵始免兵革之祸，吾安能为此？可思其次。"钦若曰："惟有封禅泰

---

* 本文系笔者主持的国家社会科学基金青年项目"7—13世纪'移动边疆'中的宗教与政治研究"（项目批准号：18CZJ001）的阶段性成果之一。

山,可以镇服海内,夸示夷狄。然自古封禅,当得天瑞希世绝伦之事,然后可为也。"既而又曰:"天瑞安可必得,前代盖有以人力为之者,惟人主深信而崇奉之,以明示天下,则与天瑞无异矣。"上久之乃可。然王旦方为相,上心惮之,曰:"王旦得无不可乎?"钦若曰:"臣得以圣意喻旦,宜无不可。"乘间为旦言之,旦黾勉而从。然上意犹未决,莫适与筹之者。它日,晚幸秘阁,惟杜镐方直宿。上骤问之曰:"古所谓河出图,洛出书,果如何事耶?"镐老儒,不测上旨,谩应曰:"此圣人以神道设教耳。"其意适与上意会,上由此意决。……由是天书、封禅等事,旦不复异议。①

"神道设教",本是中国自古以来的政治传统,《周易·彖》中即言:"圣人以神道设教,而天下服矣。"②又据钱钟书的看法,"神道设教,乃秉政者以民间原有信忌之或足以佐其为治也,因而损益依傍,俗成约定,俾用之倘有效者,而言之差成理,所谓'文之也'。"③至其功用,则钱氏认为有二:一是"为治人者言,法令之力所不逮,得宗教以裁约之";二是"治于人者之衷心,遭荼毒而不获申于人世,乃祷诸鬼神以冀疾苦之或苏"④。

由是而论,上文中所述真宗时期的天书、封禅等事,皆系"神道设教"的具体措施无疑。其根本目的,即在于"佐其为治","而天下服矣"。唯需注意的是,与儒家性格之政治文化传统有所不同,真宗朝的"神道设教",则在很大程度上染上了一重道教色彩。正如汤其领所言:"宋真宗即位后,为了洗刷澶渊之盟的耻辱,采纳道士王钦若的建议,东封泰山,西祀汾阴,在全国掀起拜神、造神运动,时道观大兴,道众剧增,致使道教发展进入高潮。"⑤

真宗去世之后,垂帘听政的刘后和仁宗,则在王曾、吕夷简等一干臣僚的谏议下,将前后所降天书随葬永陵⑥,导致了崇道高潮的降温⑦。然这一举措却并未从根本上改变真宗以降的道教,作为天水一朝重要之"政治宗教"⑧的基本面向。

根据张荣明的说法,所谓"政治宗教",应具备如下四个方面的主要特征:第一,政治信仰;第二,政治信仰的传输机制;第三,权力神圣;第四,一定的礼仪形式。⑨又据其所言:"上

---

① 苏辙撰,俞宗宪点校:《龙川略志·龙川别志》,北京:中华书局,1982年,第72—73页。又相关之记载,尚可参李焘:《续资治通鉴长编》卷六七,景德四年十一月庚辰,北京:中华书局,1980年,第1506—1507页;脱脱等:《宋史》卷二八二,北京:中华书局,1977年,第9544—9545页,所载于此略同。
② 王弼注,孔颖达疏:《周易正义》卷三,北京:北京大学出版社,1999年,第97页。
③ 钱钟书:《管锥编》(第一册),北京:中华书局,1979年,第20页。
④ 钱钟书:《管锥编》(第一册),第21页。
⑤ 汤其领:《涤耻封禅与北宋道教的兴盛》,《河南大学学报》(社会科学版)1995年第3期,第9页。
⑥ 事载李焘:《续资治通鉴长编》卷九九,乾兴元年九月己卯,第2297页。另可参魏泰撰,李裕民点校:《东轩笔录》卷一,北京:中华书局,1983年,第8页。
⑦ 有关仁宗时期尊崇道教的降温,可参汪圣铎:《宋代政教关系研究》,北京:人民出版社,2010年,第79—83页。
⑧ 根据张荣明的说法:"政治宗教是以超现实的政治理想和最终的政治目标为政治理性和政治价值的信仰体系,以及为贯彻这一政治信仰而建立的一套组织、权力形态和仪式制度。政治宗教是政与宗教的自然而有机的结合。政治宗教是一种特殊的宗教形态,既与一般宗教相关,又与之有别。所谓与一般宗教相关,是说政治宗教具有宗教的某些特征。但是,政治宗教又不同于一般的宗教形态,它只涉及宗教的政治层面,关涉到政治发展的不同阶段宗教与政治的相互关系,政治宗教与其他宗教之间的关系,政治宗教本身的特点及其发展规律。"(张荣明:《权力的谎言——中国传统的政治宗教》,杭州:浙江人民出版社,2000年,第5—6页。)
⑨ 参见张荣明:《权力的谎言——中国传统的政治宗教》,第6—7页。

述四点特征,第一点最重要,其他几点都是为第一点服务的。"①而在笔者看来,此处所谓"政治宗教"之礼仪形式的重要一端,便是我们一般意义上所谓之国家祭祀。②诚所谓"国之大事,在祀与戎"③,"在漫长的发展历程中,国家祭祀逐步形成一个内涵丰富的文化传统,它不仅仅是一套仪式与象征系统,而且其背后隐含着一整套观念与信仰系统。"④

然而,正如雷闻所言:"国家祭祀毕竟不能完全等同于儒教,特别是在魏晋南北朝隋唐时期,佛、道二教极为盛行,它们不仅对民众的个人信仰产生了很大影响,而且与国家祭祀体系也有着互动的关系。"⑤由是,他将国家祭祀的讨论重心,由魏侯玮(Howard J. Wechsler)、金子修一、吴丽娱⑥等人所关注的"郊庙之内",延伸至前人所较少论及的"郊庙之外",深入发掘唐代国家祭祀中有别于传统祀典体系的宗教意涵。

下及于宋代,山内弘一对于恭谢天地礼仪和景灵宫祭祀的研究⑦,可谓首开先河,"将道教影响国家礼制的问题带进了礼制研究"⑧。张泽洪对于宋代道教斋醮活动与帝王间互动的详细解析则表明,迟至南宋,斋醮礼仪仍被用于国家的郊祭大礼。⑨石涛的《宋代的御用道教》一文,认为宋统治者所崇信的道教已从自东汉以来发展起来的道教中脱离出来,与皇家敬天、祭天、祭祖等活动相结合,形成了为宋朝统治者护法的御用道教。⑩王志跃的研究,则从昊天上帝与五方帝的关系、祭礼中道教色彩的强化两个方面,对唐宋祭礼的变化和施行展开了较具宏观视野的讨论。⑪

而在具有道教因素之国家祀典的具体分析层面,当以南郊祭天祀典、景灵宫、天庆观方

---

① 张荣明:《权力的谎言——中国传统的政治宗教》,第7页。
② 有关国家祭祀之内涵、外延的界定,可参考 Joseph P. McDermott. "Introduction", in Joseph P. McDermott ed. *State and Court Ritual in China*, Cambridge: Cambridge University Press, 1999, pp.1–19;吴丽娱:《唐宋之际的礼仪新秩序——以唐代的公卿巡陵和陵庙荐食为中心》,载荣新江主编《唐研究》第 11 卷,北京:北京大学出版社,2005 年,第266—268 页;雷闻:《郊庙之外——隋唐国家祭祀与宗教》,北京:生活·读书·新知三联书店,2009 年,第 3 页等。朱溢则认为,国家祭祀研究的范围有很大的不确定性,而在中国古代,吉礼是一个内涵、外延都明确的概念,有当朝制度的明确规定,且更具系统性。参见氏著:《事邦国之神祇:唐至北宋吉礼变迁研究》,上海:上海古籍出版社,2014 年,第 6 页。
③ 《左传·成公十三年》,载左丘明传,杜预注,孔颖达正义:《春秋左传正义》卷二七,北京:北京大学出版社,1999 年,第 755 页。
④ 雷闻:《郊庙之外——隋唐国家祭祀与宗教》,第 1 页。
⑤ 雷闻:《郊庙之外——隋唐国家祭祀与宗教》,第 2 页。
⑥ 可参考 Howard J. Wechsler. *Offerings of Jade and Silk: Ritual and Symbol in the Legitimation of the T'ang Dynasty*, New Haven: Yale University Press, 1985;金子修一:《古代中国と皇帝祭祀》,東京:汲古書院,2001 年;《中国古代皇帝祭祀の研究》,東京:岩波書店,2006 年;吴丽娱主编:《礼与中国古代社会》(全四卷),北京:中国社会科学出版社,2016 年(此方面吴氏较具代表性的单篇论文,可参考氏著:《论九宫祭祀与道教崇拜》,载荣新江主编《唐研究》第 9 卷,北京:北京大学出版社,2003 年,第 283—314 页;《营造盛世:〈大唐开元礼〉的撰作缘起》《中国史研究》2005 年第 3 期,第 73—94 页;《皇帝"私"礼与国家公制:"开元后礼"的分期及流变》,《中国社会科学》2014 年第 4 期,第 160—181 页等,兹不赘述。)等。
⑦ 参见山内弘一:《北宋の国家と玉皇—新礼恭謝天地を中心に—》,《東方學》第 62 号(1981),第 83—97 页;《北宋時代の神御殿と景霊宮》,《東方學》第 70 号(1985),第 46—60 页。
⑧ 朱溢:《事邦国之神祇:唐至北宋吉礼变迁研究》,第 15 页。
⑨ 参见张泽洪:《宋代道教斋醮》,《宗教学研究》1996 年第 1 期,第 34—40 页。更为详细的研究,可参考氏著:《步罡踏斗——道教祭礼仪典》,成都:四川人民出版社,1994 年。
⑩ 参见石涛:《宋代的御用道教》,《山西大学学报》(哲学社会科学版)1998 年第 4 期,第 57—61 页。
⑪ 参见王志跃:《唐宋祭礼变化及实施考论》,《广西社会科学》2011 年第 9 期,第93—97页。

面的研究较为显著,亦及于太一宫、玉清昭应宫和临安璇玑观。①如在南郊祭天大典方面,吴铮强、杜正贞的《北宋南郊神位变革与玉皇祀典的构建》一文,深入解析了南郊神位变革与玉皇祀典的构建对北宋国家祀典的性质产生的重要影响。②又及于景灵宫,除前述山内弘一的开创性研究之外,伊沛霞(Patricia B. Ebrey)和吾妻重二等人,也从各自的角度着眼,揭示出其与两宋祖先崇奉的关系,及其道教祭祀与儒家祭祀的交叉。③朱溢则在前人研究的基础之上,系统梳理了唐至北宋时期三祀制的变迁。根据他的看法:"从唐玄宗时期开始,大量与传统礼制迥异的祭祀出现,并在三祀制中得到了相应的级别,道教在其中起了关键作用"④,并在北宋末年达到顶峰。及至南宋,高桥弘臣的研究,遂以郊祀、太庙、景灵宫之祭祀为中心,细致解析了南宋初年金军追击之下皇帝祭祀的混乱情形和宋金和议后的整顿措施。⑤又据赵嗣胤的研究可知:"南宋初,在杭州举行的圆丘、方泽和社稷等望祭礼仪活动,都在天庆观内开展……可以说,天庆观是当时杭州城礼仪空间的中心。"⑥由是而论,在南宋初年特殊的政治、军事情境之下,道教与国家祀典的结合,虽有因便从权之虑,却凭借天庆观这一特殊的空间场域,达到了空前未有的紧密程度。

再及于进入国家祀典体系之道教神祇的个案研究层面,最为中外学者所重的是梓潼—文昌帝君、真武和玉皇。⑦概而言之,除自南宋以降,尤其是蒙人入侵四川以后而流播于江南

---

① 有关太一宫、玉清昭应宫和临安璇玑观之专门研究,可参见吴羽:《唐宋道教与世俗礼仪互动研究》,北京:中国社会科学出版社,2013年,第1—106页。
② 参见吴铮强、杜正贞:《北宋南郊神位变革与玉皇祀典的构建》,《历史研究》2011年第5期,第47—58页。
③ 参见 Patricia B. Ebrey. "Portrait Sculptures in Imperial Ancestral Rites in Song China," T'oungPao, 83.1/3(1997), pp.42-92;吾妻重二:《宋代の景霊宫について——道教祭祀と儒教祭祀の交差》,收入小林正美编:《道教の斋法仪式の思想史研究》,东京:知泉书馆,2006年,第283—333页。
④ 朱溢:《事邦国之神祇:唐至北宋吉礼变迁研究》,第85页。该文原题为《唐至北宋时期的大祀、中祀和小祀》,载《清华学报》第39卷第2期(2009),第287—324页,后收入氏著:《事邦国之神祇:唐至北宋吉礼变迁研究》,第41—85页。
⑤ 参见高桥弘臣:《南宋の皇帝祭祀と临安》,《东洋史研究》第69卷第4号(2011),第611—643页。
⑥ 赵嗣胤:《南宋临安研究》,复旦大学硕士学位论文,2011年,第33页。
⑦ 宋代梓潼(文昌)信仰的研究,可参考 Terry F. Kleeman. "Wenchang and the Viper: The Creation of a Chinese National God," Ph.D. Diss., University of California, Berkeley, 1988; "The Expansion of the Wen-ch'ang Cult," in Patricia B. Ebrey and Peter N. Gregoryeds. Religion and Society in T'ang and Sung China, Honolulu: University of Hawai'i Press, 1993, pp.45-74;张泽洪:《论道教的文昌帝君》,《中国文化研究》2005年第3期,第1—9页等。宋代真武信仰之研究,则可参考王光德、杨立志:《武当道教史略》,北京:华文出版社,1993年,第59—111页;Chuang Hung I. "Les CroyancesConcernnant La DiviniteTaoïste Xuanwu(Xème-XIIIèmeSiecles),"Ph. D. diss., école des Hautes études en Sciences Sociales, 1994;曾召南《宋元明皇室崇信真武缘由刍议》,《宗教学研究》1996年第2期,第38—44页,后收入氏著:《学步集:曾召南道教研究论稿》,成都:巴蜀书社,2008年,第289—299页;庄宏谊:《宋代玄天上帝信仰的流传与祭奉仪式》,收入四川大学宗教研究所主编:《道教神仙信仰研究》(下册),台北:中华道统出版社,2000年,第458—549页;唐代剑:《论真武神在宋代的塑造与流传》,《中国文化研究》2000年第3期,第43—47页;梅莉:《宋元时期杭嘉湖平原真武信仰》,载连晓鸣主编:《天台山暨浙江区域道教国际学术研讨会论文集》,杭州:浙江古籍出版社,2008年,第83—90页;Shin-yi Chao. Daoist Rituals, State Religion, and Popular Practices: Zhenwu Worship from Song to Ming(960-1644),London:Routledge,2011等。又相关研究综述,可参考梅莉:《真武信仰研究综述》,《宗教学研究》2005年第3期,第41—46页;肖海明:《真武信仰研究综述》,《民俗研究》2006年第3期,第243—249页。而在宋代玉皇信仰之研究方面,可参考谢聪辉:《〈玉皇本行集经〉出世的背景与因缘研究》,载傅飞岚(Franciscus Verellen)、黎志添主编:《道教研究学报:宗教、历史与社会》第一期,香港:中文大学出版社,2009年,第155—199页;《〈正统道藏〉本〈玉皇本行集经〉成书时间考定》,《清华学报》第40卷第2期(2010),第193—220页;《新天帝之命:玉皇、梓潼与飞鸾》,台北:台湾商务印书馆,2013年。等。

的梓潼信仰之外,真武和玉皇的信仰都跨越两宋,在官方祀典和民间信仰中占据了甚为重要的位置。但从既有的研究现状来看,与道教参与国家祀典体系之研究较多集中于北宋时期的情形相较,此类个案研究的重心则集中于现存史料更为丰富、多元的南宋时期,更多关注于官方祀典与民间信仰的互动层面。令人稍感遗憾的是,上述个案研究虽可"窥其一斑",在局部上对两宋国家祀典同道教之间互动的研究有所推进;却并未能对两宋之际和南宋时期的新变予以足够的关注,从而在宏观层面上深化我们对于两宋时期国家祀典之道教元素的认识和理解。

而在史料支撑方面:北宋时期《太常因革礼》《政和五礼新仪》等大型礼书的编纂和《续资治通鉴长编》《宋会要辑稿》中的详尽记载,为我们对于北宋礼制的探讨提供了丰富可考的系统性资料。南宋前期的礼制文献虽不及北宋时期丰富,然较之相关材料甚为匮乏的南宋中后期而言,则有《中兴礼书》和《宋会要辑稿》这两大核心史料作为支撑;《建炎以来系年要录》等编年史文献所呈现的清晰脉络,也为我们深入解析此一时期道教、国家祭祀和政治语境的互动,提供了较为清晰的时间线索。再及私人撰述方面,两宋时期丰富的文人文集和笔记小说,则为我们从多元的角度探索这一问题,尤其是士人对于道教参与国家祀典的态度和看法,提供了更多可资参考的史料。

综上所述,无论是从目前的研究现状而论,还是史料的支撑程度来看,对于两宋间道教与国家祭祀之关系的探索和讨论仍大有可为。北宋时期道教参与国家祀典的主要方式为何?在南宋前期的政治变局中如何承续,又发生了哪些变化?是本文所要讨论的核心问题。以下的论述,即以两宋间常规性的国家祭祀[1]中道教因素的变迁为主线,由"郊庙之内"一直延伸至"郊庙之外",以期为我们在此时代变局中理解天水一朝道教与国家祭祀的互动关系和运作模式[2],提供新的向度。

---

[1] 此处参考雷闻的提法,将宋代之国家祭祀分为常祀(即常规祭祀)和祈祷(如祈雨、祈晴等活动)两类。参见雷闻:《郊庙之外——隋唐国家祭祀与宗教》,第293页。

[2] 在彼得·伯克看来:"'模式'是一种知识建构,它简化事实以便于理解。与地图一样,正是由于它省略了实际存在的某些因素,它才具有实用性。它还把有限的因素或'变量'组成一个各部分相互依存并保持内在统一的系统。迄今为止,人们一直这样描述'模式',因此可以断言,甚至致力于特殊性的历史学家也总在使用它。""模式的功能就是简单化从而使真实的世界更易于理解。"(彼得·伯克著,姚朋等译:《历史学与社会理论》[第二版],上海:上海人民出版社,2010年,第28、34页。)

一 "真宗模式"的形成与奠定

有宋一代的"政治文化"①中,"祖宗之法""不仅是一种政治行为模式,同时也是一种思想文化模式"②。根据邓小南的说法,"所谓'祖宗之法'的轨范,广泛存在于宋代君王及士大夫的理念之中,对于现实政治发生着深刻的影响。但它不是一组可以具象指称的实体,而更接近于一套行为标准、精神原则"③。

需要注意的是,宋人心目中的"祖宗之法",并非全皆太祖、太宗之法,而"是一种动态累积而成、核心精神明确稳定而涉及面宽泛的综合体"④。及于道教和政治文化的关系和互动层面,则依笔者之见:宋廷处理此一问题的"祖宗之法",是在真宗朝奠定的;其后宋朝对于道教的基本态度,尤其是其在国家祀典中的参与和定位,也在相当程度上承续了真宗时期的基本格局,表现出非常强的延续性和稳定性。

前已述及,真宗朝"神道设教"的一项重要举措,即是泰山封禅。所谓"封禅",是中国古代帝王为昭报天地之功而举行的国家祭祀活动。⑤自秦汉以降,直至唐宋时期一千余年的历史中,真正得以登临泰山,行封禅大典的帝王,仅有秦始皇、汉武帝、汉光武帝、唐高宗、玄宗和宋真宗六位,再加上曾登临嵩山封禅的女皇武则天,也仅七位之数。而与其他帝王有所不

---

① 根据加布里埃尔·A.阿尔蒙德(Gabriel A. Almond)的说法:"政治文化是一个民族在特定时期流行的一套政治态度、信仰和情感。这个政治文化史由本民族的历史和现代社会、经济、政治活动地位进程所形成。人们在过去的经历中形成的态度类型对未来的政治行为有着重要的强制作用。政治文化影响各个担任政治角色者的行为、他们的政治要求内容和对法律的反应。"(阿尔蒙德、鲍维尔著,曹沛霖等译:《比较政治学:体系、过程和政策》,上海:上海人民出版社,1987年,第29页。)又高毅认为,政治文化概念具有这样三个特征:(1)它专门指向一个民族的群体政治心态,或该民族在政治方面的群体主观取向;(2)它强调民族的历史和现实的社会运动对群体政治心态的影响;(3)它重视群体政治心态对于群体政治行为的制约作用。(参见高毅:《法兰西风格——大革命的政治文化》,杭州:浙江人民出版社,1991年,第7页。)而在中国古代史的研究领域,对于政治文化之讨论则可参考阎步克:《士大夫政治演生史稿》,北京:北京大学出版社,1996年,第2、23页;陈苏镇:《研究中国古代政治文化的力作——读〈士大夫政治演生史稿〉》,《北京大学学报》(哲学社会科学版)1998年第1期,第148—150页;余英时:《朱熹的历史世界——宋代士大夫政治文化研究》,北京:生活·读书·新知三联书店,2011年,第5页;方诚峰:《北宋晚期的政治体制与政治文化》,北京:北京大学出版社,2015年,第2—3页等。其他中国学者的讨论,可参考孟繁华:《政治文化与中国当代文艺学》,《中国社会科学》1999年第6期,第146—159页等。
② 邓小南:《祖宗之法——北宋前期政治述略》,北京:生活·读书·新知三联书店,2006年,第13页。
③ 邓小南:《祖宗之法——北宋前期政治述略》,第13页。
④ 邓小南:《祖宗之法——北宋前期政治述略》,第9页。
⑤ 此方面较具系统性的研究,可参考石芳苓:《中国历代帝王泰山封禅秘闻》,北京:经济日报出版社,1989年;何平立:《巡狩与封禅:封建政治的文化轨迹》,济南:齐鲁书社,2002年;汤贵仁:《泰山封禅与祭祀》,济南:齐鲁书社,2003年;王克奇:《秦皇东巡与汉武封禅》,济南:山东文艺出版社,2004年等。据《史记·封禅书》张守节《正义》的解释:"此泰山上筑土为坛以祭天,故曰封。此泰山下小山上除地,报地之功,故曰禅。"(司马迁撰,裴骃集解,司马贞索引,张守节正义:《史记》卷二八,北京:中华书局,1959年,第1355页。)

同的是，真宗朝的封禅活动，从一开始便染上了一层道教的色彩。①

《史记·封禅书》云："自古受命帝王，何尝不封禅？盖有无其应而用事者矣，未有睹符瑞见而不臻乎泰山者也。"②而在真宗一朝，"帝亲受符命"，则成了"东封西祀、兴建宫观、搜讲坠典等过程的出发点和'通行证'"。③然而，正如王钦若所言："天瑞安可必得，前代盖有以人力为之者，惟人主深信而崇奉之，以明示天下，则与天瑞无异矣。"④由是，在君臣二人的默契配合之下，以一场颇具戏剧性的"天书下降"事件⑤为始，真宗朝"东封西祀"的一系列造神运动旋即拉开帷幕。

据李焘的记载：

> 大中祥符元年（1008）春正月乙丑，上召宰臣王旦、知枢密院事王钦若等对于崇政殿之西序，上曰："朕寝殿中帘幕，皆青缣为之，旦暮间，非张烛莫能辨色。去年十一月二十七日，夜将半，朕方就寝，忽一室明朗，惊视之次，俄见神人，星冠绛袍，告朕曰：'宜于正殿建黄箓道场一月，当降天书大中祥符三篇，勿泄天机。'朕悚然起对，忽已不见，遽命笔志之。自十二月朔，即蔬食斋戒。于朝元殿建道场，结彩坛九级。又雕木为舆，饰以金宝，恭伫神贶。虽越月，未敢罢去。适睹皇城司奏，左承天门屋之南角，有黄帛曳于鸱吻之上。朕潜令中使往视之，回奏云：'其帛长二丈许，缄一物如书卷，缠以青缕三周，封处隐隐有字。'朕细思之，盖神人所谓天降之书也。"⑥

由此而论，整个"天书下降"事件的缘起，显与道教有关。真宗梦中得到的神启，即所谓"天书"之"大中祥符三篇"，则必须通过兴建黄箓道场的方式来获得。而在天书的内容、风格方面，"其书黄字三幅，辞类《尚书·洪范》《老子道德经》，始言上能以至孝至道绍世，次谕以清净简俭，终述世祚延永之意"⑦，也体现出道家、道教的宗旨和意趣。随后，真宗即"遣吏部尚书张齐贤等奏告天地、宗庙、社稷及京城祠庙"⑧，改元大中祥符、改左承天门为左承天祥符门⑨，从而正式开启了"神道设教"的序幕。

又据《宋会要辑稿》所记，"天书下降"发生仅两月余之后的大中祥符元年三月十三日，

---

① 雷闻则认为，唐高宗封禅大礼中便已出现了不少的道教因素。详细至讨论课参考氏著：《郊庙之外——隋唐国家祭祀与宗教》，第138—153页。
② 司马迁撰，裴骃集解，司马贞索引，张守节正义：《史记》卷二八，第1355页。
③ 邓小南：《祖宗之法——北宋前期政治述略》，第322页。更为详细之讨论，可参考何平立：《宋真宗"东封西祀"略论》，《学术月刊》2005年第2期，第89—95页。
④ 苏辙撰，俞宗宪点校：《龙川略志·龙川别志》，第72页。
⑤ 有关"天书下降"事件的讨论，可参考 Suzanne E. Cahill. "Taoists at the Sung Court: The Heavenly Text Affair of 1008," *Bulletin of Sung and Yuan Studies* 16(1980), pp.23—44；葛剑雄：《十一世纪初的天书封禅运动》，《读书》1995年第11期，第68—78页；汤其领：《涤耻封禅与北宋道教的兴盛》，第9—13页等。
⑥ 李焘：《续资治通鉴长编》卷六八，大中祥符元年正月乙丑，第1518页。
⑦ 李焘：《续资治通鉴长编》卷六八，大中祥符元年正月乙丑，第1519页。
⑧ 李焘：《续资治通鉴长编》卷六八，大中祥符元年正月乙丑，第1519页。
⑨ 参见李焘：《续资治通鉴长编》卷六八，大中祥符元年正月乙丑，第1520页。

兖州父老、僧道吕良等便诣阙上表,请求真宗皇帝东封泰山,知州邵晔亦率所属官僚随即奉表陈请。①五天之后,"诸道贡举人进士李觉等诣登闻鼓院上表请封禅。""二十一日,文武百官宰臣王旦等拜表继请。自是至二十七日,凡五上表固请,帝始允。"②

由是,根据汤其领的概括,"在受命、至功、德洽等封禅条件均已齐备的情况下,真宗即决定于十月事泰山封禅。首先遣使告天地、宗庙、岳渎诸祠;其次令丁谓等筹划赴泰山食宿,确定路线。再次令翰林学士晁迥等与太常礼院拟定仪礼。任命大礼五使之职,以王旦为大礼使,王钦若为礼仪使,冯拯为仪仗使,陈尧叟为卤簿使,赵安仁为桥道顿递使。并命王钦若、赵安仁并判兖州。具体筹办封禅事宜。"③对此封禅期间的安排措置,《续资治通鉴长编》和《宋会要》记载甚详,此不赘述。唯需注意的是,条析上述文献中所载封禅仪典的制定和实施,则仍是以儒家经典和祀典体系为基础的;除包含道教元素的天书自始至终在整个仪典的筹备和实施过程中占有重要地位之外,似乎并未沾染多少道教的色彩。④而在封禅大典结束之后的大中祥符元年十一月,真宗皇帝曾亲谒阙里文宣王庙(即孔庙)。据《续资治通鉴长编》所载:"诏加谥曰玄圣文宣王,祝文进署,仍修葺祠宇,给近便十户奉茔庙。"⑤值得注意的是,在李焘所记随后有关孔子谥号之定名缘由的一段讨论中,除引纬书《春秋演孔图》"孔子母梦感黑帝而生,故曰玄圣"的理论之外,尚引道家、道教的基本典籍——《庄子》中"恬澹玄圣,素王之道"的说法为据,则在一定程度上体现出儒、道思想的融汇。⑥

综上所述,真宗大中祥符元年的泰山封禅,主要是在儒家祀典体系的既有框架内融入了某些道教因素。然而圣祖的降临,则为真宗的"神道设教"注入了更多的道教色彩。⑦有关事件筹备阶段王中正与真宗之互动和所谓"圣祖临"的全过程,汪圣铎在其《宋代政教关系研究》一书中已经进行了细致的梳理。⑧而需特别留意的是,这位赵宋始祖的降生地不是别处,正是孔子的故里——兖州曲阜。据李焘所记:"(大中祥符五年[1012]闰十月)戊寅,改兖

---

① 参见徐松等辑录,刘琳、刁忠民、舒大刚、尹波等校点:《宋会要辑稿》第 2 册,礼二二,上海:上海古籍出版社,2014 年,第 1110 页上。
② 《宋会要辑稿》第 2 册,礼二二,第 1110 页下—1111 页上。
③ 汤其领:《涤耻封禅与北宋道教的兴盛》,第 10 页。
④ 参见《宋会要辑稿》第 2 册,礼二二,第 1111 页上—1128 页下。此间全部事件之记载,则可参考李焘:《续资治通鉴长编》卷六八、六九、七十,第 1518—1586 页。又汪圣铎指出:"封禅不一定同道教有多大联系。但此次封禅是由天书引出的,天书似乎多少有些道教色彩,所以,此次封禅也就或多或少与道教发生了联系。"(汪圣铎:《宋代政教关系研究》,第 47 页。)
⑤ 李焘:《续资治通鉴长编》卷七〇,大中祥符元年十一月戊午,第 1574 页。
⑥ 参见李焘:《续资治通鉴长编》卷七〇,大中祥符元年十一月戊午,第 1574 页。又《春秋演孔图》云:"孔子母征在,游大泽之陂,睡梦黑帝使,请己往梦交,语曰:汝乳必于空桑之中。觉则若感,生丘于空桑。"或云"孔子母征在,梦感黑帝而生,故曰玄圣。"(安居香山、中村璋八辑:《纬书集成》(中),石家庄:河北人民出版社,1994 年,第 576 页。)《庄子》原文为"夫虚静恬淡寂漠无为者,万物之本也。明此以南乡,尧之为君也;明此以北面,舜之为臣也。以此处上,帝王天子之德也;以此处下,玄圣素王之道也。"(郭庆藩:《庄子集释》外篇天道第十三,卷五中,北京:中华书局,1961 年,第 457 页。)
⑦ 根据汪圣铎所论:"即依照官方的说法,圣祖是道教中的神,因而'以神道设教'真正进入了尊崇道教的阶段。"(汪圣铎:《宋代政教关系研究》,第 52 页。)
⑧ 参见汪圣铎:《宋代政教关系研究》,第 52—59 页。

州曲阜县为仙源县。建景灵宫、太极观于寿邱,以奉圣祖及圣祖母。"①而在四年之后的大中祥符九年(1016)二月,宋廷又"命修景灵宫副使、同玉清昭应宫副使、户部侍郎林特(约951—1023)诣兖州景灵宫、太极观设醮,以营建毕故也。宫观总一千三百二十二区。"②同年五月丙辰,"以景灵宫、会灵观及兖州景灵宫、太极观成,群臣称贺"③。由是可见,宋廷对于兖州景灵宫的兴建是极为重视的;此宫规模之大、营建之久、靡费之巨,也充分体现出其显赫的地位。据此而论,大中祥符五年改孔子故里之曲阜县为仙源县的举措,确在很大程度上体现出这一时期儒道竞合之中道教的优位;"圣祖"对于孔子故乡的渗透,正是这一道教优势的集中体现。

不容否认的是:真宗在不断推进圣祖信仰的同时,也对儒家继续表现出推崇之意。据李焘所记,就在圣祖降临的当月,真宗撰写《崇儒术论》,并对龙图阁直学士陈彭年说:"儒术污隆,其应实大,国家崇替,何莫由斯……直道而行,至公相遇,此天下之达理,先王之成宪,犹指诸掌,孰谓难哉?"④由是可知,至少从外在的观感而论,真宗仍是上承"祖宗之法",儒、道并重的。而在士人方面,孙奭便在朱能献天书之际,借汉武、明皇之典,对君主"内惑宠嬖,外任奸回,曲奉鬼神,过崇妖妄"的崇道行为进行批评。⑤又据汪圣铎的说法:"除了孙奭之外,张咏、鲁宗道、刘煜(一作刘煜)等也曾站在儒家的立场上,对宋真宗以神道设教的一些做法提出过批评,宋真宗对这些人大抵也都采取了优容态度,这当中或许也有怕得罪儒教的成分。"⑥

颇为有趣的是,《续资治通鉴长编》中紧接下来的两段记载,则在更大程度上体现出儒家和道教在国家祀典层面的交织。据李焘所载:"诏以天尊降临,分命辅臣告天地、宗庙、社稷。初,宰相请准例遣丞郎已下,上特命王旦等摄事,又遣官告诸陵、岳渎、祠宇,上亲封香付之。"⑦又大中祥符五年十月壬戌,真宗"谒玉清昭应宫。时将祀神州地祇,在致斋内,上疑不当出,欲别择日,恐缓。后乃诏礼官议之,且言:'焚香致谢,非游赏也,若不作乐,于礼无嫌。'遂从之。"⑧据笔者之见,如果说第一个例子中道教天尊的降临,被辅臣以奏告天地、宗庙和社稷的方式得以确认,体现出道教尊神和传统国家祀典的紧密结合的话;第二个例子中真宗在神州地祇和玉清昭应宫的出入之间所面临的难题,则更多展现出具有道教因素的新兴祀典同传统祀典体系之间的张力。在礼官的建议下,大中祥符年间的这一难题,虽以焚香致谢而不作乐,于礼无嫌的方式,得到较为圆满的解决,却在很大程度上折射出具有道教色彩的祀典"新贵"(如此处的玉清昭应宫),在其融入国家祀典体系的过程中与传统祀典中为历朝所重的神祇(如此处之神州地祇)间发生冲突的可能性。

接下来所要讨论的,则是京师景灵宫。据《宋史·礼志》所载,此宫的建立是在真宗大中

---

① 李焘:《续资治通鉴长编》卷七九,大中祥符五年闰十月戊寅,第1802页。
② 李焘:《续资治通鉴长编》卷八六,大中祥符九年二月壬辰,第1973页。
③ 李焘:《续资治通鉴长编》卷八七,大中祥符九年五月丙辰,第1990页。
④ 李焘:《续资治通鉴长编》卷七九,大中祥符五年十月辛酉,第1798—1799页。
⑤ 参见李焘:《续资治通鉴长编》卷九三,天禧三年四月辛卯,第2142—2143页。
⑥ 汪圣铎:《宋代政教关系研究》,第69页。
⑦ 李焘:《续资治通鉴长编》卷七九,大中祥符五年十月辛酉,第1799页。
⑧ 李焘:《续资治通鉴长编》卷七九,大中祥符五年十月壬戌,第1799页。

祥符五年,"圣祖临降,为宫以奉之。"①由是可知,东京景灵宫的兴建,与前述之兖州景灵宫一样,也是同圣祖降临事件有关的;而在祭祀程序方面,其参照唐太清宫之制的道教色彩则甚为显著。②又据朱溢的说法,"与唐代的太清宫祭祀一样,景灵宫祭祀建立后,与圜丘昊天上帝祭祀、太庙祭祀构成了皇帝亲祭的'三大礼'"③。由是,景灵宫祭祀作为皇帝亲祭之最为重要的"三大礼"之一,在宋代国家祀典体系中的地位当不容忽视。值得注意的是:无论是唐玄宗以来太清宫、太庙和南郊为顺序的"三大祀"④,还是北宋时期以景灵宫、太庙和南郊为次第的"三大礼",都是在儒家祖先和祭天祀典的既有框架下,增入道教因素而形成的。在此祀典体系的确立过程中,无论是被奉为李唐始祖的老子李耳,还是宋人建构出来的王朝祖先——圣祖,都被以太清宫和景灵宫亲祭的具体形式,纳入前后一贯的逻辑序列之中。这一逻辑序列的根本目的,便是在具有宗教色彩,尤其是道教色彩的王朝始祖(太清宫或景灵宫)、列祖列宗(景灵宫和太庙)和上天(南郊祀典)之间,建立牢不可破的连续性,而为其"神道设教"的神圣政治张本。正如李猛所言:"在神圣政治中,重要的不是言说的话语",而是"展现君主身体形象的仪式。这种充满象征色彩的政治仪式,使君主得以成为全民眼睛的焦点,成为整个国家政治世界的示范中心(Exemplar Centre)。"⑤

仁宗天圣元年(1023)之后,帝后御容(即其塑像或画像)渐成为景灵宫崇祀的中心。又神宗元丰五年(1082),宋廷下令"作景灵宫十一殿,而在京(宫)观寺院神御悉皆迎奉入内,所存者惟万寿观延圣、广爱、宁华三殿云"⑥,则使其道教色彩有所削弱⑦,真正成为奉祀皇家祖先的"原庙"。正如吾妻重二所论,自仁宗朝开始,宋廷在景灵宫祭祀中加入了不少儒家祭祀元素,然此一祭祀的道教性质则依旧鲜明。⑧由是,景灵宫的性质虽在真宗之后的仁宗朝和神宗朝时期有所调整;然就其总的基本面向而论,仍具有非常明显的道教属性,似可视为真宗朝道教参与国家祀典体系的一个重要表征。

至此,我们对真宗朝时期道教参与国家祀典的解析也就基本完成了。从总体上来看,如果说大中祥符元年的"天书下降"和"东封西祀",构成了真宗"神道设教"的第一次高潮的话;大中祥符后期的"圣祖临"和景灵宫的兴建,则在很大程度上标志着道教对于国家祀典体系的体制性参与。随着景灵宫、太庙、南郊"三大礼"体系的最终确立,道教祀典已不再局限于雷闻所言的"郊庙之外",而是得以登堂入室,深深地嵌入"郊庙之内",成为有宋一代国家祀典体系中最为重要的环节之一。

---

① 脱脱等:《宋史》卷一〇九,第2621页。
② 据李焘所载:天禧二年(1018),"景灵宫判官、知制诰刘筠请令礼仪院、宗正寺约唐朝《太清祠令》撰集《景灵宫祠令》,付本司遵守,从之。"(李焘:《续资治通鉴长编》卷九一,天禧二年三月丁巳,第2106页。)
③ 朱溢:《事邦国之神祇:唐至北宋吉礼变迁研究》,第73页。详参同书,第124—131页。
④ 有关此"三大祀"体制的形成,可参考金子修一:《中国古代皇帝祭祀の研究》,第362—403页。
⑤ 李猛:《论抽象社会——意识形态研究》,《社会学研究》1999年第1期,第13页。
⑥ 《宋会要辑稿》第2册,礼一三,第721页上。
⑦ 汪圣铎即认为:"此次改造将相当数量的已故皇帝神御从寺院宫观中迁入景灵宫,总体来讲,或多或少有削弱官方与佛、道二教联系的作用,特别是对佛教的影响尤为显著,不少在京寺院的帝王神御殿被撤除,总会对僧人的心理上产生一定压力。"(汪圣铎:《宋代政教关系研究》,第129页。)
⑧ 参见吾妻重二:《宋代の景灵宫について—道教祭祀と儒教祭祀の交差》,第283—333页。

需要补充说明的是,北宋皇帝亲郊前的景灵宫朝献和太庙朝享因不符礼制传统,也屡遭朝官们的质疑。天圣五年(1027)南郊礼仪司刘筠和宝元元年(1038)司封员外郎、直集贤院兼天章阁侍讲贾昌朝对皇帝亲郊前朝献景灵宫的异议,便是此种质疑之声的典型例证。①然正如朱溢所言:"景灵宫朝献能够强化皇帝亲郊的统治合法性表达力度,加上北宋的崇道氛围,这一仪式注定不可能被排除出三大礼。"②如是,则较之彼时热闹非凡,却难免昙花一现的"天书下降"和"东封西祀";由圣祖信仰而衍生出来的景灵宫祭祀,则因与太庙、郊祀等国家祀典的全面结合,而保持了相当的稳定性,一直延续到真宗的崇道高潮落幕之后。而须再度申明的是:真宗朝时期道教参与国家祭祀的主要方式,仍是试图将新的道教元素融入既有的框架和体系之内,而非另起炉灶、别立新说。这一儒道混融之国家祀典体系的成立,构成了道教参与国家祀典体系的"真宗模式"。

二 从"真宗模式"到"徽宗模式"

接下来所要讨论的则是徽宗。而在其崇道的问题上,金中枢、宫川尚志、司马虚(Michel Strickmann)、汪圣铎、王曾瑜等学者,已就徽宗与道教、道士之间的互动关系进行了一系列颇为深入的讨论。③有关其崇道动机和行为的解释,则以伊沛霞和方诚峰的观点为代表,略可分为两类。

根据伊沛霞的理解:"如果进行任何政治上的解读,徽宗的道教措施不能不说是失败的。由于大量的财政支出,又因神霄派很难对凝聚知识阶层甚至那些在朝任职的官员们有何助益,其在政治上的利益可谓得不偿失。"④"徽宗后期对于道教的倡导所付出的代价,远远超越了其早先的措施。"⑤由此而论,简单地从一种绝对理性的政治学立场来对徽宗的崇道行为进行解释,显然是有失偏颇的。因是之故,伊氏提醒我们应当注意其崇道的个人信仰因素。在她看来:"对徽宗所作所为的宗教性解读,较之政治上的解读更具有说服力。"⑥

而据方诚峰之见,徽宗朝政治与道教之间的不断而持续深入的联结,则须分解为两个

---

① 就其最终的结果来看,刘筠的建议得到批准。是年,真宗完成南郊亲祭后数日,便至玉清昭应宫行恭谢之礼。参见李焘:《续资治通鉴长编》卷一〇五,天圣五年七月丙寅、十一月丁巳,第 2444、2456 页。贾昌朝的说法则更为严厉,而最终在礼仪使和太常礼院讨论之后被否决。参见欧阳修等:《太常因革礼》卷三二,北京:中华书局,1985 年,第 205 页。更为详细的讨论,可参考朱溢:《事邦国之神祇:唐至北宋吉礼变迁研究》,第 129—130 页。

② 朱溢:《事邦国之神祇:唐至北宋吉礼变迁研究》,第 129—130 页。

③ 参见金中枢:《论北宋末年之崇尚道教(上)》,《新亚学报》第 7 卷第 2 期(1966),第 323—414 页;《论北宋末年之崇尚道教(下)》,《新亚学报》第 8 卷第 1 期(1967),第 187—257 页;宫川尚志:《宋の徽宗と道教》,《東海大学紀要(文學部)》第 23 号(1975),第 1—10 页;《林灵素と宋の徽宗》,《東海大学紀要(文學部)》第 24 号(1975),第 1—8 页;Michel Strickmann. "The Longest Taoist Scripture," *History of Religions* Vol.17, No.3/4(1978), pp.331-354;汪圣铎:《宋代政教关系研究》,第 140—212 页;王曾瑜:《宋徽宗时的道士和道官群》,载罗家祥主编:《华中国学》2015 年秋之卷(总第五卷),武汉:华中科技大学出版社,2016 年,第 123-135 页等。

④ Ebrey, Patricia Buckley. *Emperor Huizong*, Cambridge MA. & London: Harvard University Press, 2014, pp.368-369.

⑤ Ebrey, Patricia Buckley. *Emperor Huizong*, p.369.

⑥ Ebrey, Patricia Buckley. *Emperor Huizong*, p.369.

不同的层次来理解。一者,为什么徽宗政治长期需要"道家者流"的参与?二者,为什么徽宗朝政治需要"道教"这一宗教?① 又据汪圣铎的观察,此番崇道,少见道教组织的主动行为,而主要是徽宗利用行政权力采取的措施。参预其事的道士之间少有联系,且以个人身份参与,而不见某一宫观、某一宗派之道士的集体行动。② 由是,方诚峰从政治需要的角度着眼,认为"'道家者流',即方士、道士在徽宗朝政治中为何兴盛——既有宫廷政治的需要,更是营造'圣君'的需要。在君主的形象、自我定位上,徽宗通过宗教手段超越了神宗、哲宗,达到了'神性君主'的全新境地。"③ 于是乎,徽宗朝"道家者流"对于政治活动的广泛参与,便不止缘于徽宗个人的信仰好恶,而是同徽宗朝时期特殊的政治文化息息相关的。④

然而,正如李猛所言,在神权政治的时代,"从政治表象(Political Representation)的角度来看,合法性和神圣性是两个缠绕在一起的主线。……在这方面,'旧制度'的政治主要仍是一种神圣政治,它的合法性是通过某种神圣性来实现的。"⑤ 由此而论,在信仰需求与政治需求之间,实无一道天然的鸿沟,而可将其截然二分。尤其是在同国家意识形态和合法性建构息息相关的国家祭祀层面,这种皇帝信仰与政治需求之间的联系可谓错综复杂,而需更为审慎地加以理解和看待。

又从其崇道的发展阶段而论,伊沛霞在《徽宗》一书中已经十分敏锐地注意到:"徽宗后期对于道教的倡导所付出的代价,远远超越了其早前的项目。"⑥ 由是而论,徽宗对于道教的崇尚,或可分为两个不同的阶段来认识。其前期的一系列举措,则依笔者之见,仍大体行走在前述"真宗模式"的延长线上。

首先需要提及的一个例子,便是崇宁九鼎。根据李攸的记载:"崇宁四年(1105)九月,蔡京用魏汉津(北宋末人)铸九鼎,作大晟乐。"⑦ 又依蔡绦所记:"魏汉津,黥卒也,不知何许人。自云遇李良仙人,以其八百岁,世号'李八百'者。得尸解法已六世,尸解复投他尸而再生。"⑧ 据此,九鼎的设计和铸造,都与颇具道教背景的方士魏汉津有着密切的联系。

根据《皇宋通鉴长编纪事本末》的记载:

> 崇宁三年(1104)二月,始用方士魏汉津之说,铸九鼎。四年三月戊午,宰臣蔡京言九鼎告成。诏于中太一宫之内,为九殿以奉安,各周以垣上施睥睨,墁以方色之土,外筑垣环之,名曰九成宫。中央曰帝鼐,其色黄,祭以土王日,为大祠,币用黄,乐用宫架。其北方曰宝鼎,其色白,祭以冬至,币用皂。东北曰牡鼎,其色白,祭以立春,币用皂。东方曰苍鼎,其色碧,祭以春分,币用青。东南曰冈鼎,其色绿,祭以立夏,币用绯。南方曰彤

---

① 参见方诚峰:《北宋晚期的政治体制与政治文化》,第240页。
② 参见汪圣铎:《宋代政教关系研究》,第212页。
③ 方诚峰:《北宋晚期的政治体制与政治文化》,第8页。
④ 即如方书中所言:"决定这群人之起落的,主要并非徽宗君臣的信仰需求,而是政治需求"(方诚峰:《北宋晚期的政治体制与政治文化》,第259页。)
⑤ 李猛:《论抽象社会——意识形态政治》,第13页。
⑥ Ebrey, Patricia Buckley. *Emperor Huizong*, p.369.
⑦ 李攸:《宋朝事实》卷一四,北京:商务印书馆,1935年,第220页。
⑧ 蔡绦撰,冯惠民、沈锡麟点校:《铁围山丛谈》卷五,北京:中华书局,1983年,第87页。

鼎,其色紫,祭以夏至,币用绯。西南曰阜鼎,其色黑,祭以立秋,币用白。西方曰晶鼎,其色赤,祭以秋分,币用白。西北曰魁鼎,其色白,祭以立冬,币用皂。八鼎皆为中祠,祭飨用素馔。①

由此看来,上述九鼎的位序排列,显然是与五行五色、四方四季的观念相系的。而在九鼎祀典的等级方面,则除帝鼐之地位最隆,是为大祠以外;其余八鼎,皆用中祠。②九鼎祀典的祭飨皆用素馔,也有别于传统儒家祀典中的"血食"、血祭传统③,而与佛道祭仪之原则相侔。又据郑居中等人所言:"奉诏,亳州太清宫王与之进《黄帝崇天祀鼎仪诀》,令臣等参详,可与不可施行。臣等窃考其说,皆本于天元玉册、九宫太一,与魏汉津制度相合。其间论五运六气盛衰胜复,以五行相克制,亦合于汉津所授上帝锡夏禹隐文。乞修为祭鼎仪范,时出而用之。今修成《鼎书》十七卷、《祭鼎仪范》六卷,乞颁降每岁祀鼎常典,付有司施行。"④于是观之,崇宁九鼎与五行、五运之间的联系自不待言,又与黄帝和夏禹相系,体现出儒道混溶的气质。

而在与崇宁九鼎相关的《鼎书》和《祭鼎仪范》修成之后,徽宗又在内出手诏中说:"鼎之为物久矣,其义莫传。比览居中等所上,(调)[网]罗遗失,稽参制度,合若符契,灿然可观。其论《易卦》,谓应鼎星之象。《易》莫非象也,有取象于天,有取象于地,有取象于人,皆象其一物而已。至鼎则备天地人之象,故《易》于鼎独曰'象'者此也。可令改正,余依所请。"⑤此一说法,显然是将九鼎之造作,与《左传》中"铸鼎象物"⑥的说法相应,体现出明显的儒家特征。

由是可知,崇宁九鼎的设计和铸造,虽为朝臣蔡京所倡议,却是在方士魏汉津的谋划下而最终得以完成的。在其总体的设计理念和祭鼎仪范的议定过程中,这种儒道混溶的特质则始终未变。可以说,崇宁九鼎之制是对于"真宗模式"的承续和发展;而并未从根本上超越这一模式所限定的既有框架。

---

① 杨仲良撰,李之亮校点:《皇宋通鉴长编纪事本末》卷一二八,哈尔滨:黑龙江人民出版社,2006年,第2154页。《宋会要辑稿》于此记载略同,参见《宋会要辑稿》第3册,礼五一,第1903页下—1904页上。

② 这里所谓的大祠和中祠,即唐宋"三祀制"等级体系中的大祠和中祠。相关之研究,可参金子修一:《中国古代皇帝祭祀の研究》,第1—28页。更早之研究,则可参考氏著:《唐代の大祀・中祀・小祀について》,《高知大学学術研究報告(人文科学)》第25號(1976),第13—19页。朱溢:《唐至北宋时期的大祀、中祀和小祀》,第287—324页;后收入氏著:《事邦国之神祇:唐至北宋吉礼变迁研究》,第41—85页,略有删削增补。

③ 此处借用了祁泰履(Terry F. Kleeman)"血食界"的说法。参见氏著:《由祭祀看中国宗教的分类》,载李丰楙、朱荣贵主编:《仪式、庙会与小区:道教、民间信仰与民间文化》,台北:"中研院"中国文哲研究所筹备处,1996年,第551页;另可参考 Terry F. Kleeman. "Licentious Cults and Bloody Victuals:Sacrifice, Reciprocity, and Violence in Traditional China," *Asia Major*, Vol.7, No.1(1994), pp.185—211. 又《汉书·高帝纪》颜师古注云:"祭者尚血腥,故曰血食也。"(班固撰,颜师古注:《汉书》卷一下,北京:中华书局,1962年,第54页。)而据清人金鹗《求古录礼说》的解释:"血祭,盖以血滴于地,如郁鬯之灌地也。"(金鹗:《求古录礼说》卷一四,载《续修四库全书》编纂委员会编《续修四库全书》第110册,上海:上海古籍出版社,1995—2002年,第426页下)又有关道教对血祭的反对,则可参考雷闻:《郊庙之外——隋唐国家祭祀与宗教》,第201—204页。

④ 《宋会要辑稿》第3册,礼五一,第1904页上。

⑤ 《宋会要辑稿》第3册,礼五一,第1904页上—下。

⑥ 铸鼎象物之说,可参《左传·宣公三年》,载《春秋左传正义》卷二一,第693页。

再以这一时期所编纂的礼制文献来看。徽宗政和年间所编成的《政和五礼新仪》①中,包含了大量同道教相关的国家祀典。即以吉礼为例,便有祀九宫贵神仪、祀太一宫仪、祀阳德观仪、应天府祀大火仪、祀会应庙仪、皇帝亲祠前期朝献景灵宫仪、皇帝朝献景灵宫仪和坊州朝献圣祖仪等十余卷。②而在政和六年(1116)将玉皇大帝与昊天上帝合二为一,改称"昊天玉皇上帝"之后③,《政和五礼新仪》中崇祀昊天上帝的郊祀大典④,也与是为道教尊神之一的玉皇大帝发生了密切的联系。据笔者之见:这一事件的发生,的确标志着真宗朝以来道教对于国家祀典的参与在徽宗政和年间达到了前所未有的高度;然就其根本性质而论,则仍是以道教因素参与既有的体系之内,而非另辟门户、别立山头。

如若我们将《政和五礼新仪》中的道教因素与唐代至北宋前期所编成的《大唐开元礼》《大唐郊祀录》和《太常因革礼》进行比对,便会发现其所呈现的一条连续性的发展脉络,即道教因素逐渐渗入国家礼制体系,并最终得以制度化的进程。

从《大唐开元礼》之卷目、礼目表中可悉,这一礼典中真正与道教相关的类目,仅《兴庆宫祭五龙坛》一卷。⑤而在雷闻看来,《大唐开元礼》所载祭祀五龙祠的仪式仍具有非常纯粹的儒家特色。⑥由是而论,玄宗虽然对道教崇信有嘉,然至少到开元年间(713—741)为止,道教元素却并未深入五礼系统的内部,而在相当程度上被限制在了雷闻所谓的"郊庙之外"。及至天宝年间(742—755),随着九宫贵神祭祀和太清宫及其祭祀的成立⑦,玄宗朝祀典体系

---

① 有关《政和五礼新仪》的研究,可参考小岛毅:《宋代の国家祭祀——《政和五礼新仪》の特徵》,收入池田温编:《中国礼法と日本律令制》,東京:東方書店,1992年,第463—484页;张文昌:《唐代以降国家礼仪发展至变迁》,收入朱凤玉、汪娟编:《张广达先生八十华诞祝寿论文集》,台北:新文丰出版公司,2010年,第159—209页;吴羽:《〈政和五礼新仪〉编纂考论》,《学术研究》2013年第6期,第119—126页;柏晶晶、王凤:《〈政和五礼新仪〉探析》,《重庆交通大学学报》(社会科学版)2013年第6期,第91—94页;朱溢:《中古中国宾礼的构造及其演进——从〈政和五礼新仪〉的宾礼制定谈起》,《中华文史论丛》2015年第2期,第99—137页等。

② 参见郑居中等编《政和五礼新仪》卷七〇、七二至七四、七七、一一三至一一五,载《景印文渊阁四库全书》第647册,台北:台湾商务印书馆,1986年,第437页下—442页下,448页上—454页下,461页上—464页下,591页下—604页下。相关之讨论,可参考朱溢:《事邦国之神祇:唐至北宋吉礼变迁研究》,第78—84页。

③ 根据《宋会要辑稿》的记载:徽宗政和六年(1116)四月二十九日,诏曰:"朕德不类,获承至尊。……永惟玉皇大天帝、昊天上帝主宰万化,名殊实同,而昔之论者析而言之,不能致一,故于徽称,阙而未备。今兴建明堂,以享以配,而名实弗称,震于朕心,大惧无以承天之休,钦帝之命。谨涓吉斋明,恭上尊号曰'太上开天执符御历含真体道昊天玉皇上帝'。其令有司备礼奉上玉宝玉册,以称朕意。"(《宋会要辑稿》第3册,礼五一,第1891页上。)

④ 参见《政和五礼新仪》,皇帝祠昊天上帝仪一、二、三、四,祀昊天上帝仪(有司行事),卷二五—二九,第231页上—257页上。

⑤ 此处之卷目、礼目,参考张文昌:《制礼以教天下——唐宋礼书与国家社会》附录1,台北:台大出版中心,2012年,第469—476页。据其所言,该表"所用《大唐开元礼》之版本,为东京大学东洋文化研究所藏光绪十二年(1886)洪氏公善堂刊本;另以《唐六典》卷四《尚书礼部》"礼部郎中、员外郎"条,以及《通典》卷一〇六《礼典·开元礼纂类一·序例上》"五礼篇目"条参校。"(第469页)

⑥ 参见雷闻:《郊庙之外——隋唐国家祭祀与宗教》,第310页。又有关五龙祠祭祀的道教色彩,参见同书第307—310页。

⑦ 九宫贵神祭祀于天宝三载(744)建立,其地位一度仅次于昊天上帝,而在太庙、太清宫之上,玄宗还曾亲自主持祀典,参见刘昫等:《旧唐书》卷二四,北京:中华书局,1975年,第929页。相关之研究可参考吴丽娱:《论九宫祭祀与道教崇拜》,第283—301页。又天宝元年(742),各地之玄元皇帝庙均改称太上玄元庙;次年,长安之玄元庙又改称太清宫。参见刘昫等:《旧唐书》卷二四,第925—926页。相关之考证和研究,可参考丁煌:《汉唐道教论集》,北京:中华书局,2009年,第73—156页。

中的道家因素才得以明显的强化。职是之故,在唐德宗贞元九年(793)编成的《大唐郊祀录》①中,便已增述了祀九宫贵神和荐献太清宫的仪典,且均为大祀,在唐代中后期的祀典体系中占居了重要的位置。②

下及于宋代,正如朱溢所言,"这一进程更向纵深发展"③。其具体的表现,则是《太常因革礼》中大量同道教密切相关之"新礼"的出现。与《大唐开元礼》和成书于北宋太宗时期的《开宝通礼》④有所不同的是,《太常因革礼》的章目设置,正是"以《通礼》为主而记其变"⑤的直接体现,又于五礼之外,另设废礼、新礼和庙议三项内容,以明其损益。⑥而在细目方面,《太常因革礼》中明确同道教相关的仪典,则除唐代既有之九宫贵神和祭五龙以外,又增入了荐献玉清昭应宫、荐献景灵宫、真宗幸亳朝谒太清宫并上老君册宝等⑦,体现出其进一步融入国家祀典的趋势。而与业已归入五礼系统吉礼部分之九宫贵神和五龙祭仪有所不同的是,真宗朝以来所创之玉清昭应宫、景灵宫和朝谒亳州太清宫的仪典,则仍系于"新礼"之列,并未归入既有的五礼系统。

而在前文中业已述及的《政和五礼新仪》中,这些真宗朝所创,与道教密切相关的"新礼",除业已无存的玉清昭应宫之外,均一并归入吉礼之列(如景灵宫)。经由这一从"新礼"到吉礼的转变,真宗朝以来所设立的若干同道教相关的国家祭祀,遂得以最终"体制化",完全纳入既有的五礼系统之内。⑧

综上所述,仅从崇宁年间(1102—1106)制礼作乐⑨的一系列举措和上述对于礼制文献的解析来看,徽宗前期道教参与国家祀典的具体方式,虽较之真宗朝时期又有新的变化;然就其基本的方式而论,则仍是以道教元素融入传统祀典之既有体系之内,继续延续和强化了"真宗模式"的基本特点。

然自政(和)、宣(和)以降,致君尧舜、一道德同风俗、丰亨豫大等一系列政治理想和政

---

① 有关《大唐郊祀录》之版本与文献价值,可参考郭齐:《〈大唐郊祀录〉版本考》,载舒大刚主编:《宋代文化研究》第20辑,成都:四川大学出版社,2011年,第263—269页;《〈大唐郊祀录〉的文献价值》,《湖湘论坛》2014年第2期,第90—99页。
② 参见张文昌:《制礼以教天下——唐宋礼书与国家社会》附录2,第477—478页。又据其所言,此处之《大唐郊祀录》之版本,选用民国四年(1915)乌程张氏刊适园丛书本(第477页)。
③ 朱溢:《事邦国之神祇:唐至北宋吉礼变迁研究》,第67页。
④ 有关《开宝通礼》之内容与体例,可参考张文昌:《〈大周通礼〉与〈开宝通礼〉内容与体例试探——以"通礼"为切入点》,《早期中国史研究》2010年第2期,第109—132页。
⑤ 欧阳修:《太常因革礼序》,载欧阳修等《太常因革礼》,第1页。
⑥ 有关《太常因革礼》之修撰缘起、编纂宗旨、篇目设置、体例等,可参考王美华:《〈太常因革礼〉与北宋中期的礼书编纂》,《古籍整理研究学刊》2014年第1期,第9—22页。
⑦ 参见《太常因革礼》卷四八、四九、七四至七六。此处之《太常因革礼》的卷目和礼目,参考欧阳修等:《太常因革礼》"目录",第1—25页。
⑧ 根据湖南大学岳麓书院黄晓巍老师的提示:这背后所蕴含的"五礼重构"问题恐更为复杂,不只是"新礼"到"吉礼",还应包括了宋神宗元丰元年修礼的阶段。
⑨ 关于大晟乐与崇宁九鼎的关系,可参考范桢:《翟汝文与两宋之际的礼制改革》,浙江大学硕士学位论文,2016年,第11—32页。

治口号的提出①,则在很大程度上刷新了真宗朝以来既有的"规范语汇"②。其对于道教的特别推崇和超越常规、将国家祀典深度道教化的一系列举措,也在相当程度上突破了"祖宗之法"的界限,建构出一套新的政治语汇,呈现出崭新的政治图景。即如斯金纳所言:"说明一个社会开始自觉地掌握一种新概念的最明确的迹象是:一套新的语汇开始出现,然后据此表现和议论这一概念。"③由是而论,我们对徽宗朝时期道教与国家祭祀关系的理解,也应注意到这些新概念、新提法的存在,尤其是其迥异于真宗朝以来"祖宗之法"的部分,而将有关此一问题的讨论继续引向深入。

先以"天神下降"事件为例,据马端临的记载:

> 政和三年(1113)冬十一月癸未,郊。上摺大圭,执玄圭,以道士百人执仪卫前导,蔡绦为执绥官。玉辂出南薰门至玉津园,上忽曰:"玉津园东若有楼殿重复,是何处也?"攸即奏:"见云间楼殿、台阁,隐隐数重,既而审视,皆去地数十丈。"顷之,上又曰:"见人物否?"攸即奏:"若有道流童子持幡节盖,相继而出云间,衣服眉目历历可识。"攸请付史馆,宰相蔡京率百僚称贺。④

又据孙觌的说法,"天神降于空中,议者谓老志所为也"⑤。然正如方诚峰所言,"王老志导演的政和三年郊天神降中,徽宗本人也不过是观众"⑥。而在政和七年(1117)二月颇具神霄派色彩的青华帝君降临事件中,徽宗的角色则发生了根本性的转变。据傅希烈等人所记:

> 逮夜漏向丑,香风飒至,徐有赤光……而巳二天人蹑空乘云,冉冉而下。其一绛服玉冠,天颜和豫,盖教主道君皇帝也。其一上下青衣,俨若青华帝君之状。又前导一人,貌与通元先生张虚白无少异焉。从者朱紫,不可悉计,迤逦由西而行。又曰:考之仙版,青华帝君实高上神霄玉清王之弟也。仰惟教主道君皇帝,以神霄玉清之尊降神出明,应帝王之兴起,虽动而不失其所谓至静;虽为而实未尝为,故其通真接灵,澹然独与神明居者,若辛卯岁之梦兆,癸巳岁之示见,创见稀有,中外已悉,闻而知之。至于今日坐堂奥之上,而神飞玉京,来仙境之真,而迹凝禁御,则或未之闻也。⑦

自此之后,徽宗自称教主道君皇帝,将北宋末年的崇道热潮推向了顶峰。而据方诚峰的说法,"徽宗本人(教主道君皇帝)以神霄玉清王的形象,与其弟青华帝君一同现身,他本人

---

① 详参方诚峰:《北宋晚期的政治体制与政治文化》,第2、第145—282页。"丰亨豫大"之论系蔡京借《周易》所提出,可参考脱脱:《宋史》卷四七二,第13724页。
② "规范语汇"的提法,可参考昆廷·斯金纳著,奚瑞森、亚方译:《现代政治思想的基础》(上卷),南京:译林出版社,2011,第5页。
③ 昆廷·斯金纳著,奚瑞森、亚方译:《现代政治思想的基础》(上卷),第2页。
④ 马端临:《文献通考》卷七二,北京:中华书局,1986年,第655页上。
⑤ 杨仲良撰,李之亮校点:《皇宋通鉴长编纪事本末》卷一二七,第2143页。
⑥ 方诚峰:《北宋晚期的政治体制与政治文化》,第256页。
⑦ 杨仲良撰,李之亮校点:《皇宋通鉴长编纪事本末》卷一二七,第2131—2132页。

不再是神降中的观众,而是其中最重要的天神。"①据此而论,如果说王老志所导演的"天神下降"事件中作为"观众"的徽宗,仍在很大程度上承续了真宗朝以来"神道设教"的既有思路;此番神降事件中徽宗以神灵自命的做法,则将自己置于一个"表演者"的角色,由"台下"走到"台前",真正成了神仙世界中最为重要的天神。

同年四月,徽宗又在御笔中宣称:"朕每澄神默朝上帝,亲受宸命,订正讹俗。朕乃昊天上帝元子,为太霄帝君。睹中华被金狄之教盛行,焚指炼臂,舍身以求正觉,朕甚悯焉,遂哀恳上帝,愿为人主,令天下归于正道。帝允所请,令弟青华帝君权朕太霄之府。朕夙夜惊惧,尚虑我教所订未周。卿等表章,册朕为教主道君皇帝,只可教门章疏用,不可令天下混用。"②据此,徽宗对于自身的定位,在玉皇大帝和昊天上帝合二为一之后,已不再局限于受命于天的人间天子,而是以太霄帝君这一颇具道教性格的神灵自任,欲"令天下归于正道"。于是乎,"降神运动由此变成了造神运动"③,道教元素在徽宗朝神圣政治中的影响和作用,也不再满足于补充和参与的角色,而是"附庸蔚为大国",逐渐占居了主导性的地位。

又如汪圣铎所言,"宋徽宗的崇道并不是单纯地崇道,他要崇的实际是以他为道主的道教,所以,在尊崇之中,也包含了对道教的引导和改造。"④这一点,也非常明确地体现在其对于"道教五宗"的次第排列上。第一天尊之教、第二真人之教、第三神仙之教、第四正一之教、第五道家之教,"至于上清通真、达灵神化之道,感降仙圣,不系教法之内,为高上之道,教主道君皇帝为师。"⑤显而易见,徽宗所崇之道,已非"道教五宗"所能囊括,而是超拔其上,"不系教法之内"。

其二,则是儒、释、道三教的关系。依汪圣铎之见:"宋徽宗崇道,是与他的三教合一的主张相联系的。他的三教合一,同以往的三教合一主张不同,他是要施行儒、道合一,然后再将佛教合并进来。"⑥伊沛霞也认为:"徽宗认为儒、道在古代中国的宗教中有着共同的源头,而应该被重新合一。……在某种程度上,徽宗想要建立一个三教合一的宗教,但道教无疑占居了主导性的地位。"⑦

这一主张,在重和元年(1118)八月庚午的御笔中得到了明确的体现。在徽宗看来:"道无乎不在,在儒以治国,在士以修身,未始有异,殊途同归。前圣后圣,若合符节。由汉以来,析而异之,黄老之学,遂与尧、舜、周、孔之道不同,故世流于末俗,不见大全,道由是以隐,千有余岁矣。朕作新之,究其本始于黄帝,老子、尧、舜、周、孔之教偕行于今日。"⑧照此逻辑,汉代以来儒家与道家的分别,便成了"道术将为天下裂"⑨之后的产物,实乃流俗之见;徽宗的宗旨,则是将此退隐千年的"根本之道"重新予以阐扬,"令老子、尧、舜、周、孔之教

---

① 方诚峰:《北宋晚期的政治体制与政治文化》,第256页。
② 杨仲良撰,李之亮校点:《皇宋通鉴长编纪事本末》卷一二七,第2132页。此处标点、句读等略不当之处,已径改。
③ 方诚峰:《北宋晚期的政治体制与政治文化》,第257页。
④ 汪圣铎:《宋代政教关系研究》,第195页。
⑤ 杨仲良撰,李之亮校点:《皇宋通鉴长编纪事本末》卷一二七,第2131页。
⑥ 汪圣铎:《宋代政教关系研究》,第198页。其"道官文官化"、设立道举等方面的一系列举措,可参考同书第198—203页。
⑦ Patricia B. Ebrey. *Emperor Huizong*, p.369.
⑧ 杨仲良撰,李之亮校点:《皇宋通鉴长编纪事本末》卷一二七,第2133页。
⑨ 郭庆藩:《庄子集释》杂篇天下第三十三,卷十下,第1069页。

偕行于今日"。

因此之故,他对佛教也进行了强力干预:一改历次灭佛中拆毁寺院、勒令僧尼还俗的做法[①];而是将其并入道教体系之内,实践其三教合一的主张。[②]

其三,是徽宗后期对林灵素、刘栋、王文卿等特定派别(即神霄派)[③]之道士的极度推崇。这一做法,也与真宗朝以来的"祖宗之法"相违,体现出"丸已出盘"[④]之势,并在很大程度上影响了此一时期的礼乐造作。

第一个例子,是徽宗在林灵素等人倡议下,另作神霄九鼎的事件。根据《宋会要》的记载:

> 政和八年(1118)二月,诏左右街道录院差威仪道士二百人,于今月十日赴礼制制造所,迎导神霄飞云鼐鼎赴上清宝(录)[箓]宫神霄殿奉安。先是,七年七月,诏礼制制造所铸造太极飞云洞劫之鼐、苍壶祀天贮醇酒之鼎、山岳五神之鼎、精明洞渊之鼎、天地阴阳之鼎、混沌之鼎、浮光洞天之鼎、灵光晃耀炼神之鼎、苍龟火蛇虫鱼金轮之鼎。自十月十日始铸,至是奉安。[⑤]

---

① 徽宗甚至还对此种做法予以否定,即如其《敢言毁拆寺院沙汰僧徒者以违御笔论诏》中所言:"访闻奸人造言,谓将毁拆寺院,沙汰僧徒,摇惑众心,中外骇听。夫道一而已,冲虚无名,真空不二,本自不殊。隆此而废彼,岂朕志哉。可布告中外,敢有造言者,赏钱一千贯,以违御笔论。"(《宋大诏令集》卷二二三,第863页。)

② 大体而言,这一合并策略包含了下列三项相当激烈的举措。1.在僧尼称号方面,"僧称德士""尼为女德"(杨仲良撰,李之亮校点:《皇宋通鉴长编纪事本末》卷一二七,第2136页。可参考脱脱等:《宋史》卷二二,第403页),而将僧尼与道士、女冠的并列关系,转变为归属于"道德"体系之下的道士和"德士"、女道(即女冠)和"女德",将其纳入广义的道教体系之列。2.又佛教寺院和管理机构方面,则据宣和元年(1119)正月乙卯手诏,"寺为宫,院为观,即住持之人为知宫观事"(杨仲良撰,李之亮校点:《皇宋通鉴长编纪事本末》卷一二七,第2136页。可参考脱脱等:《宋史》卷二二,第403页;《宋大诏令集》卷二二三,第863页);又同日御笔,"所有僧录司改作德士司,左右街道录院可改作道德院,德士司隶属道德院,蔡绦通行提举,天下府州僧正司可并为德士司。"(杨仲良撰,李之亮校点:《皇宋通鉴长编纪事本末》卷一二七,第2136页。)3.更具颠覆性的是,佛祖、诸菩萨的名号、服饰,也被徽宗予以改定。据赵彦卫的记载:"宣和元年……佛赐天尊服,改塑菩萨,罗汉作道服冠簪;佛号大觉金仙。文殊封安慧文静大士,普贤封安乐妙静大士,泗州大圣封巨济大士……菩萨称仙人,罗汉称无漏,金刚称力士,僧伽称修善。"(赵彦卫撰,傅根清点校:《云麓漫钞》卷一四,北京:中华书局,1996年,第253—254页。另可参考杨仲良撰,李之亮校点:《皇宋通鉴长编纪事本末》卷一二七,第2137页。文称"佛封大觉金仙",较《云麓漫钞》中所言之"佛号大觉金仙",更显徽宗至高无上、超迈三教的权威,故可"封"佛之名号。又及其改名易号的原则方面,则以彻底之汉化为原则,去除原有名号中源自梵文名义的部分,而代之以纯粹之汉文语汇,且多于道教神祇之封号相类。)由是而论,徽宗此番服赐号背后的逻辑,已非贬抑佛教所能概言;而是希望通过佛、道合并,甚至三教合一的方式,确立其个人至高无上的神性权威,将三教纳入一个更为宏阔且由其一人主导的体系之内。

③ 有关道教神霄派和林灵素之研究,可参考唐代剑:《论林灵素创立神霄派》,《世界宗教研究》1996年第2期,第56—69页;卿希泰:《道教神霄派初探》,《社会科学研究》1999年第4期,第34—39页;李远国:《道教神霄派渊源略考》,《宗教学研究》2001年第1期,第1—9页;李远国:《神霄雷法:道教神霄派沿革与思想》,成都:四川人民出版社,2003年;李丽凉:《北宋神霄道士林灵素与神霄运动》,香港中文大学博士学位论文,2006年,等。

④ 此处借杜牧《注孙子序》论"盘之走丸"说;"丸已出盘"之论,则借余英时《士与中国文化》新版序言之说。参见杜牧撰,陈允吉校点:《樊川文集》卷一〇,上海:上海古籍出版社,1978年,第152页;余英时:《士与中国文化》,《新版序》,上海:上海人民出版社,2003年,第5页。

⑤ 《宋会要辑稿》第3册,礼五一,第1905页下—1906页上。同书《舆服六》与此记载略同,惟"太极飞云洞劫之鼐"作"太极飞云洞劫之鼎",参见第2290页下。洪迈亦在其所著《容斋三笔》中,记神霄九鼎事,与崇宁九鼎合称"十八鼎",参见洪迈撰,孔凡礼点校:《容斋随笔》卷一三,北京:中华书局,2005年,第584—585页。

如此看来，林灵素等神霄派道士，似乎对魏汉津所造作的崇宁九鼎系统并不满意，而是想要于此九鼎之外，另立一具有浓厚道教性格，尤其是神霄色彩的九鼎系统。从各鼎的名称来看，神霄九鼎的道教属性较之崇宁九鼎确有明显加强，也不再局限于前述五色五行、四方四季之论，而是别立新意，将"太极""洞劫""洞渊""洞天"等极富道教色彩的语汇融入到九鼎名称之中。诚如方诚峰所言："神霄九鼎代表了道教世界的时空构成。因此，正如'九鼎'对应徽宗作为宋朝君主的身份及其政权，'神霄九鼎'对应他昊天上帝元子、神霄玉清真王、教主道君皇帝这些身份及其所统治的世界……"①

更为有趣的是，在神霄九鼎之最后一鼎——苍龟火蛇虫鱼金轮之鼎的名称中，还出现了颇具佛教色彩的"金轮"二字。所谓"金轮"，根据《释迦方志》的记载："又轮王有四王，约统四洲：金轮王者则通四有。银轮三方，除北一洲。铜轮二方，除西北方，铁轮在南，除于三有。"②据此来看，"金轮"与佛教"四转轮王"③中统驭四洲、遍有天下的"金轮王"，似有密切的联系。

根据《资治通鉴》的记载，长寿二年（693），武则天为自己加上了"金轮圣神皇帝"的尊号，并作金轮等七宝。④又据孙英刚的梳理，"'金轮圣神皇帝'称号从692到700年，前后使用了8年之久。中间虽然增加或者去除其他尊号，但'金轮圣神皇帝'始终未变。"⑤而在《新唐书·则天武皇后传》中所详细罗列了"七宝"名号中⑥，居于首位的，则正是金轮宝（梵文作cakra）。从现存的史料上看，制作神霄九鼎的林灵素等人，或许并非想要将徽宗也塑造成一位"转轮圣王"；但与武则天造作"金轮等七宝"之行为逻辑相似的是，神霄派道士此番重造九鼎的背后，也是希望能够以一种道教为主导的意识形态⑦（武则天"七宝"则为佛教），通过其物化的呈现方式，将徽宗塑造成为一位空前绝后的"千古一帝"和世界之主。

又据《资治通鉴》的记载，武则天所造作的"金轮等七宝"，"每朝会，陈之殿庭"⑧；而在宣

---

① 方诚峰：《北宋晚期的政治体制与政治文化》，第274页。
② 道宣：《释迦方志》卷上，高楠顺次郎主编，大正一切经刊行会：《大正新修大藏经》第51册，东京：大藏出版株式会社，1934年，第950页中。
③ 转轮王，梵文作Cakravartin，相关之研究，可参考康乐：《转轮王观念与中国中古的佛教政治》，《中研院历史语言研究所集刊》第67本第1分（1996），第109—143页；古正美：《从天王传统到佛王传统——中国中世佛教治国意识形态研究》，台北：商周出版社，2003年；孙英刚：《转轮王与皇帝：佛教对中古君主概念的影响》，《社会科学战线》2013年第11期，第78—88页；N.Harry Rothschild.*Emperor Wu Zhao and her Pantheon of Devis,Divinities and Dynastic Mothers*,New York:Camlumbia University Press,2015,pp.195-226；孙英刚：《武则天的七宝——佛教转轮王的图像、符号及其政治意涵》，《世界宗教研究》2015年第2期，第43—53页；《七宝庄严》，北京：商务印书馆，2015年。等。
④ 根据《资治通鉴》的记载，长寿二年秋九月丁亥，"魏王承嗣等五千人，表请加尊号曰'金轮圣神皇帝'。乙未，太后御万象神宫，受尊号，赦天下。作金轮等七宝，每朝会，陈之殿庭。"（司马光撰，胡三省音注：《资治通鉴》卷二〇五，则天顺圣皇后长寿二年九月，北京：中华书局，1956年，第6492页。《新唐书·则天顺圣武皇后本纪》亦载此事，参见欧阳修、宋祁等：《新唐书》卷四，北京：中华书局，1975年，第93页。
⑤ 孙英刚：《转轮王与皇帝：佛教对中古君主概念的影响》，第81页。
⑥ 参见欧阳修、宋祁等：《新唐书》卷七六，第3482页。
⑦ 较早关于中古时期政治宣传与意识形态的讨论，可参考Antonino Forte. *Political Propaganda and Ideology in China at the End of the Seventh Century:Inquiry into the Nature,Authors and Function of Dunhuang Document S. 6502 Followed by an Annotated Translation*,Napoli:Istitutouniversitarioorientale, Seminario di studiasiatici,1976.
⑧ 司马光撰，胡三省音注：《资治通鉴》卷二〇五，则天顺圣皇后长寿二年九月，第6492页。另可参考欧阳修、宋祁等：《新唐书》卷七六，第3482页。

和七年(1125)二月十七日,徽宗"诏以处士刘知常所造神霄玉清宝轮,令提举道箓院赐在京神霄玉清万寿宫奉安宝藏,余赐外州军神霄玉清万寿宫奉安宝藏。礼仪使差太师鲁国公蔡京,都大管干官差张道济。"据此,虽并无直接证据说明"金轮等七宝"同"神霄玉清宝轮"之间的联系,但从两位帝王对此事的重视程度而论,亦多有相似之处。蔡京被委任为礼仪使,便充分说明了徽宗对此事异乎寻常的重视。

第二个例子,是徽宗在《唐六典》所记"天子八宝"①的基础上,于政和七年(1117)新制定命宝②。根据他的说法:"八宝者,国家之神器。今再创玺,乃我受命者也。"③又依陆宰所言:"定命者,时方兴神霄事,言神霄帝君赐上定命,故以名宝"④;《皇宋通鉴长编纪事本末》有关定命宝的记录中,亦有"比得宝于异域,受定命之符于神霄"⑤的说法。既如此,徽宗时期定命宝的造作,也是同神霄信仰密切相关的;其对天子八宝系统的超越,则与神霄九鼎之造作相似,在一定程度上对《唐六典》以来所规定的固有玺印礼制系统构成了挑战和冲击。

第三个例子,是神霄乐和郁罗萧台的造作。根据《能改斋漫录》"神霄乐郁罗萧台"条的记载:

> 林灵素建议,依仿宫商角徵羽,别定五声,制神霄乐。刘栋密奏:"臣民事物,皆可有二。至于宫声,岂有二哉。"徽宗感悦,嘉其爱君,即除中散大夫,直龙图阁,栋辞不受。……灵素又建议筑郁罗萧台,高一百五十尺以祭天。栋言:"圆坛事天,古今通制。高八十一尺,数之极也。岂可别筑台以祭,数又加倍哉。徒劳人渎神,恐非天意。"遂已。⑥

在此事件中,林灵素的两项倡议——别定五声和筑郁罗萧台,都受到了同时期另一位道士刘栋的质疑。此番质疑的一个核心要素,便是不可在既有之皇权至上原则的基础上另立新说,对君权的唯一性构成挑战。根据《礼记·乐记》中所谓"宫为君"⑦的说法,既然皇帝只有一个,宫声也只能是唯一的,不能别定;而在郁罗萧台的营建方面,其祭天的功能和数倍于圜坛的高度,也对既有之至高无上的祀天系统构成了明显的挑战,而与皇权同上天之间的唯一对应关系相悖。在此番林、刘二人的论争之中,徽宗最终选择了遵从刘栋的建议,这与皇权

---

① 所谓"天子八宝",则据《唐六典》所载:"符宝郎掌天子之八宝及国之符节,辨其所用,有事则请于内,既事则奉而藏之。八宝:一曰神宝,所以承百王,镇万国;二曰受命宝,所以修封禅,礼神祇;三曰皇帝行宝,答疏于王公则用之;四曰皇帝之宝,劳来勋贤则用之;五曰皇帝信宝,征召臣下则用之;六曰天子行宝,答四夷书则用之;七曰天子之宝,慰抚蛮夷则用之;八曰天子信宝,发蕃国兵则用之。"(李林甫等撰,陈仲夫点校:《唐六典》卷八,中华书局,1992年,第251—252页。)这一做法,也为有宋一代的君主所沿袭。据《宋史·舆服志》所记,"镇国、受命二宝,合天子、皇帝六玺,是为八宝。"(脱脱等:《宋史》卷一五四,第3585页。)

② 相关记载参见脱脱等:《宋史》卷一五四,第3586页。又《皇宋通鉴长编纪事本末》系此事于"政和六年七月辛巳",误。参见杨仲良撰、李之亮点校:《皇宋通鉴长编纪事本末》卷一二八,第2161页。

③ 蔡绦撰,冯惠民、沈锡麟点校:《铁围山丛谈》卷一,第8页。

④ 陆游:《家世旧闻》卷下,载姚宽、陆游撰,孔凡礼点校:《西溪丛语·家世旧闻》,北京:中华书局,1993年,第212页。

⑤ 杨仲良撰,李之亮校点:《皇宋通鉴长编纪事本末》卷一二八,第2161页。

⑥ 吴曾:《能改斋漫录》卷一二,上海:中华书局,1960年,第356页。

⑦ 《礼记·乐记》云:"宫为君,商为臣,角为民,徵为事,羽为物,五者不乱,则无怗懘之音矣。"(郑玄注,孔颖达正义:《礼记正义》卷三七,北京:北京大学出版社,1999年,第1078页。)

至高无上的唯一性相关,也在一定程度上呈现出徽宗时期道教挑战国家祀典的限度之所在。

综上所述,林灵素等神霄派道士在政、宣时期对于国家祀典和礼乐的改造和重构,既取得了很大的成效,也承受了相当的阻力,而终未能得以完全实现。然就总体情形而论,无论是从徽宗本人自号长生大帝君、教主道君皇帝,进行自我神化的一系列举动,抑或其前无古人、后少来者之合一三教的激烈措施;还是此一时期神霄派道士林灵素等人所参与的一系列制礼作乐、别立仪制的行为,都已全面突破了真宗朝以来所奠定的既有模式,以一种道教,甚至道教中某些派别(如神霄派)为主导的方式,实践其对于国家祀典的体系的全盘改造。其背后的理念与真宗朝时期以来试图将道教元素融入既有之祀典体系的做法,已不啻天渊之别,而具有了全新的特征——或可称为道教参与国家祀典体系的"徽宗模式"。

三 "祖宗之法"与中兴之志——道教礼仪与南宋初政权合法性的重塑

根据汪圣铎的看法,宣和后期林灵素的失宠和抑佛的收敛,在一定程度上标示了徽宗崇道的降温与收敛。①而据方诚峰之见,"林灵素放归温州后,神霄派作为'国教'的地位并没有变化"②。

及至宣和七年(1125)十二月庚申,在金兵南下、进逼开封的危局之下,徽宗禅位于皇太子,结束了其二十六年的统治。③而在禅位过程中的几番君臣问对之中,他却一再强调"不要称太上,只称一名目,如道君之类"④;又自书曰:"皇太子其可即皇帝位,予以教主道君退处龙德宫。"⑤而此内禅之际积极参与其事的大学士吴敏,也在劝导徽宗禅位的建言中采用了神霄之说。即如其所论:"陛下建神霄有年矣,长生大君者,圣寿无疆之谓也。然长生大君旁若无青华帝君,则长生大帝何以能圣寿无疆?青华者,春宫之谓也。"⑥在其禅位之际,徽宗虽然舍弃了人间帝位,而退居太上;却依旧以教主道君皇帝自居,并未放弃其一生所崇信的神霄之说。又其"教主道君皇帝"的称号,显然也已突破了"只可教门章疏用,不可令天下混用"⑦的限制,成了徽宗正式的官方称谓。既如此,方诚峰所谓徽宗朝政权与宗教之间清晰和严格的区分,恐需再作考虑。至少从其理念的层面而论,徽宗致力于建设一个"政教合一"政权的主张,也未必完全是一个误解。⑧

---

① 参见汪圣铎:《宋代政教关系研究》,第207—212页。
② 方诚峰:《北宋晚期的政治体制与政治文化》,第258页。
③ 参见杨仲良撰,李之亮校点:《皇宋通鉴长编纪事本末》卷一四六,第2459—2464页;脱脱等:《宋史》卷二三,第421—422页。
④ 杨仲良撰,李之亮校点:《皇宋通鉴长编纪事本末》卷一四六,第2462页。
⑤ 杨仲良撰,李之亮校点:《皇宋通鉴长编纪事本末》卷一四六,第2462页。
⑥ 杨仲良撰,李之亮校点:《皇宋通鉴长编纪事本末》卷一四六,第2461页。另可参考李纲:《靖康传信录》,载朱易安等主编:《全宋笔记》第三编第5册,郑州:大象出版社,2008年,第9页。
⑦ 杨仲良撰,李之亮校点:《皇宋通鉴长编纪事本末》卷一二七,第2132页。
⑧ 方诚峰之观点,参见氏著:《北宋晚期的政治体制与政治文化》,第277页。有关"政教合一制"(Caesaro-papism)的相关讨论及其对于中国古代政治秩序与文化的适用程度问题,可参考康乐:《天子与转轮王——中国中古"王权观"演变的一些个案》,收入林富士主编:《中国史新论——宗教史分册》,台北:联经出版事业股份有限公司,2010年,第208页注释202。

而在徽宗所撰写的《禅位青词》中,他也数引"神霄"之说,冀其为已经岌岌可危的北宋政权提供庇佑。即如其言:

> 奉行玉清神霄保仙元一六阳三五璇玑七九飞天大法都天教主臣诚惶诚恐、顿首顿首,再拜上言高上玉清神霄九阳总真自然金阙下:臣曩者君临四海,子育万民,缘德菲薄,治状无取,干戈并兴,弗获康靖。以宗庙社稷、生民赤子为念,已传大宝于今嗣圣,庶几上应天心,下销兵革。所冀退迩归顺,宇宙清宁,而基业有无疆之休,中外享升平之乐。……臣谨因神霄值日功曹斋臣密表一通,上神霄玉府玉清引进仙曹,伏须告报。臣诚惶诚恐、顿首顿首,再拜以闻。①

然事与愿违,对于神霄信仰的尊奉,并未能带来赵宋基业的"无疆之休"和中外诸国的"升平之乐";《禅位青词》中"康靖"的愿景,也在靖康年间(1126—1127)开封的陷落中化为泡影。兵临城下,北宋政权在顷刻间覆灭;徽宗父子所要面临的,则是背井离乡,远徙北国之地的亡国丧家之苦。

值此多事之秋,靖康之难中唯一幸存的皇子赵构,在南京应天府登极称帝,遥尊钦宗为孝慈渊圣皇帝。②而在其登极敕书中,高宗便决然诏命:"天下神霄宫并罢,舍屋、什物、钱粮、田产州县拘收,具数申尚书省。"③此后,他又继续推进,"诏道士林灵素、郑知微、傅希烈家资,令温、处二州籍没。"④据此而论,高宗对于神霄信仰的否定和神霄派道士的打压,可谓是相当彻底的。这一系列举措,也体现出其对徽宗后期独崇神霄之弊的拨乱反正⑤,而与道教参与国家祀典的"徽宗模式"大异其趣。

然而,在同样具有强烈之道教性格的景灵宫问题上,高宗的举措则与其对神霄宫和神霄派的否定恰成对比。据李心传的记载,他在改元建炎的第二天,"即命有司建景灵宫于江宁"⑥。然而,在内忧外患、大局未定的情势之下,这一在江宁(今南京)营建景灵宫的计划终

---

① 曾枣庄、刘琳主编:《全宋文》第166册,卷三六三一,上海:上海辞书出版社;合肥:安徽教育出版社,2006年,第395页。此据李纲:《李忠定公奏议》,载《续修四库全书》编纂委员会编:《续修四库全书》第474册,卷四五,第733页上。又见李纲:《梁溪集》,载《李纲全集》(中册)卷八三,长沙:岳麓书社,2004年,第840页;汪藻原著,王智勇笺注:《靖康要录笺注》卷四,成都:四川大学出版社,2008年,第536—537页;徐梦莘:《三朝北盟会编》卷四四,上海:上海古籍出版社,1987年,第329页上—下;岳珂撰,吴企明点校:《桯史》卷八,北京:中华书局,1981年,第93页等,是一份极为重要的文献。
② 据李心传所记:"(建炎元年[1127])五月庚寅朔,兵马大元帅康王即皇帝位于南京,改元建炎。"(李心传:《建炎以来系年要录》卷五,建炎元年五月庚寅,第115页)另参见杨仲良撰,李之亮校点:《皇宋通鉴长编纪事本末》卷一五〇,第2506页;脱脱等:《宋史》卷二四,第443页。
③ 徐梦莘撰:《三朝北盟会编》卷一〇一,第742页下引建炎元年五月一日引高宗登极敕书。另可参李心传:《建炎以来系年要录》卷六,建炎元年六月辛未,第158页。
④ 熊克著,顾吉辰、郭群一点校:《中兴小纪》卷一,福州:福建人民出版社,1985年,第13页。
⑤ 事实上,在钦宗在位时期,对于神霄派的抑制和打压便已然开始,相关之讨论,可参考唐代剑:《宋代道教管理制度研究》,北京:线装书局,2003年,第189页。
⑥ 李心传撰,徐规点校:《建炎以来朝野杂记》甲集卷二,北京:中华书局,2000年,第76页。又据《宋会要辑稿》所载:"高宗建炎元年五月二日,诏江宁府修建景(临)灵宫,诸帝共作一殿,诸后共作一殿。"(《宋会要辑稿》第15册,方域二,第9282页上—下。)

不克成。①渡江之后,"自圣祖已下神御皆寓温州天庆宫,以祠部郎官兼知州,若官使相则兼景灵宫使,典奉神御。"②又据《宋会要辑稿》的记载:"绍兴元年正月六日,礼部、太常寺言:'拟定景灵宫诸殿神御,每遇旦望节序、生辰忌辰,自合排办酹献。其万寿观神御止令主管(言)[官]烧香。'从之。"③由是可见,高宗迅即重建景灵宫的计划虽暂时搁浅,其对于景灵宫和祖宗神御的重视则远非神霄可比。又从高宗南渡之初,权奉安景灵宫神御于温州天庆观的情形而论,则其道教性格亦可不言自明。

然自北宋后期始,便有士人对景灵宫提出批评。颇具理学背景的杨时,即在《余杭所闻》中言道:"叔孙通作原庙,是不使人主改过,而教之耻过作非也,此为万世之害。今太庙却闲了,只严奉景灵宫,是舍先王之礼而从一谬妄之叔孙通也,岂不过乎?"④又据黄去疾所编《龟山先生文靖杨公年谱》可知,杨时身居余杭之际,当在徽宗大观元年(1107)。⑤由此而论,早在徽宗崇道的高峰时期,便已出现了对景灵宫祭祀的质疑之声;然其攻击的主要对象,则是原庙之制,而非其道教方面的特征。

及至南宋初年,"赵忠简为相,议筑宫临安以奉神祖御,而留圣祖于东嘉,后不果……或者谓忠简之议,乃王沂公藏天书之意。"⑥据此,则依时人之见,赵鼎此番谏议的核心要旨,即是效法王曾藏天书之意⑦,将真宗朝"神道设教"的产物——圣祖留在温州,促使其与祖宗崇祀的彻底分离。

依而在笔者看来,与抨击原庙之制的杨时不同,赵鼎此番建议的关键,是在保留景灵宫安奉祖宗神御功能的同时,将其以圣祖为代表的道教因素剔除。然与随真宗去世而很快销声匿迹的天书不同的是:真宗朝以来景灵宫崇祀的王朝祖先——圣祖,早已成为了赵宋王朝立国之本的"祖宗之法"。照此逻辑,对于"圣祖"的挑战,便是对赵宋"祖宗之法"的根本性挑战,也势必危及南宋政权与高宗本人帝位的合法性。这一风险,显然是立足未稳、自身之合法性亦颇受质疑的高宗所难以接受的。苗、刘兵变中"上不当即大位"⑧的警告,犹如达摩克利斯之剑一般,时刻提醒着高宗"确保宗庙祭祀的连续性与一贯性"⑨的极端重要性。

然而,景灵宫神御奉安温州天庆观之后不久,又遭遇了新的变量。

---

① 参见李心传撰,徐规点校:《建炎以来朝野杂记》甲集卷二,第76页。
② 李心传撰,徐规点校:《建炎以来朝野杂记》甲集卷二,第76页。
③ 《宋会要辑稿》第2册,礼一三,第725页下—726页上。
④ 杨时:《龟山集》,载《景印文渊阁四库全书》第1125册,卷一二,第226页下。此后,朱熹也对景灵宫的性质进行了讨论,并在相当程度上承续了杨时的说法。在他看来:"今景灵宫乃叔孙通所谓'原庙'是也。叔孙通言'原庙',则是衣冠月出游之地,一月一次到彼,初无神坐。今则一一有之。又只似太庙了,恐非叔孙通所谓原庙之意。"(黎靖德编:《朱子语类》卷一二八,载朱杰人、严佐之、刘永翔主编:《朱子全书》(修订本)第18册,上海:上海古籍出版社;合肥:安徽教育出版社,2002年,第3995页。)
⑤ 参见黄去疾:《龟山先生文靖杨公年谱》,载林海权、胡鸣编著:《杨时故里行实考》,福州:福建人民出版社,2008年,第260页。
⑥ 李心传撰,徐规点校:《建炎以来朝野杂记》甲集卷二,第76页。
⑦ 前已述及,真宗去世之后,垂帘听政的刘后和仁宗,则在王曾、吕夷简等一干臣僚的谏议下,将前后所降天书随葬永陵,致使真宗一朝的崇道高潮逐渐降温。
⑧ 李心传:《建炎以来系年要录》卷二一,建炎三年三月壬午,第418页。
⑨ [日]寺地遵著,刘静贞、李今芸译:《南宋初期政治史研究》,上海:复旦大学出版社,2016年,第211页。

（绍兴元年[1131]八月）十六日，知温州林之平言："景灵宫、万寿观、会圣宫、章武殿祖宗神御分寓四处，欲望就择一爽垲雄丽可为宫殿所，并就一处奉安。"从之。既而就本州岛开元寺移万寿观、会圣宫、章武殿神御并就景灵宫于佛殿奉安。本宫前殿景命殿奉安[景灵宫神御]，本宫后殿千佛阁下奉安万寿观、会圣宫、章武殿神御。内万寿观昊天玉皇上帝一尊于千佛阁之东擗截安奉。……宫观名额依旧称呼。①

由是可悉，在温州知州林之平看来，空间局促、规模有限的地方天庆观（即温州天庆宫），并不适合充当安奉祖宗神御的处所。正是基于这一考虑，他建议将分寓于四处的景灵宫、万寿观、会圣宫和章武殿神御汇集于一处，权于规模较大、殿堂宏伟的温州开元寺安奉。显而易见，此番移奉神御的背后，更多是出于空间场地的考虑，而非景灵宫道教性格的丧失。将万寿观中的昊天玉皇上帝像于千佛阁之东辟地安奉，便是一个非常重要的例证；"宫观名额依旧称呼"，而不囿于奉安场所的佛寺性质，也充分说明了这一点。

然而，高宗对此权宜之举似乎并不满意。据《宋会要辑稿》记载：

（绍兴）二年（1132）闰四月七日，诏取温州神御赴阙。先是以万寿观章宪天后黄金铸章圣皇帝与后像权奉安温州开元寺，上曰："置金像外方，人所侧目，若不取入，是诲盗也。"故愀然谓宰辅曰："朕播迁至此，不能以时荐缯宗庙，奉衣冠出游，令祖宗神御越在海隅，念之坐不安席。"故有是命。②

从表面上来看，高宗汲汲于想要将奉安于温州开元寺的祖宗神御取回禁中，确有出于神像安全方面的考虑；然更为重要的是，这些祖宗神御作为宋朝和高宗本人之合法性和神圣性的象征与延续，自不宜久居外方，而无亲祀之礼。

因是之故，在临安行在兴建一座真正意义上的景灵宫，便成了高宗接下来势在必行的一项举措。然绍兴十一年（1141）和议达成之前，高宗的注意力始终为宋金之间的和战所牵扯，无暇顾及景灵宫的营建。和议达成之后，随着内外局势的缓和，高宗也终于得以致力于首都祭祀空间的重构，将临安景灵宫的重建提上议事日程。

据《建炎以来朝野杂记》所记："（绍兴）十二年（1142），和议成，乃作太社太稷、皇后庙、都亭驿、太学。十三年（1143），筑圜丘、景灵宫、高禖坛、秘书省。……凡定都二十年，而郊庙宫省始备焉。"③由是而论，在宋金和议达成之后高宗一系列重建首都国家祭祀场所的举措之中，景灵宫的兴建位序是非常靠前的，仅次于太社太稷、皇后庙、都亭驿和太学。绍兴十三年圜丘和景灵宫的建成，则为前述景灵宫、太庙、郊坛"三大礼"的恢复，提供了必要的空间场所。

然在其建筑规模方面，临安景灵宫则显然无法同北宋时期兖州和京师的景灵宫相提并

---

① 《宋会要辑稿》第2册，礼一三，第725页下—726页上。
② 《宋会要辑稿》第2册，礼一三，第726页上。
③ 李心传撰，徐规点校：《建炎以来朝野杂记》甲集卷二，第74页。

论。据李心传所记,绍兴十三年始迁于临安的景灵宫,"但通为三殿,以奉圣容,无复东都之制矣。"①职是之故,景灵宫的扩建工程,也一直持续到绍兴二十年(1150)之后。即如《宋会要辑稿补编·景灵宫》所载:"绍兴十八年(1148)五月十六日,诏将太一宫斋殿后宫空地,修盖景灵宫道院;二十年,又曾令毗邻景灵宫的大理寺移走,以其地拨入景灵宫。"②又《建炎以来朝野杂记》则记:"(绍兴)二十一年(1151),韩世忠卒,九月,又以其赐第增筑之。"③据此而论,无论是在南宋初年的内外交困之中,还是"绍兴十二年体制"④形成之后的承平之世,高宗对于景灵宫的关注始终未变。这一创设于真宗时期,将被视为王朝始祖的圣祖同宋室之列祖列宗相系的神圣空间,也在此危急存亡之秋发挥了关键的作用,成为高宗维护和巩固其政权与个人权力之合法性的重要手段。

接下来所要论及的,则是佛教僧侣参与景灵宫道场的问题。据《宋会要辑稿补编》所载:

(绍兴六年[1136]三月)二十二日,主管景灵宫奉迎所岑鉴言:在京日遇帝后忌辰,依本宫条令,差道士三七人前一月启建道场,其斋衬等钱每次约三百余贯。昨迎奉神御在温州奉安,用僧道各一十四人,并无分文钱物,未称追奉之意。今相度每年诸殿帝后忌辰共计三十二次,轮一僧寺及道观管认,一岁岁终,各给度牒一道,共二道,付僧道正副依公给散。从之。⑤

由是而论,南宋初景灵宫道场的参与者,并非全系道士,而是僧、道平分的。从渊源上来看,北宋时期欧阳修、苏轼等人所撰写的若干疏语、斋文⑥,已可证佛教僧侣参与景灵宫道场的情形。然前述《宋会要辑稿补编》中所论北宋时期帝后忌辰道场的条令,则全系道士启建道场,而无僧人参与其间。又据汪圣铎的分析:"这有两种可能:一是所言为宋徽宗时的制度,当时排抑佛教,自不许在景灵宫内举行佛教道场;二是北宋时期虽有在帝后忌辰举行佛教道场的情况,却未形成制度。但此时已是僧人、道士同时举行道场。"⑦

据此而论,北宋时期虽不乏僧侣参与景灵宫祀典的情形,然恐非定制;若依其根本性质

---

① 李心传撰,徐规点校:《建炎以来朝野杂记》甲集卷二,第74页。
② 参见徐松辑,陈智超整理:《宋会要辑稿补编》,北京:全国图书馆文献缩微复制中心,1988年,第43页上—下。又修盖景灵宫道院事,尚可参考《宋会要辑稿》第15册,方域二,第9291页下;李心传:《建炎以来系年要录》卷一五七,绍兴十八年五月癸酉,第2557页。
③ 李心传撰,徐规点校:《建炎以来朝野杂记》甲集卷二,第77页。
④ 此系寺地遵所提出的有关南宋初期政治史研究的一个核心概念,详参寺地遵著,刘静贞、李今芸译:《南宋初期政治史研究》。
⑤ 《宋会要辑稿补编》,第30页上。
⑥ 如欧阳修《景灵宫奉真殿开启真宗皇帝忌辰道场看佛经都功德疏语》《景灵宫广孝殿章懿皇后忌辰道场看佛经都功德疏语》(载欧阳修:《文忠集》卷八八,《景印文渊阁四库全书》第1102册,第705页上);苏轼《景灵宫罢散奉安神宗皇帝御容道场功德疏文》《景灵宫祈福道场功德疏文》《景灵宫宣光殿奉安神宗皇帝御容日开启道场疏》《景灵宫宣光殿奉安神宗皇帝御容日开启道场斋文》(载苏轼撰,孔凡礼点校:《苏轼文集》第三册,卷四四,北京:中华书局,1956年,第1275、1279、1281、1284页)又据汪圣铎所言,无论是在元丰改建景灵宫之前还是之后,都有在景灵宫内举行佛教道场的情形,参见氏著:《宋代政教关系研究》,第610页。
⑦ 汪圣铎:《宋代政教关系研究》,第611页。

而论，则仍具鲜明之道教性格无疑。如魏了翁所记："景灵宫前殿以奉圣祖，则用道家之仪；中后殿以奉帝后，则行家人礼。"①又朱熹亦云："景灵宫元符所建，貌象西畔六人，东向，其四皆依道家冠服，是四祖。二人通天冠绛纱袍，乃是太祖、太宗暗地设在里，不敢明言。"②由是，南宋初年景灵宫僧、道平分，共同参与帝后忌辰道场的情形，似已非北宋，尤其是徽宗崇道高潮时期的定制，而是体现出某些调整和新变的迹象。

绍兴十三年临安景灵宫落成之后，这一僧道平分，共同参与帝后忌辰道场的模式，得以进一步肯定和延续。如李心传所记："（绍兴十三年二月）乙酉，诏令临安府建景灵宫……掌宫内侍七人、道士十人、吏卒二百七十六人……凡帝后忌辰，通用僧、道士四十七人作法事。"③又据《宋会要辑稿补编》的记载："（绍兴十四年[1144]）二月二十六日，景灵宫主管所言：每遇忌辰，道场僧、道斋衬欲乞每次班首四人，各支钱一百（贯）五百文，余散众二十四人，各支钱一贯文，令左藏库每上下半年依数供送赴宫。从之。"④由此而论，景灵宫帝后忌辰中的佛、道平分之局，已为礼官所明确，成为一代之制。

需要说明的是，上述景灵宫中佛、道平分之局，似有一较为明确的限定前提，即所谓帝后忌辰道场；而在宫内人员的组成方面，则如李心传所记，由内侍、道士和吏卒组成，并无僧侣行驻其间。⑤又及于祀典活动中僧人、道士的排列次第方面，则如叶绍翁所记："百官赴景灵行香，僧道分为两序，用其威仪况（咒）语。初僧徒欲立道流右，且曰僧而后道。至交讼久之。秦桧批其牍云：景灵、太乙，实崇奉道教之所，道流宜居上，至今定为制云。"⑥由此而论，至少在高宗朝的宰相秦桧看来，景灵宫的道教性质仍是无可疑议的。⑦既如此，行香法事活动的佛、道次第，因在道场场域中举行之故，也自应以道士居上。这一点，显然是与前述魏了翁、朱熹等人对于景灵宫性质的判断相一致的。

综上所述，南宋时期景灵宫帝后忌辰法事佛、道平分的情形，虽然在一定程度上显现出与北宋时期有所不同的趋势；然就其基本的面向而言，则仍是以道士居上的，也并未从根本上动摇景灵宫的道教性格。这一时期的景灵宫祀典体制虽与徽宗朝的崇道高峰时期有所差

---

① 魏了翁：《鹤山集》卷五〇，《景印文渊阁四库全书》第1172册，第568页下。
② 黎靖德编：《朱子语类》卷一〇七，第3489页。
③ 李心传：《建炎以来系年要录》卷一四八，绍兴十三年二月乙酉，第2383页。《建炎以来朝野杂记》所载略同，参见李心传撰，徐规点校：《建炎以来朝野杂记》甲集卷二，第77页。
④ 《宋会要辑稿补编》，第43页上。
⑤ 值得注意的是，据《宋会要辑稿补编》中的记载，景灵宫初建成时十位驻扎宫内的道士，在绍兴十八年道院建成之前，也并非留驻宫内，而是就临安府宫观安泊。又就其职能来看，则专知圣祖天尊大帝殿，而非通管全宫。参见《宋会要辑稿补编》，第42页上。
⑥ 叶绍翁撰，沈锡麟、冯惠民点校：《四朝闻见录》丙集，北京：中华书局，1989年，第106页。颇为有趣的是，叶绍翁对景灵宫行用僧道的举措似乎并不满意。据其所论，"绍翁以为祖宗在天之灵，必不顾歆于异教，且市井轻警之庸人，宜皆斥去。近者淳祐进书，例用僧道饶鼓前导，朝廷有旨勿用，盖得之矣，惜未施于原庙。"（同书第106页。）
⑦ 甚为有趣的是，秦桧在四圣（延祥）观的兴建问题上，则表现出全然不同的态度，对其予以限制。据张端义所记："韦太后自北归，有四圣一图，奉之甚严。委中官张去为建四圣观。秦相偶见之，问所以然。退以堂帖呼张去为，张窘甚，泣告太后。思陵因朝退，语及建四圣观本末。秦相奏云：'先朝政以崇建宫观，致有靖康之变。内庭有所营造，岂容不令外臣知之？中贵自专，非宗社之福。'即日罢役，改为都亭驿。后三年，思陵谕秦相，以孤山为四圣观。殿宇至今简陋。"（张端义撰，许沛、刘宇整理：《贵耳集》卷上，载朱易安等主编：《全宋笔记》第六编第10册，郑州：大象出版社，2013年，第285页。）

别,却依旧体现出对北宋时期"祖宗之法"的延续,而未对真宗朝以来的基本格局构成本质性的冲击和挑战。

再接下来所需着重讨论的,则是南宋前期最为重要的礼典——《中兴礼书》。在徽宗时期所编之《政和五礼新仪》同此书的关系方面,依四库馆臣之见:"是书(《政和五礼新仪》)颇为朱子所不取,自《中兴礼书》既出,遂格不行……亦论掌故者所宜参考也。"①而在吴羽看来,"详检《中兴礼书》、《宋会要辑稿》等书,却可以发现《政和五礼新仪》对南宋国家礼仪影响深远。②又"在详载南宋高宗、孝宗(1127—1194,1162—1189年在位)两朝礼仪的《中兴礼书》、《〈中兴礼书〉续编》中,六朝隋唐时期的礼典和礼学著述(包括《大唐开元礼》、《五礼精义》、《开元礼义鉴》在内)虽偶有出现,但是已经无足轻重,则表明《大观新编礼书》、《政和五礼新仪》的编成,既从某种程度上宣示着宋代对唐五代礼仪的批判与继承告一段落,也昭示着宋代国家礼仪真正走向了成熟……"③

据此而论,《中兴礼书》《〈中兴礼书〉续编》同《政和五礼新仪》之间的承续关系是相当明显的。在本文所关注之同道教相关的国家祀典层面,此依卷目、礼目之序,列表如下:

表1 《政和五礼新仪》与《中兴礼书》与道教相关之祀典对照表④

《政和五礼新仪》		《中兴礼书》	
卷目	祀典内容	卷目	祀典内容
卷九、序例	亲祠降御札奏告宫观(非泛奏告同)、报谢宫观		
卷二五至二九	皇帝亲祠昊天上帝仪、祀昊天上帝仪(有司行事)(冬至祀圜丘)	卷九〇至九一	昊天上帝一(祈谷、雩祀、宗祀、冬至)、昊天上帝二
卷六八	祀帝鼎仪		
卷六九	祀八鼎仪		
卷七〇	祀九宫贵神仪	卷一二九	九宫贵神
卷七二	祀太一宫仪	卷一三一至一三四	太一宫一(车驾诣宫观谒烧香,太上皇帝、孝宗皇帝本命殿四立行事附)、二、三、四
卷七三	祀阳德观仪	卷一二八	大火
卷七四	应天府祀大火仪		
卷七七	祀会应庙⑤仪		
卷一一三	皇帝亲祠前期朝献景灵宫仪	卷一〇五至一一一	景灵宫一(万寿观、会圣宫、幸武殿附),景灵宫二、三,四孟朝献景灵宫一、二、三,登宝位朝献景灵宫

---

① 纪昀总纂:《四库全书总目提要》卷八二,石家庄:河北人民出版社,2000年,第2138页。
② 吴羽:《〈政和五礼新仪〉编撰考论》,《学术研究》2013年第6期,第119页。
③ 吴羽:《〈政和五礼新仪〉编撰考论》,第126页。
④ 二书之版本,《政和五礼新仪》仍依《景印文渊阁四库全书》版;《中兴礼书》则采礼部太常寺纂修,徐松辑《中兴礼书》,载《续修四库全书》编纂委员会:《续修四库全书》第822、823册(据北京图书馆藏清蒋氏宝彝堂抄本影印)。
⑤ 根据小岛毅的说法,会应庙是从五龙祠发展而来的。参见小岛毅:《宋代の国家祭祀——〈政和五礼新仪〉の特徵》,第467页。

续表

《政和五礼新仪》		《中兴礼书》	
卷目	祀典内容	卷目	祀典内容
卷一一四	皇帝朝献景灵宫仪		
卷一一五	坊州朝献圣祖仪		
		卷一四九	璇玑观①
		卷一五〇	佑圣观

  由上表可悉,《政和五礼新仪》中的崇宁九鼎祀仪和坊州②朝献圣祖仪,随着两宋之际北方地区的丧失,业已失去其继续存在的可能性;从唐代五龙祠发展而来的会应观祀仪,也并未在《中兴礼书》中得以承续。而在昊天上帝、九宫贵神、太一宫、大火和景灵宫的祀仪方面,《中兴礼书》则几乎完全继承了《政和五礼新仪》中的类目,体现出明显的延续性。尤其是在太一宫和景灵宫的祀仪方面,《中兴礼书》的卷帙数目更是数倍于《政和五礼新仪》。此虽有二书体例方面之不同的缘故,亦在很大程度上显现出宋廷对于二者(太一宫、景灵宫)的极端重视。需要说明的是,在南宋前期所编纂的《中兴礼书》中,我们也看到了一些明显同道教相关,而为《政和五礼新仪》中所无的内容,即卷一四九、一五〇中的璇玑观和佑圣观。总而言之,至少从道教参与国家祀典的方面来看,《中兴礼书》与《政和五礼新仪》之间的关系,显非四库馆臣所言之替代关系,而是体现出明显的承续性。换言之,除部分因国土沦丧、重器遗失而不得不废止的仪典外,《中兴礼书》在道教参与国家祀典方面的处理方式,仍表现出对《太常因革礼》,尤其是《政和五礼新仪》的延续,而并未出现根本性的转折。③

  结合前文所论,如果我们将《大唐开元礼》至《中兴礼书》之间礼书的变迁沿革视为一连续的过程,则其道教因素与国家祀典的互动,大体经历了如下两个明显的阶段:1.从《大唐开元礼》《大唐郊祀录》《太常因革礼》,直至《政和五礼新仪》,可视为道教因素参与国家祀典的上升期。正如朱溢所言:"从唐玄宗时期开始,大量与传统礼制迥异的祭祀出现,并在三祀制中得到了相应的级别,道教在其中起了关键作用,北宋末年,这股浪潮达到了顶峰。"④ 2.而自《政和五礼新仪》至《中兴礼书》之间,即北宋末年至南宋前期,则可视为道教参与国家祀典的稳定期。这一时期,同道教相关的国家祀典虽在具体类目上稍有损益,然就其总体

---

① 有关璇玑观之研究,可参考吴羽:《南宋临安璇玑观的殿廊神像与礼仪》,载李凇主编:《道教美术新论:第一届道教美术史国际研讨会论文集》,济南:山东美术出版社,2008年,第211—221页;又载氏著:《唐宋道教与世俗礼仪互动研究》,第93—106页。

② 坊州系传说中皇帝的故乡,位于今山西省延安市黄陵县。又据朱溢的研究:"坊州圣祖祭祀在真宗朝没有进入三祀制。在《政和五礼新仪》中,坊州朝献圣祖是大祀,并有了明确的祭祀程序……"(朱溢:《事邦国之神祇:唐至北宋吉礼变迁研究》,第81页。)

③ 当然,我们此处并非想要否认朱熹等人进行礼俗改革的愿望;然至少到编纂《中兴礼书》的南宋前期为止,这一愿景同宋代礼制实践之间的差别仍相当显著。理学原则真正渗入国家祀典体系,显然还有很长的路要走。直至明代徐一夔、梁寅等人所编纂的《大明集礼》,道教因素才完全退出了国家礼制系统,恢复到接近于《大唐开元礼》时的形态。《大明集礼》之卷目与礼目,可参考张文昌:《制礼以教天下——唐宋礼书与国家社会》,附录7,第505—510页;其内容可参考徐一夔等编:《明集礼》,《景印文渊阁四库全书》第649、650册。又有关明初礼俗改变方面的研究回顾和最新研究,可参考张佳:《新天下之化——明初礼俗改革研究》,上海:复旦大学出版社,2014年。

④ 朱溢:《事邦国之神祇:唐至北宋吉礼变迁研究》,第85页。

的情形而论,则仍在很大程度上体现出明显的承续性。《中兴礼书》中的分类,也完全认可了《政和五礼新仪》将景灵宫、太一宫等祀典视为吉礼的做法,而并未效法《太常因革礼》,继续使其独立于五礼系统之外,作为"新礼"来看待。换言之,在道教对于国家祀典的参与层面,南、北宋之间并没有出现明显的断裂。

再接下来所要讨论的,则是南宋初如何看待和处理徽宗崇道高潮中其他遗产的问题。为简明起见,笔者此处权以同国家礼制密切相关之昊天玉皇上帝、九鼎和天子玺印为例,试析如下。

首先来看昊天玉皇上帝。根据《中兴礼书》的记载,绍兴元年(1131)九月三十日癸亥,高宗在明堂大礼结束之后,分别向圣祖圣后、昊天上帝奏报了恭谢青词,并撰《明堂大礼毕恭谢景灵宫诸帝诸后祝文》。①依照笔者之见,上述青词和祝文,构成了一个连续的序列,将宋朝和高宗自身帝位的合法性同王朝始祖、上天与列祖列宗联系为一体。然就其书体称谓来看,正如前文中所引魏了翁对于景灵宫前殿、中后殿之不同性质的区分一样②,青词与祝文的名号之殊,也在很大程度上显示出圣祖圣后、昊天上帝同宋朝帝后之间的显著差别。据张泽洪的说法:"青词,又称青辞、清词,亦名绿章,是道教斋醮时敬献天神的奏告文书。"③由是而论,将昊天上帝与圣祖圣后等同看待,而采用颇具道教色彩的青词,即已非常明确地表现出高宗对于徽宗朝合昊天上帝与玉皇大帝为一体之举的认可。

然遍查《全宋文》目录,与昊天上帝相关的青词似仅此一篇;在此之后,高宗、孝宗时期郊祀、明堂大典上与昊天上帝相关的文字,则全以祝文和册文的形式出现④,而未表现出明显的道教性格。或可说,自高宗时期以降,至少在明堂、郊祀等最为重要之国家祭祀的层面,昊天上帝自徽宗朝以来与玉皇之间"合二为一"的倾向,似已有所淡化,显现出较为明显的儒家性格。

而在临安的官修宫观(如万寿观)所奉祀的昊天上帝中,据《梦粱录》所记:"在新庄桥西。绍兴间建殿观宇,以太霄殿奉昊天,宝庆殿奉圣祖,长生殿奉长生帝,西则纯福殿,奉元命。"⑤由此而论,此处昊天上帝仍是与玉皇合而为一的,故可视为道家神祇供奉于道观的太霄殿中,而与圣祖、长生帝、元命等并祀。

---

① 参见礼部太常寺纂修,徐松辑:《中兴礼书》卷七七,载《续修四库全书》编纂委员会编:《续修四库全书》第822册,第315页下。
② 参见《鹤山集》卷五〇,第568页下。
③ 张泽洪:《道教斋醮史上的青词》,《世界宗教研究》2005年第2期,第112页,全文参见第112—122页。另有关唐宋青词的讨论,可参考长虹:《青词琐谈》,《中国道教》1990年第2期,第19—22、16页;张泽洪:《青词漫谈》,《文史杂志》1996年第2期,第43—45页;张海鸥、张振谦:《唐宋青词的文体形态和文学性》,《文学遗产》2009年第2期,第46—53页;查庆、雷晓鹏:《宋代道教青词略论》,《四川大学学报》(哲学社会科学版)2009年第4期,第47—51页;杨毅:《论唐宋道教青词演变》,《中国文化研究》2010年第1期,第111—117页;谢一峰:《感格通天:两宋时期道教祈雨的变迁》,载姜锡东主编:《宋史研究论丛》(第二十一辑),保定:河北大学出版社,2018年,第184—198页等。
④ 具体之例证,可参考《中兴礼书》卷三〇至三二、七七,第126页下—149页上,313页下—321页下;叶宗鲁纂修,徐松辑:《中兴礼书续编》卷八,载《续修四库全书》编纂委员会编《续修四库全书》第823册,第488页下—490页下。
⑤ 吴自牧:《梦粱录》卷八,第64页。另可参考潜说友纂修:《咸淳临安志》卷一三,第4叶a—5叶a。

再及于道教文献方面,在南宋孝、光、宁朝西蜀道士吕元素编纂的《道门定制》①中,所谓"九皇御号"中"开天执符御历含真体道昊天玉皇上帝"的称号,则直接采用了徽宗政和六年(1116)所上之"玉皇"尊号,名下注文中更明言"玉皇即朝廷圜丘所尊昊天上帝"②。又南宋蒋叔舆编撰的《无上黄箓大斋立成仪》中,亦采用了"昊天至尊玉皇大帝"的称号。③据此而论,徽宗朝以来将昊天上帝和玉皇视为一体之神格的做法,已得到了道教内部的广泛认可。

综上,徽宗朝以来将传统祀典中之昊天上帝与道教之玉皇视为同一神祇的做法,虽然在南宋时期的郊祀、明堂大典中似有所淡化;然就其总的面向而论,则仍为道教内部和时人所广泛认可,而得以继续延续其一体之神格。

其次是九鼎。从现存史料来看,无论是崇宁九鼎还是神霄九鼎,皆因其体量巨大、不便移动之故④,未能随着高宗等人辗转来到南方。南渡的高宗君臣,也并未再兴九鼎之议,表现出延续这一传统的冀望。而在关于九鼎的记述方面,时至南宋之初,崇宁九鼎也已不再是御制《九鼎记》中万世永固的"不迁之器"⑤;而是成了山河破碎的物化表征。据《铁围山丛谈》所记:

> 崇宁甲申议作九鼎……先是,方士魏汉津议,(别本并云"献议"。)其制各取九州岛之水土,常内鼎中。及上行礼至北方之宝鼎也,鼎忽漏水,流浸布地。且鼎金厚数寸,水又素贮鼎中,未始有罅隙,不当及上焚香时泄漏。漏乃旋止,故上深讶焉,鲁公为不乐。于是刘炳进曰:"鼎之水土,皆取于九州岛之地中,独宝鼎者取其水土于雄州白沟之界上,非幽燕之正方也。岂此乎?"故当时尤以为神,然厥后终以北方而致乱矣。⑥

故事本身的传奇性姑且不论,然在蔡绦看来,值此靖康之后家国离乱的情境之下,宝鼎所传达的信息,已绝非徽宗"丰亨豫大"之盛世宏图的祥瑞休征,而是成了两宋之际北方沦丧的灾难预言。

再次则是天子玺印。前已述及,徽宗在"天子八宝"的基础上别制与神霄信仰有关的"定

---

① 据《道藏提要》可知,《道门定制》"分前后二集,先有前集,即今本一至五卷,名《定制集》;嘉泰辛酉(1201)成后集,以辅前集之遗,合而为'全书',后集即今第六至第十卷。"(任继愈主编,钟肇鹏副主编:《道藏提要》,北京:中国社会科学出版社,1991年,第966页。)此书之成书年代与内容提要,尚可参考Kristofer Schipper and Franciscus Verellen eds. *The Taoist Canon: A Historical Companion to the Daozang*, Vol.2, Chicago & London: The University of Chicago Press, 2004, pp. 1010–1012.
② 参见吕元素:《道门定制》卷二,载《道藏》第31册,北京:文物出版社;上海:上海书店;天津:天津古籍出版社,1988年,第668页下。
③ 参见留用光传授、蒋叔舆编次:《无上黄箓大斋立成仪》卷六,载《道藏》第9册,第405页下。此书之成书年代与内容提要,尚可参考任继愈主编,钟肇鹏副主编:《道藏提要》,第371—373页;Kristofer Schipper and Franciscus Verellen eds. *The Taoist Canon: A Historical Companion to the Daozang*, Vol.2, pp.1014–1018.
④ 如崇宁九鼎中最为重要的帝鼎,则据《宋会要辑稿》所载,用金(即铜)十二万斤,可见其体量之巨。参见《宋会要辑稿》第4册,舆服六,第2289页上。
⑤ 参见《宋会要辑稿》第4册,舆服六,第2289页上。
⑥ 蔡绦撰,冯惠民、沈锡麟点校:《铁围山丛谈》卷一,第11—12页。

命宝","合前八宝为九,诏以九宝为称,以定命宝为首。"①而据《宋史》所载,靖康之难中"诸宝俱失之,惟大宋受命之宝与定命宝独存,盖天意也。"②

南宋立国之后,为皇帝行用之故。"建炎初,始作金宝三:一曰'皇帝钦崇国祀之宝',祭祀祠表用之;二曰'天下合同之宝',降付中书门下省用之;三曰'书诏之宝',发号施令用之。"③而在绍兴元年五月八日,内廷又利用徽宗前所获之元圭宝玉,为高宗制作了一方宝玺,名"大宋受命中兴之宝"④,而试图为高宗政权的合法性提供物质层面的依据。

在对于旧有之定命宝的处理和行用方面,则依《宋史》所记,虽"历世宝之",却仅上太上皇尊号、册后太子时方用⑤,已不复当年之要。李心传关于"宝玺"的一段讨论中,也将定命宝列于御府所藏玉宝之第十位,在相当程度上体现出其地位的下移。⑥至绍兴十六年(1146),"又作八宝:一曰镇国神宝,以'承天福延万亿永无极'九字为文;二曰受命宝,以'受命于天既寿永昌'为文;三曰天子之宝;四曰天子信宝;五曰天子行宝;六曰皇帝之宝;七曰皇帝信宝;八曰皇帝行宝。藏之御府,大朝会则陈之;上册宝尊号、册后太子、大礼设卤簿,亦如之。"⑦对照《唐六典》可知,此番"天子八宝"的名号与次第,已与唐宋以来的旧制无异,而将政和七年所制之"定命宝"排斥于具有权力象征意味的"天子八宝"之外,体现出对于徽宗玺印体制的否定,也从根本上清除了神霄派在此方面对于国家仪典的影响。

从总体上来看,南宋初道教参与国家祀典的主要方式,依旧承续了真宗朝以来所形成的"祖宗之法",即前文中所述的"真宗模式"。当然,宋廷也在一定程度上延续了徽宗朝时期的一些措置,如《政和五礼新仪》、昊天上帝与玉皇的一体神格等,未将其一概予以否定。然对于徽宗后期以来以道教神霄派为主导,试图全面改造旧有之国家祀典体系的一系列做法,宋廷则自南渡之初,便表现出明确的拨乱反正之态,并在神霄宫、天子玺印等具体措施上,采取坚决措施,果断恢复徽宗后期崇道高潮之前的既有传统。换言之,对于道教参与国家祀典的"徽宗模式",南宋君臣的态度基本上是否定的。职是之故,我们对于道教与国家祀典互动层面两宋间的断裂与承续,便不能简单地于"是""否"之间做出一个非此即彼的判断,而是应当将其分解为"真宗模式"和"徽宗模式"两个不同的层面,进行更为细致的分析和解读。

---

① 脱脱等:《宋史》卷一五四,第3586页。
② 脱脱等:《宋史》卷一五四,第3586—3587页。
③ 脱脱等:《宋史》卷一五四,第3587页。
④ 参见《宋会要辑稿》第4册,舆服六,第2287页下;李心传撰,徐规点校:《建炎以来朝野杂记》乙集卷五,第584页;脱脱等:《宋史》卷一五四,第3587页。
⑤ 参见脱脱等:《宋史》卷一五四,第3587页。
⑥ 参见李心传撰,徐规点校:《建炎以来朝野杂记》乙集卷五,第581页。
⑦ 脱脱等:《宋史》卷一五四,第3587页。

结语：宋代道教参与国家祀典的常态、变态与回归

田余庆曾在其《东晋门阀政治》一书中，采用了"变态"与"回归"的用语。①阎步克则从这一"变态—回归"叙述模式中，顺理成章地引出了"常态"问题。在他看来，"常态""变态""回归"这些概念，为人们理解中国历史的延续性提供了启示。②而在宋代道教与国家祀典的过程中，上述"常态""变态"与"回归"的概念，也为我们增进对于这一问题的宏观把握提供了非常重要的解释框架。

从"天书下降"到"东封西祀"，从"圣祖降临"到景灵宫的兴建，宋代道教参与国家祀典的基本模式，在真宗"神道设教"的观念影响之下得以奠定；曾局限于"郊庙之外"的道家祀典，也随着景灵宫、太庙和南郊"三大礼"体系的确立，成为宋代国家祭祀体系中至关重要的环节之一。然此一时期道教参与国家祀典的主要方式，仍是以道教元素融入既有体系之内，成就其儒道混融的国家祭祀制度。这一我们所谓的"真宗模式"，通过《太常因革礼》和《政和五礼新仪》等礼制文献的制定而得以最终确立，成就了有宋一代道教参与国家祀典的"祖宗之法"。

"真宗模式"奠定和确立之后，直至徽宗前期，道教参与国家祀典的方式虽或稍有损益；然就其整体的面向而论，以道教元素融入以儒家传统为主之国家祀典体系的基本模式则始终未变。这一礼制传统的延续，构成了天水一朝道教参与国家祀典的常态。

然而，徽宗朝后期独崇神霄、合一三教，甚至试图用神霄派道士的一家之言，以重新制礼作乐、别定仪制的一系列激进行为，则在很大程度上突破了真宗朝以来道教参与国家祀典的既有框架。这一时期以道教理念，甚至某些道教派别（如神霄派）的主张为指导，全面改造既有之国家祀典体系的做法，已经完全背离了宋代道教参与国家祀典的常态，成为一种宗教狂热之下的"变态"。

这种超越政治理性的行为举措，随着徽宗的失败和北宋王朝的覆灭戛然而止；而在靖康之难中逃过一劫、成为中兴之主的高宗赵构，则必须面临重建和确立宋朝及其本人皇帝身份之合法性的挑战。从一方面来看，高宗对神霄派的打压和一系列同神霄派有关之国家祀典的摒弃，非常明确地彰显出其与"徽宗模式"彻底切割的决心；而在另一方面，从景灵宫的复建、《中兴礼书》对《政和五礼新仪》的延续和昊天上帝—玉皇一体神格的承续等行动来看，高宗对于"真宗模式"，乃至徽宗朝前期在维护"真宗模式"之既有原则的前提下展开的一系列举措，则依旧保持了相当程度的认可。置言之，南宋初期道教参与国家祀典的基本模式，

---

① 原文如下："本书所指门阀政治，质言之，是指士族与皇权的共治，是一种在特定条件下出现的皇权政治的变态。它的存在是暂时的。它来自皇权政治，又逐步回归于皇权政治。"参见田余庆：《东晋门阀政治》自序，北京：北京大学出版社，1996年，第1页。

② 参见阎步克编著：《波峰与波谷：秦汉魏晋南北朝的政治文明》，北京：北京大学出版社，2009年，第9页。

大体呈现出对"徽宗模式"的"变态"予以拨乱反正,而向"真宗模式"之常态回归的趋势。①

作者简介:谢一峰,湖南大学岳麓书院副教授。

---

① 正如吴铮强所言:"即使唐宋以来中国的经济社会与政治文化出现了某种新的趋势,也不意味着这种新趋势与国家祀典的道教化存在某种必然的关系。……就儒教的纯粹性而言,中国古代的国家祀典是一个反复的过程,并没有呈现出某种长期的、一致性的演变趋势,因此也就无法将唐宋以来国家祀典道教化视为经济社会某种趋势在政治文化领域的反映。"(吴铮强、杜正贞《北宋南郊神位变革与玉皇祀典的构建》,第57页)笔者所论之宋代道教参与国家祀典模式的变迁,同样非常明显地体现出这一过程的反复性。

【物质文化与生活俗尚】

礼仪与身体视角下的帨巾

王春花

【摘　要】帨与巾三代已有，随着社会的发展与人们的物质需要，慢慢衍变为手巾、手帕、汗巾、包袱等等。在涓洁之道的思想指引下的礼仪，帨巾发挥着洁清致敬的作用。相辅相成的是，在宫廷与士大夫雅礼中，帨巾保留了名字，是礼仪复古的表现之一。帨巾在传统社会的上层礼仪与社会中所代表的是一种至高清洁的雅文化，是地位与品行的象征，同时也是尊卑秩序的体现。无论是上层贵族礼仪，或是民间风俗，帨巾都不可或缺。在亦礼亦俗的民间社会，帨巾所起到的作用与在上层社会相比，更加回归清洁本位。无论男女、尊卑，随身配有帨巾是必不可少的，帨巾与我们的肌肤相亲，沾有我们的体液，我们将帨巾作为身体的一部分。具有清洁功能的帨巾在日常生活中起到了洁身与洁物的作用，原为男女均需佩戴的帨巾，由于女性主内形象的确立，帨巾成为主持家内形象的代名词，手帕等物也成为女性的专属之物。由清洁到自洁，由身体到性别，由礼仪的外在表现到女性污名化的象征，帨巾首先被性别化，随后被污名化，跟随女性经历了一场重要的蜕变。在传统社会，身体与情感都是隐蔽的，但我们的情感仍需表达，于是巾帕承载了传统社会男女对情感的渴望与寄托，是身体与心理的外化之物。

【关键词】帨与巾；礼仪；身体；性别

帨与巾三代已有，发展到西汉已有手巾之名，此后其名称随着功能的分化逐渐繁多，出现了帽子与巾帕两大类分支。现有关于巾与帨的研究，大多局限在其作为帽子的功能方面[①]，而对巾作为巾帕、以及其背后的文化属性研究相对较少[②]。本文将从帨巾的演化入手，探讨

[①] 王祺明、金苗苗：《宋代文人巾饰的文化研究》，《绍兴文理学院院报》2005年第4期；王去非：《四神、巾子、高髻》，《考古通讯》1956年第5期；伏兵：《中国古代的巾、帽弁和帻》，《四川丝绸》2000年第4期；陆锡兴：《明代巾、簪之琐论》，《南方文物》2009年第2期；麦坚：《论汉族男子的巾裹传统》，《饰》2001年第2期。[新加坡]陈宝良：《晚明生员的弃巾之风及其山人化》，《史学集刊》2000年第2期）把帽子与生员的身份结合在一起，晚明生员以弃巾的行为表达对当朝腐败官场的不满。牛犁、崔荣荣、高卫东《网巾与明代社会变迁》（《江西社会科学》2013年第4期）从网巾作为约发之物，汉人官僚虽剃发，却保留网巾，将其戴于冠内，在方便与实用性之外，赋予网巾政治象征与文化意涵。

[②] 李坤元的《明清"帉帨"的考释及其文化内涵》（江南大学硕士学位论文，2018年）一文，误将帉帨与各个朝代系在腰间装饰视为一物。叶娇的《帔子·领巾·披帛——略论唐五代宋初女式披巾的称名》（《中国典籍与文化》2010年第3期），此文将唐代的配饰、领巾等区别出来。康盛楠《〈说文解字〉巾部字重文初探》（《襄樊学院学报》2011年第9期）与赵立伟《"坐帨手"还是"坐挩手"——对〈仪礼·乡饮酒〉一处异文及相关问题的讨论》（《中华文化论坛》2011年第1期）两篇从文字的形成与意义角度展开探索。以上文章从帽子和作为文字的"帨"两方面论述了帨在古代生活中的作用，高春明《中国服饰名物考》（上海：上海文化出版社，2001年，第724—727页）中则粗略的勾勒了作为事佩的手巾，以及各时期的手巾布料，将各个时期手巾的材质做了大略说明。陆华《〈诗经〉服饰二题——"帨"、"缡"解颐》（《云南民族大学学报（哲学社会科学版）》2004年第6期）对此二物进行了考证，认为帨为巾，缡为巾之系带。马楠《古代"七事"小考》（接下页）

帨巾的文化意义。

帨巾自产生之初,与日常生活和礼仪息息相关。作为物本身是超越阶级、超越性别的,但作为一种文化,却是具有阶级属性和性别属性的。正如柯律格在《长物:早期现代中国的物质文化与社会状况》中所说:"总的说来,用物来表达社会区隔,在不同层次的士绅精英中最为严重,因为他们强调要与可能最相近的威胁保持距离的需求最为迫切。"①即使一件小小的帨帕也无法摆脱历史的属性。

一 物尽其用:帨巾发展史

在普通士以上家庭的日常生活中,子事父母、妇事舅姑必须佩带纷帨。"子事父母左右佩用,左佩纷帨、刀砺、小觿、金燧,右佩玦捍、管遰、大觿、木燧。妇事舅姑,左佩纷帨、刀砺、小觿、金燧,右佩箴管、线纩"②。这是对帨巾作用比较详细的说明。巾在三代又称为纷帨,郑玄为礼作注,认为帨是当时齐人所言"纷"。"内则"的记录"子事父母""妇事舅姑"两种生活场景中配有纷帨,以便可以随手擦拭器物,至于是不是所有的生活场景都必须配有帨巾则没有说明。

对巾帨的解释,后人说法不一,清人陈用之认为"自巾言之谓之纷,自拭物言之谓之帨",陈可大与其说法相同,郝仲舆认为"纷即帨"。③但乾隆年间的《钦定仪礼义疏》中引用陈祥道的说法,"以巾言之谓之纷,与帉同义,以拭物言之谓之帨,与挩同义,男女皆佩之"④。明末清初学者黄生认为,三代之巾分为"作事"之巾与礼巾,"古巾用以拭手,故佩于身以便作事","礼巾以缔、巾以绤之类"。⑤无论哪种解释,都说明纷、帨是日常生活中保持清洁的基本工具,不论是男性或女性,均需佩带。

另外,除了纷、帨外,澣、幂也是巾的一种,是王巾的特有称谓,而缔、绤则是以巾的材质不同进行命名。覆盖物品的幂至明清时期则被称为帕,戴在头上的称为帻或巾,"后世覆物谓之帕,着首谓之巾"。纷、帨、澣、幂后分化为手巾、汗巾、手帕等,明清时期通称为帕。以黄生的区分为例,"拭手者曰手巾,藉手者曰汗巾,并近人语汗巾或谓之手藉"⑥,洗手擦拭应为手巾,有汗而擦则为汗巾,戴在头上为头巾,另外有腰巾,脚巾等。这些帨巾分类越来越细

(接上页)《文物世界》2018年第2期)、李坤元、梁惠娥《清代"彩帨"的形制与图案》(《丝绸》2016年10期)等文章对帨巾略有涉及。李坤元、梁惠娥《明清"帉帨"研究现状及发展趋势》(《服装学院》2017年第3期)一文则提出对帨巾的研究应该结合社会文化,挖掘物质文化的深层含义。

① [英]柯律格著,高昕丹、陈恒译,洪再新校:《长物:早期现代中国的物质文化与社会状况》,北京:生活·读书·新知三联书店,2015年,第139页。
② (汉)郑玄注,(唐)陆德明音义,(唐)孔颖达疏:《礼记注疏》卷二十七,《文渊阁四库全书》,台北:台湾商务印书馆,1986年,第115—557页。
③ (清)姚际恒:《姚际恒著作集·礼记通论辑本》,台北:"中研院"中国文哲研究所出版,2004年,第413—414页。
④ (汉)郑玄注,(唐)陆德明音义,(唐)贾公彦疏:《仪礼义疏》卷四十一礼器图一,台北:台湾商务印书馆,1986年,第107—434页。
⑤ (清)黄生:《字诂义府合按》,北京:中华书局,1984年,第15页。
⑥ (清)黄生:《字诂义府合按》,第15页。

致,从侧面反映出传统社会中对清洁的要求越来越高。另外,这些种类繁多的帨巾都是由一块布匹充任,这是我们长久以来的智慧的体现,也是我们群众物尽其用的生活哲学。

除了上述清洁作用外,日常生活中,帨巾也扮演着包袱、配饰、书写工具、凶器等其他角色。《后官场现形记》里描写一个花枝招展的姨奶奶的打扮,"穿着一件杨妃色湖绉四厢边的夹衫,脖项上围着一条湖色绣花大手巾,两把头梳得来油光水滑,戴上无数鲜花"[1]。另外,文人雅士经常在手帕上题诗,现存有很多手帕诗。《红楼梦》中经常描写林黛玉的手帕诗。[2]另外,汗巾作为凶器也会出现在生活中,崇祯乙酉五月二十七日,满军进入苏州,长洲县庠顾所不降,"决计自尽,书绝命词于汗巾"[3]。在手帕或手巾上写字多是在不得已情况之下,或是为了情调,而对轻生或行凶的人而言,帨巾又成为凶器。帨巾随着人们的需要由单一的清洁功能向更多功能演变。

帨巾作为清洁之物,随着场所、使用者不同,所赋予的文化意义也不尽相同。下面两个章节将从帨巾礼仪属性与身体属性两个方面挖掘其文化价值。

二 洁清致敬:帨巾与礼仪

基于对礼的尊重,礼器、参礼之人必须保持清洁。以现在流传下来的三礼基本内容来看,三代对礼仪中的清洁非常重视。三礼虽未有"洁"字出现,但"洗""沐""浴"等表示清洁的字却很多,如《仪礼·大射》中"洗"字共出现55次,"巾"出现6次,"挩"[4]出现2次,这就意味着每一次礼节之前,参礼之人必须清洗双手或者祭器等,以保证洁净。而清洗之后,需用幂、巾擦拭。[5]古人在祭祀时频繁清洁,是为了显示尊敬与心诚,董仲舒在谈到四时祭祀先祖时说,"供具祭物,斋戒沐浴,洁清致敬,祀其先祖父母,孝子孝妇不使时过已,处之以爱敬,行之以恭让,亦殆免于罪矣"[6]。

不论是宫廷礼仪,还是民间乡俗,保持清洁都是非常重要的,因而挩手成为重要的一环。在宫廷与士大夫雅礼中,帨巾保留了名字,是礼仪复古的表现之一,而在民间的俗礼之中,其名称被巾帕替代。

(一)礼仪复古:帨巾与雅礼

三代对帨巾的运用在后代宫廷礼仪中完美地保存下来,因而各朝在各种祭祀地点均设盥洗处,备有帨巾试手。在祭祀或献酒之前,为了保持清洁均需盥洗。本节笔者以唐以后礼仪为中心,观察在礼仪复古之下,帨巾是如何被应用的。

1.涓洁之道:帨巾之清洁观

在祭祀中对器物、身体洁净的要求,使得涓洁上升为"道"的层面。为了遵循涓洁之道,

---

[1] (清)白眼新:《后官场现形记》第六回,北京:中国文史出版社,2005年,第49页。
[2] (清)曹雪芹:《红楼梦》第九十七回,长沙:岳麓书社,2009年,第786页。
[3] (清)孔昭明:《崇祯记闻录》卷四,《台湾文献史料丛刊》第3辑,台北:大通书局,1984年,第43页。
[4] "挩"即擦拭。
[5] 陈成国点校:《周礼·仪礼·礼记》,《仪礼·大射》,长沙:岳麓书社,2006年,第155—166页。
[6] (汉)董仲舒著,陈蒲清校注:《春秋繁露》卷第十五,长沙:岳麓书社,1997年,第254页。

在祭祀、生活等方面形成了独特的理论。董仲舒作为天人感应的倡导者,强调祭祀必须注重涓洁之道,"故君子未尝不食新,新天赐至,必先荐之,乃敢食之,尊天敬宗庙之心也。尊天,美义也;敬宗庙,大礼也。圣人之所谨也,不多而欲洁清,不贪数而欲恭敬。君子之祭也,躬亲之,致其中心之诚,尽敬洁之道,以接至尊,故鬼享之,享之如此,乃可谓之能祭。"①涓洁不止于祭祀,也包括自身品格的洁、日常生活的洁。所谓君子,"洁其身而同者合焉,善其音而类者应焉。"②生者身心保持洁净,死后返璞归真,如《白虎通义》中解释人死后为什么必须沐浴,是由于人的本质是洁净,死后便可归于本真,"人死必沐浴于中溜何?示洁净反(返)本也。"③洁、净、清、廉这些上层士人所追求的人生最高境界,也是士人们的清洁观,而帨巾则是清洁观的外在表现形式。

唐代祭祀礼节有六:卜日,斋戒,陈设、省牲器,奠玉帛、宗庙之晨祼,进熟、馈食。这六种礼节是循序渐进的,其中陈设、省牲器环节都有帨、幂的出现,"分献、罍、洗、篚、幂各于其方陛道之左,内向,执尊、罍、篚、幂者,各立于其后。"④在涓洁之道的指引下,各个环节对清洁的要求也非常严格。唐代官祭已经很成熟,此后各朝代大约如此。

为了维护涓洁之道,保证礼仪的严肃与流畅,帨巾交由专人保管。有唐一代,黄门侍郎(门下侍郎)、司言负责递取帨巾,"门下侍郎二人,正三品,掌贰侍中之职,大祭祀则从,盥则奉巾。既帨,奠巾。"⑤唐皇后祭祀,由司言受巾,如先蚕仪,"司言跪取盘,兴,承水,皇后盥手,又司言跪取巾于篚。兴,进,皇后帨手讫。司言受巾,跪奠于篚。"唐开元年间皇太子祭祀,由太子中允受巾。⑥宋代由太府寺掌供祠祭香币、帨巾、神席,以及校造斗升衡尺。⑦唐宋以后在递取帨巾之人的官职设置上采取了兼职的形式,而不是三代专职。⑧

明清各礼节沿袭各代,为了显示对礼的尊重,明清两朝均设有在行各种大礼时递帨巾的司巾官,例如皇后册封大礼时,明皇后盥手,"讫奏帨手,司巾以巾进"⑨。司巾官的存在作用虽然微小,但可以增强礼仪的完整性和延续性。

与上述几个朝代对涓洁之道非常重视不同的是,元至顺元(1330)年十月前,祭祀之处原不设盥洗之位,也无帨巾之设,太常博士认为"殊非涓洁之道",于是建言增设盥洗的设备,"今合于馔殿斋班厅前及斋宿之所,随宜设置盥洗数处,俱用锅釜温水置盆杓巾帨,令人掌管省谕,必盥洗然后行事,违者治之"。⑩此事发生在元入主中原60年左右之时,在此之前,元统治者虽然承办各种礼仪,但对礼制的要求并不严格。

将涓洁上升于道的高度,继而帨巾或挩手成为礼仪复古的一个重要标志。"帨"或"挩"出现的地方,都是仪式中需要清洁的环节。换言之,宫廷中的雅文化传承了三代的礼仪,帨

---

① (汉)董仲舒:《春秋繁露·天人三策》卷十六祭义,长沙:岳麓书社,1997年,第278页。
② 赵善诒注:《韩诗外传补正》卷一,上海:商务印书馆,1938年,第15页。
③ (汉)班固撰,王云五主编:《万有文库》第二集七百种《白虎通义》卷十崩薨,上海:商务印书馆,1937年,第459页。
④ (宋)欧阳修、宋祁撰:《新唐书》卷一一,北京:中华书局,1975年,第310—319页。
⑤ (宋)欧阳修、宋祁撰:《新唐书》卷四七,第1206页。
⑥ (宋)王溥撰:《唐会要》卷十下,上海:上海古籍出版社,2006年,第306页。
⑦ (元)脱脱等撰:《宋史》卷一六五,北京:中华书局,1977年,第3906页。
⑧ 三代掌管帨巾之官有幂人、小臣师。
⑨ 《明太祖高皇帝实录》卷二十八下,吴元年十二月乙丑,台北:"中研院"史语所校,1962年,第439—443页。
⑩ (明)宋濂等撰:《元史》卷七二,北京:中华书局,1976年,第1791页。

之名也被保存了下来,而日常生活中,原作为"帨"之名被巾、帕替代。同时,作为涓洁之道的外在表现形式,帨巾的发展被烙上了等级属性。

2. 尊卑垂帨:帨巾之等级性

中国传统社会的礼仪本身就是一种秩序的实践活动,因而三礼中所表现的等级性尤为突出。作为具有礼仪属性的帨巾,也无法逃脱其等级性。古礼对巾的种类及其作用、等级划分严格,名称不一,例如《礼记·玉藻》中提到天子沐浴所用二巾,"浴用二巾,上绨下绤"①,擦拭上身用细葛布做的巾,下身则用粗葛布做的巾。与此相同的是,《礼记·曲礼上》所载为不同阶层的人服务时,所用的帨巾也不同,"为天子削瓜者副之,巾以绨。为国君者华之,巾以绤。为大夫累之。士疐之。庶人龁之。"②为天子削瓜需要先削皮、分成四半,用细葛的布料盛放;为国君削瓜要分两半,用粗葛盛放;大夫以下不用巾。

上面两例帨巾的运用只是区分尊卑不同,并没有专享之意,因而我们也能看到女子穿绨、绤的衣服③。上节我们已经提到天子专享的巾称黼,由幂人专管,"幂人掌共巾幂。祭祀。以疏布巾幂八尊,以画布巾幂六彝。凡王巾皆黼"④。因而,巾的等级性也非常突出,王巾为黼。

在宾客与主人之间授受礼物,帨巾垂到地上的长度表示宾与客之间的礼节,也是尊卑不同的体现,是对秩序的维护,"尊卑垂帨,磬折则佩垂,授受之仪。"⑤张载曾评价授受之礼为,"尊卑垂帨至地高下之节也,尊卑者高下也"⑥。

中古、近古的社会慢慢衍变发展之时,也慢慢缩小了阶层的差异,但并没消除。按照唐代的礼仪,士大夫因阶品不同可携带不同的配饰,称为"七事""五事",其中包括手巾,"景云中又制,令依上元故事,一品已下带手巾、算袋,其刀子、砺石等。武官五品已上佩𨍏鞢七事。……至开元初复罢之。"⑦自上元元年(674)至开元初年,唐朝文官常服腰带要佩"手巾、算袋、刀子、砺石"四事或更多,武官最多可佩"九事"。

学界认为"七事""五事"源于游牧民族逐水草而居时佩戴的日用品,是唐代流行胡风的体现,但另一方面,这种配饰又与古礼的杂佩有着相似之处。不止三代,汉魏时期,男子身佩鞶囊也是一种习惯,例如《曹瞒传》中描写曹操的衣着,"被服轻绡,身自佩小鞶囊,以盛手巾细物,时或冠蛤帽以见宾客。"⑧因而笔者认为,这可能是多元文化的合流,并非完全起源于游牧民族。

唐中后期,制度上已经废止官员配饰,但日常习惯中却没有终止,直至清代士大夫腰间仍配有帨巾等小物,用来显示其士大夫的身份,实用性不强,"今士大夫一束带间佩系刀、箸、巾帨、荷包之属,累累如也。究之终日不见一取用,徒苦累腰腹笨重耳。"徐时栋认为这种

---

① 陈戍国点校:《周礼·仪礼·礼记》,《礼记·玉藻第十三》,第339页。
② 陈戍国点校:《周礼·仪礼·礼记》,《礼记·曲礼上》,第243页。
③ 朱一清注评:《诗经》,《国风·周南·葛覃》,合肥:黄山书社,1997年,第3页。"葛之覃兮,施于中谷,维叶莫莫。是刈是濩,为绨为绤,服之无斁。"
④ 陈戍国点校:《周礼·仪礼·礼记》,《周礼·天官冢宰》,第14页。
⑤ (汉)郑玄注,(唐)陆德明音义,孔颖达疏:《礼记注疏》卷二,《景印文渊阁四库全书》第115册,台北:台湾商务印书馆,1986年,第61页。
⑥ (宋)卫湜:《礼记集说》卷六,《景印文渊阁四库全书》第117册,台北:台湾商务印书馆,1986年,第137页。
⑦ (后晋)刘昫:《旧唐书》,北京:中华书局,1975年,第1953页。
⑧ 《全上古三秦汉三国六朝文·第三册·三国》,石家庄:河北教育出版社,1997年,第712页。

风俗起源于汉魏。①

作为佩饰而言，清代宫廷女性配饰中有象征等级与地位的采（彩）帨，皇后采帨为绿色，绣文为"五谷丰登"，皇贵妃绣文为"云芝瑞草"等。②文康在《儿女英雄传》中这样解释采（彩）帨，"那'密鸦密罕丰库'的汉话，便叫作'彩帨'，帨，即手巾也。只是如今弄到用起缂绣绸缎手巾来，连那些东西也都用金银珠宝成做，这便是数典而忘其祖，大失命题本意了。"③文康作为清代上层社会一员，认为采（彩）帨源于帨巾，是生活用品，并不能用作表明身份的金银珠宝。

由上古、中古到近古三个时期的资料我们可以看到帨巾在等级社会无法摆脱等级性。帨巾在传统社会的上层礼仪与社会中所代表的是一种至高清洁的雅文化，是地位与品行的象征，同时也是尊卑秩序的体现。

（二）亦礼亦俗：帨巾与民间风俗习惯

三代礼不下庶民，随着唐宋以后科举考试带动了阶层的流动，礼也在向庶民阶层发展。士大夫们努力打造一个有秩序的底层社会，使得上层雅的文化与民间的俗文化相互交融，雅俗交衬，形成了亦礼亦俗的局面。帨巾在民间礼仪中的角色也悄然由严肃到活泼。

在民间风俗习惯或礼仪中，"帨"已无其雅称，而手巾、帕子俗名却是随处可见。周处所记西晋时越地男女双方如果相互爱慕，便可脱掉头巾等作为信物的风俗，"越俗性率朴，意亲好合，即脱头上手巾，解腰间五尺刀以与之，为交拜亲跪妻，定交有礼"④。

贵州、广东等地一直有新娘相见时互换手帕的习俗，两个迎亲队伍在路上相遇，两个新娘互换手帕，这些手帕里需要包裹辟邪的东西。⑤在福建南平、龙溪以及台湾流行的抛手帕招亲之俗，与抛绣球有异曲同工之处。中秋夜晚，人们布置好一个漂亮的"月殿彩台"，待嫁的姑娘们身穿嫦娥装，把数条绣着不同花样的手帕抛向客人，拾到手帕并喜欢姑娘的青年男子把手帕还给姑娘。若姑娘也对男子有情便脱下自己手上的戒指赠给男子，事后青年可托媒去说亲。⑥

如果我们整合上层与下层的婚礼就会发现，帨巾或者手帕喜帕等对于新娘而言很重要。《士婚礼》中规定女子出嫁之前，母亲要亲自为女儿"结帨""结缡"，"缡，妇人之袆也，母戒女施衿结帨"⑦。不论帨、缡，母亲在女儿出嫁之前将象征家事的帨结在衣服上，嘱托女儿要诚心侍奉公婆。因而，女子在家需随时佩戴帨巾以事父母，出嫁仍需佩戴帨巾侍奉舅姑。上层社会一直在遵循《士婚礼》，例如隋皇太子纳妃礼，"母于西阶上，施衿结帨，及门内，施鞶申之。"⑧两宋、明清各朝天子、公主、郡主出嫁均遵循士婚礼。

---

① （清）徐时栋：《笔记小说大观·烟屿楼笔记》卷五，成都：新兴书局有限公司，1979年，第4488页。
② 赵尔巽：《清史稿》卷一零三，北京：中华书局，1976年，第3040页。
③ （清）文康：《儿女英雄传》第二十八回，上海：上海古籍出版，1991年，第354页。
④ （晋）周处：《中国风土志丛刊·阳羡风土记》，扬州：广陵书社，2003年，第65页。
⑤ 《会同县志》卷三十五，北京：生活·读书·新知三联书店，1994年，第910页。这种习俗与手帕被性别化有关，关于这一点会在下一节重点说明。
⑥ 徐桂兰：《汉族红白喜事风俗》，南宁：广西教育出版社，1990年，第6页。
⑦ （清）段昌武：《毛诗集解》卷十五，《文渊阁四库全书》74，台北：台湾商务印书馆，1975年，第621页。
⑧ （唐）魏征等：《隋书》卷九，北京：中华书局，1973年，第178页。

至于民间婚俗,虽省去了结帨,但手巾、手帕却是必不可少的嫁妆。《儿女英雄传》中安太太家娶媳妇,大媳妇的嫁妆在大方盘中放着,"一条堂布手巾,一条粗布手巾,一把大锥子,一把小锥子,一分火石火链片儿,一把手取灯儿,一块磨刀石,又有一个小红布口袋",又解释道,方粗布叫作帨,"湿了用擦家伙的",堂布叫作帉,"干着用探家伙的。""这大小两把锥子,叫作大觽小觽,是开个瓶口儿匣盖儿用的。那磨刀石,便叫作刀砺,伺候公婆吃饭磨刀切肉用的。那火链片儿,代金燧用,取灯儿,代木燧用,为生火用的"。① 小说中描写的嫁妆,与《礼记·内则》中"子事父母""妇事舅姑"中杂佩一致。

除了婚礼,明清民间礼仪中起手巾是宴会时必要的一环,小说《十尾鱼》中有场宴会,"介山见客齐了,便叫娘姨喊起手巾。一时外场绞上手巾,众人接来揩过"② 起手巾也称为绞手巾,是为了保持清洁。宴会主人提前要准备好盥洗用具,等到宴会主持人喊起手巾,众人便可洗手。

无论是上层贵族礼仪,或是民间风俗,帨巾都不可或缺。在亦礼亦俗的民间社会,帨巾所起到的作用与在上层社会相比,更加回归本位。

在上层礼仪中,一方面出于对礼的尊重,将清洁上升到哲学的层面;另一方面也展示了古人在日常对清洁有较高的要求。在民间风俗礼仪中,手帕不断被人们重新诠释,承担了清洁、传递情感等任务。这雅俗两个发展路径呈现出不同特征:首先,帨之名只存在于皇家祭祀之中,但功能被保存下来;其次,帨巾在礼仪中的功能并未随着阶层的改变发生变化,反而随着礼的下移与民俗发生了互动,由雅礼进入了民俗。

三 悬弧设帨:帨巾与身体

高彦颐曾说,中国的身体是作为服饰的,所以缠足并不是对身体的伤害,而是对身体的装饰,"把身体首先作为社会的身体而不是封闭、孤立的个体,这一认识表明了,中国的服装作为社会的、道德的以及族群的标志所具有的重要性。这与中华帝国将服饰作为某种化身的认识相呼应,是将身体视为装饰的观念的必然结果。"③ 换言之,装饰或服饰也是身体的一部分。

(一)文绣鞶帨:身体、性别与帨巾

无论男女、尊卑,随身配有帨巾是必不可少的,因而帨巾与我们的肌肤相亲,沾有我们的体液,我们将帨巾作为身体的一部分。

北宋金军南下,徽宗被俘,在北去的路上,异常艰辛,感伤落泪,一边哭泣一边像曹勋诉苦,"无忘吾北行之苦",又将拭泪的白纱手帕子交给了曹勋,命他将此帕子、写字衣领和皇后的耳环一并交于康王赵构,希望康王尽快将其救出。④ 此时,作为最贴身的物件,衣领、耳

---

① (清)文康:《儿女英雄传》第二十八回,第444页。
② (清)陆士谔:《十尾鱼》第五回,北京:中国戏剧出版社,2000年,第24页。
③ [美]高彦颐:《作为服饰的身体——十七世纪中国缠足意蕴的转变》,张国刚、余新忠主编:《新近海外中国社会史论文选译》,天津:天津古籍出版社,2010年,第166页。
④ (宋)曹勋:《北狩见闻录》,北京:中华书局,1985年,第389页。

环以及沾了泪水的手帕则转化成了徽宗与皇后身体的一部分,而非装饰。直至清代,或是近代,男性也会随身携带擦拭的手巾,《儿女英雄传》中安老爷用随身携带的小手巾儿擦汗,"却说安老爷练完了字,自己也累了一脑门子汗,正在掏出小手巾儿来擦着"①。

但另一方面,每当提到帨巾、手帕之时,我们总会联想到女性,换言之,我们已经将其性别化了。虽然在日常生活中,男女都会佩戴帨巾,但二者佩戴方式与对帨巾的态度却大相径庭。首先,从佩戴的方式而言,男性大多放在衣服内侧,或是装入鞶内,都是放在相对隐蔽的位置,而女性多垂露于外。张舜徽回忆清末的北京士大夫家妇女将手帕"纳于右腋衽间,而露垂于外,不时取以拭汗垢。盖亦佩巾遗意,唯无系耳。"②这与李家瑞笔下的女性习惯相似,晚清女性"开袂儿衬衣微露手帕在肋下拖罗",民国时期的女学堂的学生也将手绢"掖在底襟上"。③

其次,男性与女性对待对帨巾的态度是截然相反的。在本质上,士大夫认为鞶帨之物只是些细枝末节的东西,不应该被男性过度重视。正如刘勰描述南北朝时期的文风,"而去圣久远,文体解散。辞人爱奇,言贵浮诡;饰羽尚画,文绣鞶帨;离本弥甚,将遂讹滥。"④另一方面,对女性而言,手帕更多的是一种装饰,展现自己魅力的工具,换言之,是女性身体的一部分。因而,我们会看到,日常生活中女性非常喜欢将自己的女红功底展现在手帕上。

除此之外,《礼记·内则》中生男子则在门左设弓箭,生女子则在门右放置帨巾,三日之后,背着男孩子射箭,女孩子则要免除这项仪式,"子生,男子设弧于门左,女子设帨于门右。三日始负子,男射女否。"⑤古代女性生日称为帨诞、帨辰。女性由出生到出嫁都离不开帨巾,生命中最重要的日子总是与帨分不开。随着女性主内的角色被定格,帨巾之物也成为女性的代表。所以说帨巾并非女性独用,但却又能够代表女性。

(二)自洁之用:帨巾与污名化

既然帨巾被赋予了女性独特的文化内涵,女性的生理特征使得帨巾在传统社会也被污名化。

女性自洁所用之物也被称为帨巾,是被污名化的源头。宋人卫湜在《礼记集说》也认为帨巾是女性自洁,"'佩之有帨者,以自清洁也'。诗曰,无感(憾)我帨兮,戒非礼之污其清洁也"⑥。持此观点的不在少数,王世祯也认为帨巾乃是妇女的自洁之物,"此乃妇人拭物之巾,常以自洁之用也。"⑦在传统社会,女性经期是被认为不祥的、污浊的,因而女性的清洁用品又被称为秽物。除了被污名化外,月经与经期所用帨巾被陈姥姥或陈妈妈这种隐晦的语言代替。《牡丹亭》中杜丽娘相思成疾,医生把脉之后,诊断为月经不调,"做的按月通经陈妈妈。"⑧《奁史》中议论妇女的帨巾袭服称为陈姥姥,陈姥姥这个名称源于隋末义宁年间的一

---

① (清)文康:《儿女英雄传》第三十八回,第530页。
② 张舜徽:《〈说文解字〉约注》第二册,武汉:华中师范大学出版社,2009年,1869页。
③ 李家瑞主编:《北平风俗类征(上)》,北京:北京出版社,2010年,第369、370页。
④ (南朝梁)刘勰著:《文心雕龙》序志第五十,上海:上海古籍出版社,2015年,第286页。
⑤ 陈戍国点校:《周礼·仪礼·礼记》,《礼记·内则》,第336页。
⑥ (宋)卫湜:《礼记集说》卷六,第137页。
⑦ (清)王士祯:《池北偶谈》卷二十三,济南:齐鲁书社,2007年,第455页。
⑧ (明)汤显祖著:《国学典藏书系·牡丹亭》第十八出诊祟,长春:吉林出版集团,2011年,第213页。

个故事。杜伏威民间起义攻打陈棱,陈棱紧闭营垒,故意不与交战。杜伏威派人给陈棱送去妇女的内衣亵服,称陈棱为陈姥姥。①《情史》记载严世藩家中所没收的物品中有陈姥姥之类的女性用品,有人认为这是严世藩与女子私情的"淫筹"。②

具有清洁功能的帨巾在日常生活中起到了洁身与洁物的作用,原为男女均需佩戴的帨巾,由于女性主内形象的确立,帨巾成为主持家内形象的代名词,手帕等物也成为女性的专属之物。由清洁到自洁,由身体到性别,由礼仪的外在表现到女性污名化的象征,帨巾首先被性别化,随后被污名化,跟随女性经历了一场重要的蜕变。

(三)杂佩以赠之:情感与帨巾

由于帨巾已经作为身体的一部分,是身体的延伸,因而它能够作为传递感情的信物。"知子之来之,杂佩以赠之。知子之顺之,杂佩以问之。知子之好之,杂佩以报之。"③诗中赠杂佩人为男子,男子为了表示对新婚妻子的喜欢之情,将随身携带之纷帨赠予妇人,这种主动性的情感表达在《诗经》中经常出现。直至唐代,仍有《书红绡帕》④这么大胆追求情欲的诗作留世,但随着儒学独尊以及宋以后理学对情欲的压制,这种主动性的情感表达慢慢被认为有违道德的。但明清的笔记小说的兴盛为我们重新审视所谓封建社会对感情的压抑的程度。《情史》中描写年轻富室张荩爱慕一女子,"遂时往来其下,故留连以挑之。女亦心动。一夕月明,女方倚窗远眺,生用汗巾结同心方胜投之,女报以红绣鞋。"⑤《古今奇观》里一个小姐不慎将要送情人的汗巾丢到楼下,被吴二娘拾得并将汗巾藏起来,"那吴二娘年登四十余岁,是个在行之人,正在柜身子里,见对楼抛下,汗巾一条,知是私情之物,急急起身拾了,藏于袖中"⑥。

无论是三代对情感的开放式的追求,还是近古社会将这种情感寄予通俗小说之中,巾帨成了感情交流的重要媒介。手帕、罗帕、香帕等词语经常出现在诗词之中,代表女性,而男性随身所系之汗巾也是身体的一部分。帨巾本为随身携带之物,同时又被赋予了女性的特点。送人贴身携带帨巾或手帕代表了内心深处最真挚的感情。由此而延伸出对爱慕之人的表白,二人互赠帨巾,是两情相悦的体现。

在传统社会,身体与情感都是隐蔽的,在这些诗词或小说之中巾帕承载了传统社会男女对情感的渴望与寄托,是身体与心理的外化之物。

除了男女间情爱的传递,帨巾也是人与人之间交往的感情传递媒介。《板桥杂记》中所记,明代南京妓院有色艺俱优的妓生,二三十人结为手帕姊妹⑦,比较像香火兄弟,成为一个组织。在风尘中生活的妓生姐妹们,为了拥有家庭般的生活,自愿结成姐妹。手帕原为妓生

---

① (清)王初桐:《奁史》卷八十五,《北京图书馆古籍珍本丛刊·72·子部·类书类》,北京:书目文献出版社,1995年,第811页。
② (明)冯梦龙:《情史》卷五情豪类,长沙:岳麓书社,2003年,第100页。
③ 陈成国点校:《四书五经·诗经》上,长沙:岳麓书社,2014年,第316页。
④ (清)彭定求等编:《全唐诗》卷八〇〇,郑州:中州古籍出版社,2008年,第4038页。"囊裹真香谁见窃,鲛绡滴泪染成红。殷勤遗下轻绡意,好与情郎怀袖中。金珠富贵吾家事,常怨佳期乃寂寥。偶用志诚求雅合,良媒未必胜红绡。"
⑤ (明)冯梦龙著,《情史》卷十八情累类,第374页。
⑥ (明)周清原:《西湖二集(上)》,长春:时代文艺出版社,2003年,第204页。
⑦ (清)余怀:《板桥杂记》,南京:南京出版社,2006年,第124页。

们生活必备之物,在此充当了连接感情的必须物品。

身体被传统服饰遮蔽、情欲被压抑之后,为了寻找一个情感表达的途径,我们将装饰或是衣服变为身体的外化形式,因而在传统社会中主动性的情感更多的依赖手帕、汗巾等贴身物件。另外,物化的形式具有一种信物、承诺或是纪念的意义,作为身体象征的帨巾恰巧成为感情的承诺。

四 结 语

帨巾的角色随着日常生活的需要和物尽其用的生活哲学观的指导下,其角色不断转换,功能不断发展。不论帨巾在功能上的分工细致到何种程度,都无法摆脱它的清洁功能。正是由于清洁功能,帨巾方能在礼仪与风俗中起到应有的作用,与此相辅相成的是,礼仪也保存了帨巾的最初名称与作用。帨巾在雅礼中除了具有清洁作用,还代表了礼仪复古的理念,是尊卑等级秩序的体现。而在民间风俗中,帨巾与婚姻形成了紧密的联系。

由于传统社会遮蔽的身体,对身体的装饰也成为身体的一部分。不论男性或女性,在表达感情时总要借助于外化的身体,帨巾作为与身体亲密接触的物件,恰巧具备了这种特质。同时,帨巾与女性结下了不解之缘,成为代表女性的一个重要物品。原为男女均需佩戴的帨巾,由于女性主内形象的确立,帨巾成为主持家内形象的代名词,手帕等物也成为女性的专属之物。女性洁身的帨巾成为秽巾,帨巾本身被污名化。

20世纪七八十年代以前,几乎人手一个,但如今手帕多已被我们弃之不用。究其原因,首先,在清洁方面,纸巾由于更加方便快捷取代了手帕的位置,礼仪中的清洁也已经被现代的清洁观代替。其次,身体不再被严密的遮盖,身体本身不需要被代表。同时,对于女性而言,身体之美已经不是羞于表达的事情。最后,现代社会表达感情的方式更加直接。而与手帕功能相似的毛巾却被保留了下来,仍在我们的日常生活中发挥着重要的作用。

作者简介:王春花,菏泽学院专职教师。

山东地区汉代家具的考古学观察

常 乐

【摘　要】汉代是我国古代低矮型家具发展繁荣的重要时期。从考古出土实物以及画像石、帛画等材料上的家具形象来看,山东地区汉代家具可以分为坐卧类、置物类、盛储类、支架类和屏蔽类五大类,品类多样,使用范围十分广泛,已初步形成了适宜于"席地而坐"起居方式的家具组合的雏形,是北方地区汉代家具的重要代表。山东地区西汉早中期的家具风格明显受到南方楚文化风格的影响,并且汉代山东地区与中原地区在家具形制和意涵方面可能存在一定的交流互动。此外,以礼而置与渐趋生活化是山东地区两汉时期家具发展的重要特征。

【关键词】山东地区;汉代;家具

汉代是我国古代低矮型家具发展的高峰时期。汉代家具在继承先秦时期家具品类及功用的基础上,式样更为丰富,功能性不断增强,逐渐形成了组合完备的家具系列。近年来山东地区汉墓所出的家具实物以及丰富的画像砖石、墓葬帛画等资料上的家具图像,为研究山东地区汉代家具的形制和置用情况等提供了重要资料,也为进一步探讨汉代山东地区乃至北方地区家具的发展特征及其背后的社会文化内涵提供了可能。

关于考古所见山东地区的汉代家具,目前尚未发现专门的研究文章及论著,孙机[1]、聂菲、张曦[2]、董伯信[3]、李宗山[4]等学者所编著的关于汉代家具的综合性论著中对山东地区汉代家具的考古材料有所涉及。聂菲[5]、邵晓峰[6]等学者从汉代画像砖石入手对汉代家具陈设及工艺的发展等进行了论述;杨爱国[7]、陈增弼[8]等学者从汉墓所见的屏风或坐榻等的形象入手,分析了汉代家具具体类型的发展及其社会内涵。以上研究成果均对山东地区考古所见的家具材料进行了征引并从不同角度进行了分析论述,为进行山东地区汉代家具的综合研究奠定了基础。本文拟从考古所见家具实物和图像资料入手,以使用功能为标准对山东

---

[1] 孙机:《汉代物质文化资料图说》,上海:上海古籍出版社,2011年;《汉代家具(上)》,《紫禁城》2010年第7期;《汉代家具(下)》,《紫禁城》2010年第8期。
[2] 聂菲、张曦:《古雅精丽:辨藏中国古代家具》,天津:百花文艺出版社,2016年。
[3] 董伯信:《中国古代家具综览》,合肥:安徽科学技术出版社,2004年。
[4] 李宗山:《中国家具史图说》,武汉:湖北美术出版社,2001年。
[5] 聂菲:《从汉画中看汉代家具及陈设》,《大汉雄风——中国汉画学会第十一届年会论文集》,2008年,第31—38页。
[6] 邵晓峰:《汉代画像艺术中的特色家具形象新探》,《家具与室内装饰》2004年第7期。
[7] 杨爱国:《汉墓中的屏风》,《文物》2016年第3期。
[8] 陈增弼:《汉、魏、晋独坐式小榻初论》,《文物》1979年第9期。

地区汉代家具进行分类,在此基础上,对山东地区汉代家具的特征进行总结,并进一步对其所反映的不同地区的文化交流及礼制文化内涵等进行探析。不足之处,敬祈教正。

一 考古发现概况

根据已正式发掘并刊布的考古资料来看,山东地区汉墓所见家具实物和图像资料众多,遍布全省,其中以鲁南、鲁中地区汉墓所见家具实物和图像资料最为典型,家具式样繁多,组合完整,且保存情况较好。其中以嘉祥、金乡、微山、滕县、临沂、沂南、曲阜等地家具形象最具代表性。鲁东安丘、诸城等地的画像砖石中也有较多发现;向北至高唐、长清等地也可见到。临沂金雀山、银雀山汉墓群有家具实物出土;画像砖石以及壁画与帛画等材料上的家具图像中,较为重要且资料详尽的有沂南北寨汉墓、嘉祥武梁祠、安丘汉画像石墓、诸城前凉台汉画像石墓、金乡朱鲔石室等。相关图像除了见于简报、报告资料外,还被收录于画像石图录中,如《中国画像石全集》(第1—3卷)《山东汉画像石选集》[①]《沂南北寨汉画图像》[②]《嘉祥汉画像石》[③]《武氏祠画像石》[④]等。丰富的考古资料为进行山东地区汉代家具的研究提供了可能。

二 山东地区汉代家具的分类

从目前所搜集到的出土家具实物及图像资料来看,山东地区汉代家具种类齐全,造型繁多;以使用功能为标准,大致可分为坐卧类、置物类、盛储类、支架类和屏蔽类五种类别。

(一)坐卧类

汉代承袭秦制,"席地而坐"的起居方式得以延续,并直接影响了家具的形态及功能。山东地区汉代家具除了袭用先秦以来的席、床等传统坐卧家具外,还更多地使用了榻这种新型家具,并出现了与屏扆结合的新的家具组合形式。

1.床、榻

床、榻均兼有坐、卧功能,是汉代"席地而坐"起居方式下最为常见的家具品类,多在山东地区汉代家具陈设中处于核心位置。床在汉代以前便已出现,西汉以来更为普及。在汉代,不同地区关于"床"的称谓也有差异,西汉扬雄在《方言》卷五中记"床,齐鲁之间谓之簀"[⑤],《说文·竹部》释簀,"床栈也。从竹,责声"[⑥]。由此可知汉代山东地区一般以床上的竹编铺板来代称"床",在一定程度上沿袭了"席"的特征。榻从功能和形制而言与床较为接近;而相较

---

① 山东省博物馆,山东省文物考古研究所:《山东汉画像石选集》,济南:齐鲁书社,1982年。
② 山东省博物馆:《沂南北寨汉墓画像》,北京:文物出版社,2015年。
③ 朱锡禄:《嘉祥汉画像石》,济南:山东美术出版社,1992年。
④ 朱锡禄:《武氏祠汉画像石》,济南:山东美术出版社,1986年。
⑤ (汉)扬雄记,(晋)郭璞注:《方言》卷五,北京:中华书局,1985年,第51页。
⑥ (汉)许慎:《说文解字》卷六,天津:天津古籍书店,1991年。

于床,榻更为"长狭而卑"①。根据出土实物及石刻画像可知,山东地区床、榻形象较为多样,以有无背屏为标准可大致分为有屏床榻和无屏床榻两大类。

(1)无屏床榻

山东汉墓出土实物以及石刻画像中均见有屏、无屏床榻形象。嘉祥武梁祠东壁画像中的"京师节女"故事中便有四足大床的形象②(图一,1)。无背屏榻的形象更为常见,泰安旧县出有一件东汉石榻(原简报中作"石床"),腿呈曲尺形,榻面长方形,榻一侧的两端雕出长方形足,石榻长166厘米、宽70厘米、高30厘米,可知山东地区汉榻的一般形象③(图一,2)。临沂吴白庄汉画像石中刻有一人坐在有三个曲尺形足的榻上,面前陈放樽、杯、盘,呈进食状④(图一,3)。在汉代,依然秉持"尊者专席,独榻以示尊敬"的礼仪传统,许多石刻画像中均出现仅容一人席坐的独坐式小榻的形象,独坐小榻上应为身份尊贵之人,仅供一人独坐的小榻又称为"枰",枰形体较小且呈方形,服虔《通俗文》云:"床三尺五曰榻,板独坐曰枰,八尺曰床"⑤,对床、榻、枰的规格进行了界定。此外,从山东地区出土的汉画像石来看,除了起居生活之用外,榻在生产中也有使用。如滕县宏道院画像石的冶铁场景中,左侧一人跪坐于近似榻的坐具上进行操作⑥(图一,4),可以看出汉代榻的使用已经较为广泛。除了单人坐榻外,汉代已出现供两人或多人合坐的合榻。如台儿庄区泉源画像石楼阁中便有两人合坐一榻的图像。⑦临沂县西张官庄画像石宴乐图中,亦有三人合坐一榻的图像⑧(图一,5),说明南北朝时期流行的多人共坐之连榻的家具形态,在汉代已经出现。

(2)有屏床榻

屏扆与床榻结合而形成的有屏床榻,作为汉代新出现的家具形式,在山东地区出土画像石中也较为常见,尤以东汉时期最为流行。典型的有屏床榻形象见于安丘王封村汉画像石,墓主人持扇凭几端坐于大床上,床的一侧和背后均立有高大精美的屏扆,屏风上还设有器物架,上置剑、杖等器具⑨(图一,6),这是汉代有屏床榻最为常见的式样。诸城前凉台画像石中墓主人端坐于有三面屏的坐榻上⑩;武梁祠西壁画像中亦见有独扇背屏的屏榻形象。⑪

2.席

席的产生较早,商周时期,用莞草、芦苇、藤、竹等编制的席已成为当时起居生活中不可或缺的坐卧家具。两汉时期席仍有使用,除了单独作为坐卧具外,席在床、榻、枰等坐卧具上也有铺陈。山东地区汉代石刻画像上,也可见到坐具席以及作为席垫铺设于其他坐卧具之上的席的形象。沂南汉墓中"收租图"上便绘有两人合席并坐的图像(图二,1),且在宴乐图

---

① (汉)刘熙:《释名》卷六《释床帐》,北京:中华书局,1985年,第82页。
② 朱锡禄:《武氏祠汉画像石》,第15页。
③ 泰安市文物管理局:《山东泰安县旧县村汉画像石墓》,《考古》1988年第4期。
④ 管恩洁,霍启明,尹世娟:《山东临沂吴白庄汉画像石墓》,《东南文化》1999年第6期。
⑤ (唐)徐坚等:《初学记》卷二五《床五》,北京:中华书局,1962年,第601页。
⑥ 山东省博物馆,山东省文物考古研究所:《山东汉画像石选集》,图版一五一。
⑦ 山东省博物馆,山东省文物考古研究所:《山东汉画像石选集》,图版一五八。
⑧ 中国画像石全集编辑委员会:《中国画像石全集·第3卷·山东汉画像石》,第47页。
⑨ 中国画像石全集编辑委员会:《中国画像石全集·第3卷·山东汉画像石》,第129页。
⑩ 诸城县博物馆:《山东诸城汉墓画像石》,《文物》1981年第10期。
⑪ 朱锡禄:《武氏祠汉画像石》,第13页。

中亦绘有五人共坐于席上进行演奏的图像①(图二,2)。此外,沂南画像石上"仓颉造字"故事图像中还出现了兽皮所制之席②(图二,3),或为史籍所载之"熊席"③形象。

(二)置物类

置物类家具在山东地区出土实物和图像资料中亦频繁出现,常见的种类有几、案、俎等,形态和功能均极为多样。

1. 几

两汉时期,在先秦时主要作为凭倚的几得到更加广泛的应用,式样亦变化多端。山东地区汉代家具几的实物和石刻画像资料均多有见到。西汉早中期几的实物在临沂金雀山和银雀山汉墓群中均有发现。出土实物均为木制,形制较为多样,有2足、4足、6足、8足不等,有些几足刻绘纹饰或呈兽腿状,或在几面雕刻出兔首状④(图三,1),一些还髹以黑漆,榫卯接合,稳定性较强,体现出山东地区西汉时期漆木工艺的成熟。山东地区汉画像石中的几从功能上可大致分为凭几和庋物几两大类。画像中使用凭几的多为身份尊贵者,苍山县城前村画像石中一老妇坐于榻上,其前置一几⑤(图三,2)。几足的变化也较多,山东地区汉画像中常见的有曲栅足、双曲足、直足、独足等,安丘画像石带屏大床的器物架上便放有独足夹几(图一,6)。典型庋物几的形象见于沂南画像石,且沂南画像石中还出现了一种柱形直足加栅形曲足的双层高几,每层的几面均杂置簋、奁、盒等⑥(图三,3),体现出几样式变化的多样。东汉以后普遍使用的庋物几与案的形制和功能渐趋一致,难以明确区分。此外,除上述两大类几外,在莒南大沈庄汉画像石的车骑出行图中亦绘有一类似几的器物⑦,推测此处的几可能为迎客时方便客人下马的踏凳类器物。

2. 案

家具案的实物形象在山东地区汉墓中也经常见到。金雀山西汉周氏墓群中出土的漆案,案面四周边沿凸起,四足呈马蹄形。其中M14:4长52.5厘米、宽35.5厘米、通高9厘米、足高6.5厘米⑧(图四,1)。银雀山M7中出土漆案的案面边沿凸起并外侈,阶梯状矮足,案面为素面或有朱漆绘成的带状"回"形图案。⑨济宁普育小学东汉晚期石室墓在前室、耳室、南廊共出土4件陶案,其中1件为长方形案,3件为圆案⑩,应为祭祀所用。

---

① 南京博物院、山东省文物管理处:《沂南古画像石墓发掘报告》,文化部文物管理局,1956年,第20页。
② 南京博物院、山东省文物管理处:《沂南古画像石墓发掘报告》,第22页。
③ 《西京杂记》卷一载:"赵飞燕女弟居昭阳殿……玉几玉床,白象牙簟,绿毛熊皮"。(晋)葛洪:《西京杂记》卷一,北京:中华书局,1985年,第5页。
④ 临沂文物组:《山东临沂金雀山一号墓发掘简报》,《中国考古集成·华北卷·河南省、山东省·战国—秦汉4》,郑州:中州古籍出版社,1999年,第3134—3138页。
⑤ 张其海:《山东苍山元嘉元年画像石墓》,《中国考古集成·华北卷·河南省、山东省·战国—秦汉5》,郑州:中州古籍出版社,1999年,第3597—3604页;李发林:《苍山元嘉元年墓画像石的年代问题》,《山东大学学报(哲学社会科学版)》1979年第1期。
⑥ 南京博物院、山东省文物管理处:《沂南古画像石墓发掘报告》,第28页。
⑦ 山东省博物馆,山东省文物考古研究所:《山东汉画像石选集》,图版一九一。
⑧ 临沂市博物馆:《山东临沂金雀山周氏墓群发掘简报》,《文物》1984年第11期。
⑨ 银雀山考古发掘队:《山东临沂市银雀山的七座西汉墓》,《考古》1999年第5期。
⑩ 济宁市博物馆:《山东济宁发现一座东汉墓》,《考古》1994年第2期。

结合画像石图像可以看出,家具案最为常见的系食案和书案,其他还有放置杂用的案和杂技等场景中使用的道具案等,足部形态均以兽足、柱足和栅状足等为多。沂南汉画像石祭祀场景中有置放牺牲的案①(图四,2)和陈放耳杯等物的案,有些案类似托盘可用双手持端进呈饮食②(图四,3)。沂南汉画像石中也见有书案形象③(图四,4)。此外,还有叠置方案或圆案的式样,或即"以板为之,皮食物"④之阁。诸城前凉台画像石中便有用于倒立表演的六层叠案⑤(图四,5),沂南画像石庖厨图中亦有置物的五层叠案,也可以看出案的使用范围已非常广泛。

3.俎

俎在山东地区汉代出土的实物和图像资料中也有见到。临沂金雀山M31出有一件矮凳状木俎,面呈长方形,中部微凹,俎面布满刀痕,应为实用器,长40厘米、宽20.5厘米、通高18厘米⑥(图五,1)。山东地区汉俎多为切割肉、菜时承垫所用,在庖厨场景中常可见到。诸城前凉台汉墓画像石中还出现一种供三人同时操作的大型连俎,形制类似于栅足长几,其上置肉、菜等物⑦(图五,2)。

(三)盛储类

汉代,盛储类家具的分工更细。箱、笥等家具已非常普及,其不仅可以在卧室内作存放衣被之用,还可在厨房内用以存放食具、酒具和粮食等。从山东地区出土的汉代实物资料来看,保存下来的盛储类家具以木制、竹制为主,部分有髹漆、刻画等装饰。结合画像石资料可以看出,山东地区汉代常见的盛储类家具为箱、柜、簏、盒、奁、笥等。

沂南汉画像石中绘有用于储存衣被等物的双层高柜形象,汉时或称其为"匧",下有四足,腿间连以水平横枨,柜顶中部可以开启⑧(图六,1),山东地区诸如此类的高柜暂少发现。箱以及类似高箱的簏的形象在沂南汉画像中也常有见到,尺寸大小不一。盒常见有方盒、圆盒,并有多子盒等。临沂金雀山M31出土的圆形漆盒M31:1呈圆筒状,盖顶微隆,上有三道弦纹,盒内外髹漆,盖径26.2厘米、底径24.5厘米、通高18厘米⑨(图六,2)。奁也有方奁、圆奁和多子奁等多种形态。银雀山M4出有一件双层七子漆奁,分盖、上层、下层三部分,盖径32厘米、通高20.5厘米,内外髹漆,并有花纹装饰;奁内上层放铜镜,下层板底刻出七个凹槽,嵌放圆形、长方形、马蹄形等不同形制的小漆盒⑩(图六,3)。此外,金雀山M28、M33,银雀山周氏墓群,银雀山M3、M7等均发现一定数量盛储衣或饭食的竹笥,但多腐朽难以复原。其他形式的匣、椟、箧等也常有见到。

---

① 南京博物院、山东省文物管理处:《沂南古画像石墓发掘报告》,第12页。
② 南京博物院、山东省文物管理处:《沂南古画像石墓发掘报告》,第20页。
③ 南京博物院、山东省文物管理处:《沂南古画像石墓发掘报告》,第13页。
④ (清)孙希旦撰,沈啸寰、王星贤点校:《礼记集解》卷二七,北京:中华书局,1989年,第753页。
⑤ 诸城县博物馆:《山东诸城汉墓画像石》,《文物》1981年第10期。
⑥ 临沂市博物馆:《山东临沂金雀山九座汉代墓葬》,《文物》1989年第1期。
⑦ 诸城县博物馆:《山东诸城汉墓画像石》,《文物》1981年第10期。
⑧ 南京博物院、山东省文物管理处:《沂南古画像石墓发掘报告》,第22页。
⑨ 临沂市博物馆:《山东临沂金雀山九座汉代墓葬》,《文物》1989年第1期。
⑩ 山东省博物馆、临沂文物组:《临沂银雀山四座西汉墓葬》,《考古》1975年第6期。

(四)支架类

山东地区汉代支架类家具的种类较先秦时期亦大为丰富。从搜集到的石刻画像以及墓葬出土帛画等材料来看,山东地区汉代支架类家具大致有车马器具架、兵器架、乐器架、衣架和镜台等类型,此外还有抬舆、汲水架等。

汉代出行用的车马器具许多用梁架悬挂。沂南汉画像石中绘有一块从梁上用带子和环链吊着的长方形板,板下一排有钩的环链上挂着箭箙、鞍、辔等具。同时图的右下方绘有一带横木的架子,不仅可以拴马,而且可以用来悬挂饲马的草斗子①(图七)。支托兵器的栏架在山东地区汉画像石中十分流行。兵器架主要插、放长兵器,兼挂弓、盾等,另外也有专插弩、钺一类的台座。沂南汉墓后室画像石中上部兵栏陈放着剑、刀、戟等。下面还有一较大的武器架,放着矛、戟等,并有盾牌、箭箙;此架左边有一小架,插着两杆戟和其他兵器。兵器架上均有纹饰②(图八)。乐器架也是起居生活中经常出现的支架器具。山东地区汉画像石中最常见到的是鼓架,沂南汉墓中室东壁上的建鼓舞场面中,鼓中部贯穿竖于架上,架子下面四足支撑,架子上两层圆幢及羽葆③(图九,1)。临沂费县潘家疃画像石中乐舞图中绘有一乐人敲应鼓的图像,鼓架较为简单,但架座做成了兽形④(图九,2)。除鼓架外,沂南画像石建鼓场面右侧,还有悬挂钟、磬的大木架⑤,或称为虡(图九,4)。此外,沂南金雀山九号西汉墓帛画中还有一风车形乐器架的形象⑥(图九,3),可知当时乐器架式样之繁。

衣架、镜台等形象在沂南画像石中也有具体刻画。衣架顶端横木双出头,上搭有衣物,两立柱间另有一横掌,下有足座支撑,周身饰有纹饰⑦(图十,1)。沂南汉墓后室隔墙东面备妆场面中,左婢手中持有圆座镜架⑧(图十,2),孙机先生认为这可能是目前所见最早的镜台形象⑨。用以载物的抬舆形象在沂南画像石中也有发现⑩(图十,3),临沂吴白庄东汉画像石中也绘有二人抬舆的形象⑪。另外,临沂吴白庄东汉墓画像石中还有较大的桔槔汲水架⑫(图十,4),可以看出支架类家具已成为日常生活中不可或缺的重要家具类型。

(五)屏蔽类

山东地区汉代出土实物和画像中常见的屏蔽类家具可分为屏风、步障、垂帐等。此处的屏风是指独立的家具,不包括床、榻上的屏扆。屏风树于室内用以遮蔽和挡风,在汉代尤其是豪富之家使用非常普遍,大致有插屏和围屏之分。临淄商王墓地85号墓出有一件石插屏,屏风高72厘米、宽94厘米、厚7.7厘米;下面两个石插座。屏风立于祭台旁,或为祭祀

---

① 南京博物院、山东省文物管理处:《沂南古画像石墓发掘报告》,第22页。
② 南京博物院、山东省文物管理处:《沂南古画像石墓发掘报告》,第29页。
③ 南京博物院、山东省文物管理处:《沂南古画像石墓发掘报告》,第20页。
④ 中国画像石全集编辑委员会:《中国画像石全集·第3卷·山东汉画像石》,第73页。
⑤ 南京博物院、山东省文物管理处:《沂南古画像石墓发掘报告》,第19页。
⑥ 临沂金雀山汉墓发掘组:《山东临沂金雀山九号汉墓发掘简报》,《文物》1977年第11期。
⑦ 南京博物院、山东省文物管理处:《沂南古画像石墓发掘报告》,第29页。
⑧ 南京博物院、山东省文物管理处:《沂南古画像石墓发掘报告》,第28页。
⑨ 孙机:《汉代物质文化资料图说》,上海:上海古籍出版社,2011年,第257页。
⑩ 南京博物院、山东省文物管理处:《沂南古画像石墓发掘报告》,第20页。
⑪ 山东石刻艺术博物馆编:《朱鲔石室》,北京:文物出版社,2015年。
⑫ 管恩洁、霍启明、尹世娟:《山东临沂吴白庄汉画像石墓》,《东南文化》1999年第6期。

所用,应为明器①(图十一,1)。金乡朱鲔石室内壁所刻图像中有多折式的围屏形象,屏风形体相当高大②(图十一,2),主要起到区隔室内空间的作用。

沂南画像石还有同样用于分隔区间的新型家具——步障,即以织物与柱杆组成的临时性围隔用具③(图十一,3),较屏风的陈置更为灵活,在庭院及野外均可使用。可知这种魏晋南北朝时期非常流行的步障在东汉时期便已出现。此外,山东地区汉代居室内陈设中见有垂帐,与屏风一样起到遮蔽风寒的作用,同时还有区分空间和装饰的作用。临沂金雀山九号汉墓出土帛画中有垂帐形象,并在两侧各立有挡屏④(图十一,4),可以看出山东地区汉代居室屏蔽类家具组合使用的情况。

三　山东地区汉代家具特征及相关问题

根据以上对山东地区出土汉代实物和图像资料的分析可知,山东地区汉代家具品类繁多且形式变化多样,出现许多新的家具类型,以适应"席地而坐"起居方式的低矮型家具为主,并已初步形成了成套家具组合的雏形,家具整体风格端严、简约而又极具实用性。从考古资料来看,汉代山东地区家具与全国整体家具的发展趋势一致,即在结构及工艺上继承先秦以来的制作传统,在此基础上不断创新,出现了有屏床榻、叠案等新的家具式样,家具功能进一步细化;在家具陈设时,尊者或长者所居的床榻一般位于居室空间的核心位置,不同家具类型相互配合,逐渐形成了以坐卧类家具为中心的室内陈设秩序。

同时,山东地区汉代家具又具有其区域发展特色。山东地区在战国时期是东方大国齐、鲁之地,在相当长的时期内经济、文化等均处于领先地位;直至汉代,其深厚的文化传统深刻影响着当地人们的生活方式。从考古资料来看,汉代山东地区与南方楚文化区域、中原北方其他地区家具的交流,以及家具所体现的礼制文化变迁,是构成山东地区汉代家具特征的重要方面。

首先,山东地区汉代家具的风格体现出其与南方楚式家具以及中原北方地区家具的交流互动。公元前445年前后,齐国内地的杞国以及山东南部的莒、鲁等国均相继并于楚国版图。楚文化对鲁南等地产生的深刻影响,在秦汉统一国家建立以来的很长一段时间内仍然存在。从出土的西汉早中期家具实物来看,临沂金雀山、银雀山墓群与长沙马王堆汉墓群均有大量的几、案、奁、盒等出土,并且形制、制作工艺及部分装饰手法非常相近。银雀山M4所出的双层七子漆奁与马王堆一号汉墓所出的双层九子奁在形制上基本相同⑤,针刻云气纹的装饰纹样也是长沙地区战国和西汉时期非常流行的⑥。这些均是楚文化对山东地区西

---

① 临淄市博物馆,齐故城博物馆:《临淄商王墓地》,济南:齐鲁书社,1997年,第112页。
② 山东石刻艺术博物馆编:《朱鲔石室》,第22页。
③ 南京博物院、山东省文物管理处:《沂南古画像石墓发掘报告》,第20页。
④ 临沂金雀山汉墓发掘组:《山东临沂金雀山九号汉墓发掘简报》,《文物》1977年第11期。
⑤ 湖南省博物馆、中国科学院考古研究所:《长沙马王堆一号汉墓发掘报告》(上集),北京:文物出版社,1973年,第91页。
⑥ 山东省博物馆,临沂文物组:《临沂银雀山四座西汉墓葬》,《考古》1975年第6期。

汉前期手工业以及生活方式等影响的结果,在一定程度上也反映出在汉代大一统的文化背景下,南北文化渐趋融合,楚文化风格逐渐渗透进入北方汉文化区域之中。而与马王堆汉墓所出家具类型相较,山东临沂出土汉代家具虽然在装饰的华美程度、规格等级等方面不及马王堆汉墓,但却更具普及性和实用性,对研究汉代家具的结构、工艺等更具参考价值。此外,河南淮阳北关一号所发现的东汉墓出土的残画像石和兽形座,与山东临沂商王墓地85号东汉墓中出土的画像石屏风形制非常相似①,很大可能上属于同类器物,可知东汉时期山东与中原地区的家具工艺等或存在一定的交流。

其次,以礼而置与渐趋生活化是山东地区两汉时期家具发展的重要特征。先秦时期人们遵循严格的器用制度,"三礼"中对家具的形制、规格、装饰、陈设以及使用的数量等均有详细规定。殷周时期的家具除了使用功能外,还更多地承载着尊礼尚序的礼制文化意涵。至汉代,先秦时期"席地而坐"的起居方式以及与之相适应的室内陈设秩序也得以保留下来;虽然不似先秦时期之严格,但依然在家具置用中起到关键作用,这种情况在受到儒家文化长期浸染的山东地区表现得较为明显。从山东地区汉代石刻画像中所表现的家具使用情况来看,床、榻、席以及汉代新出现的有屏床榻等家具,多为长者、尊者所使用,而且处于完整图像构图中的显要位置。几、案类家具除陈设书和杂用外,在沂南画像石中的祭祀场面中还作为陈馈之器,具有享祭内涵。此外,山东地区汉代家具如案、屏风等大多是直线造型,方正和谐,显示出汉人所推崇的"当位以节,中正以通"的观念,与商代礼制规束下的庄重规整的家具礼器造型在一定程度上有相通之处。

除承继先秦礼制传统之外,山东地区汉代家具还较多地表现出其日益生活化的发展趋势。从已搜集到的山东地区出土汉代家具实物和画像材料的墓葬来看,墓主以中下级官吏和富豪为主,虽然在西汉早中期金雀山、银雀山墓群中出有受楚文化影响的精美漆木器,但总体上山东地区汉代家具的造型和装饰更为简单淳朴,实用性特征更为明显。长沙马王堆汉墓中精美的漆鼎、漆锺、彩绘屏风等在山东地区几乎不见。临沂金雀山M28出土的漆几M28:60,形制与马王堆一号汉墓所出的漆几非常相似;但金雀山汉几的足座宽于几面②,在一定程度上增强了其稳定性,从家具的使用来看,金雀山汉墓的漆几明显更具实用性,更趋生活化。此外,先秦时期作为制礼之器的坐具和几、俎等家具,在汉代山东地区不仅造型更为丰富多变,而且使用范围也更加广泛。俎在西周时期除置物外,多用为载牲之器,与鼎配套作礼器使用,亦以明贵贱、别尊卑。《周礼·膳夫》载:"王日一举,鼎十有二,物皆有俎。"③而在沂南汉墓画像以及微山县两城镇汉画像中出现的俎,多用于切割肉食,出现在庖厨场面中,更具生活气息。滕县宏道院画像石中榻在冶铁场面中的使用,诸城前凉台和沂南汉画像石中几、案在宴乐、庖厨场面中的大量使用等,亦显示出山东地区汉代家具更具生活化的发展趋势。先秦时期礼制对家具的严格规范,家具造型、装饰和使用方式上的等级区别已不再是山东地区汉代家具发展的主要内容,而更适于生活、生产需要的家具设计和形态则受到

---

① 杨爱国:《河南淮阳北关一号汉墓残画像石性质考》,《中国汉画学会第十三届年会论文集》,郑州:中州古籍出版社,2011年,第392—393页。
② 临沂市博物馆:《山东临沂金雀山九座汉代墓葬》,《文物》1989年第1期。
③ (清)孙诒让撰,王文锦、陈玉霞点校:《周礼正义·天官·膳夫》,北京:中华书局,1987年,第242页。

更多关注。

四 结 语

中国古代的家具工艺在汉代得到了长足的发展,这一时期家具的品类之繁、工艺之精、用途之广等均达到了前所未有的水平,奠定了宋明高足家具出现之前古代家具的发展基调。从考古材料来看,山东地区汉代家具完整的组合体系、更为实用的家具造型和继承先秦礼制传统的陈置方式等,代表了汉代北方地区家具发展的基本情况,是汉代区域家具研究的重要参考。虽然利用墓葬尤其是出土画像等资料进行汉代家具的研究,可能存在一定的不全面性和夸张性,但总体而言,这些出土实物和图像资料较为直观、具体地再现了当时家庭生活中家具的形式和陈设,是可以作为认识区域家具特征的资料的。

从考古材料来看,山东地区汉代家具大致可分为以床、榻、席为代表的坐卧类,以几、案、俎为代表的置物类,以柜、箱、奁为代表的盛储类,以车马器具架、兵器架等为代表的支架类,以屏风、步障等为代表的屏蔽类五大类。山东地区西汉早中期的家具式样、工艺制作等体现出较为明显的楚文化风格,并且中原地区部分汉墓家具在形制和使用上也体现出与山东地区家具的相似性。山东地区承袭先秦以来尚礼而序的思想观念,在家具的使用上,长幼尊卑有序,且俎、案等家具依然保留了其享祭意涵。同时山东地区汉代家具在制作工艺上更注重实用性,使用范围更加广泛等,亦体现出其逐渐生活化的发展趋势。

总体而言,家具作为家庭空间活动的重要构成要素,其造型与当时的社会风俗、日常生活密切相连。家具的使用涉及日常起居、庖厨宴饮、典礼祭祀、车骑出行等各个方面,对汉代区域家具的研究,不仅可以从整体上把握不同地区汉代家具的基本情况,而且对于探究汉代大一统环境下地区之间文化的交流以及礼制文化的变迁、家庭生活方式的演变等具有重要意义。

作者简介: 常乐,南开大学历史学院暨中国社会史研究中心博士研究生。

附录:《山东地区汉代家具的考古学观察》一文用图说明

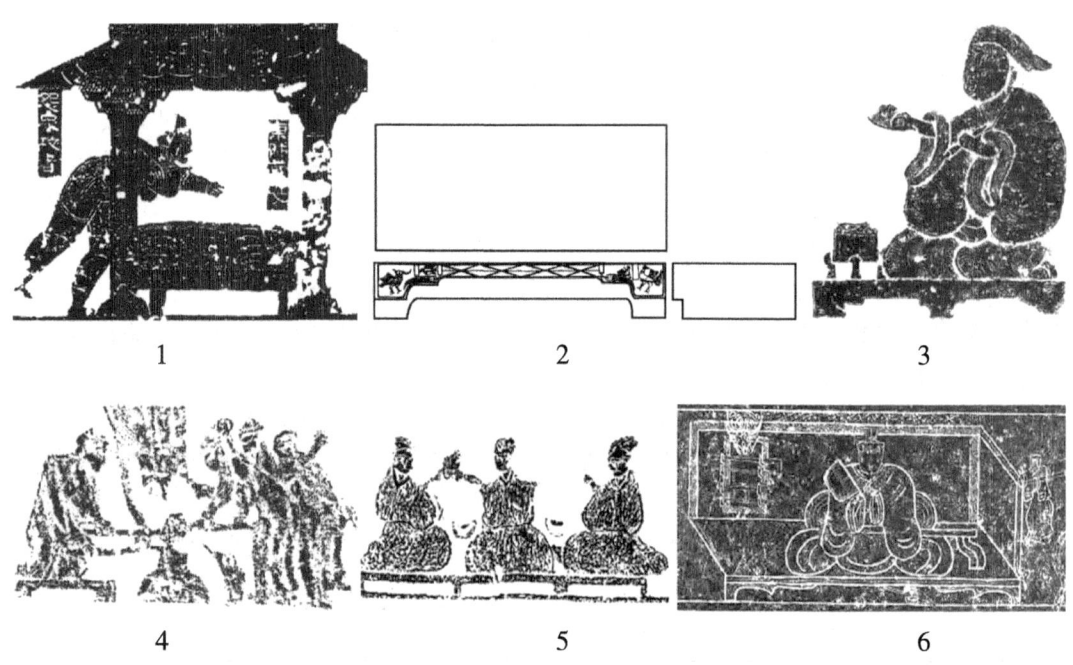

图一 坐榻家具形象

(1.嘉祥武梁祠东壁画像中的床;2.泰安出土东汉石榻;3.临沂吴白庄汉画像石中的榻;4.滕县宏道院画像石冶铁场面中的榻;5.临沂县西张官庄画像石中的三人合坐榻;6.安丘王封村画像石中的有屏床榻)

图二 画像石中席的形象

（1.沂南汉墓画像石中两人合席并坐图像；2.沂南汉墓画像石中多人连席演奏图像；3.沂南汉墓画像石中的兽皮所制之席）

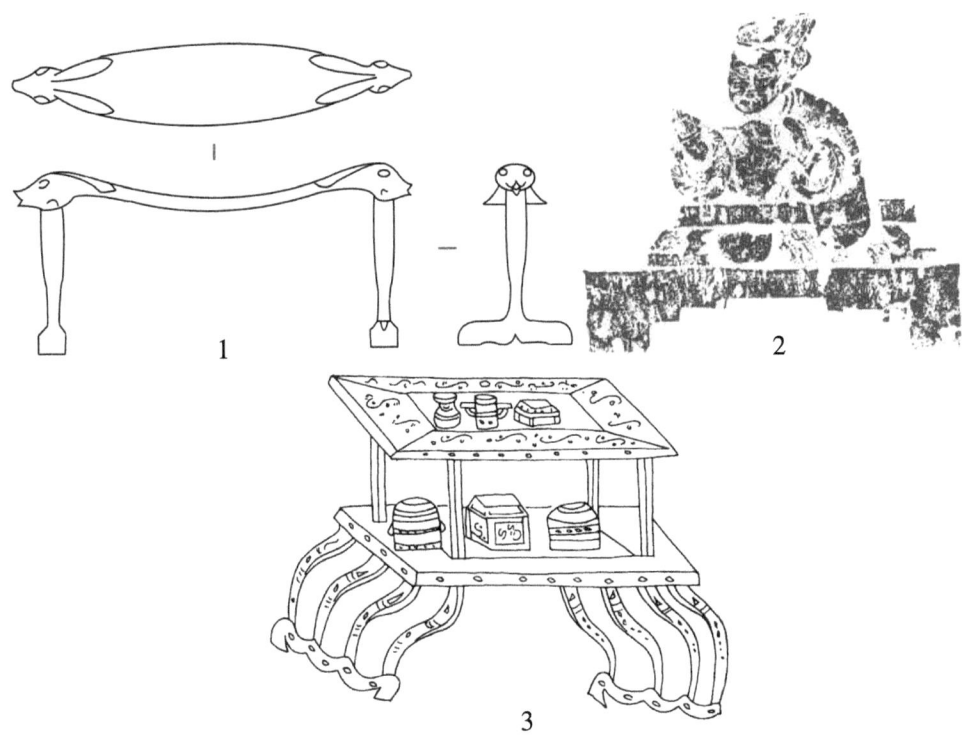

图三 家具几的形象

（1.临沂金雀山一号墓所出兔首木几；2.苍山县城前村画像石上的凭几；3.沂南画像石中的双层高几）

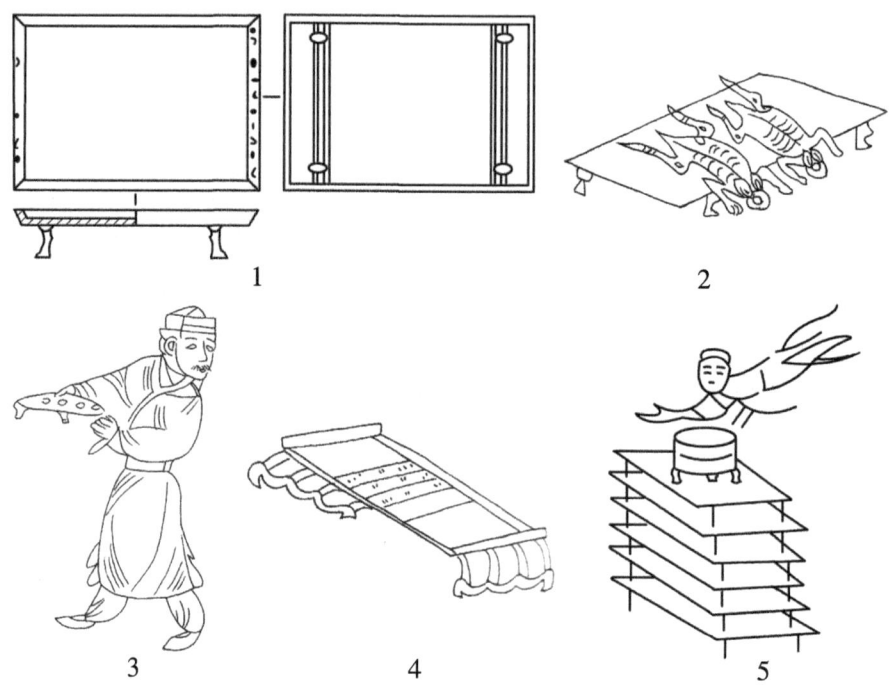

图四 家具案的形象

（1.临沂金雀山M14所出漆案；2.沂南汉墓画像中放牺牲的案；3.沂南汉墓画像中托盘状案；4.沂南汉墓画像中书案；5.诸城前凉台汉墓画像中的六层叠案）

图五 家具俎的形象

（1.临沂金雀山M31所出木俎；2.诸城前凉台汉墓画像中的连俎）

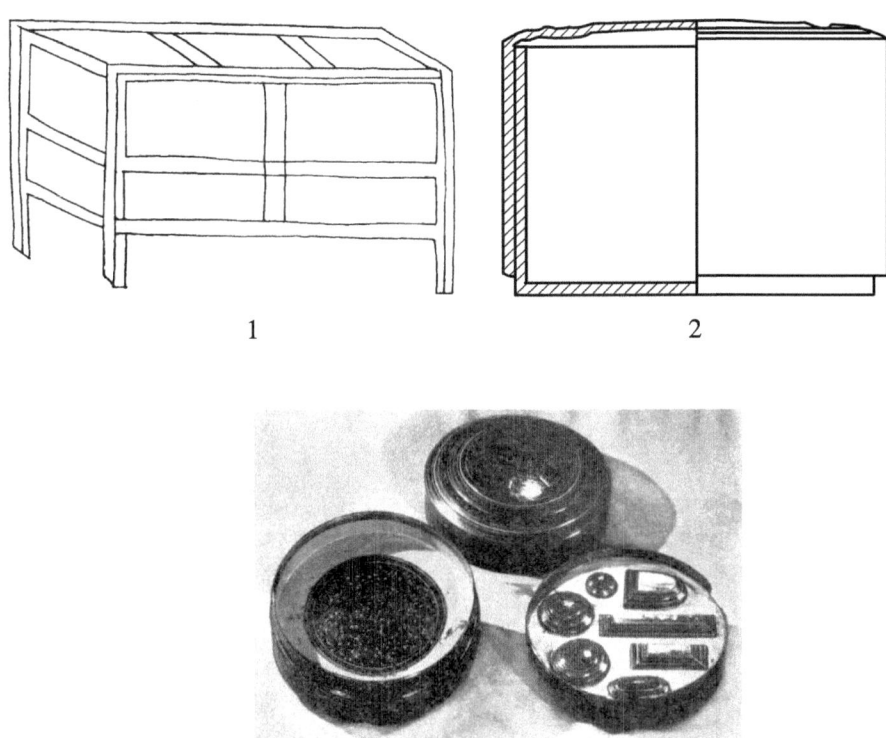

图六 盛储类器物形象
（1.沂南汉墓画像中的双层高柜；2.临沂金雀山 M31 所出漆盒；3.临沂银雀山 M4 所出双层七子漆奁）

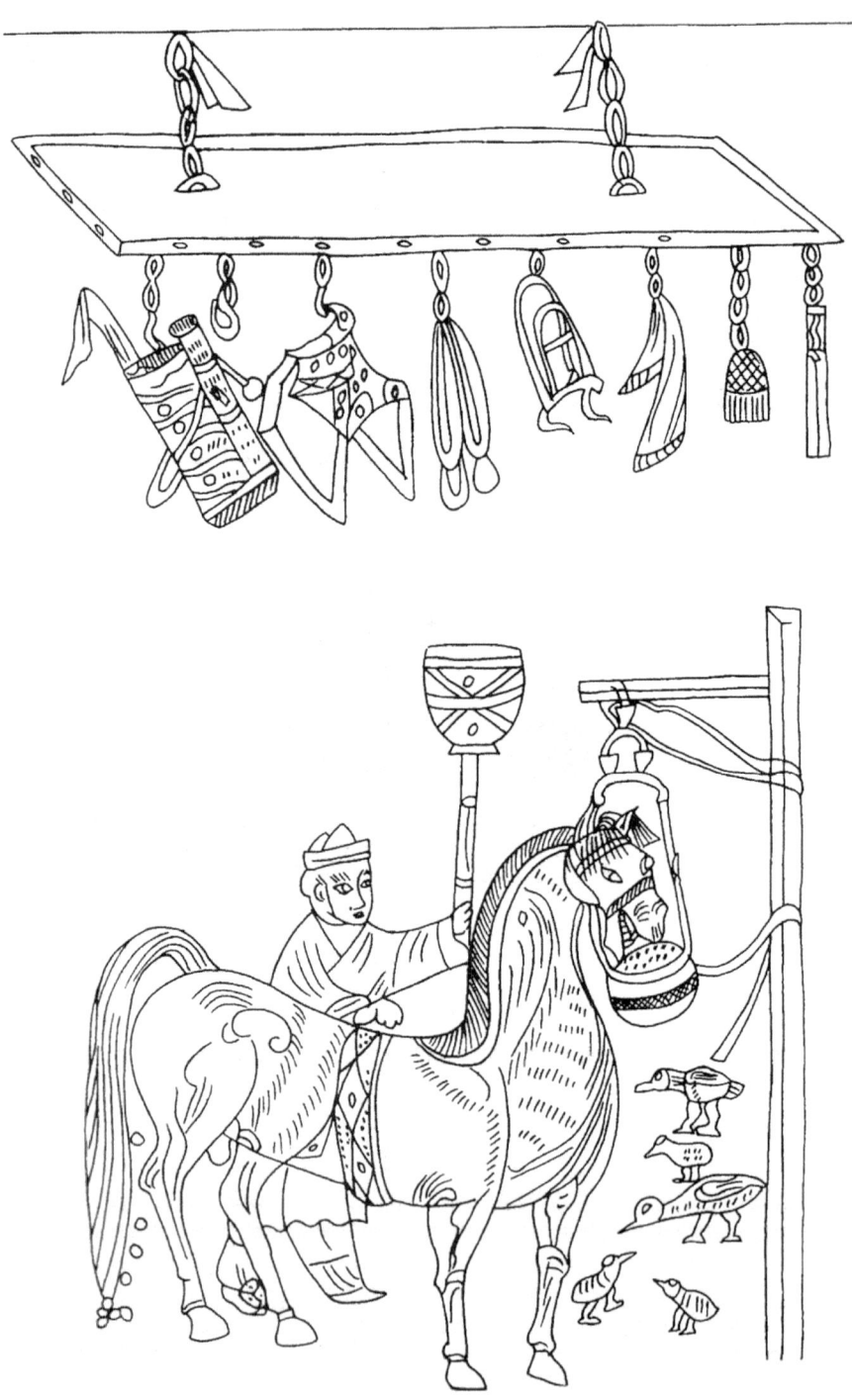

图七　沂南汉墓画像石中的车马器具架

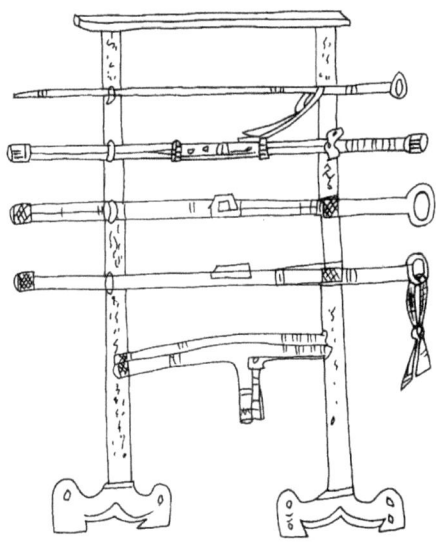

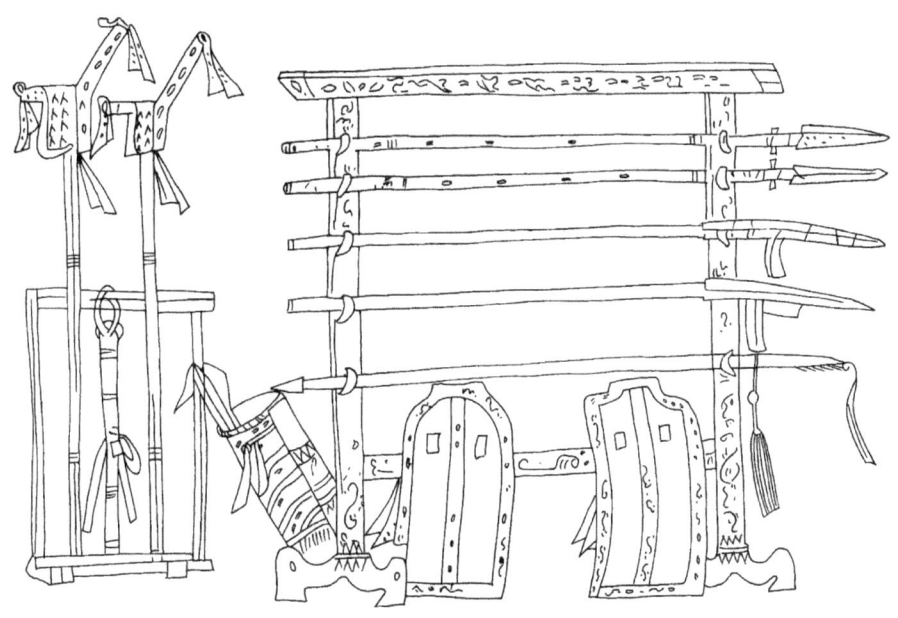

图八　沂南汉墓画像石中的兵器架

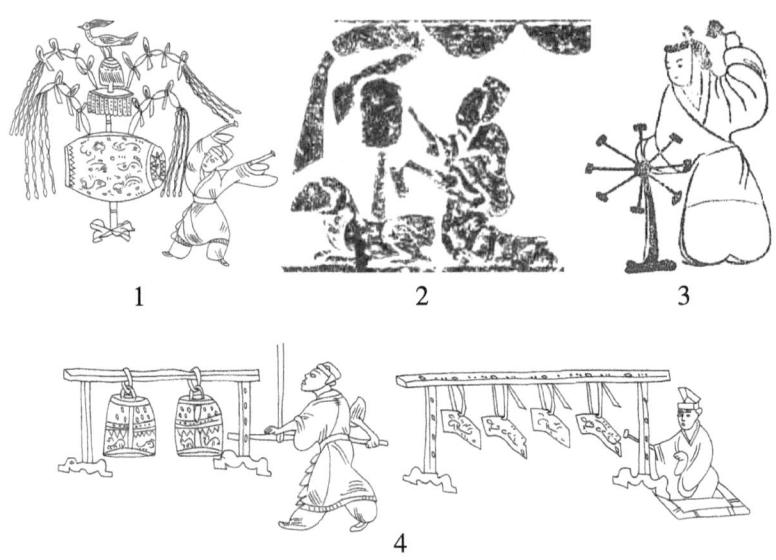

图九 乐器架的形象

（1.沂南汉墓画像石中的鼓架；2.临沂费县潘家疃画像石中的鼓架；3.临沂金雀山九号汉墓帛画中的风车形乐器架；4.沂南汉墓画像石中的乐器架）

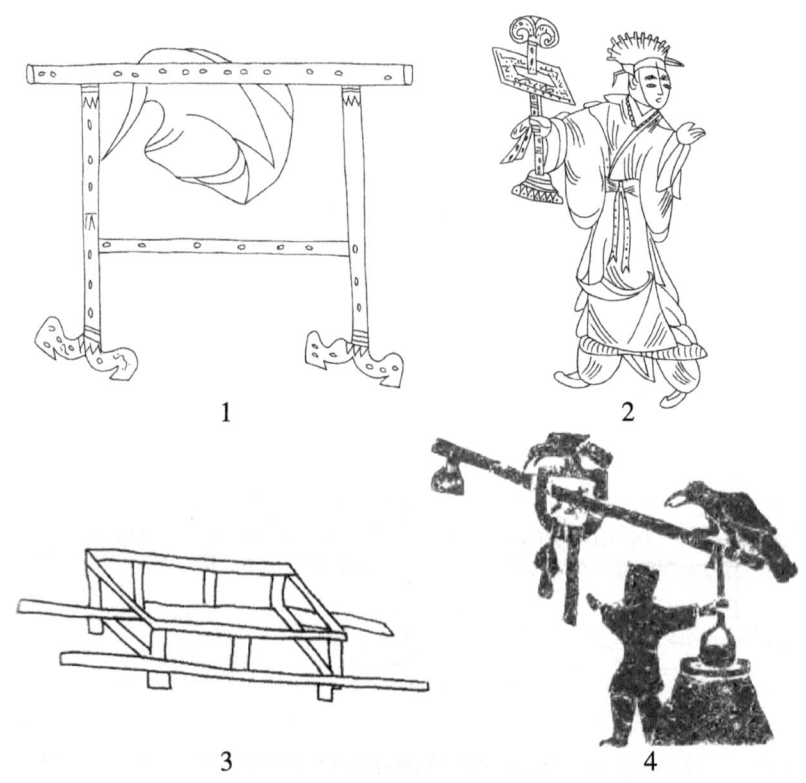

图十 衣架、镜台、台舆与汲水架

（1.沂南汉墓画像石中的衣架；2.沂南汉墓画像石中的镜台；3.沂南汉墓画像石中的抬舆；4.临沂吴白庄汉画像石中的汲水架）

图十一 屏蔽类家具形象

（1.临淄商王墓地85号墓石插屏；2.朱鲔石室中的围屏图像；3.沂南汉墓画像石中的步障；4.临沂金雀山九号汉墓帛画中的垂帐）

墓志资料所见元代归葬习俗

常 莹

【摘 要】 古代中国看重丧葬礼仪,对于送死的重视程度丝毫不亚于奉生。在古人观念中,叶落归根、寿终正寝方可含笑九原。然而并非所有人都能遂心称意。于身死他乡者而言,返葬祖茔实不失为转圜之策。因元王朝疆域辽阔、民族众多,其归葬习俗在延续前代基础上出现新变化,这主要体现在归葬空间距离、各种族祖茔意识及归葬践行差异等方面。对于元代归葬问题,学界尚无人措意,就该论题展开探讨有助于分析时人死亡观念、了解其时社会风貌。本文拟以元代墓志、神道碑、行状、圹记等传记文类为主要参考资料,并结合《元史》本传,就元代归葬缘由、归葬时间影响因素、归葬经费来源、元人热衷归葬表现及归葬特点等若干问题试作考察。

【关键词】 墓志资料;元代归葬;影响因素;经费来源;独特性

中国历来注重忠孝节义,"送死"尤为孝之大事。②于古人而言,叶落归根、狐死首丘方称得圆满。若不幸未能寿终正寝,还葬先茔亦不失为补救之举。查阅相关史料可知,归葬习俗起源较早。③言及归葬,传统意义上多指将尸体运至本贯葬于祖茔。随着历史的发展,受易代迁徙、人口流动等诸多因素影响,世人不再囿于以"所居之世既久"④之原乡为葬域,某祖始居之地逐渐成为家族新茔所在。归葬作为丧葬礼俗之一,集中体现时人死亡观念及对先茔、故里重视程度,为窥视中国古代社会风貌提供助益。

20世纪90年代以降,丧葬问题备受国内学人瞩目,至今已取得丰硕成果。⑤同其他朝

---

① 本文所用碑刻资料由国家社科基金重大项目"元代北方金石碑刻遗存资料的抢救、发掘及整理研究"项目(项目号:12&ZD142)北京、陕西子课题组提供。
② (元)脱脱等撰:《宋史》卷四○九《张忠恕传》,北京:中华书局,1977年,第12329页。
③ 《史记·鲁周公世家》载:"周公在丰,病,将没,曰:'必葬我成周,以明吾不敢离成王'";又《礼记·檀弓上》:"太公封于营丘,比及五世,皆返葬于周",见(汉)司马迁撰,(南朝宋)裴骃集解,(唐)司马贞索隐,(唐)张守节正义:《史记》卷三三《周鲁公世家第三》,北京:中华书局,1959年,第1522页;(东汉)郑玄注,(唐)孔颖达疏,龚抗云整理,王文锦审定:《礼记正义》卷七《檀弓上》,北京:北京大学出版社,1999年,第194页。
④ (清)段松苓辑:《益都金石记》卷三《元李氏迁祖之碑》,清光绪九年益都丁氏藏本,第56页b。
⑤ 参见罗开玉:《丧葬与中国文化》,海口:三环出版社,1990年;周苏平:《中国古代丧葬习俗》,西安:陕西人民出版社,1990年;宋德胤:《丧葬仪观》,北京:中国青年出版社,1991年;徐吉军、贺云翱:《中国丧葬礼俗》,杭州:浙江人民出版社,1991年;丁凌华:《中国丧服制度史》,上海:上海人民出版社,2000年;雷绍锋、张俊超:《丧葬习俗》,武汉:湖北教育出版社,2001年;齐涛主编,石奕龙著:《中国民俗通志·丧葬志》,济南:山东教育出版社,2005年;苏玉熙:《中国丧葬文化》,北京:中国文史出版社,2005年;陈文华:《丧葬史》,上海:上海文艺出版社,2007年;赵芳:《中国古代丧葬》,北京:中国商业出版社,2015年等。

代相比,元代丧葬研究略显薄弱。就论著层面来讲,现仅可见关于元代丧葬的整体性概述。①目前另有陈述《谈辽金元"烧饭"之俗》、秦新林《元代少数民族丧葬习俗及其演变》、章太长《试论元代的丁忧制度》、张韶华《元朝丧葬风俗问题研究——以火葬、丧葬风水为中心》等文从元代少数民族丧葬、官员服丧制度、烧饭习俗、火葬、风水等方面展开探讨。②对于葬俗中的归葬,学界多将目光集中在古代前期。③近世归葬则仅有韩桂华《墓志铭中所见宋代官员归葬问题》、张传勇《落叶归根:明清归葬礼俗考》二文。④就笔者目力所及,尚未见有关元代归葬全面系统的专题研究。蒙元是为中国历史上疆域空前之统一帝国,其地域流动性、民族广泛性为以往各朝所不及,基于该背景,对能够反映社会现象的元代归葬问题试作梳理或具一定意义。

一 元代归葬出现的原因

客死他乡是归葬发生的先决条件。观归葬墓志,元人殒命异域可大致归纳为以下情形:

(一)在外为官去世

为削弱地缘关系,减少结党营私、作奸犯科之可能,历代王朝奉行任官避籍政策。据相关文献可知,限制为官地域发端于两汉。汉制规定,宗室成员不可掌管畿辅事务、严禁姻亲之家及两州人士对相监临。⑤追隋朝奠基,隋文帝一改汉氏地方官吏由本部之人出任局面,敕令各州县官自他郡选用、其僚佐"三年一代,不得重任"。⑥唐中后期,统治者对外官避籍要

---

① 详见黄时鉴:《元代的礼俗》,南京大学元史研究室编:《元史及北方民族史研究集刊》(第11辑),1987年,第24—25页;那木吉拉:《中国元代习俗史》,史仲文、胡晓林主编:《百卷本中国全史》(第14卷),北京:人民出版社,1994年,第154—182页;史卫民:《元代社会生活史》,北京:中国社会科学出版社,1996年,第277—297页;白寿彝总主编,陈德芝主编:《中国通史·元时期上》,上海:上海人民出版社,1997年,第1031—1034页;徐吉军:《中国丧葬史》,南昌:江西高校出版社,1998年,第279—303、417—424页;陈高华、史卫民:《中国风俗通史·元代卷》,上海:上海文艺出版社,2001年,第279—303页。
② 如陈述:《谈辽金元"烧饭"之俗》,《历史研究》1980年第5期,第131—137页;秦新林:《元代少数民族丧葬习俗及其演变》,《殷都学刊》2005年第4期,第40—42页;章太长:《试论元代的丁忧制度》,《中华文化论坛》2011年第2期,第139—142页;张韶华:《元朝丧葬风俗问题研究——以火葬、丧葬风水为中心》,南开大学博士学位论文,2016年。等。
③ 如杨树达:《汉代婚丧礼俗考》第二章第九节《归葬》,上海:上海文艺出版社,1988年,第197—210页;杨鸿年:《汉魏制度丛考》,武汉:武汉大学出版社,1985年,第439—441页;许辉、邱敏等主编:《六朝文化》第八章第五节《丧葬礼俗》,南京:江苏古籍出版社,2001年,第580—605页;毛汉光:《从士族籍贯迁移看唐代士族之中央化》,毛汉光:《中国中古社会史论》,上海:上海书店出版社,2002年,第234—333页;陈忠凯:《唐代人的生活习俗——"合葬"与"归葬"》,《文博》1995年第4期,第44—48页;裴恒涛:《唐代的家族、地域与国家认同——唐代"归葬"现象考察》,《河南科技大学学报(社会科学版)》,2011年第6期,第10—17页;刘先维:《墓志资料所见唐代归葬习俗研究》,华东师范大学硕士学位论文,2010年。等。
④ 韩桂华:《墓志铭中所见宋代官员归葬问题》,"宋代墓志史料的文本分析与实证运用国际学术研讨会"会议论文,2003年10月18—19日;张传勇:《落叶归根:明清归葬礼俗考》,《浙江学刊》2015年第6期,第58—68页。
⑤ (汉)班固撰,(唐)颜师古注:《汉书》卷三六《刘歆传》,北京:中华书局,1964年,第1972页;(南朝宋)范晔撰,(唐)李贤等注:《后汉书》卷六〇下《蔡邕传》,北京:中华书局,1965年,第1990页。
⑥ (元)马端临撰:《文献通考》卷六三《职官考一七·县丞》,北京:中华书局,1986年,第573页中;(宋)王钦若等编修:《册府元龟》卷六二九《铨选部·条制一》,北京:中华书局,1960年,第7545页a。

求更为严格。永泰元年(765)七月,唐代宗颁布诏书,明令禁止"百姓任本贯州县及本贯邻县官"。①在贯彻该制基础上,宋朝官员回避范围进一步扩大,且除祖籍外,田产所在地及长期寄居处亦被视作规避区域。②蒙元因袭唐宋旧制,强调铨注迁转官员,"自己地面里休"得"做官"。③从实际效果来看,至元二十八年(1291)后,元人授职大体遵循这一原则。④出于种种因由,元官客死他乡在所难免。对此墓志资料多有例证,如:海北广东道提刑按察使王纲,河北安平人(元中书省真定路),罹岭海炎疠触发宿疾,卒赴任途中⑤;燕南河北道肃政廉访司佥事赵思恭,彰德安阳(元中书省)人,巡行大名(元中书省)染疾,终于廨署⑥;江浙平章高昉,国初始居大名(元中书省),偕省臣入觐文宗,行抵陵州(元中书省河间路)薨逝⑦;长乐县尹程愿学,徽州休宁(元江浙行省)人,秩满欲归州里,未及至而身故⑧。

(二)陪同就任去世

开皇年间,隋文帝曾两度发布诏令严格限制地方官亲属随迁行为;隋炀帝即位以来,该局面有所改观。⑨贞观初叶,唐太宗在首肯父母随子之官同时,并允子弟未满十九者随父兄赴职。⑩元廷于此方面无特殊规定。在元人认知中,携亲就任实为兼顾家国、恪尽忠孝的两全之举,理应称许推重,是以元官到差不忌迢远、万里挈家现象屡见不鲜。⑪因官员任职回避本贯,随官亲眷便存在亡殁异域可能。如:杭州(元江浙行省)库使王惠妻李氏,江阴(元江浙行

---

① (宋)王钦若等编修:《册府元龟》卷六三〇《铨选部·条制二》,第7555页b。
② 参见(元)脱脱等撰:《宋史》卷一五九《选举志五·铨选下》,第3722页;苗书梅:《宋代官吏回避法述论》,《河南大学学报(社会科学版)》1991年第1期,第24—26页;隋亮:《试论任官回避制度》,《沧州师范专科学校学报》2005年第3期,第84—85页;娄一锞:《走向完备——宋代官员任职回避制度研究》,浙江大学硕士学位论文,2008年,第12—15页等。
③ (元)佚名撰,陈高华、张帆等点校:《元典章》卷八《官制二·选格·自己地面休做官》,天津:天津古籍出版社,2011年,第247页。
④ 个别元人授官不能遵循回避本贯原则,如:于文传,平江长洲(元江浙行省)人,仁宗时由昌国州(元江浙行省庆元路)同知迁长洲县尹;许晋孙,江西建昌人,以延祐二年进士得官建昌南城县丞等。详见(元)黄溍:《金华黄先生文集》卷二七《嘉议大夫礼部尚书致仕于公神道碑》,元钞本,第542页背—543页背;(元)黄溍:《金华黄先生文集》卷三三《茶陵州判官许君墓志铭》,第676页。
⑤ (清)陈宗石纂修:康熙《安平县志》卷八《艺文志·元故海北广东道提刑按察使王公神道碑铭》,清康熙二十六年刻本,第379页—379页背。
⑥ (元)傅若金:《傅与砺文集》卷一〇《故朝列大夫佥燕南河北道肃政廉访司事赠中议大夫上骑都尉礼部侍郎追封天水郡伯赵公行状》,民国嘉业堂丛书本,第79、81页—81页背。
⑦ (元)苏天爵撰,陈高华、孟繁清点校:《滋溪文稿》卷一一《碑志五·元故赠推诚效节秉义佐理功臣光禄大夫河南行省平章政事追封魏国公谥文贞高公神道碑铭有序》,北京:中华书局,1997年,第166—167页。
⑧ (元)赵汸:《东山存稿》卷七《长乐县程令君行状》,清文渊阁四库全书补配清文津阁四库全书本,第364页背、369页—369页背。
⑨ 参见(唐)魏征等撰:《隋书》卷一《高祖纪上》,北京:中华书局,1973年,第21页;(唐)魏征等撰:《隋书》卷二《高祖纪下》,第39页;(唐)魏征等撰:《隋书》卷三《炀帝纪上》,第72页。
⑩ (宋)欧阳修、宋祁撰:《新唐书》卷二《太宗纪》,北京:中华书局,1975年,第28页。
⑪ 参见(元)虞集:《道园类稿》卷四九《黄母詹宜人墓志铭》,新文丰出版公司编辑部:《元人文集珍本丛刊》(第6册),台北:新文丰出版公司,1985年,第445页;(元)吴澄:《吴文正集》卷三三《元赠少中大夫轻车都尉彭城郡刘侯封彭城郡张氏太夫人墓碑》,新文丰出版公司编辑部:《元人文集珍本丛刊》(第3册),第554页b;(元)程钜夫:《雪楼集》卷一〇《奏议存稿·民间利病·江南官吏家远俸薄又不能皆有职田不能自赡故多贪残宜于系官田地拨与职田》,台湾图书馆编印:《元代珍本文集汇刊》,台北:台湾图书馆,1970年,第402页。

省)人,至正五年(1345)殂夫官下①;孙良桢母杜氏,世家于魏,以子荫授江阴州判官来就禄养,疾作而终②。

(三)北至上都及远赴他国去世

每年暑季蒙元君主必巡幸上都,届时或有入觐从行之文武官员卒焉。《聂公神道碑》载,宪宗元年(1251),平定等州(元中书省冀宁路)大总帅聂廷玉北觐汗廷,克殚勤瘁,薨和林(元岭北行省和宁路)居所③;又《亡友王君景先墓志》,泰定元年(1324)孟夏,礼部郎中王兴祖扈从泰定帝如北都,以疾终留守官舍④。为满足开疆拓土野心,元帝国穷兵黩武侵征海外,在此背景下,先行遣使问罪成为习见之事。于出使官员而言,若遇极端天气或自然灾害,他们恐难逃亡命之殃。⑤

(四)殁于战祸

览元代归葬墓志,遭罹兵燹死难他方者主要为下述两类:1.殉身沙场之元军将士,如昭勇大将军、河南诸翼万户张弘纲,大德五年(1301)应诏征八百媳妇,力战阵亡⑥;2.流离转徙之普通民众,如通许(河南江北省汴梁路)人赵端卿,太宗四年(1232)避乱京居,逾数月构疾不起。⑦

(五)迁化于别业

较明世"寰中士大夫不为君用……诛其家而没其身"⑧,蒙元政治环境更为宽松。元人掌控仕隐选择,在其看来,端居庙堂、退处江湖皆系正途,殊无轩轾。查阅相关资料,有元一代,另置宅第、优游卒岁之在野人士不遑枚举。如:徐元震,世家常熟虞山(元江浙行省平江路),禀性恬淡,不乐仕进,筑新居于松江笠泽(元江浙行省),未及知命而卒⑨;王庭玉,保定清苑(元中书省)人,从蔡国张柔攻伐,累迁涟(元河南江北行省淮安路安东州)、海等处(元河南江北行省淮安路海宁州)屯田总管,因不忍欺上、依实陈奏见诬,遂辞官寓亳(元河南江北行省归德府),营建亭堂,终老于此。⑩

(六)逝于旅途

基于增进才学、舒志解忧之考量,古人对游历湖山乐此不疲,由是出游亡故者亦有之。具体事例如:王若虚,真定藁城(元中书省)人,登临泰山,垂坐石上而终⑪;方椿,绍兴诸暨

---

① (元)杨维桢:《东维子文集》卷二五《王母李氏墓志铭》,《四部丛刊》景旧钞本,第371页背—372页。
② (元)陆文圭:《墙东类稿》卷一三《杜夫人墓志铭》,新文丰出版公司编辑部:《元人文集珍本丛刊》(第4册),台北:新文丰出版公司,1985年,第605页b。
③ (清)胡聘之:《山右石刻丛编》卷二八《大元故平定等州大总帅聂公神道碑铭并序》,清光绪二十七年刻本,第652页b。
④ (元)柳贯:《柳待制文集》卷一○《亡友王君景先墓志铭》,《四部丛刊》景元刊本,第218页—218页背。
⑤ (元)刘敏中:《中菴集》卷四《故行中书省参议裴公神道碑铭》,清钞本,第75页背。
⑥ 北京市文物研究所:《元铁可父子墓和张弘纲墓》,《考古学报》1986年第1期,第112页;北京卷《昭勇大将军万户张公(弘纲)墓志铭》拓片。
⑦ (金)元好问:《遗山先生文集》卷二二《奉直赵君墓碣铭》,《四部丛刊》景明弘治刊本,第413—414页。
⑧ (明)朱元璋:《大诰三编·苏州人材第十三》,明洪武内府刻本,第47页—47页背。
⑨ (元)陈基:《夷白斋稿·拾遗·故徐君孟达圹铭》,《四部丛刊》三编景明钞本,第219页—219页背。
⑩ (元)任士林:《松乡集》卷三《临淮府君王公墓志铭》,清文渊阁四库全书本,第86页背—89页背。
⑪ (金)元好问:《遗山先生文集》卷一九《内翰王公墓表》,第343页。

(元江浙行省)人,游览金华(元江浙行省婺州路),疾卒旅次。①

除上述情况外,政治因素也会导致元人丧生异域。据元代流放之制,凡"有罪移乡",北人迁于湖广之南,南人徙于辽阳以北;因冲冒瘴疠、饱历苦寒,"债于道路"者不在少数。②为示宽恩,至正八年(1348)七月,顺帝特颁诏旨,允准流放贬黜之人归葬州里。③

二 归葬时间及其影响因素

在"贵贱不同,礼亦异数"的上古、中古时代,葬期体现着严格的等级区分,古制规定,"王者七日而殡,七月而葬。诸侯五日而殡,五月而葬。士及庶人逾月而已",为避免先期"不怀"、后期"殆礼"之诟病,时人恪守礼法,如期安葬。④迨至元世,葬期约束力大为减弱,元人归葬时间短则数日,长可达数年、数十年之久。如:徐元震,至正十五年(1355)七月七日卒于笠泽(元江浙行省松江府)别业,越七日,归葬"吴县(元江浙行省平江路)灵岩乡陈湾东横山之原"⑤;王文彪,至正十三年(1353)正月十七日以疾终杭州(元江浙行省)寓舍,同月二十七日"葬建德县(元江浙行省建德路)西青山之原"⑥;贺胜,延祐七年(1320)卒于强死,七年后,即泰定四年(1327)始克归葬⑦;张谦,卒至元十年(1273),时隔三十四年奉柩还陕,葬"长安县(元陕西行省奉元路)华林乡北良村之原"⑧。

就墓志资料来看,元人归葬时间主要受以下因素影响:

1.归葬需以雄厚人力、物力为保障,在条件尚不具备情况下,葬期往往会有所推迟。如:黟县儒学教授倪士毅,徽州休宁(元江浙行省)人,居教职二十余年,"既殁,而家贫不能葬,逾四年,乃克反葬于休宁故里赤丘之原"⑨;将乐县(元江浙行省延平路)典史林士志,卒于外,"贫不能即返其土",权厝郭之南原,次年方可还葬⑩;郝源伯父、从兄客死异乡,因缺乏人力不能自行归葬,若干年后,籍郝源协助祔葬先茔之次⑪;王德禄,北京兴中府(元辽阳行省

---

① (元)戴良:《九灵山房集》卷一四《方大年墓志铭并序》,《四部丛刊》景明正统本,第184页背—185页背。
② (明)宋濂等撰:《元史》卷一〇二《刑法志一》,北京:中华书局,1976年,第2604页;(元)苏天爵撰,陈高华、孟繁清点校:《滋溪文稿》卷二三《行状·元故资政大夫中书左丞知经筵事王公行状》,第386页。
③ (明)宋濂等撰:《元史》卷四一《顺帝纪四》,第882页。
④ (后晋)刘昫等撰:《旧唐书》卷七九《吕才传》,北京:中华书局,1975年,第2724页。
⑤ (元)陈基:《夷白斋稿·拾遗·故徐君孟达圹铭》,第219页背。
⑥ (明)王祎:《王忠文公文集》卷二二《元中宪大夫金庸田司事致仕王公行状》,北京图书馆古籍出版编辑组编:《北京图书馆古籍珍本丛刊》(第98册),北京:书目文献出版社,1988年,第399页b。
⑦ 参见(元)虞集:《道园类稿》卷四六《贺忠贞公墓志铭》,新文丰出版公司编辑部:《元人文集珍本丛刊》(第6册),台北:新文丰出版公司,1985年,第352页b—353页a;陕西卷《大元故中书左丞相开府仪同三司上柱国赠推忠宣力保德功臣太傅谥惠愍贺秦国公墓志铭》拓片。
⑧ 陈玮:《元奉直大夫南阳屯田副总管张谦墓志铭考释》,中国元史研究会编,李治安主编:《元史论丛》(第14辑),天津:天津古籍出版社,2014年,第373—374页。
⑨ (元)赵汸:《东山存稿》卷七《倪仲弘先生改葬志》,第386页。
⑩ (元)吴海:《闻过斋集》卷五《故前将乐县典史林君墓志铭》,民国嘉业堂丛书本,第101页背。
⑪ (元)虞集:《道园类稿》卷三五《书高苑郝氏先茔碑后》,新文丰出版公司编辑部:《元人文集珍本丛刊》(第6册),1985年,第148页a。

大宁路)人,隶东平(元中书省)严实麾下,同宋军交战阵亡,其女孤弱,无力返葬,藁殡卒地近十载,友人段迁举柩归之①。

2.因古代交通不甚发达,护丧之人舟车徒步,行路艰难。一般而言,归葬距离遥远势必耗费大量时日。据《彭琦初墓志》,志主彭琦初,江西庐陵(元江西行省吉安路)人,至顺二年(1331)秋亡于广州官舍,其子彭镒跣足迎丧,十四月后方至。②又杨维桢兄维翰,越州暨阳(元江浙行省绍兴路诸暨州)人,供职江东宪司,卒焉,子善能不远水陆,千里归丧,历时十一月竣事。③

3.和平安定的社会环境是归葬实现的前提,观元人墓志,囿于动荡局势而不能及时返葬者不在少数。如:赵雄飞,博州高唐(元中书省)人,泰和四年(1204)卒广宁(元辽阳行省)寓舍,适罹兵乱,藁葬县北大李庄某原,四十年后还窆先墓之次④;李平父,金元之际终于隐所,"兵革流离,不得以时归祔",乃马真后元年(1242),孤子治护柩葬栾城(元中书省真定路)先茔⑤;冯天瑞,和州乌江(元河南江北行省庐州路)人,至正十五年(1355)六月卒,"淮甸兵梗,未得返故丘,权厝周家圩之原",洪武元年(1368)冬,归葬"邑东东山祖茔"⑥;曹珪,海虞(元江浙行省平江路常熟州)人,至正中述职京师,遇害,值寇横恣,未克南归,子曹元凯敛虞山,"以俟时宁"⑦。

4.归葬时间的选取需考虑季节及自然条件。如:姚思恭卒于季夏,至秋日子姚绂始负骨还乡,此举极有可能同规避暑热、减缓尸腐相关⑧;林仲坚"远舶海邦"归葬其父,却因海难多发一再搁置⑨。

除此之外,一些不可抗拒的客观因素也会对归葬时间构成影响。如:李伍客死福宁(元江浙行省福州路)戍所,其妻张氏奉养舅姑父母,久不能归骨以葬⑩;夏元亨为官临江(元江西行省),母张氏卒,"殡而待其满秩",方可返葬洛阳⑪;申屠浚遭贬流放,不得亟归故里,"后三载,以例放还",始函父骨,归葬先茔之侧⑫。

---

① (金)元好问:《遗山先生文集》卷三〇《兖州同知五翼总领王公墓铭》,第563页。
② (元)刘诜:《桂隐文集》卷二《建昌经历彭进士琦初墓志铭》,清钞本,第47页背—48页。
③ (元)杨维桢:《东维子文集》卷二四《亡兄双溪书院山长墓志铭》,第346页背、347页背—348页背。
④ (金)元好问:《遗山先生文集》卷二〇《顺安县令赵公墓碑》,第363、365页—365页背。
⑤ (金)元好问:《遗山先生文集》卷一七《寄庵先生墓碑》,第311—312页。
⑥ (元)杨维桢:《东维子文集》卷二六《故处士冯君墓志铭》,第537页—537页背。
⑦ (清)朱珪编:《名迹录》卷三《元故海道千户曹君圹志》,清文渊阁四库全书本,第65—66页。
⑧ (元)苏天爵:《国朝文类》卷五二《彭泽县尹姚君墓志铭》,《四部丛刊》景元至正本,第1081页—1081页背。
⑨ (元)洪希文:《续轩渠集》卷一〇《故济南徵君墓铭》,清文渊阁四库全书补配清文津阁四库全书本,第168页背—169页。
⑩ (明)宋濂等撰:《元史》卷二〇〇《列女传一》,第4493页。
⑪ (元)姚燧:《牧庵集》卷二九《临江路总管府判官夏君母夫人张氏墓志铭》,清武英殿聚珍版丛书本,第541页背。
⑫ (元)戴良:《九灵山房集》卷一四《申屠先生墓志铭》,第184页。

三 归葬的经费来源

归葬所需经费包括丧仪用度、往返交通费用、护丧之人生活开销等,其数额往往巨大。充足的资金支持是归葬顺利进行的保障。查阅墓志资料可知,元人获取归葬经费主要通过以下三途:

(一)亲属自筹

在归葬经费筹措方式中,自理财款最为普遍。对此,元人墓志多有述及。《亡弟嘉鱼大夫仲常墓志》载,虞集弟虞槃秩满如京,道卒,权殡桃源县(元湖广行省常德路)北,其子虞岂奔赴告丧,虞集乃给葬费,并令叔弟虞叶协同返柩。①又见《洪府君昧卿墓志》,洪氏两世四丧皆由志主洪洋出资归葬。②于经济不甚宽裕的家庭而言,归葬绝非易事,面对其产生的巨额开支,他们只能罄家所有。如:监察御史席郁因疾卒官,家无一铢一锱之资,妻薛氏"尽斥簪珥,鬻以供具"归葬其夫③;昭毅公石抹良辅既卒,"家仅存遗书数千卷",其子明里帖木儿变卖宅第,"为舟车之费",奉柩还乡④。

(二)朝廷出资

从墓志资料来看,由朝廷承担归葬费用者多为下述四类:

1.殉职任上而无力归葬之官员

与宋代"凡近臣及带职事官薨……皆赐赙赠"⑤不同,有元一代仅少数去世官员可享国家物质资助。据正史记载,泰定以降,元廷曾以法令形式保证边远官归葬。元制规定,"远仕瘴地,身故不得归葬,妻子流落者,有司资给遣还"。⑥时隔十三年,顺帝再颁诏书,重申"云南、广海、八番及甘肃、四川边远官,死而不能归葬者,有司给粮食舟车护送还乡;去乡远者,加钞二十锭;无亲属者,官为瘗之"。⑦览《经历张君墓志》,张复初实为此旨受益者。张复初,字中修,岭南广西道肃政廉访司经历,偶染瘴气,卒郁林驿,"官为封襚,护送以归"。⑧除边远官外,出于恻隐心理,对部分清寒官员,朝廷或所在官署亦会提供归葬费用。如:翰林学士赵与栗因疾卒官,家贫无以返榇,成宗遂"命有司赙缯五千,复给舟车传费,俾其丧归"。⑨

2.镇戍岭外身死之汉人军士

元代是中国历史上第一个由少数民族建立的统一王朝,它地域辽阔,民族众多。为有效

---

① (元)虞集:《道园类稿》卷四七《亡弟嘉鱼大夫仲常墓志铭》,新文丰出版公司编辑部:《元人文集珍本丛刊》(第6册),第395页b、397页。
② (明)程敏政:《新安文献志》卷八九《洪府君昧卿墓志铭》,明弘治十年刻本,第2150—2151页。
③ (元)柳贯:《柳待制文集》卷一〇《故奉议大夫监察御史席公墓志铭有序》,第210、212页。
④ (元)黄溍:《金华黄先生文集》卷二七《沿海上副万户石抹公神道碑》,第541页。
⑤ (元)脱脱等撰:《宋史》卷一二二《礼志二五·凶礼一》,第2847页。
⑥ (明)宋濂等撰:《元史》卷二九《泰定帝纪一》,第648页。
⑦ (明)宋濂等撰:《元史》卷三九《顺帝纪二》,第836页。
⑧ (元)王沂:《伊滨集》卷二三《经历张君墓志铭》,清文渊阁四库全书本,第387—388页。
⑨ (元)袁桷:《清容居士集》卷二八《翰林学士嘉议大夫知制诰兼修国史赵公墓志铭》,《四部丛刊》景元刊本,第732页—732页背。

管辖江南汉地、形成种族制衡格局,蒙元统治者奉行"汉军镇江南"政策。然实践证明,戍守南方尤其是五岭以南的中州军士对该地环境并不适应,数十年间,他们"遭犯瘴疠,十无一还",在此情形下,中书平章张珪陈明利害,奏请废止汉军远戍边隅、岭表要害由土人驻军防守、前死之汉人军士官给棺椁"传还其家",仁宗皆从之。①

3.因从行或北觐薨于上都者

如:太保刘秉忠,至元十一年(1274)扈从世祖巡幸上都,居南屏山精舍,终焉,"上嗟悼不已……遣礼部侍郎赵秉温护其丧还大都……营葬一切所须皆出内帑"②;中书左丞董文炳,至元十四年(1277)被召赴阙,积劳成疾,卒于上都,帝甚悼惜,优与赙恤,命其弟董文忠统蒙古军千骑、率子弟若干举柩返乡③;左副元帅、行军千户贾辅,宪宗四年(1254)薨上都朝会,"上闻震悼……乃赙厩马五"匹,俾舆归葬④。

4.高官近侍并亲属亡故者

为表达对去世官员的哀悼痛惜及笼络安抚在朝臣僚,蒙元君主出资支持显宦、亲信及其宅眷归葬。受此殊荣后,该家族子弟大多将事件载入墓志。如:翰林侍讲学士(从二品)揭傒斯,豫章丰城(元江西行省龙兴路富州)人,因修史卒大都寓舍,顺帝闻之,甚为嗟悼,赐楮币万缗,"给驿券具官舸送其柩归江南"⑤;中书参政(从二品)许有壬妻赵氏,至正元年(1341)终于京师,返葬之日,命赏中统钞万五千贯⑥;江爱,宋都督府行军司马陈自中子陈芹之配,至正九年(1349)卒大都安富坊,追奉柩南还,帝以其子爱穆柯早备宿卫、圣眷深隆,赐赙楮币五千缗,中宫所赉半之⑦。

值得关注的是,以上四类归葬者在获取朝廷物质资助性质、规格方面存在差异。就前二类而言,他们所享归葬经费带有人道救济色彩,数额微少,仅能满足基本需求;后二类则缘于天子荣宠,更有安定人心、迫使官员效忠政权意味,除丰厚赠赙外,有时会另赐舟车马匹,并遣朝官、军队护送还丧。

(三)他人馈赠

由前文可知,国家提供归葬费用实非主流。对绝大多数不能享受朝廷赙赠且家道清贫、无力筹集葬费的归葬者来讲,寻求他人资助不失为有效途径。观元人墓志,归葬经费的赠予一般来源于友人或同乡。据《郑千龄行状》,郑千龄,徽州歙县(元江浙行省)人,至顺二年

---

① (元)虞集:《道园类稿》卷四六《中书平章张公墓志铭》,新文丰出版公司编辑部:《元人文集珍本丛刊》(第6册),1985年,第358页a。
② (元)刘秉忠:《藏春集》卷六附录《神道碑铭·故光禄大夫太保赠太傅仪同三司文贞刘公神道碑铭并序》,明刻本,第136页背。
③ (明)李正儒纂修:嘉靖《藁城县志》卷一二《文集志下·赵国忠献公神道碑》,明嘉靖刊民国铅字重印本,第395页背。
④ (元)郝经撰,秦雪清点校,张儒审校:《郝文忠公陵川文集》卷三五《左副元帅祁阳贾侯神道碑铭并序》,太原:山西人民出版社;太原:山西古籍出版社,2006年,第486—487页。
⑤ (元)黄溍:《金华黄先生文集》卷二六《翰林侍讲学士中奉大夫知制诰同修国史同知经筵事追封豫章郡公谥文安揭公神道碑》,第524页、528页背;(明)宋濂等撰:《元史》卷八七《百官志三》,第2190页。
⑥ (元)陈旅:《安雅堂集》卷一一《故鲁郡夫人赵氏墓志铭》,清文渊阁四库全书补配清文津阁四库全书本,第274页背、276页背;(明)宋濂等撰:《元史》卷八五《百官志一》,第2122页。
⑦ (明)王袆:《王忠文公集》卷二二《江夫人行述》,北京图书馆古籍出版编辑组编:《北京图书馆古籍珍本丛刊》(第98册),第395页b—396页b。

(1331)终杭州(元江浙行省)传舍,身无长物,友宜兴(元江浙行省常州路)王仁源为之借贷,方可还葬故里。①又富春(元江浙行省杭州路富阳县)吴复,游览湖山,卒于逆旅,"家贫无以为葬",赖同邑冯士颐赙助,始得归榇。②归葬经费也可取自同僚或上级长官。如:礼部员外郎任格,河南洛阳(元河南江北行省河南府路)人,终于任上,家无余积,"中书宥密而下,各赠钞若干贯"以归其丧③;浙东道都元帅杨瑀,杭州人,至正二十一年(1361)卒官,身无"铢金斗粟",两浙漕使夏公"力赒其丧",使"返柩杭之葛岭先茔"④;谢焕,赣州宁都(元江西行省)人,游仕京师,卒焉,家贫无归葬之资,大都留守判官段定僧"为出重赙",助其子高生奉柩还乡。⑤有元一代,拯济困乏、辅恤丧疾为时人所称许⑥,是故,富民及高义之士亦会对贫不克葬者施以援手。如:南京路总管兼开封(元河南江北行省汴梁路)府尹张庭珍,世居陕西京兆,至元二十一年(1284)终于官舍,余俸不足归葬,"开封市民雄财者"以"户赒之"⑦;李彦芳弟客死京师,"其子来归父丧,贫未有所具",张希文质钱数百缗,襄其返葬。⑧

四 元人热衷归葬的表现

元代归葬的盛行同民众高度重视密不可分。翻检墓志资料,元人热心归葬主要表现为以下方面:

(一)将亡于外,以还葬故土为嘱托

《李思宣墓志铭》:君讳洙,字思宣,李氏,饶浮梁人……又四年(大德二年,1298),考满诣吏部,格当注(饶)州教授。垂仕矣,明年死燕逆旅中,大德己亥(大德三年,1299)秋七月五日也,年止三十五。前死,托其友贵溪(元江浙行省信州路)张君时举:"必归我骨浮梁,葬必筑亭曰'存亭'"……死之明年春二月,君之丧至自燕城……又二年壬寅(大德六年,1302)冬某月某日,葬浮梁某山下,存亭在焉。⑨

---

① (明)程敏政:《新安文献志》卷八六《贞白先生郑公千龄行状》,第2052页、2056页背。
② (元)杨维桢:《东维子文集》卷二五《吴君见心墓铭》,第360页背。
③ (元)苏天爵撰,陈高华,孟繁清点校:《滋溪文稿》卷一三《碑志七·元故朝列大夫礼部员外郎任君墓志铭》,第203页。
④ (元)杨维桢:《东维子文集》卷二四《元故中奉大夫浙东慰杨公神道碑》,第477页背。
⑤ (明)王祎:《王忠文公集》卷二二《谢君章行述》,北京图书馆古籍出版编辑组编:《北京图书馆古籍珍本丛刊》(第98册),第393页b。
⑥ 参见(元)吴澄:《吴文正集》卷四〇《故竹隐居士周君墓志铭》,新文丰出版公司编辑部:《元人文集珍本丛刊》(第3册),第639页a;(元)吴澄:《吴文正集》卷四二《从仕郎瑞州路高安县尹严君墓志铭》,新文丰出版公司编辑部:《元人文集珍本丛刊》(第4册),第26页a;(元)邓文原撰:《巴西邓先生文集》卷下《旌表义士夏居墓志铭》,北京图书馆古籍出版编辑组编:《北京图书馆古籍珍本丛刊》(第92册),北京:书目文献出版社,1988年,第783页b。
⑦ (元)姚燧:《牧庵集》卷二八《南京路总管张公墓志铭》,第509页背。
⑧ (元)傅若金:《傅与砺文集》卷九《故百丈尹张先生行状》,第77页—77页背。
⑨ (元)戴表元:《剡源集》卷一六《李思宣墓志铭》,《四部丛刊》景明本,第249页背—250页。

李洙谒选京师,除授饶州学官,未及赴任而身染重疴,濒死之际委付其友贵溪张时举归骨浮梁。

《孝善胡先生墓志铭》:元贞乙未岁(元贞元年,1295)冬十月十有七日,徽婺源考水胡公卒……公讳斗元,字声远……年六十时,忽语诸子曰:"吾筋力觉衰,游人世间当可余十稔。故吾本怀常在考水,念之不能一饭忘,吾死,汝辈必葬我考水高仓"……享年七十有二。诸子以丙申(元贞二年,1296)秋九月十七日葬公高仓。①

胡斗元,徽州婺源人,年至花甲,自觉不久于世,乃以身后葬考水高仓叮咛诸子。

(二)对先人尸骸流落异域耿耿于怀

《须城县令孟君墓铭》:甲寅(宪宗四年,1254)冬十有一月……孟君(铎)振文来曰:"余生而孤,今三十有二年矣。汲汲遑遑,无他树立,先君子(孟升卿)又不克葬,何以为人子?今将由汴、洛求先君子遗椟,跋履山川,蒙犯霜雪,饿体冻肤而不顾,钳口槁肠而不恤也。"遂去,获于洛之登封(元河南江北行省河南府路)以归……乙卯(宪宗五年,1255)夏四月某日,葬于保(元中书省保定路)之西原,从先茔也。②

孟升卿遗椟权殡河南日久,其子对此深感自责,遂星夜兼程南进登封,奉父柩返葬保定先茔。

《史振之墓志铭》:家世汴人,金季徙燕,曾大父以下俱葬京城南门外……振之为(母赵氏)禄养,任江西榷茶提领,将母而南,侨寓真州。至元甲申(至元二十一年,1284)四月,母卒,衣疏食粝,居外寝三年,未几得风废疾,泫然泣下曰:"某不能奉母丧北归,合先人之兆,死有余憾。"病,数岁不愈。终之日,至大庚戌(至大三年,1310)八月二十五日。③

史振之奉母江南以就禄养,母卒,振之哀毁成疾,未克还丧大都,引致终生遗恨。

《武略将军孙琪墓志》:公讳琪,字国璞,世居宁海(元中书省宁海州)……(至元二十六年,1289)出征广南。甫达韶州,为缘金创增发,牵带疾,二十八年(1291)正月十二日卒于军中,寿□〔六〕十有八……配夫人姜氏……元贞元年(1295)六月初十日卒于内寝,享年六十有六……子男二,长曰玉,姜氏生也……玉随公在军中,以勇猛善战,公卧病时,带领其众入广。至元(二)〔三〕十(1293)年,钦授宣命忠显校尉、管军中千户就被

---

① (元)戴表元:《剡源集》卷一六《孝善胡先生墓志铭》,第247—248页。
② (元)郝经撰,秦雪清点校,张儒审校:《郝文忠公陵川文集》卷三五《须城县令孟君墓铭》,第480页。
③ (元)吴澄:《吴文正集》卷三七《史振之墓志铭》,新文丰出版公司编辑部:《元人文集珍本丛刊》(第3册),第606页b—607页a。

金符,毕承父职。惜乎秀而不实,当年六月十七日,遇疾而终,寿只四十有八。(玉)子男一人,曰赟……继袭其任。初,公之父子卒于军中也……灌枢浅土。赟自镇守边陲及十六年,常以大事未毕,念念有不安之意。于是告假还家,以大德七年(1303)五月十五日迁坐于家宅之南,从先茔也。①

按:据前引史料,孙玉当卒于至元二十年(1283)夏。然分析整段文字,志文所言"至元二十年(1283)"实误,其理由有三:第一,由墓志可知,至元二十六年(1289),孙琪出征广南,构疾不起,长子孙玉代父统军,若孙玉先父八年去世,何以有率众入广之事。第二,墓志称至元二十年(1283)孙玉尽袭父职,是时孙琪尚未亡殁,此载于常理不合。第三,就年龄推算,孙玉卒至元二十年(1283),终岁四十有八,即生于窝阔台汗七年(1235);生母姜氏卒元贞元年(1295),春秋六十有六,即生于拖雷监国元年(1229),母子相差六岁显然存在问题;以其父年齿观之,为保证成年生子,孙琪生年仅能为成吉思汗八年(1213),年近耄耋仍处军中似乎有悖现实。倘孙玉终至元三十年(1293),志文逻辑更为合理。基于此,孙琪应生于成吉思汗十八年(1223),卒于至元二十八年(1291),享年六十八岁。览该墓志,每念父祖之棺厝置浅土,孙赟心怀忐忑、忧遑难安,是以请急归家,迁二丧祔先茔之侧。

(三)为归葬其亲历经艰险,甚至不惜舍弃性命

《元史·孝友传二·黄赟传》:黄赟字止敬,临江(元江西行省)人。父君道,延祐间求官京师,留赟江南。时赟年幼,及既长,闻其父娶后妻居永平(元中书省),乃往省之,则父殁已三年矣。庶母闻赟来,尽挟其赀去,更嫁,拒不见赟。赟号哭语人曰:"吾之来,为省吾父也。今不幸吾父已殁,思奉其枢归而窆之,莫知其墓。苟得见庶母示以葬所,死不恨矣,尚忍利遗财邪!"久之,闻庶母居海滨,亟裹粮往。庶母复拒之,三日不纳。庶母之弟怜之,与偕至永平属县乐亭求父墓,又弗得。赟哭祷于神,一夕梦老父以杖指葬处曰:"见片砖即可得。"明日就其地求之,庶母之弟曰:"真是已,敛时有某物可验。"启朽棺,得父骨以归。②

黄赟父君道游仕河北,殂永平乐亭,赟往寻其墓,遭庶母百般留难,终借神灵助佑得获父骨。

《故中议大夫中京副留守陈公墓表》:古司谏颍川陈公(规),以直道不容于时,由谏垣出为中京(洛阳)副留守兼倅河南府事,未到官,以疾卒于开封杞县(元河南江北行省汴梁路)围城镇之寓舍……岁己丑(拖雷监国元年,1229)五月初三日也。权厝于围城之浮屠寺……(二十七年后)孤女志宁,间关千里,躬负遗椟,始归葬于稷山(元中书省晋宁路)之阴琬康乡小宁村先茔之次。③

---

① (民国)宋宪章修,(民国)于清泮纂:《民国牟平县志》卷九《文献志·金石·武略将军孙琪墓志》,民国二十五年铅印本,第1418—1419页。
② (明)宋濂等撰:《元史》卷一九八《孝友传二》,第4463—4464页。
③ (清)胡聘之:《山右石刻丛编》卷二五《故中议大夫中京副留守陈公墓表》,第586页a。

陈规,尝为谏官,以抗直左迁中京,道卒,暂窆围城佛刹,孤女志宁,跋涉千里,扶榇还乡。

《元史·孝友传二·靳昺传》:靳昺,字克昌,绛州曲沃(元中书省晋宁路)人。兄荣为奎章阁承制学士,奉母王氏官于朝。母殁,昺与兄荣护丧还家。至平定(元中书省冀宁路平定州),大雷雨,流水骤至,昺伏柩上,荣呼之避水,昺不忍舍去,遂为水所漂没。后得王氏柩于三里外,得昺尸于五里外。①

靳母王氏殁于京师,靳昺同兄靳荣护柩归家,行至平定,忽遇骤雨,昺不顾安危,伏身棺上,竟致罹难。

(四)碍于现实情况未能如期归葬,待条件具备后即刻返乡

《元故梅洲居士王公行状》:先君讳斯觉,字先民,姓王氏,庐陵(元江西行省吉安路)宣溪人……而八表尘昏,世事日非矣。乙未(至正十五年,1355)之冬,(子)礼获归省。见乡之戍守无备,遂谋于兄弟,买舟先奉二亲依郡城之近以居。明年春,寇毁于里,家业一空。寇退,复回小镴山左,以就口食。是年七月十二日,先姚虐疾卒。先君伤悼得疾遂不起。实至正丙申(至正十六年,1356)八月初二日也……诸孤虑时艰危,即葬二亲于小镴山之原……又逾一年,为洪武改元,礼与弟侄,合力迁二柩以归。②

王礼考妣卒至正中叶,适值群雄并起,时势艰虞,诸子权葬双亲于小镴山之原,迄洪武建极,方举柩而归。

《太中大夫刘公墓碑》:公讳汝翼,字舜卿,姓刘氏,世为淄川邹平(元中书省济南路)人……(汝翼)生六岁,太中公(父刘时昌)下世,藁葬燕城南僧舍。既冠,问知旅榇所在,将往迎之……公因东平乡试,径至燕城。岁月既久,丘陇荒没,哀慕访求十数日乃获……扶护东还,州里嘉叹。③

刘汝翼幼岁失怙,比及成年,始奉父丧至自大都城南窆所。

(五)遗骨无存,具衣冠祔葬先茔

《故处士存心先生陈公行状》:先生讳师可,字伯大……武进(元江浙行省常州路)人……元末草窃蜂起……絜家依无锡(元江浙行省常州路)胶山安氏……既而鼠辈旁午,乃转徙苏州(元江浙行省平江路)城西,及妻康氏相继以病殁……洪武己巳(洪武二十二年,1389),(其子)葬二亲衣冠于唐原祖茔之侧。④

---

① (明)宋濂等撰:《元史》卷一九八《孝友传二》,第 4467 页。
② (元)王礼:《麟原文集·后集》卷一〇《元故梅洲居士王公行状》,清文渊阁四库全书本,第 334、337—338 页。
③ (金)元好问:《遗山先生文集》卷二二《太中大夫刘公墓碑》,第 406、408 页—408 页背。
④ (元)谢应芳:《龟巢稿》卷一九《故处士存心先生陈公行状》,《四部丛刊》三编景钞本,第 802 页背—803 页背。

因乡里多故,陈师可携妻康氏辗转避兵,不幸殒命外埠,尸骨不知所踪,洪武年间,子某葬父母衣冠于祖茔之次。

《故行中书省参议裴公神道碑铭》:公(裴国佐)既殁十有九年,大德己亥(大德三年,1299)之春,其子珪持盛如梓所为公善状泣血再拜,请曰:"先人之殁,珪等莫知所图。今约诸礼,将谨奉其衣冠,卜以今年某月某日葬于历城(元中书省济南路)东三里莱氏原之新茔"……公讳国佐,字良卿,姓裴氏……国初,大父以仕迁济南……明年(至元十八年,1281)六月,(国佐)奉旨问罪日本,至竹岛……会遇暴风,舟坏,公则不返矣。①

裴国佐问罪日本,没于海难,尸骸求寻不得,子裴珪奉其衣冠以葬

余论 赓续与独特——元代归葬的践行

中古之人"生而闾居,死而族葬"②,对于他们来讲,乡里、宗族等地缘关系尤为紧要,"非万不得已,绝无舍弃其祖茔旧宅并与茔宅有关之田产而他徙之理"③。在此敦亲重土观念影响下,埋骨桑梓成为魏晋六朝、隋唐约定俗成且深入人心的共识,如若违逆,势必为世人所不容。《晋书·王裒传》载,王裒曾与管彦约为婚姻,后以管氏之子"葬父河南而随母还齐"将其女更许他人;又同书卷八二陈寿本传,陈寿遵治命窆母洛阳,却因"不以母归葬"屡遭贬议。④比及赵宋,祔葬先茔逐渐上升至道德评判层面,凡别置田业、另立坟冢之举均被时人斥为不孝,理应按律严惩,不予宽贷。⑤注重祖茔、故土难离的丧葬理念在蒙元时期得到延续与发展。陈立功久寓乐岛,年近耄耋思怀旧乡,遂令其子购舟亟返,至则信宿而殁。⑥段思义,绛州稷山(元中书省晋宁路)人,爱韩城(元陕西行省奉元路)风土,徙焉,数载身亡,返葬稷山先墓。⑦李伯善所出之李氏本居河南下邑(元河南江北行省归德府),迁青社三十余年,伯善欲籍地利创设新茔,为二叔父诘难,最终不得不采取"碑之铭辞,亦欲刻之许村先茔,使□知其许之之由"的折中方案。⑧与以往各朝不同的是,蒙元社会对待民众葬地选择态度较为宽松,因葬于异乡而蒙受指摘之现象在元代颇为罕见。

古人强调叶落归根,亡于他处便会有归葬发生。蒙元帝国地域广袤、南北彼此交融渗透

---

① (元)刘敏中:《中菴集》卷四《故行中书省参议裴公神道碑铭》,第74页背—75页背。
② (元)戴表元:《剡源集》卷五《会稽唐氏墓记》,第69页。
③ 陈寅恪:《论李栖筠自赵徙卫事》,陈寅恪:《金明馆丛稿二编》,北京:生活·读书·新知三联书店,2001年,第2页。
④ (唐)房玄龄等撰:《晋书》卷八二《陈寿传》,第2138页;(唐)房玄龄等撰:《晋书》卷八八《孝友传·王裒》,第2278页。
⑤ (宋)张方平:《乐全集》卷一二《刍荛论·不孝之刑》,清文渊阁四库全书本,第189页背—190页。
⑥ (元)卢琦:《圭峰集》卷下《志铭祭文·乐斋陈公墓志铭》,清文渊阁四库全书补配清文津阁四库全书本,第107—109页。
⑦ (明)李侃修、(明)胡谧纂:成化《山西通志》卷一五《集文·陵墓类·赠太平尹西溪先生段君墓表》,民国二十二年景钞明成化十一年刻本,第1111页—1111页背。
⑧ (清)段松苓辑:《益都金石记》卷三《李氏迁祖之碑》,第56页b—57页a。

是元人归葬普遍存在的前提。目前可见的 2683 篇元代墓志资料（含墓志铭、墓碣铭、神道碑、行状、墓表、阡表、圹记、先茔碑、世德碑等传记文类）中，客死他乡墓志 737 篇，归葬墓志 460 篇，以客死他乡墓志为基数来看，选择归葬故里者超过六成。

元王朝版图阔大、民族繁复，以致其归葬习俗在延续前代基础上存在独特性。基于蒙元统治者始终奉行民族分化政策——将治下民众划分为蒙古、色目、汉人、南人四个等级，兹便以种族差异为视角展开述论。

1.就现有样本来看，汉人客死他乡 479 人，归葬 324 人，占汉人客死他乡总数 67.64%；南人客死他乡 242 人，归葬 144 人，占南人客死他乡总数 59.95%；蒙古、色目人客死他乡 85 人，归葬 34 人，占蒙古、色目人客死他乡总数 40.00%。一言蔽之，在四种族中，元代汉人归葬意识最为强烈；而相较汉族民众（含汉人、南人），蒙古、色目人归葬行为尚不普遍。

2.早在前四汗时期，宋人彭大雅、徐霆奉旨出使大蒙古国，将草原见闻编订成书，蒙古族丧葬习俗遂为中原知晓。依彭、徐二人所叙，蒙古族素善骑射、兵民一体，是时亡于行伍战阵者虽多以"驰其尸以归"为归宿，但除皇室成员外，蒙人皆葬于旷野，"其墓无塚，以马践蹂使如平地"，实无固定家族墓地。①对于色目人葬俗，元代文献未见述及。为开展灭金平宋战争及统辖广大被征服区域计，大量原本远居漠北、西域的蒙古、色目人涉足汉地，伴随内迁进程，他们开始形成类似于汉族民众的祖茔意识，并尝试筑茔苑于中土侨寓之所。如：纯直海家族，蒙古珊竹氏，占籍覃怀（元中书省怀庆路），其子大达立、孙咬住等均以拓定江南之功除授南官，卒后归葬覃怀兆域。②安定州（元湖广行省澧州路）达鲁花赤秃忽赤，蒙古人，寓滑州白马（元中书省大名路），以疾卒衡州（元湖广行省）任上，归葬滑州白马县石佛村先茔③；闾马，唐兀氏，世居宁夏贺兰山（元甘肃行省宁夏府路），"大事既定，遂来开州濮阳县（元中书省大名路）东，拨付草地，与民相参住坐，后置庄于草地之西北官人寨店东南十八郎寨两堤之间，卜茔于本宅之西北、堤南道北爽垲之地，亲茔冢圹，栽植柏杨。乃迁其祖考妣而安葬焉"④；述哥察儿，西夏人，"从宪宗皇帝征伐……以功授浚州（元中书省大名路）达鲁花赤……在官日久，与浚民相安。世渐平定，无意仕进，买田筑室黎阳山下，治生教子，二十二年乃终……葬黎阳山"等。⑤

3.因"中州将相公卿大夫世家皆族葬"⑥，汉人对祖茔颇为注重⑦，在其观念中，祖茔具有

---

① （宋）彭大雅、徐霆撰，王国维笺证：《黑鞑事略笺证》，第 29 页背，王国维：《王国维遗书》（第 13 册），上海：上海古籍书店，1983 年。

② （元）刘敏中：《中菴集》卷六《敕赐镇国上将军福建道宣慰使兼镇守建德万户赠荣禄大夫平章柱国温国公谥恭惠珊竹公神道碑铭》，第 106—109 页。

③ （元）吴澄：《吴文正集》卷三五《故奉议大夫安定州达鲁花赤秃忽赤墓表》，新文丰出版公司编辑部：《元人文集珍本丛刊》（第 3 册），第 579 页 b—580 页 a。

④ 穆朝庆、任崇岳：《〈大元赠敦武校尉军民万户府百夫长唐兀公碑铭〉笺注》，《宁夏社会科学》1987 年第 1 期，第 88 页。

⑤ （元）吴澄：《吴文正集》卷三三《元故浚州达鲁花赤赠中议大夫河中府知府上骑都尉追封魏郡伯墓碑》，新文丰出版公司编辑部：《元人文集珍本丛刊》（第 3 册），第 558 页 b—559 页 a。

⑥ （元）虞集：《道园类稿》卷四四《太原郡伯王公墓碑》，新文丰出版公司编辑部：《元人文集珍本丛刊》（第 6 册），第 319 页 a。

⑦ 如张氏囿于客观因素不得返葬祖茔，张仲渊遂令其子张雍"表以刻辞，图宗系于后，使后之子孙知济阳、交河本支之所自"，勿忘其本。参见（元）刘敏中：《中菴集》卷一一《济阳张氏阡表》，第 190 页。

精确地理方位,非迫于不得已的客观因素,绝无改葬、迁葬之理。①然江南地势浅薄,不宜聚族而葬②,南人家族意识及祖茔归属感远不若汉人强烈③,且对于"祖茔"概念,他们无严格认知,在其看来,祖茔为宏观区域,或与籍贯、居地无异。是以,观之元人墓志,汉人、南人归葬践行多有差异。为便于表述,兹分点胪列如下:(1)如前文所述,较其他种族,汉人对归葬葆有高度热情,该点在汉人世侯及其家族成员中表现得尤为明显,由现有资料可知,但凡亡命异域,他们无一例外选择还葬先茔。(2)览元代墓志行文,汉人归葬一般使用"祔葬于先茔""归葬祖茔之侧""归葬……之祖茔"等词句,而绝大多数南人归葬墓志径书葬地方位,无"先茔""先墓"字眼。如:黄清老,闽中人,湖广等处儒学提举,至正八年(1348)八月卒于官舍,次年五月,归葬"邵武县(元江浙行省邵武路)龙冈津之原"④;揭傒斯,豫章丰城(元江西行省龙兴路富州)人,至正四年(1344)卒于京师,越二载,"葬富州富城乡富陂之原"⑤;易立中,庐陵太和(元江西行省吉安路)人,赴职零都(元江西行省赣州路),"至县未及上"而卒,归葬"太和千秋乡之梓橦岭"等⑥。(3)茔域所在同本贯或某祖始居之地不相符合、归葬邻近县治等现象屡见于元代南人墓志。如:黄正孙,庆元慈溪人,应义士吴君之邀暂居嘉兴,至正五年(1345)正月以疾卒,子黄玠奉柩东还,"葬定海县(元江浙行省庆元路)灵绪乡泽山之阜,从先茔也"⑦;叶汝舟,建宁浦城人,自七世祖始家于华亭(元江浙行省松江府),卒葬"湖州乌程县九元乡上湖塘先茔"⑧;徐泰亨,衢州龙游人,随父占籍余杭(元江浙行省杭州路),秩满屏居吴中,无复仕进,元统元年(1333)季夏,构疾而终,归葬"钱(唐)〔塘〕(元江浙行省杭州路)石屋乡先墓之后"等⑨。(4)与北方汉人不同,元代南人葬地选取较为随意。《傅民德墓志》载,傅民德,讳师道,抚州崇仁(元江西行省)人,卒葬金石山(元江浙行省兴化路仙游县)之阴,即前"所自卜也"。⑩又《朱君墓表》,朱景渊父文进,湖州长兴(元江浙行省)人,曾适"乌程县

---

① 如河东李氏因"茔圹既满,后死者不能容",燕京程氏以"新作大都,而茔域当御道"等改卜他域。参见(元)虞集:《道园类稿》卷四五《河东李氏先茔碑》,新文丰出版公司编辑部:《元人文集珍本丛刊》(第6册),第341页b;(元)赵孟頫:《松雪斋集》卷七《程氏先茔之碑》,《四部丛刊》景元本,第128页背。

② 参见(元)虞集:《道园类稿》卷四九《胡母李孺人墓志铭》,新文丰出版公司编辑部:《元人文集珍本丛刊》(第6册),第443页a;(元)虞集:《道园类稿》卷四九《黄母詹宜人墓志铭》,新文丰出版公司编辑部:《元人文集珍本丛刊》(第6册),第445页b。

③ 元代墓志多有南人任意迁徙、改葬记载。参见(元)吴澄:《吴文正集》卷三九《故居士刘子清墓碣铭》,新文丰出版公司编辑部:《元人文集珍本丛刊》(第3册),第634页a—635页a;(元)吴澄:《吴文正集》卷三九《故逸士黄幼德墓碣铭》,新文丰出版公司编辑部:《元人文集珍本丛刊》(第3册),第635页b;(元)程钜夫:《雪楼集》卷二一《廖隐君墓志铭》,台湾图书馆编印:《元代珍本文集汇刊》,第801—803页等。

④ (元)苏天爵撰,陈高华,孟繁清点校:《滋溪文稿》卷一三《碑志七·元故奉训大夫湖广等处儒学提举黄公墓碑铭并序》,第209页。

⑤ (元)黄溍:《金华黄先生文集》卷二六《翰林侍讲学士中奉大夫知制诰同修国史知经筵事追封豫章郡公谥文安揭公神道碑》,第524页、528页背。

⑥ (元)吴澄:《吴文正集》卷三四《庐陵易中甫墓表》,新文丰出版公司编辑部:《元人文集珍本丛刊》(第3册),第569页a。

⑦ (元)黄溍:《金华黄先生文集》卷三六《慈溪黄君墓志铭》,第743页背—744页背。

⑧ (元)张之翰:《西岩集》卷二○《碑铭·故文林郎吉州录事参军叶公墓志铭》,清文渊阁四库全书本,第305页。

⑨ (元)黄溍:《金华黄先生文集》卷三四《青阳县尹徐君墓志铭》,第696页、698页背。

⑩ (元)虞集:《道园类稿》卷四八《傅民德墓志铭》,新文丰出版公司编辑部:《元人文集珍本丛刊》(第6册),第423页b—424页b。

(元江浙行省湖州路)三碑乡小金山之趾","乐其形式翕聚",意欲埋骨于此。①更有临川(元江西行省抚州路)人黄大明,以"弗善"为由将昔日所择葬地弃置不用。②风水在南人葬地选用方面发挥重要作用,翻阅元代南人墓志,因"不利后人""后嗣伤焉"而改葬者不在少数,更甚者以卜问不吉而致夫妇异兆。③受上述观念影响,南人还葬先茔态度势必不若汉人积极。

4.蒙元帝国疆域辽阔,元人归葬距离之远为历代王朝所不及。籍目前所掌握资料,可对元代汉人、南人归葬空间范围做一分析。据粗略估算,317名归葬汉人(卒地、葬地不详者除外)中,归葬范围限于北方者191人,占汉人归葬总数60.25%,跨越南北归葬者126人,占汉人归葬总数39.75%;137名归葬南人(卒地、葬地不详者除外)中,归葬范围限于南方者103人,占南人归葬总数75.18%,跨越南北归葬者34人,占南人归葬总数24.82%。通过以上数据我们不难发现,较之江南人士,有元一代北方汉人空间流动性更大,跨越南北归葬现象也更为显著,这或与元廷委派相当数量汉人赴职江南,以致其更多地客死远地;而南人入仕管径狭隘,大多就近担任吏员、学官密切相关。

作者简介: 常莹,南开大学历史学院博士研究生。

---

① (元)吴澄:《吴文正集》卷三六《元赠承事郎德清县尹朱君墓表》,新文丰出版公司编辑部:《元人文集珍本丛刊》(第3册),第591页b—592页a。

② (元)虞集:《道园类稿》卷四八《黄东之墓志铭》,新文丰出版公司编辑部:《元人文集珍本丛刊》(第6册),第427页b—428页b。

③ 参见(元)虞集:《道园类稿》卷四九《史夫人改葬志》,新文丰出版公司编辑部:《元人文集珍本丛刊》(第6册),第431页b;(元)虞集:《道园类稿》卷四九《罗母郭氏孺人墓志铭》,新文丰出版公司编辑部:《元人文集珍本丛刊》(第6册),第446页b—447页a;(元)虞集:《道园类稿》卷四八《孝子谈君节妇廖夫人墓铭》,新文丰出版公司编辑部:《元人文集珍本丛刊》(第6册),第429页b。

日常生活视域下的民国男子服饰变迁的考察*

吕天石　肖红松

【摘　要】服饰是人们日常生活的基础性内容,也是社会风习的风向标。民国时期服饰变革主要体现在发式、足履以及男女衣着之变。男子服饰不及女子服饰变迁那样令人瞩目,却也悄然平缓地发生着改变。男子剪辫、理发及足履西式皮鞋,一系列头、脚之变的背后,有政令的强制,更有时人审美观念的更新。在西装、中山装之外,长衫与西裤、皮鞋、礼帽的混搭也成为民国男子的着装惯习。与此同时,城市底层社会及乡民着装普遍"寒酸",但其间也存在相对而言的"体面"与一定程度的流变。可以说,贫富差距与城乡对立仍使衣着发挥着辨识阶层的作用。日常生活既是历史研究的一项重要内容,也是研究历史的一种视角或方法。从人们在日常生活中的经历、体验与感受出发,可以更好地观察民国时期社会传统与现代性交织的样态与时代特征。

【关键词】男子着装;个体经历;感受;日常生活;民国

李金铮教授指出,"日常生活是人类尤其是普通民众惯常的经历和感受",日常生活史"主要强调站在日常生活经历与体验的立场上观察历史、叙述历史"。[①]西欧学界20世纪70年代开始兴起专门的日常生活史研究,中国台湾地区在80年代也有了对日常生活史的研究成果,进入21世纪以后大陆开启严格意义上的日常生活史研究。常建华、李长莉等学者呼吁推进日常生活史研究,并组织召开学术会议,取得了不少的成绩[②],但令人遗憾的是多数成果限于日常生活表象的描述,"缺少个人的生活经历和心灵体验","没有挖掘出日常生活表象背后的意义"。[③]

服饰是人们日常生活不可或缺的部分,除了蔽体、御寒等基本功能外还有修饰身体与象征社会地位等附加作用。在民国时期动荡与转型的大背景下,服饰本身的流变与不同阶

---

* 基金项目:本文系教育部人文社会科学重点研究基地重大项目"传统向现代的转型:中国近现代日常生活研究"的阶段性成果,编号为18JJD770001。

① 李金铮:《众生相:民国日常生活史研究》,《安徽史学》2015年第3期。

② 参见常建华:《新时期中国社会史学》(天津:天津人民出版社,2018年)、《中国社会生活史上生活的意义》(《历史教学》2012年第4期)、《明代日常生活史研究的回顾与展望》(《史学集刊》2014年第3期);李长莉《中国近代生活史研究30年:热点与走向》(《河北学刊》2017年第1期);戴建兵、张志勇《个人生活史:当代中国史研究的重要增长点》(《河北学刊》2015年第1期);胡悦晗、谢永栋《中国日常生活史研究述评》(《史林》2010年第5期)等论著所做的学术梳理,展示21世纪以来学界对日常生活史的关注动态及相关成果。近三届中国社会史年会分别以"生命、生计与生态""中国历史上的国计民生""中国历史上的职业与社会"为题,均与日常生活史密切相关,南开大学中国社会史研究中心自2011年来召开了六次以日常生活史为主题的国际国内学术会议。

③ 李金铮:《众生相:民国日常生活史研究》,《安徽史学》2015年第3期。

层之间的着装差异诉说着社会的变迁与民众的生活境况。在衣衫方面的诸多流变中,不论男子是从长衫马褂到西装革履还是女子从上衣下裳到旗袍洋装,都彰显着民国社会置身于传统与现代之间中西并存、合璧的时代特色,既有现代的都市摩登新潮也有传统的延续与承袭。而城市底层与乡村社会民众之着装的寒酸、"体面"与嬗变,则在缤纷的城市服饰时尚之外展现了民国服饰风尚的另一面相。在富者追逐时尚潮流的同时,贫者在服饰费用上则力求俭省,只能在饥饿与褴褛之间两害相权取其轻。

以往社会生活史、社会史或服饰史的书写[①],多侧重女子服饰变迁,轻忽男子服饰变迁,在书写路径上或聚焦于服装式样的流变,或突出强调政治变革对服饰的影响,只见服饰、政令不见"人"。本文则是以"人"为主体,呈现民国男子对服饰潮流的感受、体验和记忆,从一个又一个穿衣打扮的故事中搜寻时人对于服饰流变的或迎或拒的心态及其动机,阐释政令、舆论、欲望和财力对服饰潮流的或正或反的规约引领,进而由对民国日常生活的事象、变化、特征及其原因进行全面深入的分析,借以揭示传统日常生活方式的延续与现代日常生活方式的变化以及两者的互动关系,由此呈现民国时期中国社会的转型和时代特质。

一 男子头、脚之变

发型与鞋履是个人形象的重要组成部分,包含在广义的服饰概念中。作为身体的一部分,头发的去留在传统社会具有象征意义,其中男子发辫更易在改朝换代之际被政府大做文章,前有清政权初建时的"剃发令",后有民国肇立初期的"剪辫令",或掀起腥风血雨或致使"民心惶恐"。然而,在抛开政治变革的宏大叙事之后,显露出来的便是时人对于时代变革的回应。从"强制剪辫"到"理发融入日常",是男子接受现实与更新审美的体现。同样,从传统布鞋到西式皮鞋的选择,亦不外乎是时代变革之下身体与审美观念的变化。除却被政令强制约束的一面,更该发掘的是时人本身对于新事物的抗拒、迎合或中立态度以及亲历的经验、感受、记忆。

(一)男子剪辫

1911 年 10 月 10 日,武昌起义爆发,始自戊戌维新时期的清末剪辫论争由此达到高潮。革命党人纷纷剪发,以示与清廷决裂。黎元洪率先剪发,并令都督府中各部办事人员一律剪发,否则不认为同胞。[②]清廷上下也开始重议剪发问题,几经波折,隆裕太后于 12 月 7

---

① 近代生活史的代表性论著参见[英]本·海默尔著,王志宏译:《日常生活与文化理论导论》,北京:商务印书馆 2008 年;严昌洪:《20 世纪中国社会生活变迁史》,北京:人民出版社,2007 年;李长莉:《中国人的生活方式:从传统到现代》,成都:四川人民出版社,2008 年;李长莉等:《中国近代社会生活史》,北京:中国社会科学出版社,2015 年,以及叶肃科、朱鸿召、董倩、胡俊修、马树华、胡中华、卢汉超对台北、延安、武汉、青岛、成都、上海等城市日常生活的研究成果。近代服饰变迁的论著参见饶明奇:《论近代华北农村服饰的变迁》,《郑州大学学报》1997 年第 5 期;陈蕴茜:《身体政治:国家权力与民国中山装的流行》,《学术月刊》2007 年第 9 期;屈宏:《民国服饰变革与社会变迁研究》,吉林:吉林大学出版社,2014 年;王雅娟:《权力话语下的身体规训与社会变革:以近代服饰、辫发和缠足为中心的历史考察》,北京:中国社会科学出版社,2017 年。等。

② 《武汉革命大风云》,《民立报》,1911 年 10 月 23 日。

日颁发谕旨——"凡我臣民,均准其自由剪发"①。随之而来的是"辫子亡,大清亡"②的结局。

放眼民间,从清末到民国,民众对于剪发的态度存在一个由"惊异"、"惶恐"到"习以为常"的发展过程。就湖南地区而言,"先是自日本留学者归,类皆剪发,民众颇为惊异;然均以辫子为□清制度,汉人之降满者,以辫子为标识,故思去之。及反正,士兵持剪在街上拦剪途人之发,甚至波及女子,民心惶恐,乡人至不敢进城"③。可见,在清朝终结之前,当地剪辫者基本上只限于有反满情绪的留学归来者,垂辫发于脑后的普通民众皆视之为异类。光复后,革命军迫不及待地昭示与前清的决裂,剪辫便成为最快捷、最显眼的着手点,但士兵当街拦剪途人之发辫令民众难以接受,招致民心惶恐。直至政府剪发令④贴于高脚牌上,辅以专人乘夜赴四城鸣锣高唤,人心乃定。此后,民政司饬各属剪发,文曰:"为札饬事,照得辫发之制肇始胡人,二百余年玷污中夏。今者民邦县造,汉业重兴,允宜一革污风,渐新华俗。除省城已由都督示谕剪发外,所有各府厅州县军警政学各界,自应以身作则,一律遵行。惟恐偏远地方未能遍喻斯意,应由各该县地方官切实奉行。札至该县,即便遵照出示晓谕,一律知悉,毋违此札。"⑤由此,湖南一地的剪发令由省城推广至各府厅州县地方,进一步为民众所知悉、执行。关于湖南的剪发情形,陶菊隐曾记录长沙辛亥光复后的社会动态——"剪辫子是光复后最早形成的一种风气,大家认为不剪辫子就是甘心做满奴和亡国奴的显明标志。于是在学校中剪掉同学的辫子,当街剪掉路人的辫子,施者每每引为笑乐,受者亦或啼笑皆非。有些遗老和顽固派,害怕没有辫子见不得皇帝,就把辫子盘在头顶上,用帽子遮盖起来,或者索性把头发全部留起来,改作道士装,借以逃过这一关"⑥。

除湖南外,其他地区也在光复后兴起了剪辫风潮。在1911年11月6日的上海实业学堂更名大会上,唐文治宣布:"剪发一事,监督深表同情,明日监督亦即剪发。"9日清晨,全校教职员和学生在学堂运动场上举行剪发大会。大家列队点名,自唐文治开始,教职员和学生依次剪辫,全校人员"无一留者"。⑦贵州辛亥革命成功后,自治学社的张百麟与胡刚找宪政预备会首领任可澄共商军政府组织事宜,当即产生了一幕生动的剪发片段——其时任可澄的发辫尚未剪除,留青丝一缕垂于脑后,而当天早晨来谘议局开会的人都将发辫剪了去,以示革新。胡刚遂执剪刀一把,对任说:"先生想亦乐于剪发,我来效劳。"即将任的发辫剪下,顺手抛于院内房上。任悻悻然对胡刚说:"身体发肤,受之父母,不敢毁伤,剪发未尝不可,但须得我同意。剪去之发,亦应交我保存,何致如此乱掷。"张见任作色,从中解释说:"发已剪去,谈之何益,我们还有大事商量,不必在此计较。"⑧1911年,16岁的张恨水身在南

---

① 中国第一历史档案馆编:《光绪宣统两朝上谕档》第37册,桂林:广西师范大学出版社,1996年,第333页。
② 樊学庆:《辫服风云:剪发易服与清季社会变革》,北京:生活·读书·新知三联书店,2014年,第409页。
③ 粟戡时等:《湖南反正追记》,长沙:湖南人民出版社,1981年,第23页。
④ 谭延闿任湖南都督后,授权粟戡时和左宗澍拟剪发令曰:"凡军民等人,所有发辫,限三日内一律剪去,否则由警察干涉之。"参见粟戡时等:《湖南反正追记》,第23页。
⑤ 蝶:《民政司饬各属剪发》,《长沙日报》,1911年12月10日。
⑥ 陶菊隐:《长沙辛亥光复后的片断见闻》,中国人民政治协商会议湖南省委员会编:《湖南文史资料》第二辑,长沙:湖南人民出版社,1961年,第129页。
⑦ 陆阳:《唐文治年谱》,上海:上海三联书店,2013年,第151—152页。
⑧ 吴雪俦、胡刚:《贵州辛亥革命散记》,中国社会科学院近代史研究所近代史料编译室编:《云南贵州辛亥革命资料》,北京:知识产权出版社,2013年,第179页。

昌,他的辛亥剪辫印象是:"剪发高呼喜欲狂,白旗一夜遍南昌。"受到学校和新书的启发,自认为是革命青年的他也在这一年剪去了辫子。①其实,值此革命之际,社会动荡,乱象频出,剪发一事自不例外。除有湖南士兵当街拦剪途人发辫外,衢州光复之初,"各城门守卫兵警,又强迫乡人剪发、敲诈勒索,缘为奸利,当局无法制止。乡民不敢入城,蔬菜不来,粪秽不出,市人亦多腹诽"②。

到1912年春,通都大邑剪辫者已多,偏僻乡野留发辫者尚复不少。临时大总统孙中山遂于3月5日颁布剪发通令:"凡未去辫者,于令到之日,限二十日,一律剪除净尽,有不遵者,以违法论。"责成内务府通饬各省地方官,晓喻民众一体遵行。③政府以国家法令的形式强制推动剪发运动,但总会有不甘败落的旧势力做困兽犹斗。《越铎日报》在1912年1月18日曾经这样描述张勋的动态:"张勋现仍盘踞南京北部徐州等处⋯⋯期再攻南京⋯⋯张勋曾派多数侦探到南京,但被民军搜获许多,即行杀却。尚有一部分,因值下令剪发时,彼等亦只得随众剪去。但此等既无辫,亦就不能回告张勋,因张遇无辫者一概杀无赦故也。"④除了"辫帅"张勋的坚守之外,还有"辫子教授"辜鸿铭的执着。周作人曾这样刻画辜鸿铭:"生得一副深眼睛高鼻子的洋人相貌,头上一撮黄头毛,却编了一条小辫子,冬天穿枣红宁绸的大袖方马褂,上戴瓜皮小帽。不要说在民国十年前后的北京,就是在前清时代,马路上遇见这样一位小城市里的华装教士似的人物,大家也不免要张大了眼睛看得出神吧。尤其妙的是那包车的车夫,不知是从哪里乡下去特地找了来的,或者是徐州辫子兵的余留亦未可知,也是一个背拖大辫子的汉子,同课堂上的主人正好是一对,他在红楼的大门外坐在车兜上等着,也不失车夫队中一个特殊的人物。"⑤北京西北郊青龙桥一带有庙祝刘德明,绰号"小辫刘",直到抗战胜利后还留着一根花白的小辫⑥⋯⋯总之,尽管国家已明令剪发,但总有不肯剪辫的人用垂于脑后的这根发辫诉说着一种信念或者一种怀旧,所谓"剪发通令"也对其奈何不得。不过,据官方文书所述,民国初建之时"通都大邑于去辫一事,早已习为固然,见垂辫者每引为奇辱,而穷乡僻壤,风气闭塞,未经剪去者,间亦有之"⑦。

剪辫后的男子多蓄短发,或剃光头。茅盾回忆辛亥年在浙江省立二中读书时,写到二中的教员们颇多"和尚头",还教出了好多的光头学生来。"彻底的光头主义者,在全校中也还有十多位,而我这一级里的占半数"⑧"西洋头"、"东洋头"、中分、偏分和"飞机头"成为男子的主要发型。当然,也有个别老朽,剪了辫子却不肯将梳辫子的辫顶底胎儿一齐去掉,留着"帽缨子"⑨,从背后望去好似女学生的齐耳短发。随男子短发风尚而来的是理发业的兴起。

---

① 谢家顺:《张恨水年谱》,合肥:安徽文艺出版社,2014年,第35页。
② 徐映璞:《辛亥衢州光复记》,汪林茂主编:《浙江辛亥革命史料集·第7卷 辛亥浙江光复》,杭州:浙江古籍出版社,2013年,第265页。
③ 《命内务部晓示人民一律剪辫令》(1912年3月5日),中国社会科学院近代史研究所中华民国史研究室等合编:《孙中山全集》第二卷,北京:中华书局,2011年,第177—178页。
④ 倪墨炎:《"叛徒与隐士":周作人》,北京:人民文学出版社,2014年,第47页。
⑤ 周作人:《北大感旧录·辜鸿铭》,辜鸿铭:《中国人的精神》,郑州:河南文艺出版社,2014年,第137页。
⑥ 常人春:《老北京的穿戴》,北京:北京燕山出版社,2007年,第168页。
⑦ 《制令:苏都督劝告剪辫之通令》,《警务丛报》,第1卷第10期,1912年6月,第8页。
⑧ 茅盾:《辛亥年的光头教员与剪辫运动》,《越风》,第20期,1936年10月10日,第39页。
⑨ 常人春:《老北京的穿戴》,第167—168页。

1919年,北京的理发所"家数一天多似一天,生意一天好似一天,同那剃头房成一个反比例"①。警察厅有案可查的理发所大约有六七百家。②

有人怕理发,因为进理发馆,麻烦得够受。"大理发馆,价钱贵,不敢去;小理发馆,座儿少,时常一推门:满座儿。掌柜的看见是老主顾,竭诚欢迎,让座,倒茶,接帽子,总之是让你等着。那些得到位置的人,坦然自在的坐着,他们似乎只怕理得不仔细,不怕慢;等的人可是越等越腻。掌柜的看出你等得不耐烦了,赶快递过一张小报儿来。为理发而看报,实在有点儿勉强。可是等你勉强看下去,看到一段小说的中间儿,刚发生一点儿兴趣,就许有人腾出座儿来了。于是,'先生,您请那边儿坐吧。'有心拿着报去,把这一段小说看完,又看见旁边儿那位等着的,腻得直打哈欠。推己及人,不好不引渡给他。"此外,理发师的一套捶背手续——抹额头、砍肩膀、敲后背、捏胳膊、扯手指——使人觉得发痒、肉麻,但却不好拒绝。因为,"在生的理发馆里,不敢拒绝,怕人家说,'这家伙,头一辈子理发,不懂。'在熟的理发馆里,未便拒绝,因为怕人家疑心我是不愿意给小账……"总之,"从前剃一回头,疼一回;现在理一次发,痒一次。疼还可以哭,痒却未便笑。忍疼易,忍痒难。这种西化的理发,实在比中国本位的剃头还可怕!"③

但也有人认为理发是一种愉悦的享受。张契渠曾撰文回忆在理发店里接受理发服务的细节,笔触生动传神。理发店除了修剪头发外,还提供修面、爬耳、做眼、推拿等一系列可以使人舒爽的服务。最有趣的是修面。"身子躺在理发椅上,既不怕打瞌睡,脑袋碰了椅背,又觉得痒痒地小虫似的在鼻子两边爬过,非常适意。技术好的,还能用刀尖,在你鼻孔里,眼堂里,耳朵里,细刮一阵,直刮得你说不出的舒服。"修面之后,接着就是爬耳垢,工作极为讲究。……"假使遇到技术高明的,同样使用一枝'消息子',一枝细铜片一个长搠子,他可以替你爬出花瓣似的一大片一大片耳垢,有时甚至捞出竹衣似的一卷放在你手掌上,让你自己欣赏。至于那绒毛毛的消息子擦着耳孔,蠕蠕一阵乱动,那趣味真是妙到难以言说。"爬过耳垢还得"做眼睛"。"做眼睛的工具,也是一枝细铜片和一片极薄极细的小刀。那些铜片和刀头,在睫毛下眼肉上抖发抖发地搅着,直搅得眼睛酸溜溜地眼泪直流。"……爬耳做眼之后是推拿,"推拿用拳,轻松而细密,打在脊梁上,声音有如雨打芭蕉,又如京剧中的板鼓,然而不仅不觉得痛,而且四肢百骸非常舒服,比电气摩面更要过瘾。搥完之后,又把手指头勾着手指头一个个拉着,直拉得咕咕地发响。手指之后又是手腕,臂弯胳膊,大腿,一节节都能使他发响。没有经验过的,听到自己的关节发响,必定以为痛得厉害,甚至以为被他折断了,但结果却不仅不痛,而且颇为舒服……最惊人的是在肘上有一根筋——我自己却始终找不到在什么地方——他却只消轻轻伸手一摸,用指一招,便觉得酸溜溜一阵,从指尖通到胸口,再从胸口散到四周,一秒钟之内,中了电流似的通过全身。最后,用大拇指在你额角和太阳穴推动几下,然后,在顶门上'当头一击'。于是但觉眼前一亮,一个多钟点正襟危坐的生活,凝神返思的情绪,立刻被完全解放。刹那间好像脱骨换胎,神清气爽,周身轻了好几斤,想不到头上几根青丝,竟能增我偌大的兴趣。想至此,不得不感谢父母生我的好处。"④

---

① 《北京剃头房与理发店之今昔》,《每周评论》,第5期,1919年1月19日,第4页。
② 《北京剃头房与理发店之今昔(续)》,《每周评论》,第6期,1919年1月26日,第4页。
③ 何容:《理发》,《论语》,第70期,1935年8月,第1055页。
④ 张契渠:《理发漫谈》,《经纬周刊》,新2卷第2期,1946年8月,第11—12页。

除了理发业的兴起外,剪辫风潮还推动了男子戴帽的新时尚。西式礼帽——圆顶、宽阔帽檐,帽檐微微翻起;帽筒下端周围有一市寸的类似本色的帽箍为饰;在材质上,冬用黑色毛呢,夏用白色丝葛。这种礼帽是与中西装均可配套的庄重冠戴。商家的动态是社会时尚的风向标,始建于1902年的鞋帽名店——同升和在民国时期大力推销西式礼帽。1934年的一则广告上画有一位身着长袍西裤之男子,头戴西式礼帽,坐于公园长椅上看书,配文曰:"戴上同升和的帽子!能助你脑筋敏捷;能使你文思达进。"① 礼帽的流行,由此可见一斑。与此同时,传统的瓜皮帽虽不再"大行其道",但并没有退出历史舞台,依旧有士绅或老者以之为常服。此外,还有为青年学生所喜爱的仿自日本的平顶帽、中上层人士夏季搭配中山装的德国盔以及普通民众常戴的软毡帽或圆顶宽檐草编帽,等等。总之,民国男子的戴帽时尚因阶层、群体的不同而有所差异,相当多的城市贫民与乡村农民并不具备追逐时尚的能力。

(二)男子鞋履新时尚

男子鞋履随着服装的变化悄然革新。在长袍马褂当道的民初时期,男子鞋履主要是棉布或丝绸质地的浅口圆头平底鞋,颜色以黑色为主。随着西俗东渐的深入,"西服革履"逐渐在民众的穿着式样与审美观念中占据一席之地。皮鞋是搭配西装的必需品,严格来说,与西装搭配之皮鞋必须是洋式亮面的,以英式较尖的"三接头"黑色、棕色皮鞋为大宗,不能穿皮便鞋,也不能穿翻毛皮鞋、大头鞋等皮布混合制作的鞋。② 随着皮鞋的流行,其穿搭方式也日趋多样化。除了西服之外,中山装与长衫皆成为皮鞋的常见搭配。民国中后期,高校学生和中青年知识分子中兴起了"中西合璧"的穿衣风格——上身着长袍,下身穿西服裤,脚登三接头式皮鞋。③

皮鞋的式样并非一成不变。1942年,有人撰文描述了近代以来男子皮鞋时尚的流变过程:

> 皮鞋运入我国……大概总有一百年以上的历史了吧?据传第一批运来我国皮鞋的式样,以小方头为多,那时国人对之是并不发生怎样兴趣的。所以去购来穿在脚上的人,可说绝无仅有……后来……有识之士均以出洋留学为急务,那时皮鞋和西装,才被人视为必不可少的服装,因其美化而坚固,所以渐渐地受了知识阶级人士的欢迎了。大约过了二十个年头,小方头皮鞋,才被人目为落伍了,代之而兴的是阔头皮鞋,自阔头而变为圆头,相隔只不过三五个年头,圆头皮鞋是完全依照足样而制成的,所以最为舒服,风行的时期亦比较久远。物极必反乃天然的公理,从圆头而进化到尖头,大概就是上述的'理由'吧?人们的目光,本来看惯圆头,一旦看见尖头,均目为新奇可爱,所以趋之若鹜。尖头皮鞋大约流行了八九年之久,结果终被时代所淘汰。近年来公认为最时新的式样,有小圆头和中圆头二种,一般的都很受人们的欢迎。时代不断地向前跃进,皮鞋的式样,只不过在方、阔、圆、尖、(还有一种高头)中打着旋转……④

---

① 《戴上同升和的帽子》(广告插图),《论语》,第49期,1934年9月,第21页。
② 常人春:《老北京的穿戴》,第44页。
③ 常人春:《老北京的穿戴》,第22页。
④ 一飞:《男皮鞋式样的变迁》,《万象》,第3期,1942年5月21日,第13页。

由此可知,皮鞋输入中国后,从无人问津到被知识阶层追捧,再到不同式样的循环流行,其融入中国社会的过程反映了人们选择与喜好的嬗变。

二　男子着装之变

  男装的近代史较为平淡。只有一个极短的时期,民国四年至八九年,男人的衣服也讲究花哨,滚上多道的如意头,而且男女的衣料可以通用,然而生当其时的人都认为是天下大乱的怪现状之一。目前中国人的西装,固然是谨严而黯淡,遵守西洋绅士的成规,即是中装也长年地在灰色、咖啡色、深青里面打滚,质地与图案也极单调……①

这是张爱玲在 1943 年对男子衣装的评说,道出了男装流变相对平淡的过程与中西装并存的时下情状。在新旧杂陈的民国,长袍马褂与西装革履不仅能够两厢安好地并存于世,而且可以相互融合成中西合璧的"民国范儿"——一袭长衫混搭西裤、皮鞋与礼帽,这是一张形象标签,贴在专属于那个时代的历史记忆中。

(一)长袍马褂

长袍马褂是民国男子的常见着装之一,其长盛不衰的流行势头离不开官方的推崇。1912 年 10 月,北京政府颁布《服制条例》,将男子中式常礼服的式样定为蓝长袍、黑马褂、白袜、青(黑)便鞋。1929 年 4 月,南京国民政府重新颁布《服制条例》,仍将长袍、马褂定为男子礼服之一。1930 年 3 月,上海特别市第 151 次市政会议决议:"以后凡公务人员,不论男女、不问时令,其有参加祝典大会及长官初见礼、戚友婚丧喜事,俱服国货礼服",一律着蓝袍马褂。②同年 6 月,广东民政厅训令"所属各机关公务人员在暑期内得着土布土丝所做之长衫"③。1933 年 11 月,行政院颁布训令,"公务人员服用国货办法,业经上年通行遵照在案。现值国货宣传周内,各机关职员自应躬为倡导。其荐任以上职员,须置国货绸缎马褂、长衫一套,或国货呢绒西装一套;委任以下,亦当量力购置,并由各该机关剀切劝告"④。1935 年 1 月,《新生周刊》刊登上海湖社社员身着长袍马褂表演的照片,宣示他们"提倡以蓝袍玄褂为民国服饰"的立场。⑤ 1936 年 5 月,外论社北平讯,"冀察政委会近为实施新生活运动计,乃严令所属官员,一律改穿长衫,作为办公时之制服"⑥。1937 年 6 月 20 日,北平市民政局主办首届集团婚礼,规定:"结婚时新郎、新妇须着规定色样之常礼服。新郎礼服定为中国

---

① 张爱玲:《更衣记》,王剑冰主编:《百年百篇经典散文》,武汉:长江文艺出版社,2009 年,第 91 页。
② 袁良:《公务人员应服国货礼服》,《公安旬刊》,第 1 卷第 27 期,1930 年 3 月 11 日,命令第 3—4 页。
③ 许锡清:《训令所属奉饬公务人员在暑期内得暂着土布土丝之长衫由》(1930 年 6 月 6 日),《汕头市政公报》,第 58 期,1930 年 7 月 1 日,秘书第 2—3 页。
④ 《行政院训令》(第 3438 号,1933 年 11 月 15 日),《内政公报》,第 6 卷第 46 期,1933 年 11 月 17 日,第 1494 页。
⑤ 《最近上海湖社社员提倡以蓝袍玄褂为民国服饰(照片)》,《新生周刊》,第 1 卷第 49 期,1935 年 1 月 12 日,第 27 页。
⑥ 《北京官僚须穿长衫》,《外论通讯稿》,第 1455 期,1936 年 5 月 1 日,第 2 页。

常礼服(即蓝袍青马褂)。"①此前,在上海举办的首届集团婚礼上,新郎礼服也是蓝袍黑马褂。②

清代,作为社会地位的标志,长袍马褂必须配套穿着。进入民国以后,传统的长袍马褂在剪发易服的风潮下进行了改良——款式趋于合体、不尚宽大,便服的颜色不拘,多数男子单穿长衫、长袍,不再外罩马褂或坎肩。中上等经济条件的男子在穿长衫或长袍时大多内穿西装裤,脚穿皮鞋,有的还佩戴一顶西式礼帽。这种中西合璧的穿搭既比传统中装简单,又比西装舒适随性。关于长袍马褂的穿用,有学者指出,民国时期关中地区的商贾和传统士绅们,在服饰上仍然沿袭了长袍马褂的习惯,多为针工比较精细的裤褂、长袍、汗夹。长袍是一般非农民群体的普通着装,可以不套马褂,单独穿用,掌柜与伙计都可以穿。一般公务员在中山装之外多着长袍。③知识分子穿着长衫是最普遍不过的了。比如,文坛巨擘鲁迅爱穿长衫,身为大学教授、记者、作家的曹聚仁也爱穿长衫。连自幼接受西方教育的朱博泉也是一年四季皆穿一领长衫。在他看来,"穿长衫吃自助餐最好",穿长衫不仅舒服,而且长衫还是中国国粹,可以让人不把他混同为日本人④。留学日本的李叔同在回国以后不再穿漂亮的洋装,换上了灰色粗布袍子、黑布马褂和布底鞋子。⑤20世纪30年代的职员阶层往往被人们称为"长衫阶级"。⑥在中国银行,员工在衣着方面即有所谓"长衫帮"一族。⑦20世纪40年代以前的北平,"凡是站柜台售货的伙计(店员)都是男性的,一律以长袍作外罩";汽车司机在开车时,也"要穿上长袍(不允许短装),年轻的在长袍外边要加青坎肩,头上要戴美式礼帽"⑧。除此之外,还有武人穿长衫的现象。张鸣曾不无戏谑地写道:"这些学军事的武人们,包括昔日日本士官学校的高材生们,倒喜欢起了长衫,只要有机会,一律长袍马褂。……在留下来的军阀照片上,我们看到的都是一个个赳赳戎装的尊容,不过那多半是为了展示官阶和勋章照的,在私下里,他们基本上都是长袍马褂,一副富家翁的样子。"⑨

可以说,长袍、长衫是官员、传统士绅、知识分子、商人、职员等中上阶层人士着装之首选,一度被视为身份和社会地位的象征而备受推崇。人们将穿长袍作为彰显身份、讲求体面的工具,"以示自己的身价",穿长衫是"有礼貌、规矩人、体面人、有钱人,一切的标志,否则就不登大雅之堂了"。⑩这一符号象征甚至使一些人对长衫产生了极端的衷情与迷恋。1940年,沙朗撰有《脱去长衫》一文,将主人公汤菊先对长衫的崇拜描述得淋漓尽致:一件年久的破长衫换作别人早已为它所用,但是汤先生"迷信并且崇拜长衫,他宁愿将什么东西都卖掉,然而这最后的一件长衫却是万万舍不得的,即使是穿着这件破旧长衫饿死,也是甘心的

---

① 常人春:《老北京的穿戴》,第21页。
② 《今日举行首届集团结婚》,《申报》,1935年4月3日。
③ 刘俊凤:《民国关中社会生活研究》,北京:人民出版社,2011年,第71—72页。
④ 程乃珊:《上海探戈》,上海:学林出版社,2002年,第94—95页。
⑤ 苑兴华编:《丰子恺自叙》,北京:团结出版社,1996年,第88页。
⑥ 连连:《20世纪20—40年代上海中产阶级消费特性分析》,忻平主编:《历史记忆与近代城市社会生活》,上海:上海大学出版社,2012年,第273页。
⑦ 程乃珊:《上海先生》,上海:文汇出版社,2008年,第5页。
⑧ 常人春:《老北京的穿戴》,第52页。
⑨ 张鸣:《近代史上的鸡零狗碎》,西安:陕西人民出版社,2008年,第76—77页。
⑩ 竹铭:《穿长衫的痛苦》,《机联会刊》,第13期,1930年7月,第10页。

呢"①。鲁迅在小说《孔乙己》中写道,只有穿长衫的,才能踱进鲁镇酒店店面隔壁的房子里要酒要菜,慢慢地坐着吃喝。咸亨酒店掌柜的还认为,样子太傻的伙计怕侍候不了长衫主顾,字里行间道出了穿长衫者的经济条件和社会地位。"孔乙己是站着喝酒而穿长衫的唯一的人",穷困潦倒的他显然不属于"长衫阶级",但他身上始终穿着那件"又脏又破,似乎十多年没有补,也没有洗"的长衫②,孔乙己所坚守的正是长衫的象征意义。当然,除了传统着装习惯的延续与符号作用之外,长衫之流行还与其实际功用有关。如时人所述,长衫"高雅大方,既可当日常的便衣,又可作宴会的礼服","简单适用,无以复加",反观西洋服装,"琐屑不堪"③。从穿着的舒适度上讲,硬挺、紧窄、繁复之西装确实不如宽松的长衫更讨国人喜欢。

时至20世纪30年代,战争侵扰、国力不振等内外交困的时局促使官方强调尚武精神,推崇军事化以及节俭、高效的生活。在这一背景下,长衫长袍的光环开始褪去,渐成"拖沓"、"文弱"、"慵懒"的象征。官方与社会的态度皆出现反转。1932年,四川军阀杨森"以长袍博带,非但无振作精神,且行动诸多不便",极力提倡短衣,"通令防区内人民一律不准再穿长袍"④。华侨陈嘉庚曾致电内政部,呈请废除长衣马褂。1936年4月,国民政府内政部训令,"自本月起,凡公务人员一律应穿制服。盖政府深信长袍行动既不方便而形式亦嫌拖沓,故决计将此旧式之服装废弃也。"⑤同年,上海大学曹聚仁教授曾去一所小学拜访故友时大受白眼。门房看他身着旧长袍,"懒洋洋说校长出去了,盖他以为这穷鬼一定是校长穷亲戚之类来借钱者也。曹先生知道又是蓝布长衫作祟,但也无可如何。"再三恳求后得见故友,却同样引来了对方的奚落与质问。⑥曹聚仁的女儿曹雷也曾回忆说,由于他"爱身着蓝布长衫,常被人当作乡下土佬。"⑦1940年,唐德以"走路不快"、"肥皂太费"、"长衫拖地,没有精神"为由,率性剪掉了长袍的下摆。⑧1942年,在《长衫之累》一文中,作者李昱批评长衫不利于人们行走,穿上大袖长袍"不要说跑,只要你放开大步一走,衣服就要裹双腿,一塌糊涂了","由于衣服的影响,中国人大倡'静的美',由是而进化至'病态的美'","由于穿肥大衣服的道理,中国的青年男子都成了文'弱'书生"。⑨1944年,华北各城市加强防空训练和准备,要求每个市民穿着便于应变的短装,长衫再次受到口诛笔伐。时文直言,因为"穿久了长衫的中国士大夫"们在行动、思想、意识等方面受到巨大限制,故而应"脱却长衫"、"打倒长衫",以便适应实际的需要。⑩1946年,贵阳"积极提倡短衣运动,实行打倒长衫阶级","以长衣为有封建色彩,惟腐化份子始乐御此,故将强制剪裁,以开风气之先"。保安司令部成立剪衣团,上街剪短行人之长衫。⑪综上,随着时局流转,长袍、长衫在民众日常生活中的地位悄然

---

① 沙浪:《脱却长衫》,《青年》,第2卷第8期,1940年11月,第26页。
② 鲁迅:《孔乙己》,《新青年》,第6卷第4号,1919年4月,第375—378页。
③ 马彬和:《我爱穿的中国长袍》,《众生》,第3期,1938年6月,第88页。
④ 《杨森不许人民穿长袍》,《纺织周刊》,第2卷第43期,1932年11月4日,第1208页。
⑤ 《公务人员禁穿长袍》,《英语周刊》,第183期,1936年5月16日,第2790—2791页。
⑥ 《曹聚仁的故事》,《娱乐》,第2卷第34期,1936年10月,第674页。
⑦ 曹聚仁:《上海春秋》,北京:生活·读书·新知三联书店,2007年,题记第1页。
⑧ 《唐德老先生说:剪去长衫的下摆,节约做新衣》,《老百姓》,第67期,1940年6月,第2—3页。
⑨ 李昱:《长衫之累》,《吾友》,第2卷第35期,1942年4月24日,第8页。
⑩ 《脱却长衫》,《吾友》,第4卷第34期,1944年8月27日,第1页。
⑪ 象贝:《贵阳打倒长衫阶级》,《飘》,第5期,1946年4月26日,第9页。

变化,往日彰显身份、讲求体面的利器逐渐成为被批判、被改造的对象。这是国家与民众诉求发生改变的反映,也是社会变迁的痕迹。

(二)西装

鸦片战争后,洋服开始出现在国人的视界与日常生活之中,着装者主要是外国侨民,间或有广州、上海等沿海开埠城市中的华人买办。19世纪末,剪辫易服呼声高涨,尝试穿洋服、西装者开始增多。当时在大连诞生了西服制作的第一个流派"哈派",日俄战争后又出现了"日派",但多为外国人服务。①1903年,广西青年中穿洋服者渐多,梧州中学总教习胡汉民容许学生们在岁时节令"披洋衣以揖孔孟"②。1912年南京临时政府"颁布服制令,规定男子礼服为大礼服、常礼服两种:大礼服色黑,有昼用及晚用二式,形同欧美之燕尾礼服";常礼服亦有甲乙二式,甲式为黑色西装便服,乙式为蓝色长袍加黑色马褂。③官方的规定确立了西装在社交礼仪中的地位,促使民初各地掀起了一阵洋装热。武昌一地,因改西式衣履冠服输出金钱已逾2000万。天津在1912年春季仅进口洋服洋帽两项的价值已达125万两。④城市男子的时髦配置有西装、大衣、西帽、革履、手杖、花球、夹鼻眼镜等。⑤对于时人的崇洋时尚,有一首竹枝词做如下讽刺:"洋帽洋衣洋式鞋,短胡两撇口边开,平生第一伤心事,碧眼生成学不来。"⑥《申报》曾刊登一首《织女怨》:"汉宫不想汉衣裳,寂寞停梭偾未尝。纵使巧机多织出,无如下界已西装。"⑦

政界与工商界人士是穿着西装的主要群体。政界人士中的革命巨子,"多由海外归来,草冠革履,呢服羽衣,已成惯常"⑧。革命巨子的表率示范使得西装革履成为革命进步的象征,国务员们"头戴外国帽,眼架金丝镜……身着哔叽服,脚踏软皮鞋",如此洋派头曾引起时人抨击。⑨其他政界中人纷纷效法,即使在小县城里,县长们也追求西化,"祀神服燕尾服,冠博士冠"⑩。由此推知,西化的装扮在政界已蔚然成风。一战期间国内资本主义经济获得良好的发展契机,使投身实业的企业家们获利甚丰。优渥的经济条件与丰富的见识使一些工商界上层人士成为实践西化生活方式的领军群体。为适应他们的消费需求,一些高档绸缎店转而经营华达呢、哔叽呢、法兰绒等进口呢绒衣料,西服制作门店亦逐渐兴起。如,1914年上海人陈阿昌开设的同森祥西服店与次年朱洪年开设的洽昌西服店,等等。⑪需要指出的是,民初洋装热基本上只流行于通都大邑的上层社会,相对于广大内陆地区的普通民众而言,穿着西装革履者是绝对的少数群体。加之,"服用国货"不仅是相当商家们的强烈诉求,也是南京临时政府、北洋政府在《服制条例》中所反复强调的内容,所以对于所谓"洋装热"

---

① 严昌洪:《中国近代社会风俗史》,杭州:浙江人民出版社,1992年,第92页。
② 胡汉民:《胡汉民自传》,《近代史资料》,总第45期,2006年,第9页。
③ 内政部年鉴编纂委员会:《内政年鉴·礼俗篇》,上海:商务印书馆1936年,(F)第11—12页。
④ 转引自严昌洪:《中国近代社会风俗史》,第86页。
⑤ 《时髦派》,《申报》,1912年1月6日。
⑥ 王荣年、何建章:《京师竹枝词》,《总汇新报》,1912年6月26日,"文苑"。
⑦ 逍铎:《嘲旧神诗》,《申报》,1912年2月3日。
⑧ 《论维持国货》,《大公报》,1912年6月1日。
⑨ 《中华民国国务员之衣食住》,《申报》,1912年5月7日。
⑩ 民国《合川县志》卷二五,政法,转引自严昌洪:《中国近代社会风俗史》,第267页。
⑪ 谭仲池主编:《长沙通史·近代卷》,长沙:湖南教育出版社,2013年,第934页。

的范围与程度还需理性看待,不宜夸大。1912年1月19日,上海商务总长在《致沪军都督书》中除了肯定在外交场合取大同主义要穿西服外,又说"如遇庆贺典礼或不需晋接外宾者,仍用绸缎冠服,亦须规定制度,庶昭郑重。至于平时服式,似可悉随其便。"①由此推知,民初即便是在西化程度较高的上海,西服在社交礼仪中的"用武之地"也多有限制,舶来事物融入民众日常不仅需要发展的契机,更需要时间的沉淀。

作为有权、有钱阶层的衣着打扮,西装革履从革命进步的象征悄然成为财富与地位的标志。加之,新文化思潮助推了社会崇洋心态的发展,20世纪20年代以后,追捧洋服、西装者进一步增多。不少老先生也紧跟潮流,制作一套西装,"以资点缀"②。时人评论说,在上海"穿了西装,马上就可以提高你的人格,这种方法比什么教育的效力都来得大。"洋公园,你可以随便进进出出,而不用担心被公园警察挡驾。"西装着在身上,无论走在什么地方(只要是在上海的范围之内)都可以比不穿西装的朋友出风头,少受气"③。鲁迅也曾谈及20年代末上海的崇洋心态:为了获得日常生活中的尊重与便利,"有些人宁可居斗室,喂臭虫,一条洋服裤子却每晚必须压在枕头下,使两面裤腿的折痕天天有棱角。"④在一部分人热捧西装的同时,也有另一部分人对西装表示反感。1926年,晏阳初在和青年学生顾千里交谈时表示,"你刚从大学毕业可以不必穿西服的,我对于穿西服的中国青年很是不解,不晓得他们是什么意思。至于我呢,我正想把早年在外国所穿的衣服穿破了,以后就做中国棉布长袍穿了。"⑤林语堂撰文从伦理、美感、卫生三个方面抨击西服,批判那些未得工作的留学生、不得志的政客、华侨子弟以及富商们穿西服的"趋俗"行为。⑥但批判之声无法掩盖商家的"叫卖"声。制售西装的公司铺户想尽办法进行宣传,报刊上的西服广告以及西装的时尚动态比比皆是。西装的流行趋势难以阻挡。时至30年代,在上海,劳动大学的学生在毕业时出现了怪异的显著的现象就是西服的激增。⑦在天津"欲谈交际,必穿西服;不穿西服,莫谈交际。想增朋友之光彩,大褂万万不行,欲坐女师大客厅,长袍自未免暮气。人谓今日之爱讲交际者,恒以穿西装为第一要务。"⑧40年代,穿西服依旧代表着身份和阔气。在时人眼中,"西装是洋大人的产物,着在身上就显出雄赳赳、狠博博的姿态,尤其一般挺胸凸肚的朋友,只要一套西装……便特别显出他的威严,表示他有相当的来历"⑨。

当然,对于相对闭塞的内陆地区而言,西装始终算是稀罕物。1928年的一篇文章写到,乡下人看到穿西服的人总会露出一副疑惑的神气,"而且几十双大眼睛的视线都集中在你身上,使你感觉到不舒服,走起路来都不自然。……要是不幸碰到乡下的小弟弟小妹妹们那才糟糕呢!你在前头走,他们在后头跟随了一大群,而且(叫着)'洋鬼子!洋鬼子的,你看!'

---

① 《商务总长致沪军都督书》,《申报》,1912年1月19日。
② 不才子:《洋装的笑话》,《红玫瑰》,第2卷第10期,1925年10月,第2页。
③ 阿Q:《西装与人格》,《秋野》,第2期,1928年1月,第195页。
④ 鲁迅:《上海的少女》,《南腔北调集》,北京:人民文学出版社,2006年,第161页。
⑤ 顾千里:《穿西服》,《京报副刊》,第406期,1926年2月,第39页。
⑥ 语堂:《我的话——论西装》,《论语》,第39期,1934年4月,第706—708页。
⑦ 社子:《毕业与西装》,《新生活》,第5期,1931年5月,第4页。
⑧ 蜀云:《西装交际》,《北洋画报》,第12卷第584期,1930年2月,第3页。
⑨ 毛可人:《长衫、西装、制服》,《文友》,第4卷第3期,1944年12月,第3页。

声声从他们的小嘴里送到你的耳朵。"① 1934年,张恨水游历陕甘,看到西北人衣着都很朴实,皆穿布衣,少有着绸缎者,且多视穿西服者为"老爷之流",大有侧目而视之势。"因为除了东方去的年轻官吏,本地人是绝少穿西服的。摩登少年,也不过穿穿那青色粗呢的学生服。"②

对于穿着西装的感受,清末汪康年曾指出,"有憎向来衣服宽博不便者,遂竞为西装,既服,乃知西人衣服之不便尤甚。冠履之坚硬,衣之窄小而繁琐,而领圈、臂圈尤不便,殆如桎梏。而冬衣不能多,暑必冠,更无论矣。"③ 1928年6月,徐志摩在前往日本的轮船上写信给陆小曼,抱怨"穿洋服是真不舒服,脖子、腰、脚全上了镣铐,行动都感到拘束,哪有我们的服装合理,西洋就是这件事情欠通,晚上还是中装"④。穿惯了宽松柔软之长袍马褂的中国人自然难以适应西装的笔挺、束身以及繁多的配饰,于是,既想满足"西装之奢愿"又不愿身受其束缚的中国人便采取变通之法——或"西其冠履而中其衣",或"戴西冠而衣履悉仍旧",或"西衣而去领圈臂圈",总之,"纯乎西装者乃甚少"。⑤中西合璧的西装穿法在民国时期得以延续,一如前文提及的那些紧跟潮流制备西装"以资点缀"的老先生们,大多不习惯这套"束缚自由"的装扮,于是,有穿西装搭配"中国旧式双梁鞋"者,引人讥讽。⑥随着中西文化的磨合交融,着装考究的上层人士实现了中装与西装的巧妙搭配——合体长衫内搭西裤革履,间或配以西式礼帽,既舒适自如又儒雅洋气。20世纪三四十年代,这种中西融合的装扮成为男子着装时尚,"有身份地位的大人物,一般是绸缎长袍、西服裤(必须是呢子一类的较为考究的料子);足下生辉,是又黑又亮或黄白相间的皮鞋,头戴礼帽,鼻梁上架着一副金丝边的眼镜。这种服饰,既有民族风采,又增添潇洒英俊之气质,文雅之中显露精干"。一些党政要员、商人、银行家常作这种打扮,时任上海市市长的吴铁城堪称典型代表。⑦ 1937年在中央大学艺术系任教的徐悲鸿也是"戴着一顶宽沿的黑呢帽,身穿蓝布长袍,西服裤"⑧。

(三)中山装

民国初年,孙中山在海外组织中华革命党时,常穿流行于南洋华侨中的"企领文装"。回国后,孙中山"请人设计一件像西服那样精神,但不戴领带的中式正装"⑨。早期的中山装由此诞生。作为一种革命符号,中山装随北伐战争的推进日渐流行。1927年,国民革命军到杭州之后,中山装就成了当地最流行的服装,衣服的原料大多是舶来的毛织品,以至于"绸缎店因中山装的流行,销数受到很大的影响"⑩。1928年,有人向津浦铁路局提议,"本路内外部员司一律改穿中山装"⑪。

---

① 阿Q:《穿西装也有吃亏的时候》,《秋野》,第5期,1928年10月,第485页。
② 张恨水、李孤帆:《西游小记·西行杂记》,兰州:甘肃人民出版社,2003年,第56页。
③ 汪康年:《汪穰卿笔记》,北京:中华书局,2007年,第189页。
④ 徐志摩:《爱眉小札》,天津:天津人民出版社,2013年,第66页。
⑤ 汪康年:《汪穰卿笔记》,第189页。
⑥ 不才子:《洋装的笑话》,《红玫瑰》,第2卷第10期,1925年,第2页。
⑦ 王东霞:《从长袍马褂到西装革履》,成都:四川人民出版社,2003年,第157页。
⑧ 蒋华强:《啸马苍鸿·徐悲鸿》,北京:民主与建设出版社,2012年,第39页。
⑨ 李长莉等:《中国近代社会生活史》,北京:中国社会科学出版社,2015年,第389页。
⑩ 汤德民:《中山装盛行后》,《野火》,第8号,1927年6月,第29页。
⑪ 菲菲:《本路内外部员司一律改穿中山装的提议》,《津浦之声》,第6期,1928年6月,第1—2页。

  国民政府利用国家权力推广中山装。1928年3月,内政部要求部员一律穿棉布中山装。① 1929年4月,南京国民政府第22次国务会议议决公务员"制服用中山装","色冬黑夏白"②,就此中山装成为法定制服。1936年6月,行政院第253次会议决定,公务员"在办公时间均须着用中山服。冬季用黑色或深蓝色,夏季用淡黄色。"1936年,外交部规定受军训人员"应一律服用藏青色布质中山装"③;从7月1日起,晋绥各机关"军职人员均着军服,其他公务人员一律着中山服"办公。④ 由此,在政府的主导下,中山装成为公务员群体的标志性服装。⑤

  20世纪20年代后期开始,标榜革命与三民主义的政界人士以及知识青年多喜穿中山装,中山装与长袍马褂、西服、学生服等成为四种流行的男装服式。如学者所论,民国时期的公务人员多着中山装,少数着西装、礼帽。⑥ 在公务员和社会上层人士的正式穿着中,西装与中装并行,中山装尤为流行。⑦ 在关中地区,中山装(俗称"制服")兴起后,即成为"当官的"和学生共同的正式着装,但传统服饰仍然沿用。一般公务人员多着中山装、长袍,戴礼帽,穿皮鞋;学生穿中山装和黑色中式对襟裤;商贾和传统士绅们的服饰则沿袭了长袍马褂的特点。⑧ 军装也受到追捧,军政界和富商多喜欢穿着仿制马裤。进步人士李敷仁曾身着"中山装马腿裤,一身老粗布的黑色公务员制服",与强行抓丁拉粮的军人据理力争,一身军政界人士常穿的装扮使得对方因畏惧其"可能"的身份而只好放人退粮,让步了事。⑨

  中山装起源于穿着主体赋予了它"革命"、"进步"、"权力"与"社会地位"等象征意义,民众对中山装的崇尚拟或追捧由此而来。1929年,一篇题为《中山装》的小说将中山装在时人心中的位置刻画得入木三分:主人公戴立生看见妻子手中的中山装后,"忙把身上的青夹袍脱下,露出里面那乌黑的内衣,中山装便罩在那乌黑的内衣上。"……他将衣服自行整理一番之后,"挺起胸脯,仰着脖子,两手垂直,在屋中雄赳赳地来回走了几步,自己仿佛已经当了主席似地,脸上充满了笑容,他腔子里的一颗心也跟着身体摇摆起来了!"⑩ 让他感到美中不足的是脚下缺少一双皮鞋,中山装口袋里没有银管铅笔和记事册,但他又想到"东镇穿中山装的一共还不到五个人,他有了中山装,即使没有皮鞋铅笔等作配偶,也就足以使自己异于旁人,博得全东镇的人敬仰了!"⑪ 戴立生对于中山装的感受也从侧面映衬出中山装在小镇乡村的罕见。当他的儿子七牙放学回家,见到父亲穿着类似于书上那洋人穿的衣服,痴痴

---

① 《薛内长的谈话》,《中央日报》1928年3月28日。
② 内政部年鉴编纂委员会编纂:《内政年鉴·礼俗篇》,上海:商务印书馆1936年,(F)13页。
③ 《本部应受军训人员一律制备布质中山装》,《外部周刊》,第107期,1936年3月,第2—3页。
④ 《太原绥靖公署、山西省政府会令》(1936年6月),《山西公报》,第49期,1936年6月,第25页。
⑤ 关于中山装的流行及其政治功能的阐释,参见陈蕴茜:《身体政治:国家权力与民国中山装的流行》,《学术月刊》2007年第9期。
⑥ 郑全红:《中国家庭史》第五卷民国时期,北京:人民出版社,2013年,第371页。
⑦ 谭仲池主编:《长沙通史·近代卷》,第934页。
⑧ 刘俊凤:《民国关中社会生活研究》,北京:人民出版社,2011年,第71—72页。
⑨ 李荷丽编:《李敷仁诗文选》,西安:陕西人民出版社,1984年,第44页。
⑩ 罗皑岚:《中山装》,《现代小说》,第2卷第3期,1929年,第6—7页。
⑪ 罗皑岚:《中山装》,《现代小说》,第2卷第3期,1929年,第7页。

地站在那里。七牙惊呆了,忘了照例的作揖问候,站在那儿,呆望着他爹。①可见,在小镇孩子的视界中,中山装着实是少见的稀罕物。

由于中山装上衣下裤、笔挺利落的形制能够凸显穿着者精神、干练、正派的气质,所以时人对于中山装的选择不仅是被其象征意义所吸引,也有基于审美意识的考量。20世纪30年代以后,中山装成为各场合都适宜穿着的男士服装,不只是官员,平民也喜欢②,正所谓"佛要金装,人要中山装"③,这是时人对中山装修饰仪表之功用的褒扬。为了更显体面,亦有着中山装者讲求搭配,"如春、秋、冬三季戴美式礼帽,夏天要戴德国盔;左手拿着文明棍,右手提着大皮包,脚下穿着三接头的皮鞋。只有这样才'够派儿'"④。为了体面,小职员们不惜一切代价要添置一套中山装来撑撑自家的门面。1948年杂志《论语》上刊登了一篇小说《定做中山装记》,以文学的手法细腻展示了这种体面是多么地来之不易。小说的主人公曾与同僚发生争吵,原因是穿美国呢料中山装的同僚比穿长袍的他更神气,立志也要置办一身中山装。为此,半年时间里,他东拼西凑,连卖房子、给妻子治病的钱也拿出来,终于给自己购买了一套哔吱中山装,售价840万元。最后,当他"在镜子里看到自己穿了中山装的倩影",觉得自己的确"是个浊世佳公子,想不到自己竟会是这样英俊潇洒的,"不禁深深地爱上自己了,"心里也真是高兴"。一周后,一套中山装的价钱竟涨至1140万元了。⑤如此腾贵的物价仍然无法阻止小职员置办中山装的执念,或许从侧面可以反映中山装流行的根源之所在吧。

三 城市底层及乡村男子着装

近代中国民众生活方式的现代化是不平衡的,沿海与内陆、城市与乡村、贫者与富者在衣着服饰方面的差别是这一不平衡性的重要表征之一。近代服饰的流变既包括摩登都市的时尚潮流,又包括偏远乡镇的传统守旧;既包括中上阶层的趋洋趋新,又包括底层社会的衣衫褴褛。城市男女洋装加身,乡村男女多粗布裤褂;富者衣饰奢华,贫者衣不蔽体。在衣饰的传统与现代之间,有观念的新旧之别,更有经济条件的高低之分。贫穷是广大内陆地区、乡村及城市底层社会的主基调,在食不果腹的经济条件下,赶时髦、追时尚无异于痴人说梦。20世纪30年代平汉铁路沿线农村调查显示,黄河流域的农民"住的是土墙败屋、草棚、茅舍,湫隘昏黑,无空气光线可言。人畜杂住,不以为怪"。在吃的方面,大米饭是奢侈品,与肉类一样,只有岁时节庆才有,日常因怕费油,则用清水煮白菜萝卜,有时甚至连盐都吃不起。⑥在如此恶劣的吃住条件下,他们又怎会有经济条件去效仿都市摩登的穿着,恐怕连"时髦"与"摩登"的概念都不曾有过。

---

① 罗皑岚:《中山装》,《现代小说》,第2卷第3期,1929年,第7—8页。
② 陈美怡:《时裳:图说中国百年服饰历史》,北京:中国青年出版社,2013年,第151页。
③ 皇父一:《定做中山装记》,《论语》,第154期,1948年6月,第1603页。
④ 常人春:《老北京的穿戴》,2007年,第37页。
⑤ 皇父一:《定做中山装记》,《论语》,第154期,1948年6月,第1603—1604页。
⑥ 陈伯庄:《平汉沿线农村经济调查》,交通大学研究所,1936年,附件1,第41—42页。

(一)粗陋寒酸

20世纪二三十年代,从事体力劳动的城市下层人民,"男子多是上穿袄衫,下着裤子、布鞋"①。依据陶孟和在1926年对北平手工业家庭的生活费调查,"衣服在五项主要费用(食品费、房租、衣服费、燃料费、杂费)内,占支出总数7%……贫民家庭,收入过少,仅住食两项必不可少之费用,已足使彼等受累,故对于衣服等物,惟有力求节省。换言之,衣服费在贫民家庭中,最先受经济困难之影响。彼等虽不能不着衣服,但贫民家庭之主妇,多能应用改制或补缀之方法,使衣服费减至最低限度。例如破旧之棉衣,可以拆洗后,重缝为新衣,大人旧衣可改做为小孩之衣。街市上所售之旧衣旧鞋,亦可购来穿着,比较新制可省一半费用。凡此种方法,皆为贫家主妇所应知而时时实行者也。"经统计分析,该调查得出如下结论:

> 第一,各家庭衣服之缺乏,殊可怜悯。盖仅全人数四分之一有富余单衣,可资换洗,至有棉衣一套以上者,则尚不到全人数之四分之一也。棉衣一套,虽可穿着一季,不必换洗,单衣如不常加换洗,而能穿着累月,殊难置信。贫民之衣服,本不常洗,家中各人之裤褂,可互相换穿。彼等偶尔洗涤,即借着他人衣服。此或为解决此问题之一法也。第二,夹衣一项,似于较贫之家庭,不甚重要。乡间人民,常于脱单衣后,即着棉衣。第三,贫民着棉衣者,多无衬衣,即有单衣多件,亦视衬衣为奢侈品。贫民之生活,朝不谋夕,衣服虽感缺乏,有蔽体者已属至幸。彼等之境况,实与中世纪欧洲农夫,无大区别。惟后者之衣服,自始至终,自纺线、织布、剪裁,以至于缝做,均由家人自为之。而中国贫民之衣服,虽由家人裁缝,其布匹材料,则皆自英国、日本及我国上海等处机制品也。②

从衣料上看,舶来品与国内纺织工业产品已进入底层民众的日常生活,但是现代衣料却无法使贫民阶层走出衣着方面的窘境。北平的棚匠平时"根本穿不上长衣服",只在上工时才穿大褂,当作进门拜见主人时的"礼服",等操作时再脱去长袍。至于人力车夫,工作时"一律是短装,而且并不规范",有的车夫甚至穿的是"上了补丁的短装"③。

20世纪30年代的上海,其服饰的洋化与现代化程度在国内首屈一指,但工人"穿西装的很少见,以穿蓝布短衣蓝布裤子的占多数"。一般的苦力,由于经济不甚宽裕,他们的衣服"大都是东补西缝的旧布短衣服"④。一份1934年的上海工人家庭支出分类统计表⑤显示,在被统计的305户上海工人家庭中,衣着类支出较低,年均支出34.01元,占总支出的7.5%。布匹费占衣着费的54%,由此推知被统计家庭多选购廉价布匹自行缝制衣物。购成衣家庭仅十之一二,多为短衫、卫生衫裤、汗衫之类。另据上海市社会局对其中24个4人以上家庭进行的抽样调查所示,户均棉袍1.8件,棉袄2件,棉裤1.9条,夹袄2件,夹裤1.9条,单、短衫8.1件,单裤7.8条。⑥也就是说,4口之家人均仅1件棉衣、2件短衫、2条单裤。在这样

---

① 李长莉等:《中国近代社会生活史》,北京:中国社会科学出版社,2015年,第388页。
② 陶孟和:《北平生活费之分析》,北京:商务印书馆,2011年,第73—75页。
③ 常人春:《老北京的穿戴》,2007年,第53页。
④ 徐国桢:《上海生活》,上海:世界书局,1933年,第32页。
⑤ 上海市政府社会局编:《上海市工人生活程度》,上海:中华书局,1934年,第16页表12。
⑥ 上海市政府社会局编:《上海市工人生活程度》,第83页。

的条件下,许多家庭不得不养成一家人共穿、互换衣服的习惯,一般工人"衣着不周"也就司空见惯了。①号称"现代繁荣之城市"的北平与被誉为"东方巴黎"的上海尚且如此,内地大多数地区的平民与贫民之着装情况便可想而知了。

"传统"、"省俭"、"单调"、"粗陋"、"破旧"是民国乡村社会服饰样态的几个核心特征。河北阳原县"农工阶级一切衣服,仍用定州砖路诸大布,其质料、式样均同前清";河南安阳县"乡村农家,男女均短裳,壮丁往往于衣外系粗布腰带,用蓝布裹头,以示精神健壮",富户人家的男子多穿长袍马褂,女子多着旗袍或短袄长裙。②绝大多数的贫者着粗布短衣,极少数的富者则长衣加身,这是乡间居民的基本着装套路,相对闭塞的社会环境使不同阶层的着装都延续着传统的惯习。据1936年调查,遵化县卢家寨中等农家的服装种类大致有马褂子、小棉袄、棉裤、夹马褂、夹袄、夹裤、单汗褂、单裤、夹鞋、棉鞋、袜子、帽子、草帽等③,从中可以看出农人一年四季褂、袄、裤的着装形制。相对于都市中变化万端的时装而言,这无疑是单调乏味的,但是,棉、夹、单三种薄厚程度不同的衣裳与应付冷暖两种天气的鞋帽已经是贫农家庭可望而不可及的衣着条件了。贫苦农民衣着概用土布,一件衣服穿了补,补了穿。冬天,夹衣里絮进烂棉套即为棉衣用以御寒,到春天再撕出烂棉套改成夹衣来穿。孩子们在寒冬里没有袜穿,没有帽戴,手脚耳朵冻烂成疮。④迁安县农民"恐怕终身穿不着绸缎,就是粗布之衣,有时都难于蔽体。没有余地种棉,更没钱买布,三件破衣,千补万绽,真所谓'鹑衣百结'了,更有的赤身露肉。"⑤贫苦农民粗陋、破旧、省俭的衣着透露着其日常生活的艰辛与惨淡。

据1927年社会调查所述,北平郊外挂甲屯村村民最常用的衣料为粗洋布,每尺约1角2分,较富之家庭多用市布,每尺约1角4分。而一身单裤褂须用布13尺,一身夹衣须加倍,棉衣再添棉花1斤半,每斤棉价6角。如此算来,做一身单裤褂大概需要1元5角或1元8角左右,一身夹衣需要3元1角或3元6角左右,一身棉衣需要4元或4元5角左右。同时,按"男子每年须穿鞋4双,每双之布料价约4角,须穿袜子3双,每双价约4角"的情况来算,男子每年鞋袜费至少2元8角。加之,每一普通新被价约8元,一新褥价约4元。在这样的物价与穿用需求下,该村被调查的100家之衣服费(包括被褥费在内)为平均每家全年13.28元。其中,有男子衣服者平均每家8.9元,有女子衣服者平均每家4.66元,有被褥者平均每家3.74元。村民日常生活中的被服费用之低由此可见一斑。在这低得近乎"不科学"的统计数据下,是村民"俭省"与"破旧"的衣着样态——不少村民无力购置新衣,多在海甸或北京买旧衣旧鞋;村人之鞋袜皆为家中妇女做成;本村普通人家之被褥能用10年之久,且有不少已用20年者。1926年的北平郊外黑山扈村之社会调查也同样显示出村民在衣着服饰方面的窘迫状况。在64个被调查的该村家庭中,每家全年的被服费平均为10.54

---

① 忻平:《从上海发现历史:现代化进程中的上海人及其社会生活》,上海:上海大学出版社,2009年,第264—265页。
② 郑全红:《中国家庭史》第五卷民国时期,第370页。
③ 冀东农村实态调查班:《冀东地区内二十五个农村实态调查报告书》上卷,长春:满洲日日新闻社印刷所,1936年,第372页。
④ 郑全红:《中国家庭史》第五卷民国时期,第377页。
⑤ 魏宏运主编:《二十世纪三四十年代冀东农村社会调查与研究》,天津:天津人民出版社,1996年,第405页。

元,比挂甲屯村的 13.28 元的调查结果还低。①在 1934 年的江苏省江宁县土山镇,农家之衣服费在全部生活费中所占百分比亦"殊为低下"。在所调查的 286 个农家中,每家全年平均衣服费为 10.61 元,仅占家庭支出总数的 4.41%。全家全年无衣服及被褥费的家庭有 34 家,约占所调查总户数的 12%;衣服费在 5 元以下者有 64 家,约占所调查总户数的 22%;5 元至 10 元者有 86 家,约占所调查总户数的 30%。也就是说,全年衣服费低于平均水平者约占所调查总户数的 64%。衣服费用微薄至此,似乎令人难以置信,但是参看农人的日常饮食状况后,即可知此调查结果并非虚言。穷困农家用以糊口的食品费用尚"常须借贷或典质以弥补",在衣服方面自然竭力俭省,或想方设法一再补缀,或以贱价购来破旧衣服,只求蔽体而已。②

（三）相对而言的"体面"

老舍在《骆驼祥子》中对"高等"人力车夫那身"气派"的"行头"做了如下描绘——东交民巷的车夫,"因为拉着洋人,他们可以不穿号坎,而一律的是长袖小白褂,白的或黑的裤子,裤筒特别肥,脚腕上系着细带;脚上是宽双脸千层底青布鞋;干净,利落,神气。一见这样的服装,别的车夫不会再过来争座与赛车,他们似乎是属于另一行业的。"③此番形象生动的文字提示我们,底层社会民众的着装并非"统一贫寒",即便是底层行业的同行们在衣着打扮方面也存在差异,其中不乏"体面""气派"者。

对于乡村民众的着装,在"贫困"与"俭省"的整体情况之外,也应该看到其中相对"体面"的样态。以 1936 年费孝通所调查的吴江县庙港乡开弦弓村为例,村里的缫丝工业使该地商品经济得到了相当程度的发展,尽管本村消费不到自产的丝绸,但是作为出口商品,这些丝绸能够为村民换得薪酬,使他们购得外来的亚麻布和棉布。普通家庭每年买衣料的费用约为 30 元（礼服除外）,缝纫主要是妇女的工作,"多数妇女的手艺足以为她们的丈夫和孩子做普通衣服"④。"村民至少有夏季、春秋和冬季穿用的三类衣服。夏天,男人只穿一条短裤,会客或进城时便穿上一条作裙"⑤。富裕人家多供男孩读书,少年上学以后,服装式样发生变化,比如中学生开始穿西式长裤和衬衫。在当地,长袍也发挥着昭示地位、凸显体面的象征功用,是有身份者不可缺少的衣服。天气较冷时,普通人只穿短上衣,而有身份的男子不干活的时候就穿长袍。村长要离开村子外出时,即使是炎日当头,至少手臂上要搭一件绸子长袍。⑥1936 年,一篇论说乡下人穿长衫的文章也写道:乡下人平时多半是头戴斗笠,身穿短衫短裤,足登草鞋。如果身着长衫,那是因为到城内办重要的事情,在人们看来"乃是当然的,不足为奇"。如果平时在乡下,农人整齐地穿了长衫,摇摇摆摆地到处走动,这个农人就有了问题。⑦

婚礼是比外出办事更特殊、更隆重的场合,新郎新娘的衣饰往往需娶亲、嫁女两个家庭

---

① 李景汉:《北平郊外之乡村家庭》,李文海主编:《民国时期社会调查丛编·乡村社会卷》,福州:福建教育出版社,2005 年,第 519 页。

② 言心哲:《农村家庭调查》,李文海主编:《民国时期社会调查丛编·乡村社会卷》,第 575 页。

③ 老舍:《骆驼祥子》,北京:人民文学出版社,1955 年,第 3 页。

④ 费孝通:《江村经济——中国农民的生活》,北京:商务印书馆,2006 年,第 116 页。

⑤ 费孝通:《江村经济——中国农民的生活》,第 115 页。

⑥ 费孝通:《江村经济——中国农民的生活》,第 115 页。

⑦ 邵仲香:《"乡下人穿长衫"——"有事了"》,《农林新报》,第 13 卷第 22 期,1936 年 8 月,第 599 页。

耗费"重资"来置办,其质量与式样一般都是家长"尽力所为"之"最好"。结婚当天,凤翔县的新郎穿长袍,戴礼帽,插金花,披红绸。新娘"头插枣儿石榴缎花,戴金银簪环,穿红绸缎袄、红绿绣花缎裙,手提红绿丝帕子,戴金银首饰、镯子,脚穿绣花大红缎鞋"①。不仅有条件的家庭尽力置办华美婚服,相对贫穷的人家也力求婚服体面。新娘的嫁衣或可去繁就简,新郎的长衫却不好缺席。在1919年的一篇评论中,作者以生动的笔触呈现了长衫——作为结婚礼服——在村民心中的分量:乡下里王阿三在结婚的那天,母亲"勉强着他,把镜光似的蓝洋布长衫披上身去,老三立地头筋暴起来,通身是汗,草草磕完了头,忙忙脱下,换回他的上半臂下半膝的大布衣裳,才得爽快。"②从主人公紧张、慌乱、不适应的身心反应中,读者能够洞见长衫与贫苦农民之日常生活的距离是如此的殊远。

(三)缓慢流变

贫穷与闭塞在相当程度上决定了传统生活方式的延续,困窘的生活条件或交通不便的地理环境是城市贫民、乡村居民与现代着装时尚之间的巨大阻碍。但是,传统生活方式的延续并不意味着流变的"不发生":都市的奢靡氛围与城市中上阶层趋洋趋新的生活习尚会通过"媒体"与"消费"等交流渠道刺激城市下层民众的感官欲望,从而潜移默化地引发该阶层民众日常生活变化;同时,工业化进程、商品经济的发展与政治运动的发生也推动了部分乡村社会的移风易俗。

据1934年上海杨树浦附近农家之社会调查显示,"现在邻近国内各大工业都市的农村生活,正发生显著的变化,尤其是那些首先与城市经济接触的村落,因为工厂及其他工业林立,提供给他们新的雇佣机会,其变动的情形极为显著。"特别是,在最近一二十年内,上海市的工厂范围已扩展至杨树浦区域,为附近村落的男女提供了就业机会,其中女工占多数,"工厂女工经济既能独立,她们便有钱可以修饰……丝手巾、手表、金耳环、搽面膏粉、漂亮衣服等项成为她们新的购置品。"工厂女工们往往穿着时髦,连头发也有别于其他村姑,有的甚至烫起了头发。但必须指出,"虽有少数先进女工把城市间时髦风习传至农村,但乡间仍保持一种顽固的态度"③。

随着北伐战争的进展,1927年国民政府由广州迁至武汉,有不少青年脱去长衫参加革命,也有女青年脱下了时装艳服,穿上了朴素的灰布军装,投身到革命事业之中,正所谓"短发戎装看女兵"④。抗战爆发后工厂企业内迁,尽管关中农人的服饰变化不大,但在服饰中的一些附带品上却透露出慕新的气息。比如传统凤翔男子多在腰间勒配绣花"围肚",用细布和绸缎精工巧作,以示"富贵",到民国时期就有人在腰间勒配鳄鱼皮制的眼镜盒子,炫耀于人。⑤ 1945年,民主人士黄炎培访问延安后,记录了对延安民众的印象:延安五万人口,其中三万多是公教人员及其家属。这种人员,不论男女都着制服,女子学生装短发,都代表十足的朝气。当地老百姓衣服也都很整洁,衣料是蓝或白的土布。女子皆是天足。此等土人,

---

① 刘俊凤:《民国关中社会生活研究》,第78页。
② 西哲:《中国式的生活应改革之点:长衫的末日(续)》,《兴华》,第16卷第47期,1919年12月,第21页。
③ 何学尼译:《工业化对于农村生活之影响——上海杨树浦附近四村五十农家之调查》,李文海主编:《民国社会调查丛编·乡村社会卷》,第238、261—262页。
④ 魏予珍:《第一次国共合作时期武汉纪实诗》,《湖北文史资料》,1987年第4辑,第179页。
⑤ 刘俊凤:《民国关中社会生活研究》,第72页。

是代表朴实和体格的健全,却从没有发现过绅士式的男子和涂脂抹粉、洒香水、着高跟鞋等摩登装束的女子。①相对于北方内地的农村而言,商品经济的发展使沿海开埠通商地区的乡村相对富庶、开放,如吴江县开弦弓村有条件的人家多送孩子外出读书,于是村里便有了穿西式长裤和衬衫的青年学生;村长等有机会外出办事的人也可能有意无意地将城里的见闻带回乡里,这些都助推了村民服饰风尚的悄然流变。

简要结论

本文尝试从民众日常生活的视角,以"人"为主体,尽量挖掘民国时期男子们对服饰潮流的感受、身心体验,从一个个的穿着故事中探寻时人对服饰潮流的迎拒心态及其动机,阐释国家法令、公共舆论、私人欲望和家庭财力对服饰潮流的或正或反的规约引领。该文绕开学者关注较多的女子服饰变迁,而从以往研究较少的男子服饰入手,系研究视角的一个转移。

经过本文的研究,似可得出以下的结论:民国初年剪除发辫令系政府的强制措施,在各地轰轰烈烈地进行,有与前清割裂的符号韵味在其间,时人审美观念的更新倒在其次。从装服饰变迁的种类、程度及影响广度而言,男子服饰远远不及女子服饰变迁,学界的关注恰恰说明这一点。男子流变相对平缓而却不简单,从男子社会角色、家庭角色看,公务员、学生着中山装,系顺应南京国民政府的强力推荐,接受中山装的规约教化。着西装,从最初的推崇到调试到长衫与西裤、皮鞋、礼帽的混搭,以致形成最佳"民国范儿"。传统的长袍马褂,民国时期也被确定为男子制服,其中长袍长衫之象征意义在民间影响尤为广泛,直至抗战时期长衫长袍渐被世人所诟病。与此同时,城市底层社会及乡村的着装普遍"寒酸",但其间也存在相对而言的"体面"与一定程度的流变。可以说,贫富差距与城乡对立仍使衣着发挥着辨识阶层的作用。

宏观而言,民国服饰演变具有趋新崇洋、中西混搭、辨识身份、城乡不均衡等特点。而男子服饰变迁,如长袍马褂、西服、中山装等的推行均与国家强制推动及时人审美观念的变化有关,而从本文的若干故事,即便是文学作品,读者也可以品味出长袍、中山装、西服等高档服饰的象征意义及在国民心目中的地位。旧的象征被打破,新的权威被树立。男子服饰世界中,国家权力的因素居于主导,然后才是社会的效仿与推广。毋庸讳言,城市下层及乡村居民的服饰总体寒酸粗陋,然而在适当范围与必要的场合下,总要维持男人必要的"体面",男子服饰也在发生缓慢流变。

服饰,从来不仅仅是服饰。服饰,对于政府、社会、男女而言,意义不同。笔者连缀历史碎片,探析男子穿着何种衣衫及何以如此穿着的动机,借此阐释生活方式由传统向现代转型的多种样态及时代特征。然而,本文仍系一种有益尝试,效果如何敬请学者指正,并希望更多学者加入研究行列,深化民国日常生活研究。

作者简介:吕天石,河北大学历史学院博士研究生;肖红松,河北大学历史学院教授。

---

① 《延安归来》,黄炎培:《八十年来》,北京:文史资料出版社,1982年,第114、125—139页。

【医疗社会史】

移风易俗:医学方书与宋至清初的禁巫兴医活动新识*

刘希洋

【摘　要】宋代,为实现"一道德,同风俗"的愿景,国家曾发起大规模的禁巫兴医运动,力图通过传播正规的医学知识改变巫觋主导民间医疗事务的局面,而编撰、刊刻和传播方书是其主要方式。在此过程中,皇帝、士大夫常常在书名中加入颇具教化意涵的词汇,并以刻石立碑的方法在公共空间公示方书,从文本传播和接受的角度来看,这实际使得治病救人的方书不再是价值中立的知识载体,而是融国家政治权力与医学知识权威于一体。不过,到了明清时期,随着方书生产的大众化和商业出版的兴盛,大量通俗、简易、商品化的方书涌现,使得方书成为国家政治权力与医学知识权威象征的可能性和必要性大大降低,再加上清前期对巫觋实行严厉的禁断政策,因此,入清以后,此类活动逐渐偃旗息鼓。

【关键词】方书;社会教化;文本;医学知识传播;权力

一　问题由来

在传统中国社会,巫觋长期主导着人们的日常医疗事务,他们常常通过祈禳、禁咒或其他法术治疗疾病,民间"信巫不信医"的风气十分兴盛。虽然自春秋战国开始,巫医开始出现分离迹象,巫觋渐趋隐没于民间社会,但他们在国家和民间的祭祀、丧葬、占卜、医疗等诸多事务中仍发挥着重要作用,且社会上并未形成统一、权威的医疗体系,方士、各类医者等都掌握着各具特色的医疗知识,巫觋治病是民间社会的常态。战国秦汉以降,随着医学的发展和社会结构的变动,巫觋治病现象日益遭到统治阶层和儒家知识分子的诟病,官方的禁巫活动也开始变得频繁。[①]

宋代,为实现"一道德,同风俗"的愿景,国家曾发起大规模的禁巫兴医运动,通过取缔巫觋和发展医学来压缩巫觋的生存空间,消除巫觋在民间医疗事务中的影响。当时,从皇帝到士大夫,从中央到地方,都注重推广医学知识,而其最为重要的方式就是编撰、刊刻和传

---

* 基金项目:本文系国家社科基金重大项目"宋元以来中医知识的演变与现代'中医'的形成研究"(项目号18ZDA175)阶段性成果,中国博士后科学基金资助项目"明清大众医学读物与社会变迁研究——以方书为中心"(项目号2018M642699)阶段性成果,中央高校基本科研业务费专项"明清医学方书的传播与社会变迁研究"(项目号201913008)资助成果,教育部人文社会科学研究青年基金项目"明清医学方书的社会史研究"(项目编号:20YJC770021)阶段性成果。

① 相关学术综述和最新拓展研究,参见林富士:《巫者的世界》,广州:广东人民出版社,2016年,第1—69、70—116页。

播方书。①在有关国家与民间信仰的关系,以及政府打击淫祀的研究中,很多学者已注意到,官方不断地通过编撰、刊刻和传播方书抑制民间"信巫不信医"的风气,不过,这没有取得显著的效果。②事实上,北宋时期已有人指出,通过刊刻方书传播医学知识以达到禁巫目的很难取得预期效果。比如,庆历六年(1046),蔡襄评论《太平圣惠方》在地方的流传情况时说:"州郡承之,大率严管钥、谨曝凉而已,吏民莫得与其利焉。"③嘉祐二年(1057),朝廷在诏书中也明确指出:"朝廷累颁方书,委诸郡收掌,以备军民医疾。访闻贫下之家,难于检用,亦不能修合,未副矜存之意。"④虽然一些学者也重新申述了这一点,但并未继续追问如下问题:这些方书究竟是谁以何种方式编撰和传播的?方书的受众是否能够接触、认识和应用它们呢?既然北宋前期一些皇帝和地方官都注意到了这种模式的局限性,为何仍不断有后继者效仿呢?这些问题都启示我们进一步反思,刊刻和颁行方书除了普及医学知识的作用之外,是否还有其他功能和意义呢?我们该如何理解两宋以至明清时期中央和地方政府非常热衷于利用方书进行移风易俗活动呢?

一般而言,书籍是一种物品,需要一定的物质媒介作为载体,采用不同的物质媒介(竹简、丝帛、纸张、石碑等)制作书籍,对生产者、传播者和接受者的意义是不一致的,且随着时间、空间、环境的不同而发生变化。⑤从知识社会史的角度来看,方书是医学知识的载体,其传播主体、传播介质、传播渠道等,都会作用于医学知识的生产过程。国家、社会或个人在公共事务中对方书的加工和应用其实正是医学知识社会化生产的基本表现形式,方书所在的具体时空条件无疑会影响传播者和接受者看待方书的态度,以及人们接受方书的模式与程度。因此,只有综合考虑方书的物质表现形式、形成过程、文化内涵、象征意义、流转方式、流传情境等,才能深入认识一种医学文献在社会教化中的地位和作用,以及医学知识与权力的互动关系。

再者,方书起源很早,魏晋隋唐时期已出现数量可观的方书,然而,宋代以前,我们殊少见到利用方书禁巫兴医的事例。方书为何到了宋代被广泛用于禁巫兴医活动?明清时期,类

---

① 两宋国家共26次颁行医书,其中19次是方书,很多地方政府和士大夫也编撰、刊行了不少方书,抑制巫风是其重要目的之一。参见韩毅:《国家与医学:宋代政府对新本草、新方书、新针灸著作的编撰及其对宋代医学的影响》,收入河北大学宋史研究中心主编:《中华文明的历史与未来国际学术研讨会论文集》,保定:河北大学出版社,2008年10月5日,第120—169页;韩毅:《国家、医学与社会:〈太平圣惠方〉在宋代的应用与传播》,《宋史研究论丛》第11辑,第499—535页;韩毅:《〈庆历善救方〉的编撰、内容及传播》,《中华医史杂志》2015年第1期,第44—49页;薛芳芸等:《宋代文士编撰方书之风盛行现象探析》,《医学与哲学》(人文社会医学版)2012年第11期,第78—80页;阎瑞雪:《宋代医学知识的扩散》,《自然科学史研究》2009年第4期,第476—491页。

② 相关研究成果虽然较多,但论述的角度十分相似,此处不再一一列举,较有代表性的研究主要有李小红《宋代社会中的巫觋研究》(北京:光明日报出版社,2012年,第142—190页)、王章伟《在国家与社会之间——宋代巫觋信仰研究》(香港:中华书局,2005年,第265—284页)、刘黎明《宋代民间巫术研究》(成都:巴蜀书社2004年,第272—357页)、韩毅《北宋政府对巫医的控制与打击》(《中国科技史杂志》2011年增刊第1期,第106—130页)。

③ (宋)蔡襄:《端明集》卷二十九《圣惠方后序》,《景印文渊阁四库全书》集部第1090册,台北:台湾商务印书馆,1986年,第584页。

④ (宋)唐慎微:《证类本草》,北京:华夏出版社,1993年,第661页。

⑤ 参见[法]罗杰·夏蒂埃(Roger Chartier)著,吴泓缈、张璐译:《书籍的秩序》,北京:商务印书馆,2013年,第9—27页。

似活动并未完全消失,那么,这一阶段有何新的变化和时代特征呢?入清之后,此类活动变得鲜见,这又是为何呢?这些问题至今悬而未决。

本文在既有研究基础上尝试解答上述疑问,将官方编撰、刊刻和传播方书的活动视为一种文化实践,运用文化人类学的分析方法,考察皇帝或官员开展实践的方式、过程、特征及其象征意义,并通过梳理方书应用于禁巫兴医活动的脉络,揭示其演变趋向。

二 建构一种权威:方书在宋代禁巫兴医活动中的符号化

北宋政权是在北方的后周政权基础上建立的,对巫觋势力本就一直采取压制政策,随着政权渐趋稳固之后,北宋政府在政治上基本消除了巫觋的影响。[1]而且,进入宋代以后,在皇帝和政府的直接推动下,医学已经和国家政权紧密结合在一起,医学建制化程度远超前代,医生的正统性、合法性、权威性随之大大强化,国家又通过征集、重整医籍,确立了以医学人物和典籍为中心的医学正统谱系,并以政治权力强化了这一谱系的普世性。[2]

为了加强中央集权,将南方地区纳入统一的政治和信仰体系内,国家自上而下发起了大规模的打击淫祀运动,巫觋成为肃清、改造的最重要对象。中央和地方治理巫觋的一项基本措施即是改变各地的巫医文化,事实上,有的学者指出,在地方官打击淫祀的记载中,提起次数最多的就是"信巫不信医"。[3]

整个两宋时期,很多皇帝和官员针对民间巫医盛行现象开展治理活动,从具体措施来看,可谓禁断与教化并行,11世纪之前,大概以前者为主,后者为辅;11世纪之后,以后者为主、前者为辅的趋势愈加明显。禁断的主要表现是,颁发禁令禁止巫觋为民众治疗疾病,逮捕、惩罚巫觋,拆毁巫觋作法场所,强令巫觋转业等;而教化的方法主要包括施药、教授医药、刊刻方书。

开宝三年(970)前后,朝廷平定岭南,原在首都汴梁任知县的范旻被任命为广西邕州知州,该地"俗好淫祀,轻医药,重鬼神",范旻"下令禁之,且割己俸市药以给病者,愈者千计。复以方书刻石置厅壁,民感化之"[4]。可见,在发布禁令之外,范旻还自己出钱给病人买药,刻方书于石,将石头置于公共场所,传播他从中原地区带来的医药知识,感化当地百姓。几乎同时,涪陵尉李惟清针对"蜀民尚淫祀,病不疗治,听于巫觋"的情况,"擒大巫笞之,民以为及祸,他日又加棰焉,民知不神,然后教以医药"[5],先后鞭笞、捶打大巫,并教授当地民众医药知识。

---

[1] 参见王章伟:《在国家与社会之间——宋代巫觋信仰研究》,第267—269页。
[2] 参见李经纬、林昭庚主编:《中国医学通史·古代卷》,北京:人民卫生出版社,2000年,第316—323页;韩毅:《宋代医学诏令及其对宋代医学的影响》,《中医文献杂志》2008年第1期,第4—7页;韩毅:《宋代医学诏令及其对宋代医学的影响(续完)》,《中医文献杂志》2008年第2期,第10—12页;韩毅:《国家与医学:宋代政府对新本草、新方书、新针灸著作的编撰及其对宋代医学的影响》,《中华文明的历史与未来国际学术研讨会论文集》,第120—169页;范家伟:《北宋校正医书局新探》,香港:中华书局,2014年,第58—94、164—205页。
[3] 王见川、皮庆生:《中国近世民间信仰:宋元明清》,上海:上海人民出版社,2010年,第55—60页。
[4] (元)脱脱等撰:《宋史》卷二百四十九《范旻传》,北京:中华书局,1977年,第8796页。
[5] (元)脱脱等撰:《宋史》卷二百六十七《李惟清传》,第9216页。

开宝八年(975),为了安抚岭南百姓,宋太祖针对广南西路琼州"言俗无医,民疾病但求巫祝"的情况,"诏以方书、本草给之"①。十年之后,宋太宗针对两广一带"有亏礼法"的诸种风俗发布诏令:"岭峤之外,封域且殊,盖久隔于华风,乃染成于污俗。……应邕、容、桂、广诸州,婚嫁丧葬、衣服制度,并杀人以祭鬼、疾病不求医药及僧置妻孥等事,并委本属长吏多方化导,渐以治之,无宜峻法,以致烦扰。"②主张使用柔性的化导政策移风易俗。淳化三年(992),宋太宗发布《禁两浙诸州治病巫诏》:"两浙诸州,先有衣绯裙、中单,执刀吹角,称治病巫者,并严加禁断,吏谨捕之。犯者以造妖惑众论,寘于法。"③明令两浙官员采取逮捕、法律惩处等措施禁断巫觋治病现象。而正是在这一年,宋太宗又颁行《太平圣惠方》,"令雕刻印版,遍施华夷"④。

从10世纪末11世纪初开始,随着政权日益巩固,右文、抑武、崇儒等政策得到进一步贯彻实施,施行仁政,通过文教、劝导、宣讲等循循善诱的方式开展社会治理、赢得民众认同,成为国家统治的主基调。⑤在此形势下,虽然中央政府仍在不时针对地方官的奏报而下令禁断巫觋,但是,通过刊刻方书实现移风易俗,成为中央和地方普遍采用的禁巫兴医方法。而且,在具体执行过程中,为了响应国家政策、降低行政难度、减少直接冲突、避免引发不良影响、塑造政府仁民爱物的形象,大多数地方官员也越来越倾向于以传播医学知识的方式潜移默化地消除巫觋在民众日常医疗事务中的影响。不同时期、不同地方和不同级别的官员都很乐于采用刊刻方书的方式来传播医学知识,推进社会教化。

淳化二年(991)前后,岭南地区"病者祷神不服药",广南西路转运使陈尧叟将自己编写的《集验方》"刻石桂州驿"⑥。至道元年(995),江浙、荆湖发运使王嗣宗针对"扬、楚间有窀家神庙,民有疾不饵药,但竭致祀以徼福"的现象,"彻其庙,选名方,刻石州门"⑦,一面采取强制措施,一面刊刻方书。

11世纪初,邵晔在赴岭南当将帅之前,了解到"广南风土不佳,人多死于瘴疠,其俗又好巫尚鬼,疾病不进药饵,惟与巫祝从事,至死而后已,方书、药材未始见也"的情况,于是,他"请于朝,愿赐《圣惠方》与药材之费,以幸一路"⑧,宋真宗答应了他的请求。几乎同时,四川梓州路戎州"俗不知医,病者以祈禳巫祝为事",通判周湛"取古方书刻石教之,禁为巫者"⑨。

---

① (宋)李焘:《续资治通鉴长编》卷十六《太祖》,北京:中华书局,1979年,第349页。
② (宋)宋太宗:《令岭南长吏多方化导污俗诏(雍熙二年闰九月乙未)》,见曾枣庄、刘琳主编:《全宋文》卷六十九《宋太宗七》,第4册,上海:上海辞书出版社,2006年,第179页。
③ (宋)宋太宗:《禁两浙诸州治病巫诏(淳化三年十一月二十九日)》,见曾枣庄、刘琳主编:《全宋文》卷七十四《宋太宗一二》,第4册,第312页。
④ (宋)王怀隐等:《太平圣惠方》,《御制太平圣惠方序》,北京:人民卫生出版社,1959年,第1—2页。
⑤ 田耕宇:《宋代右文抑武政策对宋型文化形成的影响》,《西南民族大学学报》(人文社科版)2005年第2期,第209—216页。
⑥ (元)脱脱等撰:《宋史》卷二百八十四《陈尧叟传》,第9584页。
⑦ (元)脱脱等撰:《宋史》卷二百八十七《王嗣宗传》,第9648页。
⑧ (宋)曾敏行:《独醒杂志》卷三,上海:上海古籍出版社,1986年,第27页。
⑨ (元)脱脱等撰:《宋史》卷三百《周湛传》,第9966页。

夔州路忠州"俗畜蛊杀人",知州赵尚宽"揭方书市中,教人服药,募索为蛊者穷治,置于理"①。11世纪前期,湖北蕲州"俗右鬼,有病用巫不用医",赵温瑜到此地做官后"教诸巫使习诊病,又择经方揭石于衢肆"②。

福建"俗左医右巫,疾家依巫索祟,而过医之门十才二三,故医之传益少",庆历四年至七年(1044—1047),蔡襄先后担任福州知州、福建路转运使,他来到此地的第二年,本想将《太平圣惠方》公示于众,当见到福州人何希彭从《太平圣惠方》中选录精要内容成《圣惠选方》之后,他"取其本誊载于版,列牙门之左右……晓人以依巫之谬,使之归经常之道"③,试图扭转巫觋治病之风。庆历年间,福建地方官员奏报称,该地蛊毒害人的现象很多,庆历八年(1048),宋仁宗专门颁行用于防治蛊毒的方书《庆历善救方》④。当时,正在两浙路明州鄞县担任知县的王安石看到《庆历善救方》后,写下"善救方后序",盛赞皇恩,并且"谨以刻石,树之县门外左,令观赴者自得,而不求有司云"⑤,将该书刻在石碑上,竖立在县门外,供人们检阅。与此类似的还有嘉祐年间担任福州知州的范师道,嘉祐六年(1061),他下令让福州各属县"以其方雕版,揭于县门"⑥,以遏制当地的蓄蛊之风。

11世纪中后期,江南东路宣州"素尚巫鬼,病者不医,以事祈禳",知州赵宗道"为择方书之验者,刻石示之。复出公帑缗为药剂,以时拯救"⑦。江南西路虔州"俗尚巫鬼,不事医药",知州刘彝"著《正俗方》以训,斥淫巫三千七百家,使以医易业"⑧。淮南西路舒州桐城县"俗习病不知医,独用巫治",县尉罗适"一日属群巫尽取所谓像设焚之庭下,即捐私帑,市药予民,既又石刻方书以示"⑨,同时运用禁断、施药、刊刻方书等手段移易巫觋疗病习俗。

南宋时期,这种模式依然延续着。绍兴十四年(1144),被贬琼州的名臣李光将儒医初虞世所撰《古今录验养生必用方》赠与郡守,让郡守将其刊行,以进一步移易当地有病求巫祝之风:"庶遐方异域知医药之可恃,稍加崇信,则禨祥祷解之风不攻而自破矣。"⑩绍兴十九年(1149),广南东路南雄州知州朱同任满还朝,奏称"岭南无医,凡有疾病,但求巫祝鬼,束手待毙",希望朝廷"取古今名方治瘴气者集为一书,颁下本路"⑪,宋高宗答应了他的请求。

上述十多个事例涉及广东、广西、江苏、浙江、福建、安徽、江西、四川、湖北等南方大部

---

① (元)脱脱等撰:《宋史》卷四百二十六《赵尚宽传》,第12702页。
② (宋)苏颂:《苏魏公文集》卷五十八《朝散大夫累赠户部侍郎赵公墓志铭》,《景印文渊阁四库全书》集部第1092册,第623页。
③ (宋)蔡襄:《端明集》卷二十九《圣惠方后序》,《景印文渊阁四库全书》集部第1090册,第584页。
④ (宋)李焘:《续资治通鉴长编》卷一百六十三,第3916—3917页。
⑤ (宋)王安石:《临川文集》卷八十四《善救方后序》,《景印文渊阁四库全书》集部第1105册,第704页。
⑥ (宋)梁克家:《淳熙三山志》卷三十九《土俗类·戒谕》,"禁蓄蛊"条,见中华书局编辑部编:《宋元方志丛刊》,第8册,北京:中华书局,1990年,第8244页。
⑦ (宋)韩琦:《安阳集》卷四十九《故尚书祠部郎中集贤校理致仕赵君墓志铭》,《景印文渊阁四库全书》集部第1089册,第532页。
⑧ (元)脱脱等撰:《宋史》卷三百三十四《刘彝传》,第10729页。
⑨ (宋)舒亶:《舒懒堂诗文存》卷三《宋故上护军致政罗公墓志铭》,《续修四库全书》集部第1316册,上海:上海古籍出版社,2002年,第620页。
⑩ (宋)李光:《庄简集》卷十七《跋再刊初虞世必用方》,《景印文渊阁四库全书》集部第1128册,第618页。
⑪ (宋)李心传:《建炎以来系年要录》卷一百五十九,绍兴十九年六月辛酉,台北:文津出版社,1967年,第5064页。

分省份,可以说,从 10 世纪末开始、持续近二百年而不断、众多官僚士大夫都在开展相似活动的现象,完全可称为一场运动了,这表明国家的禁巫兴医活动已从原来的临时性行政行为转变为长期性的教化过程。纵观这一历程,通过刊刻方书禁巫兴医的方式,可以说是从宋仁宗颁行《太平圣惠方》之后,越来越多地被中央和地方广泛采用,日渐成为主流的教化模式。

显然,在这些禁巫兴医活动中,方书已不仅仅是载录医药知识的文本,供人参考用来救治疾病。其实,刊刻方书在普及医学知识中的作用并不显著,很多士大夫都已经注意到这一点。比如,蔡襄在刊布何希彭所编《圣惠选方》时说:"太宗皇帝,一平宇内,极所覆之广,又时其气息而大苏之,乃设官赏金缯之科,购集古今名方与药石诊视之法,国医诠次,类分百卷,号曰《太平圣惠方》,诏颁州郡,传于吏民,然州郡承之,大率严管钥、谨曝凉而已,吏民莫得与其利焉。"①宋仁宗颁行《庆历善救方》不久,著名学者曾巩就指出:"虽有方书,远方或阙药材不能自致。"②也即,一方面,地方政府并未认真对待皇帝颁行的方书,将圣泽普惠天下;另一方面,只有方书而没有相应的药材,很可能使得颁行方书流于形式,起不到应有的作用。再者,绝大多数事例表明,当时普遍采用刻石立碑而非雕版印刷的方式传播方书,这种方式基本是一种非强制性的长效机制,费时费力,只能传播少量较为简易的实用知识,无论从刊刻者、传播者还是接受者的角度来看,其效果都有限。第三,整体来看,整个两宋时期"信巫不信医"的风气并未发生太大改变,特别是在广大南方地区,巫觋遍布城乡。据学者研究,就路级行政单位而言,巫风盛行的地方差不多占全国的四分之三,普通百姓、宗室贵族、官僚士大夫都是巫觋的信徒群,巫觋是人们治疗疾病、维护生命和健康的基本倚赖对象。③

那么,在禁巫兴医活动中,为何很多士大夫依然乐于采用刊刻方书的方式呢?笔者认为,这种实践在很大程度上是在建构一种象征意义,"旨在唤起或产生一种与时间、空间、逻辑或象征想象有关联的态度、系列印象或者行为模式"④。对此,我们可从两个层面来理解。第一,中央政府和各地官员编写、刊刻、颁行、公示方书,将"救俗""正俗""圣惠""善救"等带有浓厚社会教化色彩的词汇加入书名中,实际是在宣示官方在医学知识、医疗实践等方面拥有控制权和主导权,从而使得方书渗透政治权威;第二,将雕刻在石头、石碑、版片上的方书置于州门、县门、驿站等公共权力机构旁边,以及集市、衢肆等人员聚集或往来频繁之地,与政府张贴告示、发布榜文、树立谕碑等日常行政常用方法具有极高的相似度,而且,这些地点都是政府管控力量较强的公共空间,位于其中的方书实际是公共权力的组成部分,不可怀疑和亵渎,具有强烈的象征意味。因此,综合来看,可以想见,公示方书以传播医学知识只是表象,其本质在于建构一种与暴力禁断方式不同的软性权威机制,让民众从心理上接受和认同,这既有助于地方官员表明自身支持和贯彻国家禁巫政策的立场,又有利于以一种柔和平缓的方式将精英的生活方式、理想信念和专业知识推广到社会大众中,融"治民"于"惠民"之中,在全社会建立统一的医疗规范和伦理,从而达到整饬和稳固社会秩序的目

---

① (宋)蔡襄:《端明集》卷二十九《圣惠方后序》,《景印文渊阁四库全书》集部第1090册,第584页。
② (宋)曾巩:《隆平集》卷三《爱民方药附》,《景印文渊阁四库全书》集部第371册,第30页。
③ 参见王章伟:《在国家与社会之间——宋代巫觋信仰研究》,第81—99页。
④ Murray Edelman, *The Symbolic Uses of Politics*, Chicago: University of Illinois Press, 1985, P.6.

的。正如美国文化人类学家克利福德·吉尔兹所言:"在任何一个复杂构成的社会的政治核心(让我们现在把我们的论题局限于斯)中总有统治精英以及一套符号形式去表达他们真正管理统治的操作行为。……他们都以一些各色集结的阀阅、典仪、徽章、手续以及那些他们或者世袭来的,或者以一种更革命性的手段发明来的形形色色的附属物来昭示其存在的合理性以及他们的行为的权威性。"①据此,进一步来看,在禁巫兴医活动中,方书实际上已经符号化,象征着王朝国家建构的医药文明和政治合法性,但这种象征意义并不完全是建立在医学知识本身的"真理性""普世性"基础之上,而是由政治权力作支撑和保障,刊刻、公示、宣扬方书无疑代表着政治统治的扩张和意识形态的强化,扮演着与巫觋势力争夺基层社会和民众信仰控制权的角色,因此,方书的权力象征意涵远大于普及医学知识的作用。

结合宋代社会文化的整体演进趋向可知,通过刊刻方书移风易俗,是儒家文明向全国推广和向基层社会渗透的重要一环。自北宋以来,朝廷、地方官员、士人便在各地兴修学校,要求恢复儒家理想中的社会秩序,他们通过建立书院、兴建社仓、推行乡约、制定家礼和族规、传播童蒙读物等方式将儒家的知识、观念从上层社会推广到普通民众,从政治文化中心推广到边远地区。②官方对巫觋以及其他民间信仰的抑制政策是宋代文明推广的重要组成部分,政府重点打击杀人祭鬼、"信巫不信医"等现象,背后渗透着儒家的社会秩序理念。依此而论,宋代官方在医学上的种种作为,如征集医书、整理典籍、颁行方书、选拔医官、建立医学教育体系等,不无构建符合儒家道统观的"医药文明"并将其推广至全社会的动机,而众多官僚士大夫涉猎医学、编写和传播方书也不无推广官方构建和认可的"医药文明"之意。在此过程中,知识与权力交融在一起,共同形塑着社会生活的"文明化""一体化",肃清可能阻碍国家统一和威胁王朝统治的势力,在空间上实现权力的全覆盖。

三 权威的丧失:方书在晚明以降禁巫兴医活动中的淡出及其原因

元明时期,官方对巫觋的政策较为宽厚,对民间社会盛行的巫医文化并未大加干预,各种类型的巫术流传于大江南北,尤以江南地区为盛。在日常医疗事务中,不仅普通百姓求助于巫觋,而且所谓闾阎、富贵之家也时常请巫觋作法来驱鬼。③国家主导的治理活动已较少见诸史籍,此类移风易俗事务逐渐成为一些地方官的自主行为。总体来看,官方的措施仍是禁断与教化相结合,在政权确立之初,往往以禁断为主,教化为辅,而当社会逐渐稳定之后,又转变为以教化为主,禁断为辅。

---

① [美]克利福德·吉尔兹(Clifford Geertz)著,王海龙、张家瑄译:《地方性知识:阐释人类学论文集》,北京:中央编译出版社,2000年,第162—163页。
② 参见葛兆光:《中国思想史》(第二卷),上海:复旦大学出版社,2001年,第253—279页;皮庆生:《论宋代的打击"淫祀"与文明的推广》,《清华大学学报》(哲学社会科学版)2008年第2期,第40—51页;王章伟:《文明推进中的现实与想象——宋代岭南的巫觋巫术》,《新史学》(台北)2012年第2期,第1—55页。
③ 参见陈高华:《元代的巫觋与巫术》,《浙江社会科学》2000年第2期,第118—122页;高国藩:《中国巫术史》,上海:上海三联书店,1999年,第579—598页;刘希洋:《明代士大夫家庭的医护活动研究》,南开大学硕士学位论文,2015年,第90—96页。

无论是中央,还是地方,通过刊印方书达到禁巫兴医目的的活动都大大减少。我们查阅明清时期出版的方书可以发现,只有个别士大夫曾在边疆地区或少数民族地区开展过类似活动,其他地方已难觅其迹。这些活动的基本模式并没有发生太大改变,方书在其中依然扮演着传播医药知识、象征国家统治权力和医学专业权威的角色。比如,万历年间,早已听闻闽广地区盛行蛊毒的官员杨四知到福建任监察御史后,着力纠正蓄养巫蛊的风气,他"博集蛊毒诸方,刻诸简,惠厥民焉"①,将收集来的医方编写成书,取名"惠民正方"。可见,书名本身即带有明显的价值取向,融政府意志与医学权威于一体,共同形塑民众的医疗观念和行为。康熙年间,在南方"蛮烟瘴雨之乡"为官的刘晓将平生宦游期间搜集的验方编为《济人宝笈》一书,希望改变当地"信巫而不信医,惟以杀牲祀鬼为事"②的习俗。汉军正白旗官员梁文科到贵州做官后,发现当地"知医者少,民间疾病,惟事祷祀"③,因而刊印《集验良方》一书来移风易俗。

到了清代中后期,虽然我们仍能发现不少抨击巫觋和治理巫医的文字,但通过刊印方书禁巫兴医的事例已经变得鲜见。那么,为何这种曾经盛行一时的移风易俗方式逐渐偃旗息鼓了呢?笔者认为,其原因大致包括以下几个方面。

首先,很多人慢慢认识到,通过行政方式自上而下输送国家或知识精英建构的医药知识往往会忽视当地的自然环境与人群特征,从而带来负面影响。例如,万历初年,广东布政司右布政使邹善发现很多从外地来的人长期患病,当地居民也常常患病,他解释说:"岭以外号炎方,又濒海,气常燠而地多湿,与中州异。气燠,故阳常泄而患不降;地湿,故阴常盛而患不升。业医者苟不察粤地山川窈发之异有以夺阴阳运历之变,而徒治以中州常法,鲜有不失者,何也?夫以其常泄之阳而重汗之,则元气不固,以其常盛之阴而轻利之,则真气愈陷,是医药之害与山川之害,交为吾人病也。"④也即,岭南与中原的地理环境、气候条件不同,导致阴阳升降、盛泄不一样,在此情况下再以中原地区所用的治疗方法医治岭南地区的人,非但不会救人,反而会害人。

其次,入清以后,满族政权对民间巫觋势力的容忍度大大降低,清政府不仅在《大明律》基础上继续完善相关律例,而且在一百多年的时间里,颁布了一系列禁断巫觋的政策,将治理巫觋写进法律,对人们求助巫觋治病的行为也进行法律惩处,这是前所未有的,可以说是继宋代之后第二次成规模、有计划、长效化地清除巫觋势力。

顺治六年(1649),清廷发布谕令:"凡僧道巫觋之流,妄行法术,蛊惑愚众者,治以重罪。"⑤康乾时期,中央不断发布禁令,不少地方开展了许多打击巫觋的活动。康熙元年(1662),朝廷规定:"人有邪病,请巫觋、道士医治者,须禀明都统,用印文报部,准其医治。违者,巫觋、道士正法外,请治之人,亦治以罪。"①可见,国家对人们请巫觋、道士治病的行为施行行

---

① (明)杨四知:《惠民正方》,见曹洪欣主编:《珍版海外回归中医古籍丛书》,第4册,北京:人民卫生出版社,2008年,第153页。
② 严世芸主编:《中国医籍通考》卷二《方论四》,上海:上海中医学院出版社,1991年,第2877页。
③ (清)梁文科:《集验良方》,北京:中国中医药出版社,1992年,第2页。
④ (宋)李璆、张致远辑,(元)释继洪纂修:《岭南卫生方》,原序,北京:中医古籍出版社,1983年,第7—9页。
⑤ (清)昆冈等修,刘启瑞等纂:光绪《大清会典事例》卷七百六十六《刑部·礼律祭祀·禁止师巫邪术》,北京:中华书局,1991年,第436页。

政许可制度,将相关人员的活动完全置于政府的监督之下。不久,中央又针对类似活动完善了相关规定:"凡端公、道士私行跳神医人者,免死,杖一百。虽曾禀过礼部,有作为异端,跳神医治,致人于死者,照殴杀人律拟罪。其私请之人,系官,议处;系平人,照违令律治罪。"②端公,是民间对巫师的敬称。此条规定重在说明具体的惩罚措施,我们看到,无论官民,请巫师、道士治病,就要承担法律责任。不少地方官纷纷响应中央的诏令,禁断巫觋。这一时期的典型事例是江宁巡抚汤斌拆毁苏州的五通神祠:"苏州城西上方山有五通神祠,几数百年,远近奔走如鹜。……少妇病,巫辄言五通将娶为妇,往往瘵死。斌收其偶像,木者焚之、土者沉之,并饬诸州县有类此者悉毁之,撤其材修学宫。"③显然,汤斌的禁毁措施可谓釜底抽薪,将巫觋活动的场所完全毁坏,并趁此强化儒家教育场所在地方上的正统和权威地位。到了乾隆时期,朝廷对待民间师巫群体的打击力度有增无减,乾隆皇帝对地方上有可能威胁社会秩序的群体非常关注,他曾专门针对一些地方的巫鬼疗病习俗饬令地方官严加取缔。乾隆元年(1736),乾隆皇帝在督促江浙官员消除奢侈之风的谕令中提到:"又闻吴下风俗,笃信师巫。病不求医,惟勤祷赛,中产以下,每致破家。病者未必获痊,生者已致坐困。愚民习而不悔,尤属可悯。地方官亦当曲加训诲,告以淫祀无福。严禁师巫,勿令蛊惑。"④乾隆三十二年(1767),皇帝又针对福建省"信巫尚鬼,迎赛闽神"的习俗以及一些巫觋借"时症传染"之际建坛设醮祭祀瘟神的活动,谕令地方官员"收土木之偶,投畀水火,倡言奸棍,严拿治罪"⑤。此类由官方积极主动压制巫觋势力的活动一直持续到道光年间。概而观之,在清朝逐步加强对汉族以及各个地区的统治过程中,政府力图将所有可能的潜在威胁都加以肃清,融国家权力于人们生活之中。

最后,也是最重要的一点,晚明以降,方书的通俗化、大众化、商品化程度不断加深,日益深入民众的社会生活,其被赋予象征意义的可能性大大降低。对此,我们可从两个层面来理解。第一,前述大量事例表明,两宋时期,方书多由政府或知识精英编撰和传播,可以说是精英文化的一个组成部分,而晚明以降,政府在医疗卫生领域的作为变得越来越少,上层知识精英也逐渐退出了方书编撰和传播事业,大量中下层知识分子甚至商人成为方书出版和传播的主导力量,使得大量简易、通俗方书广泛流传于世,很多方书和通俗小说、戏曲、蒙书、科举指导用书等类似,已成为一种大众读物,医学知识传播的广度和深度相对以前都有所提升。①第二,随着印刷出版业的繁盛,方书的商品性愈加突出,很多坊刻方书的质量堪

---

① (清)昆冈等修,刘启瑞等纂:光绪《大清会典事例》卷七百六十六《刑部·礼律祭祀·禁止师巫邪术》,第436页。
② (清)昆冈等修,刘启瑞等纂:光绪《大清会典事例》卷七百六十六《刑部·礼律祭祀·禁止师巫邪术》,第437页。
③ 赵尔巽等撰:《清史稿》卷二百六十五《列传五十二·汤斌》,第33册,北京:中华书局,1976年,第9932页。对此事的深入分析,参见蒋竹山:《汤斌禁毁五通神——清初政治精英打击通俗文化的个案》,《新史学》(台北)1995年第2期,第67—112页。
④ 清高宗敕撰:《清朝文献通考》卷三十九《国用考一·节用》,台北:台湾商务印书馆,1987年,第5220页。
⑤ 《清高宗实录》卷七百八十一,"乾隆三十二年三月下癸巳"条,北京:中华书局,1986年,第607页。

忧,内容简易,无法确保知识的准确性和有效性,因而备受精英阶层的批评,在许多人眼中,阅读和利用方书已成为"肤浅""不受信任""败坏风气"的代名词。比如,嘉靖年间,翰林院编修赵志皋在为儒医徐春甫的医书作序时说:"君尝谓'病所凭者,医也;医可恃者,方书也。'今之书不为不侈且盛,然多支离蔓延,渊源莫究,或执用己私,而失于商略。宝陈言者,燕石十袭;夸世传者,敝帚千金。披书于席,不啻聚讼;挟艺乎市,鲜克奏功。"②到了清代,这种现象愈演愈烈。康熙年间,新安儒医汪昂指出,方书泛滥,人们执方治病,往往会伤害人命:"古今方书,至为繁多。……方书徒设,庸医浅术,视之懵如,乃拘执死方以治活病,其不至于殃人者几希矣。"③不难想见,方书盛行,人们习惯于按照方书的指导治疗疾病,很多医生更是只记诵几个药方就为人治病,而不重视临床诊断和辨证论治。在这种背景下,方书的负面影响被不断放大,方书不但在很大程度上丧失了原有的那种知识层面的权威性和政治、文明层面的象征性,而且在商业力量的渗透下沾染了不少市井俗气,政府如若再以刊印方书的方式开展禁巫兴医活动,很可能引起人们的质疑和不屑。

四 结 语

宋代以降,伴随着医学"理学化"程度的加深,国家和知识精英的社会教化诉求随之渗入很多方书,使其在传播医学知识的同时发挥移风易俗的作用,因此,从知识的生产、传播和应用的角度来看,这些方书其实与那些带有强烈教化色彩的蒙学读物、家训、通俗小说、圣谕、善书等没有本质差别。透过上述分析,从知识社会史的理路出发,我们可将方书应用于禁巫兴医活动的过程分为三个阶段来认识:

汉唐时期,医巫并行,虽然方书不断增多,但受出版印刷技术不成熟的客观条件限制,方书是稀有之物,不可能大量印制,普通百姓更难以接触到方书④,因此,从社会治理层面来看,国家并没有将方书所代表的正规医学知识完全凌驾于民间巫医疗法之上的倾向。不过,政府通过颁行方书传播医学知识的方式①很容易转化为社会治理的手段,这实为宋代通过

---

① 我们通过查阅各类医籍书目所录明晚以降的大量方书及其作者和出版信息可以很容易发现这一点,单单包含"日用""家用""方便""便览""易简""急救""浅说""启蒙""指南""切要""选要""入门""三字经""三字诀""歌诀""口诀"等字眼的方书的数量就相当可观。对此,可参见严世芸主编的《中国医籍通考》(上海:上海中医学院出版社,1991—1993年,第2423—4924页)、刘时觉编著的《中国医籍续考》(北京:人民卫生出版社,2011年,第575—719页)和薛清录主编的《中国中医古籍总目》(上海:上海辞书出版社,2007年,第272—357页)。相关研究可参见张慧芳:《方书源流述略》,《中国中医基础医学杂志》1999年第10期;刘希洋:《清代大众医学读物与社会文化变迁研究——以方书为中心》,南开大学博士学位论文,2018年,第39—97、323—360页。
② (明)徐春甫:《古今医统大全》,北京:人民卫生出版社,1991年,第17页。
③ (清)汪昂:《医方集解》,北京:中医古籍出版社,1997年,第3页。
④ 于赓哲:《"然非有力 不能尽写"——中古医籍受众浅论》,《陕西师范大学学报》(哲学社会科学版)2008年第1期,第78—87页。

大量刊刻方书来实现禁巫目的埋下了伏笔。

宋元时期,国家非常重视医学发展,医学的建制化程度空前,政府和知识精英投入大量人力、物力和财力编撰方书,使得医学知识与政治统治权威紧密结合起来,从而大大抬高了医学的地位。在"一道德,同风俗"的移风易俗过程中,方书被广泛应用于禁巫兴医的社会教化实践,而从知识精英常常在书名中加入价值倾向鲜明的词汇、官员普遍采用刻石立碑的方法在公共场合公示方书的模式可以看出,方书对他们而言在很大程度上是一种符号,象征着医学知识与政治权力的双重权威,刊刻方书表面上是济世惠民的医学知识普及活动,而实际发挥着拓展国家权力空间、压缩巫觋生存空间、传播儒家文明的作用。

明清时期,在印刷出版业日渐成熟和繁荣的背景下,包括方书在内的医学出版物大量涌现,使得原本由社会精英群体主导的方书编撰和传播事业失去了权威的光环,其必要性也随着人们获取医学知识变得相对容易而降低。而且,清代前期对巫觋势力、民众有病求助于巫觋的行为都施行严厉的法律管控政策。在这些因素的综合影响下,方书应用于禁巫兴医活动的历史慢慢走向尾声。

总之,在漫长的移风易俗过程中,统治阶层大多习惯于将政治权力、儒家的知识和道德权威、中原汉族文明的优越性以及医学知识的专业权威糅合在一起,通过知识与权力的互渗实现社会秩序的安定。在这一历史进程中,方书虽然是医书,但并非价值中立,而是被赋予重要的文化象征意义和空间政治意涵。不过,随着方书世俗化、大众化、商品化程度的加深,此类文本的权威性和象征性日渐弱化,最终退出了官方的禁巫活动。当然,这并不意味着方书彻底退出了社会教化事务,事实上,明清时期,方书在治理庸医、传播劝善思想、劝禁溺婴、戒吸鸦片烟和禁火葬等活动中依然扮演着重要角色,对此,笔者将另外撰文探讨。

作者简介:刘希洋,中国海洋大学马克思主义学院讲师。

---

① 如永平三年(510),北魏宣武帝下令召集医工,推敲方书中精华而又便于使用的医方,编为三十卷,颁行天下:"郡县备写,布下乡邑,使知救患之术耳。"(魏收:《魏书》卷八《世宗纪》,北京:中华书局,1974年,第210页);开元十二年(724),唐玄宗颁行《广济方》,到了天宝五年(746),他又命令地方官员挑选其中的精要内容在村庄要道公示:"郡县长官,就《广济方》中逐要者,于大板上件录,当村坊要路榜示,仍委采访使勾当,无令脱错。"(宋敏求:《唐大诏令集》卷一百十四,"榜示广济方敕"条,北京:商务印书馆,1959年,第595页)。

医疗史视野下的晚明"红丸案"

——以医病关系为中心的探索

朱亦灵

【摘　要】 晚明时期的"红丸案"历来被视为疑云笼罩的宫闱阴谋，但若从医病关系的角度分析，则能解读出大量社会文化信息。"红丸案"中出现了太医院御医、御药房宦官与外廷群臣三类医者，他们与身为病患的明光宗的种种互动，反映出宫廷这一医疗空间是多种势力角逐的场所，内部存在错综复杂、彼此纠结且不断变动的权力关系。崔文升、李可灼先后为光宗用药，分别体现着明中期以来宦官医疗权力的膨胀与外廷群臣对参与皇帝医疗进程的积极态度。皇帝在政治上至高无上的权力也使得以他为病患的医病关系极不平等，导致"红丸案"中的明光宗对其医疗进程的干预几近随心所欲。但他在无形间也受到宫廷医疗空间内部权力关系变动的制约，并最终影响到了自身的治疗效果。明代几位因用药"失误"而死的皇帝，相关事故或都能照此解读。

【关键词】 红丸案；晚明；医病关系；宦官

一　前　言

明朝泰昌元年（1620）八月，明光宗朱常洛登基不久便身患重疾，经御医陈玺等人诊治无效后，服用御药房提督太监崔文升所开的泻药，使病情急剧恶化，引起了朝野的高度关注。在光宗病势沉重、辗转床榻之际，鸿胪寺丞李可灼进献红丸一颗，自云"仙丹"。光宗当即服用一丸，感觉良好，恐药力已竭，便再服一丸，不料于次日即九月一日凌晨暴毙，酿成晚明史上著名的"红丸案"。光宗的即位，使朝中因"争国本"导致的长期纷争本有望迎来转机，却因本人神秘而突然的死亡，立即激起了巨大的政治波澜，进一步加剧了明廷的门户之争，影响至为深远①，并因其离奇性、戏剧性一直被后世关注。

---

① 至万历朝（1573—1620）末期，明廷内部已明显呈现出以东林党为一方，以齐、楚、浙、宣、昆诸党为另一方的门户对立之势。大体来说，东林党是太子朱常洛的拥护者，齐楚浙诸党中则有不少成员暗中联结郑国泰等勋戚，试图拥立郑贵妃所出的福王朱常洵继承帝位。万历四十三年（1615）发生的"梃击案"与泰昌元年发生的"红丸案"本质上均为"争国本"的余绪，与熹宗即位之初发生的"移宫案"合称"明末三大案"（或称"晚明三案"）。东林党与其反对派对"三案"的起因、过程、判决等方面所持的观点是截然对立的，可以说，双方对"三案"解释权的争夺构成了晚明党争的重要内容，影响一直持续到南明弘光时期。温功义：《三案始末》（重庆：重庆出版社，1984年）即以"三案"为线索，对晚明党争的源流做出了系统梳理。

目前对"红丸案"的专项研究尚属稀缺,涉及"明末三大案"的著作在讨论"红丸案"时,也基本将其视为政治事件进行解读。①但从医疗史的角度看,"红丸案"还是晚明宫廷中一个富有代表性的医案。有关明代宫廷医疗史的研究成果迄今相当有限,原因当是作为原始史料的明宫医疗档案几乎无存,《明实录》等官方文献对明代宫廷成员的疾病、医疗情况特别是帝王"大渐"前的病况又普遍语焉不详,使得相关研究严重缺乏相对集中的材料作为依据。而"红丸案"因其特殊性,在第一时间便引起了朝野上下对明光宗病情、死因的持续关注与经久不衰的讨论,这正好将"红丸案"置于聚光灯下,使我们得以获取此案的许多医疗细节。以医疗史的视角重新解读"红丸案",或能为了解明代宫廷医疗提供新的契机。

"医疗乃是病家与医家在一定的体制框架与文化脉络间的互动"②,对医病关系的研究往往能解读出大量的社会文化信息,医病关系因而始终是医疗史研究的重要议题。目前学界对明代的医病关系与医疗风习的研究已比较充分③,但多限于士人阶层与下层民众,以皇帝为中心的宫廷内部的医病互动模式反被忽视。本文即以"红丸案"为例,以对医病关系的分析为线索,综合探讨以下问题:"红丸案"中有哪几类医者?他们怎样进入到皇帝的医疗进程,并改变了医疗空间内部的权力分配?作为病人的皇帝如何规划自己的治疗方案?与医者展开了怎样的互动?医病之间的权力关系呈现出什么样的面貌?宫廷医疗在上述方面显示的特征与民间医疗有何不同?"红丸案"作为一起医疗事故,最大的责任者又是谁?回答这些问题对了解明代宫廷医疗空间内部的权力关系与医病之间的互动模式是极富意义的,作为话题本身也饶有趣味。需要先行说明的是,下文所称的"红丸案"包括光宗从泰昌元年八月十日患病至九月一日去世在内的整个医疗过程,而不仅仅指李可灼进献红丸一事及相关后续事件。

二 "红丸案"中的医者群体

"红丸案"中的医者来自三个不同的群体。第一类是太医院的御医,额定四人,隆庆五年增至十人。他们是皇帝主要依赖的医疗人员,在明代帝王的患病记录中常常出现御医的身影。当皇帝患病时,御医负责诊视御脉并会同内臣选药,有时也会奉旨为各地王府、文武大臣与外国君主服务。④光宗在患病当天即"召御医陈玺视脉"⑤,八月二十一日又"召太医院官

---

① 如傅衣凌主编《明史新编》(北京:人民出版社,1993年,第383页)、孟森《明史讲义》(上海:上海古籍出版社,2002年,第288—290页)、南炳文、汤纲《明史》(上海:上海人民出版社,2003年,第813—816页)、樊树志《晚明史》(上海:复旦大学出版社,2003年,第643—651页)、牟复礼主编《剑桥中国明代史》(北京:中国社会科学出版社,2006年,第573页)、郑天挺《郑天挺明史讲义》(北京:中华书局,2017年,第883页)等。
② 祝平一:《药医不死病,佛度有缘人:明、清的医疗市场、医学知识与医病关系》,《"中研院"近代史研究所集刊》第68期,2020年,第1—50页。
③ 如邱仲麟、蒋竹山、涂丰恩、祝平一等学者的研究,具体内容在本文注中均有涉及。
④ (清)张廷玉等:《明史》卷七四《职官三》,北京:中华书局,2015年,第1812—1813页。
⑤ 《明光宗实录》卷四,泰昌元年八月乙卯条,上海:上海书店,1982年,第120页。

诊视进方,赐院官银六十两"。①在李可灼进红丸前后,御医仍出现在皇帝的治疗场合中。二十九日,光宗命李可灼进献红丸,"诸臣复出,令李可灼与御医各官商确,未决"②。进献红丸后,"可灼及御医各官留"③,进行后续观察。

第二类是御药房宦官。八月十五日,御药房提督太监崔文升"下通利药,上一昼夜三四十起,支离床褥间"④,病情骤然加重。消息传出,朝野哗然,在光宗驾崩后要求严惩崔文升的呼声更是不绝于耳。若我们暂时不考虑医疗责任的问题,就会发现崔文升为皇帝开药一事并非偶然,而是植根于制度与现实的长期互动中,也是宫廷内部不同医疗群体权力博弈的结果。为此,有必要先行对明代御药房在成员结构、职能、地位等方面的变迁稍做整理。⑤

御药房的滥觞可追溯到洪武二年明太祖初定内侍诸司官制时,于内廷专设"尚药七人"。⑥洪武六年四月,御药房正式建立,建制与职掌如下:

> 秩正六品。尚药、奉御二人,直长二人,药童十人,具以内官、内使充。设太医院御医四人,以太医院医士充。凡收受四方贡献名药及储蓄药品,奉御一人掌之,凡供御药饵,医官就内局修制。太医院官诊视御脉,御医参看校同,约会奉御就内局合药,将药帖连名封记,具本开写本方药性、治证之法于日月之下,医官、奉御书名以进。⑦

可见,御药房虽设于内廷深宫之中,其成员却并非全由宦官组成。入职御药房的太医院医士扮演着重要角色,瓜分了对宫廷成员的诊视权力,宦官仅负责该机构的行政管理与药物保管。由于提供药物必须根据御医开具的药方,宦官在医疗进程中实际处于被动地位。御药房有太医院医士供职的情况一直延续到明中后期,在成化、弘治年间尤为多见⑧,正德至嘉靖初年仍存,不仅《明实录》等官方文献对此屡有反映,与医官交往较多的士人也留下了不少记录。⑨在时人眼中,医士被选入御药房供职乃是比任职太医院更高的荣誉,是医术高超、名望卓著的最佳证明。如《名山藏》记载了医士吴杰于正德年间被荐入御药房的经历,并

---

① 《明光宗实录》卷七,泰昌元年八月丙寅条,第173页。
② 《明光宗实录》卷八,泰昌元年八月甲戌条,第211页。
③ (清)谷应泰:《明史纪事本末》卷六八《三案》,北京:中华书局,2015年,第1087页。
④ (清)谷应泰:《明史纪事本末》卷六八《三案》,第1086页。
⑤ 有关明代御药房的专项研究目前仅有王玞《明清御药房初考》(《中医文献杂志》1995年第3期,第4—6页)一篇,一些医学史著作也仅是简单罗列少数官方文献中的材料,可以说并未展开。
⑥ 《明太祖实录》卷四四,洪武二年八月己巳条,上海:上海书店,1982年,第861页。
⑦ 《明太祖实录》卷八一,洪武六年夏四月戊戌条,第1464页。
⑧ 《明实录》于成化十九年十二月戊寅条、成化二十年十月丙辰条、弘治四年五月辛卯条均有授医士太医院医官、御药房办事的记录,这一现象可能与成弘两朝医官的传奉升授浪潮有关。有关成弘时期传奉医官的讨论,参见刘小朦:《皇明异典:明中期传奉医官的身份、迁转与政治文化》,《历史研究》2017年第3期,第49—56页。
⑨ 如《国朝献征录》收有嘉靖朝吏部右侍郎徐缙为太医陈宠撰写的墓志铭,提到陈宠于"弘治初选入院为医士,入视东宫疾。奏功,遂入御药房供事",可见普通的太医院医士有功方能获得供职御药房的机会。见(明)焦竑:《国朝献征录》卷七八《太医院使进通政使司右通政陈公宠墓志》,扬州:广陵书社,2013年,第3290页。正德时户部尚书王鏊所著《震泽纪闻》中有永乐时医官盛启东的传记,也提及他"遂留御药房,寻授御医"。见(明)王鏊:《震泽纪闻》卷上《盛启东》,《震泽先生别集》,北京:中华书局,2014年,第92页。更多的例子尚不胜举。

透露朝廷广征名医入京进行考核后,"高等入御药房,中等入院,最下遣还郡"。①正德初,吏部尚书马文升也表示:"朝廷设置太医院衙门,访取天下名医,授以大官,养以厚禄。又设御药房于内府严密之地,尤选上等之医,日支酒饭,正为调理圣躬之用。"②

但到"红丸案"发生的年代,御药房作为宦官与御医共同组成的医疗机构这一性质,以及太医诊脉、宦官掌药的医疗分工均出现了一些变化。宦官刘若愚所著《酌中志》披露了不少天启朝的宫廷内幕,其中就包括有关当时御药房建制、职掌的重要资料,时间上与泰昌朝距离极近,可资参考:

> 御药房。提督太监正副二员,分两班。余日近侍,二三十员,未进宫未穿红者。习医官三四十员,执掌上用御饵,与太医院相表里。凡选官人进内,必拨年少者三五十人,选医教习,读《药性赋》《医药集览》及《素问》《脉诀》等书……凡圣体违和,传放御医至……各将圣恙大略面奏数言,出至圣济殿,计药开方,具本御药房,用金罐煎进之,罐口以御药谨封缄之。③

可见,此时的御药房成员中宦官的数量大大增加,与之对应的是名医入职御药房的事例在万历朝以后的文献中已难觅踪迹。"御医"或只用以称呼为皇帝视疾的医官,不再与入职御药房挂钩。而且,御药房还形成了自身独特的医学知识结构与传承方式,以应付宫廷内部的医疗需求。太医诊脉、宦官掌药的职能分工格局虽未遭颠覆,但一些迹象表明,御药房宦官在某些情况下也具有独立诊断的权力。崔文升为皇帝开"通利药"就没有太医的参与,而是自己集诊断与用药之权于一身。④《酌中志》还记载了神宗时御药房提督太监张明的事迹,称其"精于医药,最蒙宠,升迁秉笔,掌内官监、内府供用库印"⑤。张明的升迁显然与其"精于医药"有直接关联,可据此推断他也应拥有对皇帝及妃嫔的诊断之权。因为只有在这个环节,医家才能最大限度地显露才华,博得病患的好感,否则很难理解一位只知照方抓药的宦官竟能蒙获恩宠、青云直上。

御药房与掌管皇帝膳食的御茶房在职能上均与皇帝的身体有直接而密切的联系,在距离上也与皇帝非常接近⑥,这使得御药房太监似乎更容易获得皇帝的青睐。早在弘治四年,

---

① (明)何乔远:《名山藏》卷一百二《方技》,《续修四库全书》史部第427册,上海:上海古籍出版社,2002年,第570页。
② (明)马文升:《马端肃奏议》卷十二《追究庸医用药非宜明正其罪事》,《景印文渊阁四库全书》史部第427册,台北:商务印书馆,1986年,第819页。
③ (明)刘若愚:《酌中志》卷十六《内府衙门职掌》,上海:商务印书馆,1935年,第130页。
④ 明熹宗即位之初,司礼监奉旨查奏"红丸案",明熹宗批评崔文升"职司御药,宜审脉理,不合朦胧进药,全无功□,不忠之罪难免",证დ崔文升的进药建立在其独立诊脉的结果之上,熹宗也视这种情况为理所当然。见《明熹宗实录》卷一,泰昌元年九月癸未条,上海:上海书店,1982年,第37页。
⑤ (明)刘若愚:《酌中志》卷二二《见闻琐事杂记》,第196页。
⑥ 明熹宗病重时,大宦官魏忠贤因为皇帝祈福,"将库中所贮金寿字大红纱搜刮出许多……御茶房、御药房近侍每给四匹或二匹,做贴里,御前穿以襂祝之文"。可知御茶房、御药房内侍与皇帝距离相当接近,以便随时侍奉。他们之所以穿上带有襂祝之文的红纱,也应是在皇帝肉眼可见的范围内呈现吉利。见(明)刘若愚:《酌中志》卷三《恭纪先帝诞生》,第22—23页。

明孝宗即下令太医院院判由礼部、太医院、御药房太监共同推选①,这是御药房宦官得到皇帝器重的重要信号。神宗时的御药房提督太监张明、崔文升均获得司礼监秉笔的加衔,虽未必负责实际事务②,却能说明皇帝的恩宠。有着这样的宠幸,再加上自身具备的医药知识,御药房太监得以逐渐突破制度限制,作为皇帝身边的"体己人"获得独立诊断与用药的权力,在各别情况下甚至会自行改变皇帝的医疗程序。如弘治十八年,孝宗因祷雨斋戒偶感风寒,御药房太监张瑜似乎是认为病情并不严重,便会同太医院判刘文泰不经诊视就为孝宗用药。③结果药不对症,"上本以患热得疾,文泰误投大热之剂,烦躁不堪"④,不久竟溘然长逝。"红丸案"中崔文升用药的例子,也是上述情况的反映。

崔文升于《明史》有传,可知其生平的基本信息,但有关他在光宗即位后"升司礼监秉笔,掌御药房"⑤的记载可能有误。早在万历朝中期,内阁首辅沈一贯所上的《问安揭帖》中便提到了"圣济殿提督太监崔文升"。⑥沈一贯于万历三十四年(1606)致仕,《问安揭帖》的所上时间不会晚于此时。按此推算,至光宗即位,崔文升应在御药房已供职至少十四年,可谓资深人员。受衔司礼监秉笔,又可知其获宠。由此可知,光宗在御医诊治不效后由崔文升开药,并非偶然事件,而应该是信赖与倚重之下的选择。⑦时任兵科右给事中的杨涟疏称:"臣闻文升调护府第有年,不闻用药谬误;皇上一用文升,倒置若此。"⑧则借强调崔文升早年与郑贵妃的关系以及他为皇帝开药一事的孤立性指责其别有用心,恐怕是一种情绪化的判断,并不符合事实,因为崔文升在御药房提督太监的任上直接服务皇室成员已有很长时间了。

综上所述,御药房和太医院作为常态化的宫廷医疗机构,分享对皇帝的医疗权力,理论上彼此合作,互有分工,相为表里。但随着皇帝对宦官的依赖程度加深,御药房的一批宦官也获得了独立的诊断、用药之权,在宫廷内部形成新的医者群体,与太医院医官构成了实际上的竞争关系,也为皇帝在医疗资源方面提供了新的选择。御药房自身也越来越接近纯粹

---

① (明)黄训辑:《名臣经济录》卷十七《议太医院缺官奏状》,《景印文渊阁四库全书》史部第443册,台北:商务印书馆,1986年,第310页。吏部尚书王恕以"本部自祖宗以来,并无公同内臣推选官员事例"为由强烈反对,孝宗只得收回成命。

② 据刘若愚所言,张明"素不识字,只挂空衔,不该正,不批文书"。据此,崔文升也未必参与司礼监的日常公务。见(明)刘若愚:《酌中志》卷二二《见闻琐事杂记》,第196页。

③ (明)徐学聚辑:《国朝典汇》卷七十三《太医院》,《四库全书存目丛书》史部第265册,济南:齐鲁书社,1996年,第451页。

④ (明)沈德符:《万历野获编》补遗卷三《刘文泰》,北京:中华书局,1959年,第888页。

⑤ (清)张廷玉等:《明史》卷三百五《宦官二》,第7827页。

⑥ (明)沈一贯:《敬事草》卷十一《问安揭帖》,《续修四库全书》史部第479册,第459页。圣济殿即御药房所在地,于嘉靖十五年改建。见(明)申时行等修:《明会典》卷二二四《太医院》,北京:中华书局,1989年,第1104页。

⑦ 这从事后处理也能看出一些端倪。即便朝中要求追查崔文升用药失误的呼声不断高涨,但光宗在八月十五日服用崔文升所开药物到九月初一日去世长达半个月的时间内,对崔文升没有任何见于明文的惩处,连其司礼监秉笔的加衔都未削夺。明熹宗即位后还特别指出:"既该监查无别情,始从轻降处。"这证明光宗与熹宗父子都认为崔文升用药仅是一次普通的医疗事故,并未因他曾在郑贵妃处供职而怀疑其动机。见《明熹宗实录》卷一,泰昌元年九月癸未条,第37页。

⑧ (清)谷应泰:《明史纪事本末》卷六八《三案》,第1086页。崔文升原长期在郑贵妃处任职,因此他为光宗用药导致皇帝病情加重后,立即引起外廷的怀疑,认为他乃是受郑贵妃指使故意谋害皇帝,杨涟正是态度最激烈的怀疑者之一。

的宦官机构,内部组织性与排外性都趋于增强。崔文升用药一事,是在这样的背景下发生的,自身也是这些进程的缩影。

"红丸案"中出现的第三类医者是外廷群臣,其中最引人注意的即是进献红丸的大理寺丞李可灼。此人并非医官,却能以进献"仙丹"为名入宫为皇帝诊视、用药,这其实深刻地反映了外廷群臣在皇帝的治疗过程中作为"边缘医者"的存在。外廷群臣通过各种渠道及时了解皇帝的病情,以上疏等方式不断试图影响、干预乃至重新设计皇帝的医疗方案,乃至亲自参与到具体的治疗过程中,构成了"红丸案"医病之间复杂、丰富的互动内容,也是本节要讨论的重点。

皇帝因其作为天下至尊的特殊身份,使广义上的医疗空间并不局限于他所处的宫廷,而外延至整个朝堂。帝王无私事,"家天下"的政治理念让他们能够以"君父臣子"[1]的政治伦理构成对臣下的强大制约,但反过来也使臣子有了干涉皇帝私人生活的权力[2],导致皇帝至少是局部地丧失了个人隐私。明代皇帝在病中及时、详细地向群臣公布病情几乎成了一种责任,群臣上疏问安也相应成为不可逃避的义务,双方在这方面的互动在成化以后屡见史籍。[3]特别是明后期皇帝怠政情况严重,往往以患病为辞逃避公务,这就需要向外廷详细描述病情以取信群臣,其中以"小病大养,无病也养"的明神宗为代表。[4]

明光宗自患病之始,便多次向群臣告知病情。八月十五日,即患病的第五天,光宗服用崔文升所开药物后,向问安的方从哲描述了自己的病情:"朕以头目眩晕,四肢软弱,不能动履,待宣御医召卿等来见。"[5]据《明史纪事本末》所载,还有"数夜不得睡,日食粥不满盂"[6]等语。二十六日,群臣入觐,劝光宗慎药,光宗则答道:"朕不进药已两旬余。"[7]直到三十日,光宗服用红丸后,还派宦官向群臣通报:"圣体用药后,暖润舒畅,思进饮膳。"光宗执意服用第二枚红丸后,几位阁员仍不放心,"亟问药后何状云",得报:"圣躬传安如前。"[8]不料光宗竟于次日凌晨五更许驾崩。总之,群臣对光宗病情的了解,或通过光宗主动通报,或直接询问光宗或内侍、御医得到答案,皇帝本人对此也并不避讳。

群臣并不满足于此。当皇帝病情不佳时,他们每每试图影响皇帝的治疗方案。特别是光

---

[1] "家人父子"因其蕴含明显的等级制信息,又在政治伦理中引入拟血缘制创造出脉脉温情,被认为是理想的君臣相处模式。《明光宗实录》即称赞光宗对臣工"不时召见,如家人父子……至今称为'一月天子,万年圣人'云"。见《明光宗实录》卷一,第21页。

[2] 御史郑宗周在要求规范光宗的治疗方案时即表示:"臣之事君,一如子之事父。将圣心日清,圣躬日固,宗社灵长之运,胥在此矣。"这充分说明了"君父臣子"的政治伦理与大臣关心作为皇帝私生活的病情之间的关系。见《明光宗实录》卷六,泰昌元年八月壬戌条,第153页。

[3] 李国祥、杨昶主编《明实录类纂·宫廷史料卷》(武汉:武汉出版社,1992年)于第1505—1527页集中汇聚了相关史料,可供参考。

[4] 南炳文、汤纲《明史》(上海:上海人民出版社,2003年)第647—654页对神宗屡屡借病逃避公务的情况有详细梳理与分析。神宗或以足疾辞庙享,或以头晕辞临朝,或以痰火辞经筵,或风寒辞受俘,种种理由,不一而足。

[5] 《明光宗实录》卷六,泰昌元年八月辛酉条,第150页。

[6] (清)谷应泰:《明史纪事本末》卷六八《三案》,第1086页。

[7] 《明光宗实录》卷七,泰昌元年八月辛未条,第192页。

[8] 《明光宗实录》卷八,泰昌元年八月甲戌条,第212页。

宗服用泻药后,极大地加重了群臣的焦虑感,"各相惊骇,不知其故"①,也使他们更为急切地想要规范皇帝的治疗方案。御史郑宗周上言:"皇上抑情养性,起居有节,必静必清,以恬以愉,斯可祈天永命,以绥如天之福。臣又闻医与治通,圣人慎疾,故实者泻之,虚者补之。臣虽未谙方脉,然此理晓然易明。陛下近日所用何医、所饮何药,中外皇皇,愿珍重保护,严择御医制方,合剂亦加谨慎,勿以圣躬轻试药饵。"②御史王安舜也提出养心、养气、守中、慎独、主敬、主静等"养身六条"。③

一些官员的奏疏甚至显示出其具备相当程度的医学素养,代表人物是兵科给事中杨涟。他先以"知医"的姿态严厉批评"贼臣崔文升不知医……如其知医,则医家有余者泄之,不足者补之。皇上哀毁之余,一日万几,于法正宜清补,文升反投相伐之剂"④。随后提出:"阁部大臣各宜寻诸臣中有知医者,日于宫门前斋心候问,同钦召御医细细讲求,药饵多方斟酌,封付忠顺内官,如法煎和以进。"⑤这份为光宗设计的医疗方案较之他人显得更加具体、严密,而且信心十足。王安舜在光宗驾崩后也指出:"医不三世,不服其药。先帝之脉,雄壮浮大,此三焦火动;面唇赤紫,满面火升,食粥烦燥,此满腹火结;宜清不宜助明矣。红铅乃妇人经水,阴中之阳,纯火之精也。而以投于虚火燥热之症,几何不速之逝乎!"⑥可见他亦通晓脉理。这表明群臣对皇帝治疗方案的干预往往需要相当水平的医疗知识(当然也有些只是泛泛而谈)。他们会从医学专业角度为皇帝的休养与用药提供建议,而不仅仅试图规范程序意义上的治疗方案,将其称为"边缘医者"是有理由的。

这种现象的出现,可能与明代的医学知识趋于普及化、大众化有关。根据梁其姿的研究,由于明代印刷技术的发展与出版行业的兴盛,使医学入门书和包含医学知识的日用类书大量刊行,进而让有财力购买书籍的士人阶层更容易获得医学知识。⑦此外,宋以后理学影响力的扩散,也促使与儒学共享同一套价值观的、具有浓重学术色彩的正统医学逐步形成⑧,医学文本对士人也更易理解。这一方面让大量无缘仕途的下层士人得以获得新的谋生方式⑨,并努力塑造"儒医"的自我形象以赢得社会声望,在另一方面也让一些衣食无忧的士人以习医自娱或用以诊视家庭成员。⑩晚明士人与医者的交游也已较为普遍,士人相互荐医

---

① 《明光宗实录》卷九,泰昌元年八月庚午条,第185页。
② 《明光宗实录》卷六,泰昌元年八月壬戌条,第152页。
③ 《明光宗实录》卷七,泰昌元年八月辛未条,第192—194页。
④ (清)谷应泰:《明史纪事本末》卷六八《三案》,第1086页。
⑤ 《明光宗实录》卷七,泰昌元年八月庚午条,第185—186页。
⑥ (清)谷应泰:《明史纪事本末》卷六八《三案》,第1087—1088页。
⑦ 参见梁其姿:《明代社会中的医药》,载《法国汉学》第6辑,北京:中华书局,2002年,第345—361页。
⑧ 参见梁其姿:《面对疾病:传统中国社会的医疗观念与组织》,北京:中国人民大学出版社,2012年,第15—26页。
⑨ 参见邱仲麟:《医生与病人——明代的医病关系与医疗风习》,载余新忠、杜丽红主编:《医疗、社会与文化读本》,北京:北京大学出版社,2013年,第315—349页。
⑩ 如晚明嘉兴著名士人、书画家李日华(1565—1635)对医学就有直接的了解和钻研。他曾与吴医沈恒川共饮,"与谈《素问》《灵枢》之旨",并认为"极有奇趣"。李日华之妻患晕眩症,治疗无效,他便连日"点读医书,有悟入处",在不久后便直接将其所学化为实践,亲自开方让妻子服药。见(明)李日华:《味水轩日记校注》,上海:上海远东出版社,2011年,第329页。

随之成为重要的延医方式。①上文提及的杨涟，在其文集中便留下了与医者的交游记录②，他对医学知识的掌握可能与之有所关联。知识产生权力，社会上士人习医现象的普及在政治层面的反馈，就是杨涟、王安舜等人凭借自身具备的医学知识，以较为强势的姿态试图进入到皇帝的医疗进程，并大胆地提出自己的政治主张。③外廷群臣在"红丸案"中扮演"边缘医者"的角色，应是在这样的社会文化背景下才得以成为可能。

　　一旦恰逢其会，外廷群臣便能从医疗的"边缘"进入"核心"，直接参与对皇帝的诊治，李可灼的情况便是如此。李可灼进红丸的动机无疑是在皇帝面前献媚取宠，"一旦以红丸进，希图非望之福"④，因此表现得相当急切，"来阁门，言'有仙丹，欲具本进'"。⑤内阁诸臣认为该慎重起见，便打发他离开。但李可灼早有准备，他"夙从诸御医往来思善门，与中使熟"⑥，此时便通过宦官直接将"仙丹"一事告知皇帝，立即获得了接见，并得以主持光宗的治疗。光宗驾崩后，朝野迅速将矛头对准李可灼，批评他既非医官，便不该擅自用药。吏部尚书张问达与户部尚书汪应蛟等公奏："夫李可灼非医官也，非知脉知医者也。"⑦礼部尚书孙慎行也说："可灼非用药官也，丸不知何药物，而乃敢突以进。"⑧从表面上看，这似乎说明了外廷群臣看重"医官"的专业身份，并自觉地将自己的职责限定在过问皇帝病情、规范治疗方案等外围治疗工作上，其实不然。

　　一方面，群臣在当时虽然对李可灼进丹抱有疑虑，但对红丸发挥效果却是乐见其成的。当中使回报皇帝服用红丸后状态转好后，诸臣便喜形于色，"欢跃而退"。刑科给事中霍维华便一针见血地指出："李可灼复神其药之奇验，群臣无不思幸一试，莫敢先发。"⑨孙慎行等人之所以在事后计较李可灼的非医官身份，疑是为了撇清自己未能亟止红丸的责任。何况，李可灼虽不是医官，但并非"不知医"。我们看到，李可灼应召携红丸入宫后，先独自对光宗进

---

① 蒋竹山对明末绍兴著名士人祁彪佳家族的医疗史研究说明了这一点。参见蒋竹山：《晚明江南祁彪佳家族的日常生活史——以医病关系为例的探讨》，《都市文化研究》2006年第2期，第1—23页。
② （明）杨涟：《杨忠烈公文集》卷三《赠国医月塘彭先生序》《送医士彭月谭还吴》，《续修四库全书》集部第1371册，第96页、第115—116页。
③ 杨涟对崔文升用药在技术层面的批评，从根本上是为他的政治观点服务的。他在从医理方面驳斥崔文升开大黄药的做法后，便厉声质问道："皇上初用文升，一剂泄补倒置若此，有心之误耶？无心之误耶？有心则鬻粉不足赎，或其无心，一误宁堪再误！"见《明光宗实录》卷七，泰昌元年八月己巳条，第185页。
④ （清）谷应泰：《明史纪事本末》卷六八《三案》，第1094页。
⑤ （清）夏燮：《明通鉴》卷七六，长沙：岳麓书社，1999年，第2136页。
⑥ （清）夏燮：《明通鉴》卷七六，第2137页。
⑦ （清）谷应泰：《明史纪事本末》卷六八《三案》，第1094页。
⑧ （清）谷应泰：《明史纪事本末》卷六八《三案》，第1089页。
⑨ 《明熹宗实录》卷五八，天启五年四月戊子条，第2679页。霍维华是阉党中人，上疏的用意是追论"三案"，颠覆原有判决以打击朝中东林势力。但他所言群臣在"红丸案"中的"求幸"心态，还是符合当时情况的。李可灼进红丸，群臣明知不妥，却未能力止，应该就是抱着这种侥幸心理。吏部尚书张问达等人后来检讨道："可灼轻进尝试，从哲未能力止，九卿与辅臣并候于宫门内，亦未能力止，诸臣均有罪焉！"（谷应泰：《明史纪事本末》卷六八《三案》，第1093页）当时一些在野士人对此也有所察觉，嘉定士人侯玄汸九岁时曾听闻祖父给事中侯震旸谈及"红丸案"，马上指出"杨涟既与方从哲同被召在内廷，当进红丸时何不面诤？而顾从众出宫门乎？"侯震旸"由是大奇之"，态度也较暧昧。（汪琬：《侯记原墓志铭》，载《嘉定抗清史料集》，上海市嘉定区政协编：《嘉定抗清史料集》，上海：上海古籍出版社，2010年，第65页）

行诊断,"具言病源及治法,甚合。上喜,命进药"①。可见李可灼诊断效果良好,赢得了光宗的信任,愿意服用他带来的红丸,这显然需要一定的医学基础。光宗服药后,感到状况转好,"喜称忠臣者再"。②

另一方面,群臣在为皇帝设计医疗方案时,往往将自己也纳入其中,直接参与治疗过程。杨涟即要求"阁部大臣各宜寻诸臣中有知医者,日于宫门前斋心候问,同钦召御医细细讲求"。在他的方案中,被挑选出的外廷大臣与御医分享了治疗的权力。郑宗周也提议:"仍敕谕阁部大臣二员、科道官各一员,每日恭诣便殿候安尝药。"③"尝药"作为皇帝医疗保障的重要环节,既是义务,也是权利,历来只有作为专业医者的御医与身为皇帝亲信家奴的宦官共享。郑宗周要求选拔外廷官员尝药,反映着外廷臣僚渴望进入皇帝医疗核心环节的呼声。在杨涟的方案中,大臣有无医官身份并不重要,只要"知医",就有权力参与皇帝的治疗工作。在实际治疗过程中,知不知医可能都不重要,因为以内阁大学士为代表的一批朝臣始终直接参与对皇帝的治疗。光宗决定服用红丸后,"诸臣出,乃令可灼与御医及诸臣商榷,未决。辅臣刘一燝言:'其乡两人同服,一益一损,非万全药。'礼臣孙如游言:'此大关系,未可轻投。'"④光宗最后失去耐心,传旨催促进药,这才终止了大臣与御医的联席讨论。

以上事实都说明,作为"边缘医者"的外廷群臣有着影响、干预乃至直接参与皇帝治疗过程的天然权力,这项权力不仅被他们自己有意无意地强调,甚至会被认为是"忠臣"的表现,受到来自皇帝本人的认可。

三 "红丸案"中的医病权力关系

上文叙述了"红丸案"中的三种医者群体,特别指出了外廷大臣作为"边缘医者"对皇帝治疗过程的影响和干预。然而,正如论者所言:"如果病患的地位远远高于医者,或者是高官,或者是长辈,医者就更加难以驾驭。"⑤"红丸案"中更是如此,作为病人的天下至尊与医者群体之间的权力关系是严重不平等的。大量有关"红丸案"的记载均将明光宗塑造成崔、李用药的受害者形象,但如果回到历史事实本身,就能发现躯体羸弱、辗转病榻的明光宗其实近乎完全主导着自己的医疗进程,并一步步走向了死亡。

台湾学者涂丰恩指出,明清的民间医疗普遍存在着换医现象,频繁地换医令人印象深刻,穷人也会多方求医,说明病人在医疗过程中握有较大权力。⑥"红丸案"中也是如此,光宗先让御医陈玺等人与内医崔文升轮换为自己诊视,之后索性停药十余日,直到李可灼为其诊脉、进献红丸为止,在二十天的时间里就换了三轮医生。

---

① 《明光宗实录》卷八,泰昌元年八月甲戌条,第211页。
② 《明光宗实录》卷八,泰昌元年八月甲戌条,第211页。
③ 《明光宗实录》卷六,泰昌元年八月壬戌条,第152—153页。
④ (清)夏燮:《明通鉴》卷七六,第2136页。
⑤ 张瑞:《疾病、治疗与疾痛叙事——晚清日记中的医疗文化史》,南开大学博士学位论文,2014年。
⑥ 参考涂丰恩:《择医与择病——明清医病间的权力、责任与信任》,《中国社会历史评论》第十一卷,天津:天津古籍出版社,2010年,第149—169页。

光宗在医疗过程中的绝对主导地位在服药方面体现得更加明显。早在他服用崔文升所开泻药后,群臣便委婉地批评他以身试药的莽撞。如郑宗周希望光宗能"严择御医制方,合剂亦加谨慎,勿以圣躬轻试药饵。"① 首辅方从哲更是直截了当地说:"至于进药一节,尤宜十分慎重。昔人谓治病者以服药有效为上策,以不服药保养为中策。"② 杨涟也认为:"不宜以宗社神人托重之身,妄为尝试。"③ 光宗虽因此对杨涟青眼相加,特意将他召入宫中安抚,也似乎是因听从了方从哲的意见而停药十余日,但当听说李可灼有"仙丹"献上时,立刻表现得急不可耐,主动询问群臣:"有鸿胪寺官进药何在?"方从哲表示"臣等未敢轻信",但光宗置若罔闻,"即命中使宣可灼至"。④ 光宗服一枚红丸之后仍不满足,恐药力已竭,要求再进一枚,这下连李可灼都面露难色,"谓日止可一丸"⑤,在场的几位御医也表示反对⑥,但迫于压力不得不遵旨从命。

"崔文升当皇考哀感伤寒之时,进大黄凉药。可灼轻进红丸,不加详察"⑦,这些被外廷群臣认为是匪夷所思的事情居然接连上演,根源不在进药者的"不察",而在皇帝对康复的过分殷切。李可灼进药前夕,光宗已经感到死期临近。他同时召来群臣与皇太子,先望着太子说:"卿等辅佐为尧舜。""又语及寿宫,辅臣以皇考山陵对。则自指曰:'是朕寿宫。'"⑧ 群臣毫无思想准备,顿时愕然。在这种心态下,光宗突然得知李可灼有"仙丹"要进献,便将它当成救命稻草,不审成分⑨,服用一丸犹嫌不足,是可以理解的。光宗之子思宗即位后,曾对首辅周延儒谈及"红丸案",以亲历者的身份回忆道:"如红丸一案,方从哲曾奏不可轻进,皇考愀然曰:'朕势将不起,饮之或徼幸可生,不饮惟坐而待毙耳。'此实皇考欲进,进而稍效,又命再进。时朕与先帝俱在侧,岂从哲所为?"⑩ 这说明了光宗服用红丸确实是出于孤注一掷的心理。

明代宫廷素有严格的膳检诊录制度。《明会典》记载:"凡烹调御药,本院官与内臣监视,每二服合为一服,候熟分为二器。其一器御医先尝,次院判,次内臣,其一器进御。"⑪ 皇帝的饮食、药物一向被保管严格,迄至明末都未松弛。⑫ 但在"红丸案"中,药性检验、太医与宦官会同试药等载入明文的医疗保障环节好像都不存在,任由堂堂天子先后服用引起强烈身体

---

① 《明光宗实录》卷六,泰昌元年八月壬戌条,第152页。
② 《明光宗实录》卷七,泰昌元年八月丁卯条,第177页。
③ (清)谷应泰:《明史纪事本末》卷六八《三案》,第1086页。
④ (清)谷应泰:《明史纪事本末》卷六八《三案》,第1087页。
⑤ 《明熹宗实录》卷五八,天启五年四月戊子条,第2680页。
⑥ 《明熹宗实录》卷二三,天启二年六月甲午条,第1163页。
⑦ (清)谷应泰:《明史纪事本末》卷六八《三案》,第1084页。
⑧ (清)谷应泰:《明史纪事本末》卷六八《三案》,第1087页。
⑨ 红丸的具体成分始终是个谜团,朝臣事后普遍认为其主体成分是红铅。如王安舜所言:"红铅乃妇人经水,阴中之阳,纯火之精也。"孙慎行言:"不必红铅之进出从哲之意。"分别见(清)谷应泰:《明史纪事本末》卷六八《三案》,第1088页、第1092页。
⑩ (明)李清:《三垣笔记》附识中《崇祯二》,北京:中华书局,1982年,第194—195页。
⑪ (明)申时行等修:《明会典》卷二二四《太医院》,北京:中华书局,1989年,第1104页。
⑫ 天启朝宦官刘若愚记载:"祖宗以来,无敢有闲人入药房者,防至密也。""御茶房……祖宗以来亦无一人敢擅入者。"见(明)刘若愚:《酌中志》卷十六《内府衙门职掌》,第130页。

反应的大黄①与红丸。这与其说反映了明宫在膳检诊录方面的漏洞,毋宁说是皇帝凭借强大的个人意志主宰着整个医疗过程:服药还是静养、服什么药、如何服药、请什么医,都由光宗自己全权决定。主治医生(李可灼)也好,"边缘医者"(群臣)也罢,仅仅被保留了建议与谏言的权利。纵观明后期的历史,皇帝自己无视医疗保障制度,压制专业医者的意见,随意服用各种被冠以"仙丹""仙方"的不明药物的例子屡见不鲜,甚至会因此付出生命的代价。如明世宗笃信道教,平日便常服金丹,后又服用"奸人"王金所开的金石药物,"其方诡秘不可辨,性燥,非服食所宜。帝御之,稍稍火发不能愈"②,旋即驾崩,王金亦论死。明熹宗病重时,兵部侍郎霍维华"进献仙方灵露饮并蒸法器具……太医院使吴翼儒等唯唯听从,莫敢拦阻。先帝初进服,数日亦觉甘美,凡有剩者即颁赐王体乾等分饮之……先帝因进服日久,嫌水汪汪的,遂传御药房不必蒸进。"③这些例子都说明光宗在"红丸案"中的表现不是孤立存在的,而是反映着以皇帝为主角的医病之间长期畸形的权力关系。

正因为"红丸案"中这么多不可思议之处,群臣后来追论时,都将崔、李进药视为重大疑点,纷纷怀疑他们均受郑贵妃一党指使,意在谋害新帝,并将此事与五年前发生的"梃击案"联系起来。礼部尚书孙慎行所言尤其耸人听闻:"自前日之挺不中,而图所以中者百端。至藏鸩毒于女谒,俟元精耗损,愈不可支,而荡以暴下之剂,烁以纯火之铅,先帝弥留而不起矣。"④其实未必如此。当我们对"红丸案"中医病之间极不平等的权力关系予以解析,就能发现急于康复的皇帝在自己的医疗进程中任意挥洒权力,改变各种医疗环节,并强迫或半强迫地令各种医者群体服从自己的要求,口含天宪,独断乾纲,才会导致皇帝以身试药等看似不可思议的事情接连发生,最终使自己走上绝路。在"红丸案"这起医疗事故中,作为病人的明光宗可能才是最大的责任人。这或许就是"红丸案"的所谓"真相",与任何被反复猜测的政治阴谋都无关。

四 结 论

倘若将"红丸案"视为医案而非政治事件进行解读,那它作为明代影响最大、最离奇、政治文化意涵最丰富、也是最值得研究的医案之一应该当之无愧。我们可以从中解读出大量的医疗史信息,而它们均与长期形成的政治、社会、文化(包括情感)环境息息相关。

"红丸案"中出现了三类医者,他们与身为病患的明光宗的种种互动,反映出医疗空间是多种势力角逐的场所,内部存在错综复杂、彼此纠结且不断变动的权力关系。御药房宦官

---

① 在中医的普遍理解中,大黄是一味以"将军"为外号的猛药,在让患者服用前必须先察明患者的体质。如果误投于禀赋虚弱的病人,则可能导致不测。崔文升为光宗开大黄药物,带有相当程度的冒险性质,却看不出有任何力量能对这一举动构成制约。参见张哲嘉:《"大黄迷思"——清代制裁西洋禁运大黄的策略思维与文化意涵》,《"中研院"近代史研究所辑刊》,第47期,2005年,第43—100页。

② (清)张廷玉等:《明史》卷三百七《佞幸》,第7902页。

③ (明)刘若愚:《酌中志》卷十六《内府衙门职掌》,第130页。此方虽由宦官魏忠贤下令封进,但熹宗并不反对,停药的权力也掌握在他手里。

④ (清)谷应泰:《明史纪事本末》卷六八《三案》,第1092页。

原本只肩负皇帝医疗保障的职责,因关键的诊断权缺失,并不享有完整的治疗权力。明后期这种情况发生变化,御药房宦官凭借皇帝的信任与内部的组织化,明显地突破了明初制度的限制。这使少数宦官得以集诊断与用药之权于一身,在宫廷内部形成了新的独立于御医之外的医疗群体,也为皇帝在医疗资源方面提供了更多选择。"红丸案"中崔文升为光宗用药,只有处于这样的环境下才能够发生。此外,宦官医疗权力的膨胀和皇帝在医药方面更加信赖宦官,与明中期后宦官在政治上的表现似乎相为桴鼓[1],亦值得深思。至于"红丸案"中的外廷群臣,长期文化积淀形成的君臣伦理关系使他们对皇帝的身体状况密切关注,从而自觉或不自觉地成为皇帝的"边缘医者",力图影响、干预、规范皇帝的医疗进程,并保有随时进入医疗核心环节的可能。本文认为,外廷群臣在光宗医疗进程中的积极表现,除受传统政治文化影响外,还与他们掌握的医学知识有关,这又赖于明代医学知识在士人阶层中的普及化。李可灼作为御医与御药房宦官之外的非医学专业人士,竟然能在宫廷大内中登堂入室,独自为光宗诊断,并以开药的名义献上那几枚致命的红丸,同样是上述政治文化传统与社会环境的产物。御药房宦官与外廷群臣在光宗医疗进程中产生的重要影响,客观上对法定享有完整治疗权力的御医在医疗空间中构成了挤压。御医在"红丸案"中虽然频繁出现,发出的声音却非常微弱,主治权力也先后落入宦官与外臣的手中。

在医病关系方面,皇帝至高无上的权力在其医疗过程中也极其鲜明地表现出来。皇帝由此成了最强势的病人,他与各类医者群体之间的权力关系比民间任何一种医病关系都要更不平等。这种畸形的医病权力关系使正常的医疗进程屡屡因病人的主观意志而受到干扰,在它主导下的医疗所产生的突发事故,似乎更多地应由病人承担责任。而时人为尊者讳,事后是不敢也不愿承认这一点的[2],遭到严厉惩处的往往是医者。不过,从另一方面看,皇帝虽然在医病关系中占据绝对的主导地位,在表面上能够依据自身意志塑造自己的医疗进程,却不能不承受宫内医疗权力关系变动造成的后果。崔文升、李可灼的用药分别代表着御药房宦官与外廷群臣对皇帝医疗的参与,体现着这两大群体对皇帝医疗权力的争夺(哪怕他们本人未必意识到这一点),曾经长期握有主治权力的御医反而因此退居二线。医疗空间内部权力的再分配,固然让光宗获得了更多的拣选医者的机会,却也导致他先因泻药垂危,后因红丸殒命,其中蕴含的意味是深长的。

涂丰恩认为,医病之间的权力关系是探讨医病互动最富洞见的成果。在"红丸案"中,医病之间的权力关系的确是一把钥匙,当理解了它的极不平等所带来的后果后,治疗过程中发生的许多匪夷所思的事情便都得到了解释,"红丸案"也随之有了真相大白的可能。比弄清"真相"更重要的是,我们能够透过"红丸案"了解到明代宫廷医疗空间内部权力的再分配,并意识到它最终影响到了皇帝的治疗效果。包括明光宗在内,明代死于医疗事故的几位帝王,其死因追根溯源都与之有关。此外,宫廷并不是一个封闭的医疗空间,而是始终被时

---

[1] 集诊断与用药权于一身的御药房宦官在医疗空间中势必对御医构成挤压,正如刘瑾、魏忠贤等大宦官在朝廷气焰熏天,引用私人,将本来负责日常政务的内阁六部视若无物一样。但医疗毕竟是具有高度专业性的技术,因此御药房宦官对御医的排斥尚不显著。自"红丸案"发生直至明亡,御医仍是皇帝最主要的医疗人员,不宜以少数同时拥有诊断与用药权的御药房宦官为例做出过度推论。

[2] "红丸案"中,群臣虽然在光宗病中屡屡委婉批评他以身试药的做法,但当皇帝驾崩后,朝中舆论立即一面倒地转为质疑崔文升、李可灼的用药动机,之前对光宗的批评几乎无人再提了。

下的社会文化渗透,内部的权力关系也会因此做出调整。"红丸案"中外廷群臣对皇帝医疗的积极参与,与明代医学知识在士人阶层中的普及化可能存在的关联[①],就是一个说明。对"红丸案"的解读,仅为了解明代宫廷医疗空间内部的权力关系与医病之间的互动模式打开一个窗口,笔者期待学界在这一领域做出更多富有意趣的探索。

作者简介:南开大学中国社会史研究中心暨历史学院博士研究生。

[①] 刘希洋《制度变迁与明代官员病患叙事的演变》(《中国社会历史评论》第十七辑,天津:天津古籍出版社,2016年,第129—146页)通过对明代官员告假、乞休疏的研究,发现他们对疾病的叙述愈来愈详细,且更加重视脏器体验。笔者认为,这一现象与明代医学知识在官员阶层的普及化可能亦有关联。

从教育体制化到知识体制化:传统针灸的近代转型*

赵　璟　张树剑

【摘　要】 近代是传统针灸体制化变革的重要时期,该时期针灸教育模式及知识形态均发生了很大的转变。其间,外部西方医学教育体系的移植,内部争取中医教育合法权的需求,推动了针灸教育从师徒制向学校制转型。教育体制转型的同时导致了针灸的知识的体制化,针灸教材的统一编写是其主要途径。传统针灸知识扬弃,西医解剖生理消毒等新知识融入,共同构成了统一的"新"针灸知识;而针灸学术组织的构建与发展,则加固了体制化的针灸知识。传统针灸的近代转型,对现代针灸学影响深远。

【关键词】 针灸转型;教育体制化;知识体制化

清季以来,伴随着西方医学传入,中医学的主导地位逐渐丧失,中医学界意识到中西医学的差距,不止表现在医学知识上,还涉及两者的教育体制。于是,一部分有识之士抛却汇通中西医理的纯理论探讨,将目光转向近代中医体制革新的尝试,在此期间一度为争取学校教育的合法化与当局辛苦斡旋与艰难斗争。针灸界亦是如此,借鉴西医教育本土化的示例,主动开启了针灸教育体制化进程,建立学校,编写教材,实施多种形式的教学,在培养了一大批兼具中西医学思想的近代针灸人才的同时,传统的针灸知识被动规范化,针灸在教育与知识两个层面完成了近代转型。

一　学术史回顾

目前,总体论述"中医教育"的专著与文章相对较多,部分涵盖了"针灸教育",对本文的研究有一定的参考价值。如邓铁涛、程之范主编的《中国医学通史·近代卷》[①]、邓铁涛主编的《中医近代史》均将近代中医教育分为清末、北洋时期、民国时期三个节点,论述了中医办学、院校教材编写、学科建设等内容,涉及针灸学校的办学情况[②];《百年中医史》中将中医教育办学分为全日制中医教育机构、中医函授教育机构、其他中医教育机构等,另述中医教育

---

* 基金项目:本文系国家社科基金重大项目"宋元以来中医知识的演变与现代'中医'的形成研究"(项目号:18ZDA175)阶段性成果。

① 邓铁涛、程之范主编:《中国医学通史·近代卷》,北京:人民卫生出版社,1999年,第195—241页。

② 邓铁涛:《中医近代史》,广东:广东高等教育出版社,1991年。

体系形成,涉及课程、招生、考核等具体内容①;朱建平主编的《近代中医界重大创新之研究》,介绍了近代新式教育及民国高等中医教育及函授教育盛况,提出了民国中医教育的主要创新点在于"开设西医课程、实习基地多种多样、编写教材各领风骚、严定规章规范办学"②。上述文章均具体分述了中医教育基本情况。另有,张婷婷以"制度史"切入,评述了社会舆论中传统中医教育的缺陷、国家管控与近代中医教育面临的压力及在"求变与难变"中近代中医教育改革及其困境,提出中医教育近代转型虽有应激性成分,但内在的自主性倾向不容忽视③;郑兰英从文化观演变角度,在《文化·医学与教育》中论述近代中西医汇通教育④,于《近代中医学校教育述评》中述近代中医学校的兴起、特点及影响⑤;盛亦如、吴云波从"思想史"角度,直探千百年来中医教育制度变迁和教育实践背后的思想根源径直探寻了近代一些中医学校的办学情况和医学教育理念⑥。又有相关中医教育地方史研究,分述了上海⑦、江苏⑧、浙江⑨、福建⑩、湖北⑪等地的中医教育情况。

有关近代针灸史的专门研究亦有不少成果。郭世余的《中国针灸史》略述民国针灸发展情况及针灸医家,提及相关学校、著作、中医杂志等⑫;肖少卿的《中国针灸学史》述民国时期针灸医家及其著作、针灸医学教育与管理及海外传播情况、边区针灸事业等⑬;郭义著《中国针灸交流通鉴·教育卷》系统全面地展现了从先秦至当代的国内外针灸教育画面,其中近代针灸教育部分从时代背景、近代针灸民间教育、中国共产党领导下的针灸教育三个方面论述⑭;何爱华《针灸史讲义》中"针灸学的衰落与复兴(1841—1949)"部分,分论近代社会背景、西方医学的传入及其影响、主要针灸学家及针灸学著作,列举12所针灸学社名称,部分针灸医家及医著⑮;林昭庚等著《针灸医学史》提及近代中医教育、团体与杂志⑯。

在针灸的知识史研究方面,系统全面论述近代针灸理论的,仅李素云的《西医东传与针灸理论认识之演变》对民国时期针灸学术理论的流变做了系统阐述,间或旁及针灸教育对知识的影响⑰;谭源生的《民国时期针灸学之演变》,从经络学、腧穴学、刺灸法等方面探讨了

---

① 张伯礼总主编,朱建平主编,万芳、王振瑞、和中浚、郑洪副主编,王国强主审:《百年中医史(1912—2015)上》,上海:上海科学技术出版社,2016年,第95—116页。
② 朱建平:《近代中医界重大创新之研究》,北京:中医古籍出版社,2009年,第70—97页。
③ 张婷婷:《"医政"背景下近代中医教育变革及其困境》,《中医药文化》2016年第3期,第13—15页。
④ 郑兰英:《文化·医学与教育》,北京:中国中医药出版社,2005年。
⑤ 郑兰英:《近代中医学校教育述评》,《医学教育》1992年第3期,第16—18页。
⑥ 盛亦如、吴云波主编:《中医教育思想史》,北京:中国中医药出版社,2005年。
⑦ 杨杏林、陆明:《上海近代中医教育概况》,《中华医史杂志》1994年第4期,第215—218页。
⑧ 李新路:《近代江苏中医学校教育发展及特色探析》,《继续医学教育》2016年第11期,第73—75页。
⑨ 焦阳、凌天:《近代浙江中医教育史略》,《浙江中医药大学学报》2018年第9期,第752—755页。
⑩ 刘德荣、黄玉良:《近代福建的中医教育》,《中医教育》1995年第1期,第42—44页。
⑪ 赵鸿云:《近代湖北中医教育史略》,《中医教育》1995年第5期,第55—57页。
⑫ 郭世余:《中国针灸史》,天津:天津科学技术出版社,1989年,第290—299页。
⑬ 肖少卿:《中国针灸学史》,银川:宁夏人民出版社,1997年,第488—524页。
⑭ 郭义主编:《中国针灸交流通鉴·教育卷》,西安:西安交通大学出版社,2012年,第129—166页。
⑮ 何爱华:《针灸史讲义》,哈尔滨:黑龙江中医学院,1984年,第105—115页。
⑯ 林昭庚、鄢良主编:《针灸医学史》,北京:中国中医药出版社,1995年,第362—363页。
⑰ 李素云:《西医东传与针灸理论认识之演变》,北京:学苑出版社,2012年。

针灸理论的变化,论述了经络学说的"科学化",腧穴定位增设解剖、提出"穴性"理论等内容①。回到"知识史"本身,随着内外史壁垒的攻破,知识史成为当今后现代思潮影响下兴起的新兴史学研究。桑兵等人著《近代中国知识和制度的转型》,冀通过近代知识系统与制度的根本性变化,更好地阐明中国社会近代转型的轨迹和内在机制②;余新忠则认为"知识史研究不仅仅将医学视为纯粹的科学技术,不但会充分关注医学知识建构机制中的社会文化因素,也会思考知识建构所反映的社会文化变迁和建构的知识对社会文化的型塑作用"③;张树剑认为中医的无形知识如概念、理论、思想等与有形知识如技术、器物等相互依存,共同构成了中医的知识谱系,并回顾中医技术史研究的成绩提出三个可能的研究向度:外科史、针灸史与器具史④。

以上研究分别从近代的中医教育、针灸史、知识史等方面对近代中医教育大环境、针灸发展状况及内外交融下知识史的研究方法与内容进行了简要概述,对本文的研究具有借鉴意义。笔者现已对民国时期针灸教育形式⑤、针灸学校⑥、针灸教材⑦进行了系统整理与分析,初步呈现了近代针灸教育面貌,故在此基础上拟进一步探析针灸教育与知识体制化转型过程与其内在联系,由针灸教育体制的转型进入针灸知识的近代体制化的讨论。

二 近代针灸教育转型

古代中医学教育,有官方教育和师徒传承两种重要方式。所谓官方教育,以行政制度与教育制度合一为主要特征,受政府管制、与政治制度结合,在教育内容、教育方法和管理制度上都相对规范,但是古代的官方中医药教育规模较小,而且其主要功用是为官方擢选医官,所以未能成为主流。而师徒传承方式贯穿于中医学发展的始终,有着广泛的民间基础,在中医传承方面发挥了不可或缺的作用,较之官方教育更早、影响更广,成为旧式医学教育的主要形式。随着西方新型教育制度传入中国,中医教育的新模式被打开。

(一)近代西医教育的先声

近代最早的西医教育诞生于伯驾的广州眼科医局,后在此基础上创办了博济医院。美国传教士、医师嘉约翰待博济医院步入正轨后,开办了一个小型的医学班⑧,起先招收12人,学制3年,设解剖学、内科学和外科学三门基础且实用的课程,并安排有专业知识课、临

---

① 谭源生:《民国时期针灸学之演变》,中国中医科学院硕士学位论文,2006年。
② 桑兵等:《近代中国知识和制度的转型》,北京:经济科学出版社,2013年。
③ 余新忠:《融通内外:跨学科视野下的中医知识史研究刍议》,《齐鲁学刊》2018年第5期,第28—35页。
④ 该观点为张树剑于2019年3月4日香港浸会大学的学术演讲《内外交融,有无相生:知识史视域下的中医技术史研究向度》提出,未正式刊发。
⑤ 赵璟、张树剑:《民国时期针灸教育形式的转型及其特征分析》,《医疗社会史研究·第3辑》,北京:中国社会科学出版社,2017年,第196—214页。
⑥ 赵璟、张树剑:《民国时期针灸学校述要》,《中国针灸》2017年第4期,第441—447页。
⑦ 赵璟、张树剑:《民国时期针灸教材体例及内容特点》,《中国针灸》2017年第9期,第1007—1014页。
⑧ [美]嘉惠霖、琼斯著,沈正邦译:《博济医院百年》,广州:广东人民出版社,2009年,第176页。

床跟诊及外科见习课。随着教学设施的完善和质量的提升,学制、招生要求、教师、课程内容等逐渐正规化,渐渐具有了一所正规医科学校的性质,而后博济医校的正式成立,是"中国近代西医教育从师徒制向学院制过渡的标志性事件"[1]。这种新型教育体制很快被众多教会医院效仿,成为中国近代西医教育的典范。据统计,1915 年,教会联合创办的医学校已达 23 所。[2]

传教士创办医校,展示了西方医学教育体系的先进性,又以《万国公报》为媒介,介绍西方教育制度与理论,提出建立以西方的教育制度为蓝本的新式学校教育体系,并推助了清末学校教育制度变革运动。[3] 1871 年洋务派创办了北京同文馆,设置了生理学和医学讲座,聘德贞为第一位生理学教席[4],标志着我国官方西医教育的出现。其后 1881 年,我国第一所正规医学校——天津医学馆设立,1893 年改名为北洋医学堂,其课程设置按照西方医学校标准,重视临床实践。[5]由此开始,我国传统的官方医学教育逐渐向西方式的现代学校教育体系过渡,趋向正规化和体制化方向发展,且很快被应用于中医教育中。

(二)中医教育纳入学系之争

近代西医教育体制在中国生根发芽,加之政府支持,快速实现本土化。以上海医学院的创办为标志的国人完全自主办西医高等院校,是西医教育基本实现本土化的主要特征。期间,西医学教育无论是在数量、质量、理论发展方面,还是在对医学教育的自主管理、收回所有权方面,以及在管理法律、法规的健全上,都取得了令人瞩目的成绩。[6]

新式的学校教育吸引了来自中医界的目光,1885 年,浙江瑞安利济医学堂成立,中医界开始了仿效西式教育的尝试。利济医学堂的建立是以西医学校为模本的,陈虬制定的《利济医院习医章程》明确涉及学生的入学资格、课程安排、考试以及毕业后的开业行医等方面内容,有一套严格的管理制度,具有极强的系统性。此时中医界的大胆探索,使得中医教育体制发生了改变,传统的官学教育与师徒教育开始向学校教育转变。

可好景不长,"漏列中医案"的当头一棒,使中医教育开始被边缘化。1912 年 9 月,教育部仿照日本学系体例制定《壬子癸丑学制》,医药学教育规程分两批颁布,而中医药学课程均未纳入,这就是著名的教育系统"漏列中医案",这意味着中医教育因无政府支持而失去其合法地位。为使中医教育能够重新被纳入学校系统,中医界被迫转向争取中医办学的立案权,虽联合抗争(即"医药救亡请愿"[7])失败,但迫使政府当局允许民间中医学校自行筹建。面对这短暂的胜利,中医界不遗余力地展开了发展中医教育的各种尝试,中医学校不断涌现,并且有的还取得了在内务部立案的权利。与此同时,统一教材编辑被提上了日程。

---

[1] 刘远明:《西医东渐与中国近代医疗体制化》,北京:中国医药科技出版社,2009 年,第 135 页。
[2] 刘远明:《西医东渐与中国近代医疗体制化》,第 138 页。
[3] 孙邦华:《西学东渐与中国近代教育变迁》,北京:中国社会科学出版社,2012 年,第 327 页。
[4] 高晞:《德贞传:一个英国传教士与晚清医学近代化》,上海:复旦大学出版社,2009 年,第 251 页。
[5] 《北洋创设西医学堂详文》,《申报》,1894 年 3 月 6 日,第 2 版。
[6] 慕景强:《民国西医高等教育研究(1912—1949)》,华东师范大学博士学位论文,2005 年,第 33 页。
[7] 1913 年底,上海医药总会等团体组织了全国 19 省市响应的"医药救亡请愿团"晋京向北洋政府请愿,要求将中医纳入教育系统,允许中医办学校,并"请求贵院皇请大部,统筹全局准予提倡中医中药,除前次西法学校业已颁布通行外,请再厘定中学医药科目,另颁中学医药专门学校规程,一方以西法补助中学,一方以中学补助西法,相辅而行,互为砥砺。"引自《神州医药总会请愿书》,《医学杂志》,1922 年第 8 卷第 8 期,第 81—88 页。

1926年底,李平书、夏应堂组织建立了中医课本编辑馆,草成基本医学编辑大纲①,企图改进并统一全国教材,因各校分散最终不了了之。1928年第一次全国中医学校教材编辑委员会,会上对教材编辑思想有很大的分歧②,尽管编辑教材迫在眉睫却未果。

时至南京国民政府时期,中医界寄希望于新政府能扶植中医教育("国医界吞忍气,处于北庭教部之下久矣,而其最大之端,厥为屏国医于学校系统之外"③),然1929年"废止中医案",国民政府公开压制中医教育,其后一系列规定引发了新一轮争取中医教育合法性的抗争运动。较之北洋政府半妥协的态度,国民政府则是正面打压、严厉管控,依旧将其排除在学制之外;中医界不得不把问题的焦点转向自身学科建设上,欲建立完善的教育体系以获得政府的认可。"废止中医案"无疑是中医教育快速发展的催化剂,1929年7月中医界召开第二次中医教材编辑会议,通函强调了会议的必要性。④较之第一次中医教材编辑委员会的争执不休,此次会议达成了众多共识,在统一学校教材编辑以及学程的设置上取得了相当多的成果。

1931年中央国医馆成立,结束了中医药无管理机构的尴尬局面,开始了全国范围的中医药学术的整理研究工作。1932年,中央国医馆整理国医国药学术标准大纲,采用近世科学方式,分基础学科、应用学科两大类,初步确立了下属学科中各学科的内涵和外延。⑤教育专门委员会因审查《中央国医馆整理国医药学术标准大纲》而对中医学校教育有所改观,同意只要中医学校执行该标准,就可向教育部备案⑥,间接承认了中医学校教育的合法权。直到1939年5月,南京国民政府教育部终于承认中医设校的合法性并订立了《中医专科学校暂行课目时数分配表》,要求各省教育厅审查该省的中医学校,符合课目要求的准予立案。⑦这标志着近代中医学校教育体制化的完成。

由此,中医教育完成了向新式学校教育转型,是由外部西方医学教育体系的移植,及内部争取中医教育合法权的需求而共同促成的。在这一过程中,针灸界未能置身事外,针灸学校也在这一艰难的环境中陆续创办。

(三)针灸学校创办

1933年的《针灸杂志》发表的编者论中,说:"当政者崇尚西学,质疑打压针灸学,弃之如敝屣;针灸界能行针刺者虽不乏其人,但是墨守成法,毫无改进,仅推行于中下劳动阶级中,针灸逐渐入于自然淘汰之途"⑧,可见,针灸在彼时也举步维艰。虽则如此,针灸界有识之士仍然坚持创办针灸学校,借助新式西医教育的范式,主动寻求自身变革。目前可知的近代最早的针灸学校教育开始于1908年的上海医学研究所附设的针灸讲习所,"以针灸一科为医学各科之冠,古圣流传,著有明效其治,各病及疫疹等症较之西医用药尤为神速。近世医

---

① 沈仲圭:《编辑中医课本之管见》,《医界春秋》1927年第12期,第9页。
② 蒋文芳:《本院教务方针及今后之改进》,《国医文献》1936年第1卷第1期,第174—177页。
③ 《本社呈国民政府文:为请扶植国医教育事》,《医界春秋》1927年第11期,第16—17页。
④ 《教材编辑委员会召集会议公函》,《全国医药团体联合会汇编》,上海:上海医学书局,1930年,第58页。
⑤ 《中央国医馆整理学术标准大纲草案》,《国医公报》1932年第1卷第2期。
⑥ 《中政会教育专门委员会审查中医学校立案报告原文》,《吉祥医药》1937年第7期,第2页。
⑦ 《医讯:中医专科学校暂行课目时数分配表》,《苏州国医医院院刊》,1939年,第229—231页。
⑧ 《随便谈谈》,《针灸杂志》,1933年第1卷第1期,第4页。

家都不讲究,恐其失传。因议先在会中轮流讲演取穴之法,再行延仿专家聘为教习,优送东修。"①前虽有利济医学堂完善的学制、教学大纲、教学计划体系为蓝本,后有维系"针灸为医学各科之冠"的初衷,可该针灸传习所的教育体系并未西化或学院化,而教员的短缺、未知的授课规划、教学内容的单一成为早期针灸教育的软肋,"因黄君瑞侯作古,迄未开学,现访求得有阳湖世传针灸习陈君镜湖,其取穴针法较黄君尤为精熟,遂聘到沪上课,编写讲义先从十二经入手。"②清末针灸学校由中医社团创办,囿于办学经验,并没有完成课程的设置和教材的编写,针灸教育处于摸索状态。

降至民国,各地出现了各种规模的中医学校及针灸学校,据笔者初步考查,民国时期含针灸教育学校56所,针灸专门学校48所。因为学校的不断设立,针灸教育制度不断变化与完善,在办学形式、课程设置、教学内容方面渐趋规范。

在办学形式上以学历教育为主,兼有函授班、短期班。其中针灸学校学历教育,较之函授班、短期班,办学时间较长,学制、课程设置相对完善。各校根据自身情况设立学历等级,基本可知学历层次随预科、正科(本科)、研究科逐层递增;因各层次招生及掌握针灸理论与实践能力的要求均有不同,将学生按照其文化程度、入学考试成绩等划分不同班次,接受相应学历教育。以邮寄针灸教材、借书信进行学习指导而逐步发展起来的针灸函授班,其招收的学生不受学历限制,所学相同,扩大了学历教育的学员规模;亦不受时间地域限制,均可得到名师书面的答疑解难,弥补了面授教学师资力量不足的缺陷。但考核方式简易,临床实习没有名师亲自指导,学习完全依靠自修,因而某些知识、操作未能完全理解与掌握,全凭个人领悟。相较之,短期班与函授班学制均短,其中专修班、讲习班的出现,很大程度上是为了针灸学习的速成,学生能够在短时间内更快捷地学成针灸技能。同时,在特殊的战争年代,通过"精简"的办学形式继续传承针灸学术,训练班则成为边区针灸教育的主要形式。

在课程设置方面,针灸学校针灸课程框架体系较为完善,被具体分化成针科学、灸科学、经穴学等,初步形成近代生理、解剖、诊断、消毒,以及针科学、灸科学、经穴学、治疗学两个板块的教学体系,然学生不受班次(学历)限制,均可学习针灸;而中医学校课程按照西医院校模式改制,效仿西医学科体系,学科教学上引入西医学的知识系统规范,间接映射出针灸课程在普通中医学校的地位不凸显,但对学习针灸的学生要求较高。

另外,针灸学校对教学内容有明确的规划,各校对经络腧穴、刺灸术、治疗学等针灸基础知识的教授顺序与时长有明确规定;内容的汇通性与学科间的交融度相关,融合度越高,学校教学内容中西汇通程度越明显,且伴随着知识的更新完善和时代需求,渐趋科学化和实用化。其中最为突出知识"实用化"特性的,则是多数针灸学校注重理论与临床结合,安排学生在附设的疗养院、医院或诊所进行临证学习,并设有临床实习考核。时至20世纪30年代,学历教育已基本确立了设置最后一年为临证实习的教学体制,体现了中医教育逐渐走上正轨,紧密结合了课堂教学与实践教学。

近代针灸学校的创建,是针灸界为发展针灸而做出的主动变革,并在此过程中不断地寻求合理的学校教育建制以培养针灸人才。这一针灸教育体制的变化不仅仅是办学形式、

---

① 《创设针灸传习所》,《新闻报》,1908年10月28日,第0018版。
② 《针灸传习所定期开课》,《时报》,1910年8月10日,第0006版。

课程设置、教学内容等表层的变革,还孕育了针灸知识本身的内在更新。

三 针灸知识体制化

西学东渐,中西汇通成为一个比较热门的知识革新的思潮。[①]针灸在近代教育体制转型的过程中也吸纳了大量的西医学知识,形成了事实上中西汇通(或称"针灸科学化"[②])的知识内容,较之古典针灸学面貌发生了显著而深刻的变化。然而,针灸知识的规范化与较为广泛的认同则是通过学校教育完成的,而针灸教材的统一编写是其主要途径,而接受统一教育方式与内容的医者有了共同的知识背景,亦由此有了共同的学术对话的基础,学术交流成为可能,学术团体也得以建立。从此,针灸知识的传承结束了多元化的民间授受的传统,知识本身完成了"体制化"过程。

(一)针灸知识的初步规范化

古典针灸知识是零散的、碎片化的,历代医家对其在认识视角、知识构建、实践体会等方面存在差异,并有着不同的表述,而知识体系本身亦有着不断演变与自我更新的属性。古代官方教育虽然出现了文本化教材对知识进行了规范,但耳语相传式师徒授受仍旧为传统针灸知识的主要传承方式,更注重技与术的引导,禁方秘方较多,有较强的"学派"属性,呈现出多元化的特点。降至近代,针灸学校开始着手以教科书为蓝本进行教学,被西化的针灸医家认为固有的知识缺少条理系统,因此要借助西方的系统将针灸知识条理化,故对古代针灸理论及近代新学科新知识进行重新梳理、架构与融合,使原先多元化的知识趋向统一化,深刻影响了近现代针灸理论体系的形成。

其一,传统知识的扬弃。晚清针灸学校由中医社团创办,囿于办学经验,没有完善的课程设置和教材编写,仅结合临床认知,学习针灸取穴、认识针灸经脉,针灸知识更多地体现在经脉腧穴层面以及临床针灸效果,传统针灸知识的输出局限于经络与腧穴。笔者考查民国针灸教材 70 种,据教材体例与内容划分为三个阶段,早期(1912—1927 年)针灸知识如前更多保留了传统针灸理论内容,西学融入程度较小;时至中后期(1928—1949 年),针灸知识在教材中有了较大的变革,传统的十四经理论、腧穴定位及其相关的五输穴、络穴等腧穴理论被抛弃;部分传统针刺手法被筛选,诸多古代禁针慎针穴、针刺时间禁忌、适应症禁忌解禁。诸如此类,传统针灸知识在近代针灸教材之中部分保留与缩减,是在新知识传入过程中的必然产物。

其二,西医解剖生理消毒知识的融入。针灸医学是行之有效的经验医学,古来在解剖学、生理学、病理学等方面尚有缺陷。近代以来针灸医家积极吸收西医学的研究成果,以西医的解剖、生理等知识来提高和深化针灸理论,部分西医科目新知识进入针灸教育体系中,

---

① 主要著作,如盛增秀等著:《中西医汇通研究精华》,上海:上海中医学院出版社,1993 年;皮国立:《近代中医的身体观与思想转型:唐宗海与中西医汇通时代》,北京:生活·读书·新知三联书店,2008 年;章清:《会通中西——近代中国知识转型的基调及其变奏》,北京:社会科学文献出版社,2019 年。等。

② 可参考周伯勤:《中国针灸科学》,上海:上海中医书局,1933 年;邱茂良:《针灸与科学》,苏州:中国针灸学研究社,1953 年;卢觉非:《中国针灸科学论》,香港:卢觉非痔科医馆,1941 年。等。

成为学生学习的基础理论知识。新知识新学科的引入,对针灸经络、腧穴、刺灸法理论等各方面认识产生明显影响,针灸学从临床操作到教学体系设置也或多或少发生变化。

解剖生理学的引入对于探索经脉实质、腧穴定位、疾病阐释等方面发挥作用,最为显著的是腧穴定位发展为解剖学描述,愈发精确化标准化。正如,在中央国医馆拟编针灸教材过程中,黄竹斋言"惟古时无摄影术而绘图未精,致经络穴俞,每多模糊失真,是当详考近世解剖学,订正其经络之原委,俞穴之部位,按照学年,编为课程。并备人体骨骼经络模型标本,以为实地之联系"①。由此,因受中医学家推崇,解剖学课程与知识得到广泛认同而纳入针灸教学,成为针灸知识体系中必不可少的一环。另,消毒学的引入,与针灸临床操作密切相关,其课程也是诸多针灸学校必修且必考之科目。诚如罗兆琚所言"消毒学者,乃针灸术中之重要科目也。学者对于此科应细心研究,充分明了。犹当于最短期间,以镇静之脑力,紧张之态度,而记忆之,必至穷神达化而后已⋯⋯吾曹操针灸之术,均须有消毒学之素养。"②观之,东方针灸学社《高等针灸学讲义》最先列入"消毒学"内容,述消毒法之目的,列针灸术之消毒顺序③;中国针灸学研究社附设的针灸讲习所在毕业试卷中,所列消毒学的题目涉及很广④。"口温针""煮针法"作为传统针灸消毒方式,在针灸教材的日渐规范与引导下,逐渐被新式消毒法所取代。

又有,针灸科学实验知识的借鉴与援引,如1940年承淡安《中国针灸学讲义》摘录有日本坂本贡所著的《针灸医学精义》一书中日本博士枢田、原田、青地、时枝、原博士及逸智博士关于灸法的科学研究进展。1944年出版的《科学针灸治疗学》,引用宋国宾博士论文,以"中国针术与内分泌"说明针刺作用相当于内分泌对神经的刺激调整作用。

显然,新的学科知识的引入、新的研究成果等的出现弥补了部分传统针灸知识的不足与缺陷。鉴于教材统一的迫切需求,新旧两种知识在碰撞过程中因不断摩擦与融合而增加、删减、凝练,得以助于针灸知识体系重构。针灸教材内容的构建过程,是近代针灸理论嬗变的一个历史缩影。近代医家在继承古代针灸学术思想的基础上,对中西医知识进行汇通,借助科学化整理形成新的近现代针灸学科知识体系,使其逐渐成为一种不同于既往传统的新模式,并将学界共识性的针灸理论纳入针灸教材内容,摆脱了过往"各立门户"后"闭门造车"的封闭式知识传承,初步完成了针灸知识的规范化。

(二)针灸知识体制化的加固

由于教材的逐渐趋于规范,学生"一心只读教科书"的结果是针灸知识体系的统一。基于统一规范化的针灸知识,针灸学习者之间有了相似的知识储备,令相互学习与交流有了可能性,进而学术组织也随之建立。此外,针灸界又通过创办医学报刊、出版医学书籍以及开办函授班向民众宣传和普及针灸学知识,在宣扬针灸的道路上达成基本共识。随着这些学术团体的运行,逐渐形成了定期举行学术讨论会以发表最新研究成果的传统,已经初步统一的针灸知识又被进一步体制化。

其一,针灸学术团队建立与学术会议的交流。1921年,中医改进研究会附设针灸征集

---

① 黄竹斋:《国立大学等级年限资格科目教材标准草案》,《光华医药杂志》1936年第3卷第6期,第44—46页。
② 罗兆琚:《针灸消毒学讲义》,《针灸杂志》1935年第3卷第4期,本节第1页。
③ 缪召予译:《高等针灸学讲义·诊断学消毒学》,宁波:东方针灸学社,1931年,本节第3页。
④ 《毕业学员考试成绩简录:消毒学试卷》,《针灸杂志》1935年第3卷第4期,第29—32页。

讨论会,以"征集针灸家之秘传、确有把握之针,汇辑成编,公之于众,以期普及。专以研究针灸,以期切于实用,日有进步"为宗旨,设主任一人,专管征集针灸一切事宜。主任审察后认为合格之针灸方法者,除开会时详细讲演外,并汇辑成书,另行出版。① 先后在《医学杂志》上发表了《针术得气之研究》②《针道难补易泻之研究》③《证明五脏五腧以应五时及针砭补泻之研究》④等理论性文章。另收录有针灸临床医案文章,如《针愈邪祟之经验》⑤《针治一切喉症》⑥《针刺赤眼肿痛之经验》⑦等。从已出版发表的文章中可窥见,该团体着重讨论了针灸针法及临床疾病的针灸经验性治疗,欲以普及针灸的"实用性"知识来彰显针灸临床价值,从而宣传针灸。

又有,1933 年重庆科学针灸研究所成立,以"采用科学方法改进针灸学术,整理五千年来之奇效经验,以开辟医学之新途,发扬国粹普济平民"为宗旨。该所由治疗部和研究部构成,治疗部通过以科学方法治疗病症、详审主治病症穴道、用针消毒等方式来规范针灸临床,研究部则运用针灸实验方法及实验器械(如用显微镜、血压表、脉搏器等)来探究针刺治疗效应、解释穴位之特性等,后期该所将进一步设立针灸医院、生理解剖理化及病菌试验室、针灸医学图书博物馆及设针灸医师传习班等。⑧ 1933 年,该所对传统针灸疗法和经络原理进行了研究,并有所改进和创新,首先在针刺的同时以通电代替手捻针,发表了《电针学之研究》《电针手术及学理》等论文。同年 7 月 18 日,曾义发现了解剖学之皮下神经叉与穴道不谋而合,提出论文于中国科学社第十九届庐山年会。总体而言,不管是针灸讨论会还是研究所,其作为针灸学术组织的一部分,在构建与发展的过程中,内属成员基于拥有规范化的针灸知识储备,巧妙地将经验性针灸医学及西方实验论证成果,转化成"实用化""科学化"的针灸知识以交流与推广,在某种程度上对针灸教材中的知识进行了补充,推动了知识体系的统一。

其二,著作与教材的译介、编撰与传播。近代,西方印刷技术的涌入,传统出版业逐渐走向衰落,石印、铅印、胶印等技术蓬勃兴起,使书籍大批量印刷成为可能,很多机构、个人都参与了中医书籍的出版,如综合性书局、报社、中医药社团、针灸学校等。初步统计,民国时期出版的针灸医籍数量为 201 种⑨,出版的医籍中部分直接翻译西方医学著作,特别是早期译著,对针灸知识的变革产生了极大影响。如传教士介绍和翻译了各种西医书籍,《泰西人身说概》和《人身图说》两书,是传入我国最早的生理解剖学著作。其引入对探索经脉实质、腧穴定位、疾病阐释等发挥了重要作用,予针灸界以借鉴价值。时至民国,针灸医家倾向于借鉴日本明治维新的经验,纷纷东渡学习,日本著作的译述也大量增加。初步考查民国时期

---

① 《医务纪要门:中医改进研究会附设针灸征集讨论会简章》,《医学杂志》1921 年第 4 期,第 4—9 页。
② 《针灸讨论会治法选刊:针术得气之研究》,《医学杂志》1922 年第 9 期,第 134—137 页。
③ 《针灸讨论会治法选刊:针难补易泻之研究》,《医学杂志》1923 年第 13 期,第 120—121 页。
④ 《针灸讨论会治法选刊:证明五脏五腧以应五时及针砭补泻之研究》,《医学杂志》1927 年第 35 期,第 96—97 页。
⑤ 《针灸讨论会治法选刊:针灸邪祟之经验》,《医学杂志》1927 年第 3 期,第 106—107 页。
⑥ 《针灸讨论会治法选刊:针治一切喉症》,《医学杂志》1923 年第 11 期,第 106—107 页。
⑦ 《针灸讨论会治法选刊:针刺赤眼肿痛之经验》,《医学杂志》1925 年第 23 期,第 116—117 页。
⑧ 《科学针灸研究所工作进行大纲》,《针灸研究所概况》,重庆:针灸研究所,1934 年,第 4—8 页。
⑨ 岗卫娟:《民国时期中国针灸医籍数量考》,《中华医史杂志》2013 年第 5 期,第 303—307 页。

汉译的日本针灸医籍有13种[①]，对针灸教育影响较大的属宁波东方针灸研究社翻译的《高等针灸学讲义》，分为解剖学、生理学、病理学、诊断学消毒学、针治学灸治学、经穴学孔穴学等，融合新旧针灸知识进行系统、全面的论述，在一定程度上也反映了日本的针灸教育模式。此类教材内容一度被广泛引用与重编，如承淡安《增订中国针灸治疗学》《中国针灸学讲义》、张俊义《针灸医学大纲》、曾天治《科学针灸治疗学》等均引录《高等针灸学讲义》内容。不同的是，中国本土的针灸医家既有传统针灸知识的功底，又有西医学知识基础，在引用的同时，注重知识体系结构，不完全复制内容，而是较好地取纳中西医各部分知识，成为当时乃至现代针灸教学内容的范本。

此外，报刊对针灸知识的传播也发挥了不可或缺的作用，一方面向社会宣传学术组织的理念和宗旨，再者作为交流的平台维系着社员之间的关系。针灸专刊的出现，促进了针灸医家沟通联络、交流学术经验以及针灸知识的普及，加固了针灸知识的体制化进程。《中国针灸文献提要》对近代针灸期刊和刊载过针灸文章的中医药期刊进行了概述性总结，认为针灸专刊有《针灸杂志》《针灸闲谈》和《中国针灸学》三种，针灸相关期刊41种。[②]笔者考察后认为针灸专刊发轫于1930年《温灸医报》，后有1933年出版的《针灸杂志》，然1937年停刊后未见针灸专刊发行，仅有部分类似于针灸广告的宣传小册子出现，直至1945年，杨医亚创办了《中国针灸学》。针灸专刊定期出版了医著论文、医界新闻、针灸验案与临床新发现、针灸学校办学广告等，为具有时效性的动态针灸知识载体，对于针灸医家认识和学习针灸具有一定的导向作用。

显然，在针灸教育体制化推动下，本土教材的规范与医籍的译介编写、针灸报刊的发行等相互交织，共同对针灸知识的重构产生了影响，因而无论哪一方面都非单向平行推进，而是唇齿相依。首先规范化的针灸知识中的西化成分，并非一蹴而成，而是在早期西学书目的译介过程中，新知识对传统针灸知识的渗透效应，间或有报刊的交流属性，其后对新旧知识进行融通后共识性的择录成果。其次，以定期举办学术交流、出版医籍与期刊为主旨的针灸学术组织，是在基于共同的学校教育下具有规范化的针灸知识储备后得以相互交流的情况下形成的。而组建针灸学术组织是近代针灸知识体制化的肇始，针灸医家由个体分散形式转化成群体模式，学术组织成为约束群体的机构；学术讨论会上发表最新研究成果、针灸医籍及专刊在针灸知识体制化进程中称得上是见证者与参与者，使学术组织间的交流更为密切，因此针灸知识得到了强化，更为成熟与稳定。

四 讨 论

中国古代中医教育，以封闭式、个体性、分散性的师徒传承为主体，在近代与西方医学碰撞的过程中，逐显颓势。为改善这一局面，中医教育移植了新式的西方医学教育制度，争取中医教育加入学校教育体系，由此中医学校如雨后春笋般涌现。针灸界亦开始陆续创办

---

① 刘科辰、张树剑:《近现代汉译日本针灸医籍述要》，《中国针灸》2017年第5期，第555—560页。
② 王德深:《中国针灸文献提要》，北京：人民卫生出版社，1996年，第487—488页。

针灸学校,着手探索建立学制、统一课程设置、编辑统一教材,逐步完成了针灸教育的体制化进程,给处于低谷时期的中国针灸带来了转型。

在针灸界不断寻求且逐步完成合理学校教育建制的过程中,针灸知识因教材的统一与学术组织间的交流等多维效应,而出现了新旧理论的叠加、过滤,推动了知识体系的重构。在教材的遴选与编写中,学界将传统的、零散的针灸知识应教学需求转化为系统的、形式化的、兼和中西医的现代针灸知识,促成了针灸知识体系的初步统一化。进而,鉴于学校教育中针灸知识的可复制性教学,学生有着共同的知识基础,相互交流与学习,逐步构建了以群体为中心的针灸学术组织。随着组织的完善与运行,大量发表学术研究结果及编辑出版刊物以宣传针灸知识。针灸学术组织与针灸学校共生共存,结伴而行,依托期刊、报纸、书籍等载体,加固及完善了针灸知识体制化。正因为,在针灸教育转型的机缘之下,借助教材的规范化与构建的学术组织对知识的加固,针灸知识完成了体制化进程。

如今,针灸院校教育基本沿袭近代学历教育模式,高等院校针灸系大约是近代针灸学校的缩影,体制化的近代针灸教育在当下得以延展。而针灸知识的体制化,则"已经内化为当下针灸知识谱系的一部分,而且,由此为基础,新的知识被不断地吸纳进来,共同构成了现代针灸知识系统。"①近代针灸教育模式与知识体系,成为现代针灸教育的范式,是一次较为成功的转型。院校教育的统一化、形式化、体制化,使所得知识由学校的教科书教育灌溉而来,而现在的针灸知识又是由近代体制化知识衍生,如此,针灸的教育与知识的近代转型对现代针灸产生了深远影响。

作者简介:赵璟,上海交通大学马克思主义学院博士研究生;张树剑,山东中医药大学中医文献与文化研究院教授。

---

① 张树剑:《学术调适与妥协中的民国针灸知识转型》,未刊稿。

中国近代医疗史新论:中医救护队与西医知识的传输(1931—1937)

皮国立

【摘　要】目前医疗史学界的研究,针对近代中国医学的近代转型,大多集中在防疫、卫生制度的建构、疾病、药物与技术之对照和比较。此外,在民国之前,无论是中央政府或地方政府,关切的焦点都放在社会秩序的稳定上,瘟疫常是听任其发展或采消极避疫法,中医在社会中少有被谈及或承担什么深刻的国家和社会责任,过去史学界很少重视这方面的议题。战争的危机,给了中医另一个发展的空间与可能性。近代中医在外科技术、生理学知识发展上的落后,已是不争之事实,但中日战争即将爆发之危机,却使得中医界开始思考传统知识与国家存亡、战争伤员救治之间的联结。近代中医救护队的诞生,给了中医参与军政事务的可能,也帮助中医思索他们过往的学术发展和可能的未来。在此过程中,中医学习了过去从未接触过的知识,包括军事、救护、创伤、绷带、防毒等相关知识,并于当时报刊中,反思古代医学中的外科、急救、药品等相关知识,希望能在战争时发挥实际功能。本文除了丰富中国医疗史本身的研究,也可补充目前中日战争史研究之全貌,作为传统政治、军事历史之外的一种辅助和补充。

【关键词】军医;外科;中日战争;中药;救护队;急救

一　前　言

本文之研究动机,乃结合个人博士论文之延伸与这几年的研究成果而进行的反思与创新。笔者的博士论文借由探讨中医"气"与西医"细菌"之争议,其背后更大的学术关切其实是近代中医发展的历史,希望做得较前人更加细致。①近年来,西方学术界对于近代中西医发展的历史,屡有佳作②,现在学界对整个近代中医发展史的看法,其实和二十几年前的认知大为不同。不断创新与发掘新议题,是学术生命力的展现。笔者在这几年,撰写了几篇论文,并以之为基础来进行思考。例如在中日战争前,笔者将化学战的知识当作一种全球化的知识在地理解脉络来梳理,这类议题在中日战争史内的研究虽然很多,时人对中医药在战

---

① 皮国立:《"气"与"细菌"的近代中国医疗史——外感热病的知识转型与日常生活》,台北:中国医药研究所,2012年。

② 例如 Sean Hsiang-lin Lei, *Neither Donkey nor Horse: Medicine in the Struggle over China's Modernity* (Chicago: University of Chicago Press, 2014), and Bridie Andrews, *The Making of Modern Chinese Medicine, 1850-1960* (Vancouver: UBC Press, 2014). Howard Chiang (ed.), *Historical epistemology and the making of modern Chinese medicine.* (Manchester: Manchester University Press, 2015).

争中所扮演之角色,也屡有叙述①,但"中医"却极少在战争史中被重视;或反过来说,在中国医疗史研究中,也极少重视战争的面向②。然而,笔者却意外地发现当时中医其实对化学战和细菌战的防护与医疗提出了不少见解与中药的治疗法,这显示中医并非对战争、国家事务乃至新知识没有兴趣。过去的研究极少重视它们的存在,甚至连最新版的研究成果《百年中医史》中,也忽略了中医与战争之间任何可能的关系③,其他研究则更谈不上论述这些史事在中医近代发展史上的特殊性。

目前医疗史学界的研究,针对近代中国医学的转型,大多集中在防疫和卫生制度的建构与有关中西医疾病、药物与技术之对照和比较④、或谈中西医疗法律或职业之困境⑤,各种相关的历史发展,前人已经很好地开展了,如何求其突破,可能要借由更细致的报刊言论来加以梳理。在民国之前,无论是中央政府或地方政府,关切的焦点都放在社会秩序的稳定上,瘟疫常是听任其发展或采消极避疫法⑥,中医在社会中少有被谈及或承担什么深刻的社会责任(Social Responsibility),过去史学界很少重视这方面的议题⑦。若将医疗史置放于中日战争史的大架构下来看,笔者观察,至少有下面几个议题是已经有所论述的,包括与战争

---

① 皮国立:《近代中国的生化战知识转译与传播(1918—1937)》,《上海学术月刊》47卷2期,2015年,第145—162页。以及皮国立:《中日战争前后蒋介石对化学战的准备与应对》,《"国史"馆馆刊》43期,2015年,第53—92页。

② Robert Peckham 分析近世传染病对形塑整个亚洲国家的影响(State Making),有论述到战争之面向。参考 Robert Peckham, *Epidemics in modern Asia*(Cambridge, United Kingdom: Cambridge University Press, 2016), pp.1-43. 当然,缺失就是没有细致的中国医疗史视野,大论述框架往往只能点到为止,而着重分析西方或外缘的殖民性因素。

③ 目前撰写中医史的途径,大多还是从著作中出发,较少梳理各种中医与其他社会面向之关联性,也比较少运用大量报刊数据,进行整个时代的细密分析。例如朱建平、张伯礼、王国强:《百年中医史》,上海:上海科学技术出版社,2016年。

④ 例如 Sean Hsiang-lin Lei, *Neither Donkey nor Horse: Medicine in the Struggle over China's Modernity*(Chicago: University of Chicago Press, 2014), and Bridie Andrews, *The Making of Modern Chinese Medicine, 1850-1960*(Vancouver: UBC Press, 2014).

⑤ 论中医职业之困境,参考龙伟:《民国医事纠纷研究(1927—1949)》,北京:人民出版社,2011年,第217—265页。以及马金生《发现医病纠纷:民国医讼凸显的社会文化史研究》(北京:社会科学文献出版社,2016年),特别是第十章。

⑥ 范行准梳理得较为详细,可参考氏著:《中国预防医学思想史》,北京:人民卫生出版社,1955年。

⑦ 从忽视中医到中医可以担负防疫责任的例子,可参考赖文、李永宸著:《岭南瘟疫史》,广州:广东人民出版社,2004年,第326—548页。公卫体系在非西方世界的全面制度化,自19世纪以来的过程,参考 David Arnold, *Colonizing the Body: State Medicine and Epidemic Disease in Nineteenth-Century India*(Berkeley: University of California Press, 1993).书内有针对天花、霍乱,与瘟疫等疫情的处理模式。到了中国,现在卫生与防疫的例子,则可参考 Sean Hsiang-Lin Lei, "Microscope and Sovereignty: Constituting Notifiable Infectious Disease and Containing the Manchurian Plague". In Angela Ki Che Leung and Charlotte Furth(Eds), *Health and Hygiene in Modern Chinese East Asia: Policies and Publics in the Long Twentieth Century*(Durham: Duke University Press, 2011), pp.73-108. 而收录的这本书,也是研究东亚近代卫生历程的重要著作。

有关的难民医疗①、西医救护的基本史事②、战时公共卫生建置③、军医制度④，西方医疗制度与技术协助与移植等问题⑤，皆已有相关论述，但谈及中医者却极少，顶多只论到中医参加救护工作的一些案例，却没有讨论中医与国家之关系，或拓展至中医的社会责任，以及挖掘战争本身对中医内部学术发展所带来之深刻反省。

对西医来说，承担战争时的国家、社会责任，已非易事。公共卫生专家陈志潜(1903—2000)曾指，对一般医生而言，战争"总动员"这句话根本无从谈起，国家每年花费若干金钱来培植医学生，却没有明确之责任定位，医学生毕了业从不过问国家的医药卫生问题在哪里，每天想着看诊、赚钱、谋利，社会上称赞医生的标准，是以他的生意兴隆与否为标准，谈到国家大事，一般人也以为无法和医生谈论，故今日"医生在社会上只有合法赚钱的地位，而无巩固社会的关系"⑥。虽然陈氏做如此悲观之论，但医师如何可能承担国家社会的责任，而非只有营利之形象？反观在民国时期，谈到承担"责任"，恐怕中医更没有话语权⑦，但到了1927年中西医论争开始激烈之时，中医之责任已有"保存国脉"免受外力欺凌之说⑧，将中医和国家存续放在一起；30年代后更以"国家民族的健康"为其责任目标。⑨ 1936年12月19日，国民政府正式公布《中医条例》，使中医具备担负国家卫生工作责任之可能，虽然在中日战争爆发前，关于国医责任的问题仍争执不休⑩，但我们可否寻求另一种可能？本文之讨论介于1931年至1937年间，正是该类争论最激烈之时，或许我们转换一个切入点，从国难、战争的背景来看，可否给中医之于国家、社会责任这个问题一些答案。⑪ 另外，整个研究也将扣紧笔者过往一贯关切之论题：现代中医的历史与发展脉络，并从新的视角：战争、外

---

① R. Keith Schoppa, *In a Sea of Bitterness: Refugees During the Sino-Japanese War*(Cambridge, Mass.: Harvard University Press, 2011).

② Watt, John R.. *Saving Lives in Wartime China: How Medical Reformers Built Modern Healthcare Systems Amid War and Epidemics, 1928-1945*(Netherlands: Brill, 2013). 钟文典：《抗战防疫进行时：国联防疫分团在广西(1938—1940)》，桂林：广西师范大学出版社，2014年。林吟：《在血与火中穿行——中国红十字会救护总队抗战救护纪实》，贵阳：贵州人民出版社，2015年。戴斌武则有两本相关著作：《中国红十字会救护总队与抗战救护研究》(合肥：合肥工业大学出版社，2012年)，以及《抗战时期中国红十字会救护总队研究》(天津：天津古籍出版社，2012年)。还有一本是影像合集，戴斌武、张宪文、杨天石主编：《美国国家档案馆藏中国抗战历史影像全集(卷十七)：医疗救治》，北京：化学工业出版社，2016年。

③ 例如张玲：《战争、社会与医疗：抗战时期四川公共卫生建设研究》，北京：中国社会科学出版社，2015年。

④ 杨善尧：《抗战时期的中国军医》，台北：台湾历史博物馆，2015年。

⑤ Wayne Soon, "Blood, Soy Milk, and Vitality: The Wartime Origins of Blood Banking in China, 1943-45," *Bulletin of the History of Medicine* 90.3(2016), pp.424-454 有关输血与血库之研究。以及刘士永：《战时中国的传道医疗：抗战时期美国医药援华局(ABMAC)试探》，收入黄文江、张云开、陈智衡编：《变局下的西潮：基督教与中国的现代性》，香港：建道神学院，2015年，第285—304页。

⑥ 陈志潜：《医师总动员从何说起！》，《大公报》(天津)1933年3月28日，第11版。

⑦ 雷祥麟：《负责任的医生与有信仰的病人——中西医论争与医病关系在民国时期的转变》，《新史学》14卷1期，2003年，第5—96页。

⑧ 张赞臣：《国医的责任》，《医界春秋》13，1927年7月，第6页。

⑨ 中央国医馆秘书处：《中央国医馆筹备大会行开会式速记录》，《国医公报》(南京)1卷2期，1932年11月，第10页。

⑩ 皮国立：《国族、国医与疾病——近代中国视野下"病人"的医疗与身体》，台北：五南出版社，2016年，第115—133页。

⑪ 必须说明，本文基于篇幅，还是先以中医为主，部分加入西医的情况加以对照，才不会失焦。

科、伤科、急救等几个知识的内涵,来梳理中医学术之发展。

二 九一八事变之后的医界反思

在这样的历史背景下,身为国家一分子的医者,当有何言论与行动? 令人好奇。当九一八事变发生后,"国难"已成政治社会中讨论的重点,试图以建构过去中国衰弱之史实、日本侵略之迹象,作为当前国难发生的溯源,并迅速凝结全国共识。①上海市医师公会就指出医药界在国难时期应为之举措,第一就是以抵制日货为终身信条,并提倡国货。其次,还包括了训练救护队与看护队,并搜集相关的卫生材料与器械、研究与抵制毒气与细菌战争等事宜。另外,主张用抽签法来动员医师担任前方之工作。②那么,中医的角色在哪里? 虽然这则提案中并没有谈及,但其中也无排斥中医之想法。当时上海举行民众大会,蒋介石认为要订定一些口号与标语,例如:学校组织义勇军、加紧军事体操、抗日要锻炼身体、学习军事、团结精神;但谈到学生、商人与工人,就是没有提到医者。③但基本已带出时代之氛围,本文目的就是梳理医界之言论与行动。

当时中医的举措,一开始大体以努力集款赈灾,减轻政府负担为主。郭受天,认为国医界应电请政府努力化解派系歧见,巩固国内统一,一致对外,并对日经济绝交、抵制日货等等,并言此属于"国民自决之范围"。据其所言,南京国医界已集合资金,"购买上等国货原料,分散京市各灾区",并将资金交由各地慈善单位。这时的思维是先救受战争影响的灾民,而非规划对全面战争之应对。作者在文后还附有"国产良药与仇产劣货对照表","仇产""仇货",意指日产、日货,甚至引申至韩货、洋货和台产之药物,呼吁大家要有自觉抵制,其他如大学眼药、仁丹、胃活和高丽参等,皆属知名"仇货",必须加以抵制。④王云鹏则指出,与日本情况相比,中国就像是一个全身肌肉萎缩的患者,与前述蒋介石担忧的心理不团结、行动不一致是相同的。他认为医药界若要振作,首先就是医药与医材要有能力自己制造,要尽量试办,不要依靠外国进口。而医师也必需尽量用国货,不要借"洋化"来炫耀自己的技巧。⑤九一八事变之后,中医界言论则有如蒋文芳所指的:上海中国医学院已组织义勇军、国药公会捐助药品、国医学会则筹募犒赏将士之资金;上海中医专门学校则出发外地从事爱国演讲。蒋文芳倡议更要积极组织"救护队"前往工作,在枪弹之疾上,或有未精,但治疗各种疫疠之疾、饥饿劳役之伤,却是中医的专长⑥,对于战地情势也是有帮助的。⑦

---

① 国难会议编:《国难会议纪录》,南京:国难会议,1932年,第1—4页。当时多主张救济、医疗工作必须有一全国统一的负责单位,见第243—249页。
② 朱企洛:《国字第五十九号提案:医药界对于国难急应采取之工作》,《医事汇刊》9期,1931年,第41—42页。
③ 周美华编:《蒋中正档案:事略稿本》第12册,1936年9月24日,第97—98页。
④ 郭受天:《国难中全国医药界之应有努力》,《南京市国医公会杂志》第2期,1931年,第1—4页。
⑤ 王云鹏:《国难中对于医药界同胞最低限度的要求》,《唯生医学》5—6期,1931年,第8—13页。
⑥ 有关民国中医对传染病之认识,可参考皮国立:《"气"与"细菌"的近代中国医疗史——外感热病的知识转型与日常生活》(台北:中国医药研究所,2012年),特别是第三、四、五章。
⑦ 蒋文芳:《国难中之国医药界》,《现代国医》2卷1期,1931年,第4页。但随着战事情况愈来愈严重,中医也开始发出重视外伤科之声音,详下。

20世纪20年代末至30年代初,是中西医论争最激烈的时代,"废医案"的冲击刚过[1],中央国医馆又刚成立,[2]不到几个月就发生九一八事变,这几个史事,往往不是孤立的,中西医论争顺着"九一八"乃至之后的一·二八事变,余波依旧持续荡漾。蒋文芳指出:现代中国可悲的地位和被西医打击的惨况,就像是当时中医的处境;被侵略的中国和被压迫的弱小民族,就跟中医被西医打击的情形是一样的。如何来振奋国医,恢复固有地位,值得思考。蒋文芳提到"317事件"的教训,指出当日原议决大家捐出一天诊金来作为抗争费用,会议上人人赞成,但真正实行时捐助的人却不多,中医界如一盘散沙。他认为中医不能只喊其技术是神妙、高尚的,西医真压迫上来,没有真诚的团结和"开诚布公的联络",那便无济于抵抗侵略。[3]国难似乎更加提醒中医属于一个特定团体,必须团结以对抗外在改变。[4]

西医则仍在国难时期质疑中医之存续问题。有西医提出,国难当前,各国都在强调卫生、优生,此时更不能再信中医,他说:"国家多难之秋,欲谋民族之自存,万不能以毫无科学意味之旧医,与日新月进之科学医较长短。帆船不能与汽输赛快慢、刀剑不能与枪炮较利钝,昭然若揭。奈何辄以科学救国相标榜之现政府,偏囿于固有、外来之成见,既一方提倡新医而设卫生署,一方复鼓吹旧医而设国医馆,使科学与非科学,同床异梦,模棱两可,障碍医政之设施,影响学术之推进。"[5]一·二八事变之后,战争氛围更加重,仍有西医指出:"一般古董家往往把日本怎样尊崇汉医的种种故事,拿来以抨击国内爱好新医的人们,以为日本富强,仍然是重视旧医,全不想日本的富强岂有一丝一毫泥古守旧的功业呢?去年许多国府要人苦心孤诣的立了一个国医馆,遂了他们尊崇国故的心,这也算是一点建设的事业。但是现在日本的飞机大炮已经打到我们的头上来了,这又岂是尊崇国故所能只御的呢?"[6]天津《大公报》则批评:"现代战争中的利器绝不是太极、八卦等国术所能抵御的,至少也得用机枪、炸弹"、"不知尊崇国医的人们,听了上海的炮声,心中作何感想!"[7]也就是说,要打一个现代战争,就必须完全依靠以西医为主的医疗体系,中医已不合时宜。

当然,也有采折中论述的,认为医学应不分中西,都是国家的医学。由于日本打得不只是枪炮,更打全体战,包括国民知识、经济、民生;反观中国,事事无法取得团结一致,医药界也是支离破碎。例如国医与新医、东医(指日本)与西医,西医更还有德医与英美医的界限,互相攻评,搅得医界乌烟瘴气。[8]这些言论以折中态势,不反对国医,但希望中国能重视真正的科学,赶紧增设药厂、医院,不要依靠外人,但强调要从科学上下功夫,国医也可以进化。[9]时任上海卫生局长的李廷安(1898—1948),则以西医的观点来检讨当时的军医制度,他认

---

[1] 魏嘉弘:《国民政府与中医国医化》,台湾大学硕士学位论文,1998年。文庠:《移植与超越:民国中医医政》,北京:中国中医药出版社,2007年,第78—90页。
[2] 成立后之影响,可参考皮国立:《所谓"国医"的内涵——略论中国医学之近代转型与再造》,《中山大学学报》(社会科学版)2009年第1期,第64—77页。
[3] 蒋文芳:《国难与国医》,《现代国医》2卷2期,1931年,第2—4页。
[4] 严苍山:《国难中之国医公会》,《现代国医》2卷6期,1932年,第1—2页。
[5] 计济霖:《国难声中关于我国医政之感言》,《医药评论》82期,1932年,第4页。
[6] 不着撰者:《国难与国医》,《医学周刊集》6卷3期,1932年,第71页。
[7] 不着撰者:《漫谈国难与国医》,《大公报》(天津)1932年2月17日,第8版。
[8] 钟志和、万友竹:《国难声中医药界同志应有的觉悟》,《广济医刊》9卷1期,1932年,第13页。
[9] 杨郁生:《国难期中医药评(续)》,《医药评论》102期,1933年,第7—9页。

为:近日前方作战将士受伤者口以千计,因医药缺乏救济不周,演成目前一种使人非常痛心的惨况。北方舆论界为唤醒社会人士起见,有建议政府应当急速下全国医师总动员令。可惜,日本的军医非常受尊重,而且是高阶学术人员,而中国的军医呢?他说:"回看我们军医的情形,真令人不寒而栗。"军医在军队中居于军佐的地位,生活困苦不堪,有医术的医师都不愿成为军医。他们大多不在乎薪水的多少,平时军队驻于内地,就靠贩卖毒品以得额外收入,一旦内战发生就侵吞药费,虚报名目,贪赃枉法;而战事未起,就吃购药费,战事已起,又侵吞病人伙食费,战事一毕,又盗卖药品器具,"这是近二十年来南北军医的惯技。"陈进一步指出日侵热河,据传当地总司令部竟只有纱布数卷、棉花数磅,其他药品器具一无所有;某年定县驻军有军医数人,但军中连止血夹子都找不出一把,他认为这样腐败的军医根本无法应付目前的问题。①军医之发展②,或许不能与中西医等同观之,因训练和执业方式皆不同,但从中可以看出,处在战争前线的医疗卫生问题之严峻③,这也构成当时中西医的着力点。

一·二八上海事变后,西医言论主要集中在以下几个方面。他们大多呼吁抛弃医师个人利益,为国家生存来尽力。④捐款救助之外,就是集中整理药品,上海医师公会指出:"爱本国家兴亡匹夫有责之义,就医药范围,尽心筹划,唱议募捐,购储械药。加消毒、止痛、退热、强心诸品,以及刀针之属为救护上必不可少之物,而国货所不能代庖者,储之以备不时之需。"该公会认为所谓的"国难储药捐"是刻不容缓的,要加以重视。⑤后来该会又有"国难医药捐",大体以捐钱为主⑥;或请中央立刻设立战时制药厂,制造所需药品与救护材料。⑦而以西医言论为主的《社会医报》刊载:现在已到了非抵抗不足以雪耻、非武力不足以图存之时刻,医药界的责任,就是准备救护工作,既可增加武力,又可壮大前方将士的胆量,可以"集中军阵外科同志",随时可胜任国家调遣,是医药界救国之天职。⑧李廷安则于1933年至东南医学院演讲"公共卫生与国难",指出国难时更要重视卫生工作和预防传染病,让衰弱的中国变强。⑨以上大体以西医之长,如公共卫生、预防传染病和集合外科人才力量为主。在七七事变爆发前一年,《广西卫生旬刊》又指出,战争有一触即发之势,而中国科学不如人,战端一旦爆发,敌军会用毒弹轰炸扫射国军,要预先准备防毒药物和用具比较好,费用应该由地方政府辅助加上私人捐输。若战争一旦爆发,医师也应该舍弃私人营业,集中于国防重地,组

---

① 陈志潜:《医师总动员从何说起!》,《大公报》(天津)1933年3月28日,第11版。
② 除杨善尧的军医史著作外,还可参考司徒惠康总纂,叶永文、刘士永、郭世清撰修:《国防医学院院史正编》,台北:五南出版社,2014年。以及司徒惠康总纂,叶永文、刘士永、郭世清撰修:《国防医学院院史:耆老口述》,台北:五南出版社,2014年。
③ 笔者曾有一篇论文论此,皮国立:《思考日记的另一角度:公卫史研究》,"蒋介石日记与民国史研究的回顾",台北:台湾历史博物馆,2016年4月16日至18日,未刊。
④ 固盘:《国难中全国医药界之应有努力》,《社会医报》162期,1932年,第2778页。
⑤ 晨钟:《上海市医师公会征募国难医药捐宣言》,《广济医刊》10卷3期,1933年,第5—6页。
⑥ 不着撰者:《上海市医师公会发起征募国难医药捐》,《医事汇刊》15期,1933年,第55—57页。
⑦ 不着撰者:《建议:全国医师联合会第四次大会广西医师公会提案:(五)拟请中央设立战时制药厂以应救护案》,《广西卫生旬刊》3卷11期,1936年,第2页。
⑧ 坚匏:《全国医药界准备救护工作之必要》,《社会医报》183期,1933年,第3607页。
⑨ 李廷安:《公共卫生与国难》,《医药评论》107期,1933年,第49—51页。

织救护队,"以赞助政府之不及,以尽国民一份职责"①。这些言论则提到防止毒气和组织救护队的问题,这些面向,当时中医也都有注意到。

对中医而言,有几个新发展值得注意,特别是到1936年前后,相关言论更多,言论大体集中在药品和救护队上面。吕丽屏在《国难期间国医药界应如何准备》一文中指出,战争一开始,战区范围一定很大。对于救护工作,若无足够人力与大量的药品,一定会遇到很大的困境。所以第一步就是要集中大量药品,自己也要能配置救急药方,不能仰赖外国药品,乃中西医界之共识。延续上述,没有药物,救护队再完善也没有用。国医药界必须积极宣传救急药方,并组织宣传队下乡宣传或出版刊物,倡导何种药方可治疗何病,若救护队力量不及之地,也可以自救。②中医徐心亘则指出,西医同胞颇能身体力行,而不是坐而言不愿起而行,这一点必须给予肯定。中医界也应该奋力共赴国难,当时《中医条例》已通过,中医已取得一些合法权益,当然也应该尽一些义务,特别要注意防毒和救护的工作③,需尽快训练,以免落于西医之后。④

1936年发生七七抗战前最重要的战事——绥远战役。⑤当时傅作义主席已大声疾呼前线需要医药援助,当时已恐未来战争会蔓延全国。⑥12月时,华北国医学院毕业生董德懋(1912—2002)指出:⑦绥警频传,举国震惊,北平国医学院已有救护医院之组织,将赴绥工作。他认为国医因手术之落伍,故少有服务社会国家之成绩,"致见辱于西医,见轻于政府"。当时各界人士都对国医救护缺乏了解,但他指出:目前西医人力不足,西药又多仰赖进口,伤病将士恐将坐以待毙。⑧浙省国医分馆则提出,晋绥战事纷起,"已通知本省各地医药团体,转知国医药界同人,将一日所得径汇浙省救国输捐一日运动委员会,以尽国民之天职"⑨。捐款救助之外,不少人指出中医在手术上的缺点和注意药品供应等层面之关怀。当时中西医其实都很注意药品的供应问题,《广济医刊》一篇文章指出:中国医药落后,所用药品多来自欧美与日本,西医不用说,连中医也使用不少舶来药品,让经济损失严重。虽然不少人认为要抵制日货,但几乎历来所有抵制外货的运动都失败,因为愈抵制民众就愈有预期心理,反而导致舶来药品大卖。其实,根源不在外国商品,而在于地道国药太少。⑩故作者呼吁:"当此

---

① 不着撰者:《拟呈请全国医师联合会训令全国医师于国际战争时应全体动员为国服务案》,《广西卫生旬刊》3卷11期,1936年,第2页。
② 吕丽屏:《国难期间国医药界应如何准备》,《光华医药杂志》3卷12期,1936年,第4—5页。
③ 徐心亘:《国医界应积极探讨防毒与救护》,《吴兴医药》5期,1937年,第3—4页。
④ 关于中医在战争前对防毒的医疗论述,可参考皮国立:《近代中国的生化战知识转译与传播(1918—1937)》,《上海学术月刊》2015年第2期,第145—162页。
⑤ 杨奎松:《蒋中正与1936年绥远抗战》,《抗日战争研究》2001年第4期,第45—75页。
⑥ 《沪报》1936年11月23日。转引自虞翔麟:《组织中医救护队告全国国医界》,《光华医药杂志》4卷4期,1937年,第3页。
⑦ 徐凌云、高荣林主编:《董德懋内科经验集》,北京:人民卫生出版社,2004年,第1页。
⑧ 董德懋:《关于非常时期之国医救护医院》,《明日医药》2卷5期,1937年,第441页。
⑨ 不着撰者:《杭市国医界发起捐资援助》,《光华医药杂志》4卷2期,1936年,第6页。
⑩ 西药行业与中药研究的大略情况,可参考邓铁涛、程之范主编:《中国医学通史:近代卷》,北京:人民卫生出版社,1999年,第452—455页。上海市医药公司等编著:《上海近代西药行业史》,上海:上海社会科学院出版社,1988年,特别是第三、四章。

严重时期,要救国应从提倡国药,挽回利权做起! 西药中的大黄制剂、麻黄素,和当归精 Ephedrine Eumeuol 许多的药物,都采自我国,有的或从我国固有的药物,加以研究改良,就巧立名目,销售于我国了。"①所以医药界应该研究国产药物,集资开设药厂,制造国药,收回医药发展的自主权。②而战争即将爆发的压力,加重了人们对药品短缺可能导致严重后果之忧心。至于发展救护工作,就西医来说没有问题,但对中医而言就是全新的事业,以下另起一节说明。

三　中医救护队之成立

就当时报刊舆论来看,中西医各抒己见,似无先后之差异。但救护队一事,民初中医或有参加救护队之举措③,多为防疫而设。④但为了战争,由中医团体主动发起的例子,过去极少,在1931年后逐渐增多。西医的救护队,一开始也多是因应战争而临时设置,例如国立上海医学院(前中央大学医学院),在日军侵略热河后,由院长颜福庆北上筹划救护,与华北医界要人和卫生署署长共同发起"华北救护委员会",主持华北救护,医护人员分配不够,颜氏还调集全体学生与外科医师多人支持,于当年3月18日在北平组织后方医院,专收容重伤官兵,共有一千床。⑤西医的救护队很容易和现代化医院结合,中医的部分则会比较特殊。战前,镇江医师公会提出的《拟请各地医师公会组织救护队以应事变服务地方案》,主要指出扶伤救治乃卫生人员的职责,一旦发生战争,只凭公家单位救治,恐力有未逮,所以应该由各地医师公会为主,邀集当地公立医院、开业医生、护士、药房等人员组织。其组织大纲为:一、救护队社队长一人,队员若干人。二、救护队分宣传组、防毒组、担架组、治疗组四部分。三、应用药械由各地医师公会征集。而这些救护队成立后即为永久性,临时又可加开演习并服务地方。⑥这算是见诸报刊,战前西医提出较有组织性的救护方案。

中医的情况则不完全相同,较早看到的救护队,如广东中医药学校附设有"救护队",其简章指出,设立目的为救护人群、尽心治疗,这种常设的救护队似乎不只是为了战争,也有在平日出任务之需求。⑦到九一八后,整个抗日空气弥漫全国,日本并无撤兵之意,战事若一触即发,则战地救护队之组织尤不可不备,这种组织就与传统慈善的救护队不同。一般战地救护队已相当缺乏,国医之救护队更少。一位署名"觉非少年"的作者指出:组织国医救护队一方面可以稍尽医界爱国之责任,也是展现国医学术精良的好时机。他说:"我国医乃中华

---

① 钟志和、万友竹:《国难声中医药界同志应有的觉悟》,《广济医刊》9卷1期,1932年,第14—15页。
② 翁之龙:《中国的新医学》,《社会医药报》2.5,1935年,第5页。
③ 皮国立:《民国疫病与社会应对——1918年大流感在京、津与沪、绍之区域对比研究》,《新史学》27卷4期,2016年,第57—107页。
④ 孔伯华名家研究室整理《传染病八种证治晰疑》(北京:化学工业出版社,2010年)附录"廊坊防疫录"部分,即有中医防疫队的案例。
⑤ 不着撰者:《上海医学院救护队到平工作》,《同仁医学》6卷5期,1933年,第79页。
⑥ 镇江医师公会:《第四次全国医师代表大会议案:师字第廿六号议案:议题:拟请各地医师公会组织救护队以应事变服务地方案》,《医事汇刊》8卷1期,1936年,第62—63页。
⑦ 不着撰者:《本校附设救护队简章》,《广东中医药学校校刊》6期,1931年,第28—29页。

民国之国医;所以对于我中华民国亲爱的同胞,应负其保护之责任。"如果此时不能展现国医精良的技术,让社会人士刮目相看,那么欲求国人对国医之信仰,又如何能得到?①借组成国医救护队来尽到社会责任,提升社会形象,是一重要的考虑。地方的行动还可以从提案中看出,好比广东新会县国医支馆馆长黄焯南、副馆长李铣如呈文广东省国医分馆,言其遵照指示,召开第三次职员与董事联席会议,议决遵照组织章程第八条设立治疗所与救护队,"以便利病者治疗及负社会救伤之责。至于施药,先从职馆员及各董事捐助药剂,俟办有成绩、扩充医院,再向热心慈善捐助。"这时地方中医团体已陆续有行动,但还是偏于慈善救助。②新会县国医就有救护队,在战争开始前,救伤的对象是普及于一般民众的,并以红卍字臂章作为徽号。③透过民国报刊的整体检索,发现广东省的中医团体反应最快,上海也有行动,但要到抗战爆发后,才产生更为全面的中医药团体救护队。例如上海市中医药界整体的救护团至1937年8月2日才举办第一次董事会,总体看来上海的组织较为整体且庞大,加入救护团的中医非常多,主席丁仲英,下设将近十多个组,例如秘书组主任为蒋文芳、贺芸生、药物组主任为程迪仁、宋辅臣,防毒组为朱松、虞翔麟等等,但有关训练救护的进行案,却仍在讨论与规划中,略有缓不济急之感。④

其他各地情况不一,曾被戴笠推荐给蒋介石治病的伤科名医虞翔麟曾说⑤:"以为国民救国当前之急务,莫如组织救护队,盖现代战争,上有腾空之袭击,远有越山之大炮,破坏都市、毁伤住民,其暴力无与伦比,若国民无广大组织之教护队,则束手待毙。"这是成立救护队刻不容缓之因。⑥而全国救护团队之设置与成立,大概到了战前一二年更加兴盛起来,而其实中医成立具有现代性的救护团并不容易,因为还要带入现代的救伤技术。我们来看看几个例子,在北方,1935年,北平中国医学院就增设救护班,特别教授急救、看护知识⑦;北平国医学院第一届救护班也于1937年初考试完毕,及格共20人⑧。而中央国医馆副馆长施今墨主持的华北国医学院,因应绥远抗战,也派出当届毕业生中精通中西医内外科的孙魁卿等数十人赴绥远主持一中医临时救护医院,药费和旅费都由施氏提供。该服务团至华北后,不分伤兵平民,一律救治,送医送药,不收分文。⑨北京国医研究会,则是鉴于国难日益严重,前方救护已有组织,但后方救济与巡回诊疗之工作却没有人做,所以也展开组织后方救护队。⑩

至于处于华中核心地带的两湖地区,知名中医冉雪峰在1936年8月也在汉口培心小

---

① 觉非少年:《我国医界亟应组织之战地救护队》,《广东光汉医药月刊》14—15期,1932年,第7—8页。
② 黄焯南、李铣如:《呈文:呈为呈请事窃职馆开第三次职员及董事联席会议议决遵照组织章程第八条设立治疗所救护队》,《新会国医月刊》1期,1932年,第20页。
③ 不着撰者:《救护队简章》,《新会国医月刊》1期,1932年,第68页。
④ 不着撰者:《上海市中医药界救护团成立》,《光华医药杂志》4卷10期,1937年,第40—41页。
⑤ 台北藏"蒋中正骨伤诊治档",典藏号001016142023 004a—005a。
⑥ 虞翔麟:《组织中医救护队告全国国医界》,《光华医药杂志》4卷4期,1937年,第3页。
⑦ 不着撰者:《中国医学院添设救护班》,《光华医药杂志》3卷2期,1935年,第64页。
⑧ 不着撰者:《北平国医学院救护训练班毕业》,《光华医药杂志》4卷4期,1937年,第47页。
⑨ 不着撰者:《华北国医学院毕业生赴绥组织临时救护医院》,《光华医药杂志》4卷4期,1937年,第2—3页。
⑩ 不着撰者:《筹备后方救济医院》,《中医科学》1卷8期,1937年,第79页。

学内①,成立湖北国医救护训练班并担任班主任。他在两年后出版的医书《新定伤科药方新释》(原名《新定方药注释》),已累积不少具现代性的观念,如消毒、止血、止痛等外科、伤科知识。②成立之公文称此举为国医天职,应于平日研究现代救护学,才能在战时负起救伤之责。该救护班先有筹备委员会,并上呈公文至湖北国医分馆,由主管单位核准备案。该则报道指出,武汉西医于前一个月已成立救护队,西医公会会员也分派工作,国医公会皆有报道。湖北国医救护班还附有《湖北国医救护训练班组织大纲》和《湖北国医救护训练班简章》,该班"以养成战地救护工作人材共赴国难为宗旨",经费由武汉医药团体乐捐,不收学费也不向外界募捐。教员将聘请中西医学术经验丰富者担任,其学科包括:创伤、药物、看护、绷带、担架、救急、消毒防毒、红十字会条约、军医战时服务规则等等。受训完后,学员均有"开赴战地救护及后方医院治疗之义务"③;至于湖南国医专科学校在卢沟桥事变后刊出一则演习的实地摄影照片,有集合出发和施放烟幕弹的照片④。可见当时国医院校的教育,融合了现代医学的救伤技术和知识理解,并有军事化的训练与灌输,全面地将医药和军事进行结合。此外就是演习时也以先进的技术教导中医,上海市神州国医学会曾举办"防毒救护展览会",会场上挂了许多图画,多由该社药学主任朱松所绘制⑤,新式防毒知识已成为中医上课、演习的重要教导事项。

再以湖南国医专科学校的例子来说明,因为防毒、防空、救护知识,皆为过去中医知识所无,故需聘请新的师资来教导。当时该校聘请日本千叶医学士陈致远医师来担任救护学教授。为因应空袭,长沙市第一次防空演习时,该校全体学生担任防毒救护工作;于当年训练完毕,该校继续实地演习,组织"战时防毒救护演习团",再聘请该校陈致远,以及甘峰(第六陆军医院医官)、谭汝镇(军事教官)、魏健宏(省会警察局卫生科长)等人为指导员,除演习外,还呈报湖南防空协会备案。至防毒演习当天之情况,在发现毒气后,全体"继救护组赴毒区救护受遭毒伤人员,抬出毒区后,分别施以绷带或人工呼吸法,然后送入临时医院诊治,各防毒消毒人员,工作时均有面具,分别在毒区撒布漂白粉,及用水枪喷射消毒药水,救护组备有担架、药箱,并设有临时医院,设备齐全,表演均极逼真。"⑥可见国医学院除了教导西医救护学,也请教官讲授军事相关训练,行动一律军队化。当时还借由西医的湖南公医院作为救护实习的地点,都由该院内科主任陈致远负责筹划,使中医有了操作西医技术的场域。⑦其实当时有些医院具有慈善性质的,有兼具有中西医特质,例如广州的城西方便医院,原以中医为主,但也开办救护班。⑧至1937年,地方还有兴建首都国医院之倡议,而且地方

---

① 冉雪峰著:《冉雪峰医著全集·医经》,北京:京华出版社,2003年,第1页。
② 冉雪峰著:《冉雪峰医著全集·临证》,第83—100页。外、伤科的知识,拟以另一篇文章来探讨,才不至于分散论述焦点。
③ 不着撰者:《指令:令湖北省国医分馆据呈湖北国医救护班呈送委会章程准予备案文》,《国医公报(南京)》4卷1期,1936年,第4—6页。
④ 不着撰者:《湖南国医专科学校战时演习实地摄影》,《吉祥医药》10期,1937年8月16日,第3张。
⑤ 不着撰者:《上海市神州国医学会举办之防毒救护展览会》,《中医科学》1卷8期,1937年,标题第1页。
⑥ 不着撰者:《湖南国医专科学校消息汇志》,《国医砥柱》1卷7期,1937年,第54页。
⑦ 不着撰者:《湖南国医专校新增军训救护课程业经开始授课》,《光华医药杂志》3卷5期,1936年,第49页。
⑧ 不着撰者:《广州方便医院救护班举行毕业》,《中医世界》11卷4期,1937年,第58页。

的中医公会已开始乐捐,当时中央国医馆同样发动"一日所得捐"的公函,希望获得支持①,这个提案后来在抗战后得到实现。类似的训练是上海新中国医学院学生的救护演习,就当时的照片看起来,中医学院的学生会穿着军装,救护演习就是担架操演,包括抬送伤兵至船上或火车上等训练②;训练他们的并非医师,而是军训教官,还会教导一些战场上的军事通信旗意义③。

南方大概还可以举杭州市中国医药学社的例子。最早于1936年11月,《中医科学》杂志即报道,杭州市中国医药学社召开讨论会,决议筹组"国医军事救护团"。该社曾出版各类书籍,当时是推董志仁、杜志成起草组织办法,社员每人应出50元,当时有会员20多人,并推施稷香、王一仁为救护团正、副主任④。当时由董志仁撰写的《国医军阵伤科学概论》与教本⑤,即救护团教材⑥。来年该社创立正式救护班,名为"中国医药学社国医救护班(简称国医救护班)"。其宗旨为"应付非常时期需要,阐发国医学术,推广各种急救常识,以作自助助人之准备。"当时修习之科目有:日常应用救护术与非常时期急救术,后者共分有:生理概要、诊断常识、手术治疗、急救药品及方剂、绷带担架术、毒气救护及防毒以及晕厥、触电、窒息、水火烫伤、人工呼吸等急救常识。当时任教的教师有该社社友周子叙、董志仁、杜志成、陆清洁、王一仁、王心原、阮其煜等教师。像是阮其煜,本身为西医,但对中医有兴趣,除担任教师外,也帮忙校阅《国医军阵伤科学概论》⑦,甚至同时代的一些外科讲义,也会加入西医的外科知识⑧。该班授课时间为每天下午七点到八点,一个月为一期,训练完后还颁发"国医救护班证书"一张⑨。救护班第一期于1937年1月15日毕业,学员共26人,杜志成指出:"欲使中医的救护术,遍传全国而普及世界。"而蔡松岩致辞时指出:很多中医询问学习"救护"的意义,是为了谋生还是为国家出力,蔡认为后者的意义较大,因为救护不过是"浅近的手术与医理",若不进一步研究,只是一时的,不能谋职业。他认为只靠一个月训练,只能达到浅近的救护学医理,必须再进修才能长久。⑩该班结业后还办有结业典礼,并嘱咐学员"继续研究,以期完成一专门救护人才。"会中还有中央国医馆浙省分馆王君毅、杭州市中医代表蔡松岩等致辞。⑪若再举苏州的妇女救护班为例,其班主任还曾由女性国医王志纯代理,或许在当时这种"救护班"的设置中,中西医的界线并不那么僵硬而不可变通。⑫

其他零星的报道,在绥远战事一起后,其实各地都有训练救护队之举。太仓县于当年

---

① 不着撰者:《建筑首都国医院平湖中医公会会议筹款》,《光华医药杂志》4卷4期,1937年,第2页。
② 不着撰者:《上海新中国医学院学生救护演习》,《中医世界》11卷3期,1936年,第1页第1版照片。
③ 不着撰者:《担架之行进〈卧者为军训教官郭叔雄先生〉》,《中医世界》11卷3期,1936年,第1页第2版照片。
④ 不着撰者:《杭国医界筹组军事救护团》,《中医科学》1卷6期,1936年,第359页。
⑤ 董志仁著,阮其煜校订:《国医军阵伤科学概要》,上海:校经山房书局,1936年。
⑥ 不着撰者:《杭国医界救护班成立十二月十四日正式开课》,《中医科学》1卷7期,1937年,第79页。
⑦ 王建安等主编:《百年名院,百年质量——从广济医院到浙医二院》,杭州:中国美术学院出版社,2010年,第276—277页。熊同检:《沟通中西医药学的杰出代表阮其煜及其〈本草经新注〉》,《中国药学杂志》6期,1985年,第365—367页。
⑧ 朱建平、张伯礼、王国强:《百年中医史》,第240页。
⑨ 不着撰者:《中国医药社举办救护班》,《中国医药研究月报》1卷3期,1937年,第27—28页。
⑩ 不着撰者:《杭州国医救护班举行第一期学员毕业礼盛况》,《中医科学》1卷8期,1937年,第8—9页。
⑪ 不着撰者:《杭州中国医学社举办国医救护班第二期学员毕业》,《中医科学》2卷1期,1937年,第9页。
⑫ 不着撰者:《苏州女国医王志纯县党部令办救护班》,《中医科学》1卷8期,1937年,第76页。

11月开始救护班训练,当时原本希望在第一期公民训练毕业学员中抽调60名训练,但有"青年国医"盛养真、包斗如、唐济生、金仰山等将近10人,鉴于中医对防空、防毒知识之缺乏,主动加入训练班,希望将来有需要时不致落于人后。① 1936年时,有些中医期刊也意识到战地救护的重要,如浙江嵊县的《国医周刊》编辑部丁少侯,就组织"战地救护常识专号",取材以急救、看护、卫生、防毒四大项②。救护团之整体发展,至卢沟桥事变后更为普遍。湖南国医界包括国医学会、国医专科学校和长沙市国医工会等团体都致电前方慰劳,并表示愿意援助;各团体发起组织"湖南青年战地救护团"及"长沙市国医界北上抗敌救护团",准备北上工作,并指出:"凡国医界同志或具有现代医学知识,愿牺牲个人自由,能刻苦耐劳,为阵伤将士服务,而年在十八至二十八岁者,不分性别,均可加入,以示为国服务。"③救护团在中日战争爆发后渐成常态,各地的救护团队更加蓬勃发展。总体而言,抗战前的国医救护队只能算是起了一个头而已,但"国医救护"的契机,已给了中医不少创新之期待。④

四 关于中医学术改进之讨论

顺着上一节救护队的议题,这个过程中有没有伴随中医知识的任何转变?目前从既有对近代中医外、伤科的医书论述中,看不到太多新意,但揆诸报刊资料,或许会有新发现。⑤虽然论者有谓"责任"乃创新之重要因素,但过去却很少有人谈论国家责任和接下来要讲述的中医创新。⑥江苏省政府在1936年计划训练全省中医包括消毒、防毒、外伤、野战救护等技术,35岁以下之中医都必须接受训练⑦,这些课程都是过去中医极少重视的。面对国难,西医同样有捐助善款与组织医药救护队,差别在于:西医的单位多训练护士为主,医师较无短期训练急救、外伤知识之需求⑧;但中医过往的知识,却无法帮助他们面对战争的救护问题。所以当时有些中医教材,有加入急救法、人工呼吸、枪伤、创伤等知识⑨,而且聘请西医来教导外科技术,已成常例,例如苏州国医学校一则新闻指出:

> 本校为造就青年国医之机关,自觉责任所在,义不容辞,于是特设战地救护训练一科,以为青年他日服务国家之准备。万事贵在实行,计划既经决定,我们便开始征求战

---

① 不着撰者:《太仓青年中医加入救护训练班》,《光华医药杂志》4卷2期,1936年,第6—7页。
② 不着撰者:《嵊县国医周刊拟出战地救护常识专号》,《中医科学》1卷7期,1937年,第73页。
③ 不着撰者:《医药新闻:卢沟桥事件发生后湖南国医界纷起声援组织救国团北上工作》,《吉祥医药》10期,1937年,8月16日,第3张。
④ 董德懋:《关于非常时期之国医救护医院》,《明日医药》2卷5期,1937年,第441页。
⑤ 邓铁涛、程之范主编:《中国医学通史:近代卷》,第35—41页。
⑥ 朱建平主编:《近代中医界重大创新之研究》,北京:中医古籍出版社,2009年,第375—377页。
⑦ 不着撰者:《江苏省将开始训练全省中医战地救护技术训练地点镇江省立医政学院》,《光华医药杂志》3卷7期,1936年,第1页。
⑧ 上海市医师公会:《致各会员团体请仿办国难医药捐募通告》,《医事汇刊》15期,1933年,第52页。
⑨ 丁福保:《国医补习科讲义》,上海:医学书局,1935年,第100—118页。

地救护训练的人材。但本校的教师都是文质彬彬的书生,对于战地救护的经验和学识,大都是没有的。总务主任王慎轩先生,对于学术,素来不抱人我之见,觉得此科教授之职,非请富有学识经验之西医担任不可。于是经过数度磋商,就聘请苏州名西医施毅轩先生为战地救护术教授。施先生毕业于北平协和医科大学,内外各科无所不精,且历任政府军队之正式军医官,对于军事救护,具有丰富之学识与经验,本校有此教师亦可谓得人矣。①

施毅轩具军医身份,对战地救护更加理解。而在七七事变前夕,一位作者署名为"登云"者,在另一篇相同稿件中则署名"路登云"。②他自言其为中医,也曾任军医,他说:中医理应在战场上为国努力,但学术是否健全呢?对止血法、人工呼吸、外科手术、创伤、毒气、绷带等技术,实际操作上皆成问题。中医既无专科学校,也没有课本可读,其术皆来自古书。中医外科虽集数千年的经验,但所记载的方法已失去时代性③;中医从军者非常少,对西方卫生材料和医疗器械皆感陌生,结果在实际临床时,反不如一个目不识丁的医兵或看护兵。但他认为,西医手术并不困难,其治疗创伤习惯寻求一个规律,按部就班即能痊愈,一般军医不用理解什么大道理;外科技术,经历多了自然熟悉。中医若要在前线服务,必须先经过短期训练学校,再于伤兵医院实习,中医才能真正投入战场。④而精于伤科的虞翔麟则指出:"国医参加军阵医疗之工作者,已数千年,其续筋接骨、止血护伤之验方舆验药,指不胜屈,迄乃国医之伤外科,犹能博国人广大之信仰,徒以政府不与提倡而日就衰息。"虞呼吁要重视伤科与外科之发展。⑤当然,中医精内科之论,自不待言,董德懋还说:国医疗病法多被西医采用,如外科方面之"内消法";内科之"脏器疗法";方剂学之"混合剂"等,国医的诊断治疗是整体性的,"我国前线战士,在此天寒地冻,薄衣粗食之不良环境中,虽外伤患者,亦多伴有内科疾患,至于普通兼患感冒之外伤患者,更应不少,国医疗之,定有特效。"⑥此为就内科而加以补充,中医在战争中可能发挥的功能。

当时中医虽为其外科与伤科之发展担忧,但这些论述却又常常隐含对西医手术的质疑和对恢复传统中医技术之期待,再不就是学习西医手术之新论,辅以中医外科之疗法,以达到更好的治疗效果。⑦但路登云也指出,虽然西医各种药品有不少好处,但所谓"手术"者不过是"锯臂锯腿",是不合理的疗法。西医愈发达,则残废军人愈多。最好的处理方式应该是:内服整骨麻醉药、外用整骨疗法,于骨折处施以副木,再用绷带缠络固定,则慢慢就可以接

---

① 不着撰者:《本校战地救护术之动机与实现》,《苏州国医杂志》7期,1935年,第44页。
② 路登云:《国难期间中医应有之准备及工作》,《医学杂志》94期,1937年,第11—14页。
③ 有关古代外科手术史可参考,李建民:《华佗隐藏的手术——外科的中国医学史》,台北:东大图书公司,2011年。他有数篇论文讨论古代之外科手术,仅举一篇作为代表:李建民:《中医近世外科"反常"手术之谜——中医为什么没有"手术"传统》,《大韩韩医学原典学会志》26卷4期,2013年,第155—179页。
④ 登云:《国难期间中医应有之准备及工作》,《中央医学杂志》1卷1期,1937年,第10页。
⑤ 虞翔麟:《组织中医救护队告全国国医界》,《光华医药杂志》4卷4期,1937年,第3页。
⑥ 董德懋:《关于非常时期之国医救护医院》,《明日医药》2卷5期,1937年,第442页。
⑦ 但这种期待,并非建构在今人对剖割手术之定义,当时也并没有发展西医手术方式的想法。参考王慎轩编,《中医新论汇编》(上海:上海书店,1991年),第12编外科,第12—15页。

合。①又像是蟪蛄、蛼螂、天牛（诸树蠹虫所化）等，都能治疗箭镞入肉，将这些药物研成粉末、撒布于伤口，可用于子弹入肉，"不受痛苦，子弹自出"。此外，活磁石能吸铁、蓖麻子能制铁针入肉，若用于子弹入肉，也有一定效力。②又如急性子、凤仙花根、玉簪花根等，皆能软坚透骨，用于子弹入骨，为不可缺少之药品。他指出这些都是他经历过的，希望中医在战争来临前，可在最短时间内训练人才、改良国药，以达救护目的。③觉非少年则指出："我国医无新奇之器械，又乏剖割之术，与之言救护何能胜任，无怪其不组织战地救护队也。嘻嘻! 夫战地救护，本为治标之法矣，何所须于器械，又何用施剖割？"作者指出，若患枪伤，浅者可用手术拔除枪弹，外敷以解毒生肌之药物，而中枪伤深者，"则外敷药以拔出之"。若伤到险要部位如胸胁，则外敷"化码去毒"之药、内服清心退毒之药。而被枪炮所伤之断骨，则可用手法接续，内服生骨之剂，外服驳骨之药，就能恢复健康，亦即不须手术和器械，用内科之疗法，辅助伤科手法即可。④董德懋则言要从传统的外科技术中寻找新发展，他说：

> 国医之手术方面，一般必认为不如西医之精妙，然征诸医籍，考诸史载，则于数千年前，已有相当之发明。（如关于华佗疗疾之记载，与相传至今之正骨术，针灸术等）。不过彼时因时代文化之限制，又因医多自密不宣，致多有所失传耳。然国医每有应施手术不用手术，而以内服药或外用药治之，每收异效，如以前《实报》所载：警界某要人谈：用水仙花根可取入体内之弹。又如《斯陶说林》所载之以水银取弹法，又如以威灵仙和糖与酒煎服，可软化卡于喉间之鱼骨。此等单方流传民间，载于典籍，实为不少。倘能努力研究，证其实效，则不但治疗便利，且可免除刀锯之苦。

由此可见中医绝对有能力参加救护工作，他认为中医界同仁必须本历史之明训，再加以科学研究，才能尽国医之责任，国医也能继续存续。⑤

上面论述，不论从哪个角度出发，都涉及外、伤、内科的各种药物。中医在面对战争医疗时，最基本的还是药品问题。路登云指出，中医治疗外科脓疡和创伤时，多以各种膏药为用品，但其性质太硬，伤口大时无法应用，而且太黏，拉扯之下，伤口反而又容易扩大。又，其撒布之药粉，多具有刺激性，以红升丹、白降丹为最甚。而已破坏的组织，再撒上较干燥之中药粉，易引起神经刺戟和过敏，反而触动痛觉，这些都是中药剂型的缺点。比较起来，西医的各种软膏既无刺激性，又柔软适宜，显然胜过中医，故中医必须改良药剂。他在文末介绍了一些可利用的外用中药，例如"吴茱萸酒"，可作为碘酒的代用品；"藤黄酒"可用于刀伤，可制成止血棉纱，其性胶黏，可封闭血管之破裂；用黄蜡、胡麻油放在火上加热溶解而成的中药软膏，可以止血镇痛；"五倍子软膏"，则可用于冻疮、溃疡等等。⑥也有中医师贡献秘传骨科验方，李闳君指出：正骨一科，多有师承和药方传授，一般人很难无师自通。医界熟读《内经》

---

① 登云：《国难期间中医应有之准备及工作》，《中央医学杂志》1卷1期，1937年，第12页。
② 这类故事还有云南白药的历史，参考朱建平主编：《近代中医界重大创新之研究》，第358—361页。
③ 登云：《国难期间中医应有之准备及工作》，《中央医学杂志》1卷1期，1937年，第12页。
④ 觉非少年：《我国医界亟应组织之战地救护队》，《广东光汉医药月刊》14—15期，1932年，第8页。
⑤ 董德懋：《关于非常时期之国医救护医院》，《明日医药》2卷5期，1937年，第442页。
⑥ 登云：《国难期间中医应有之准备及工作》，《中央医学杂志》1卷1期，1937年，第11页。

之人,只有纸上知识,却不了解真正的治法,一般医者对骨科多置而不论,"一任其道听涂说者流,螃蟹一包、毒药一束,敷衍塞责,难定效力之有无大小。"骨伤科需要的知识很多,兼及内、外科调理,"西医治疗骨断病,先将折骨处纳正,继用挟木挟好,包裹不动,听其胶粘汁泌出,自然速合,经过数月后方愈。"但中医治疗应可更加快速,不待数月即可康复,故希望在此战争时期,专家应该贡献秘传骨伤治法灵方给国医界研究改良,广制应用,才能救治前后方受伤军民。①他点出了骨伤科的知识传承特性,此时欲整理经验、验方,必须广纳各方经验。虽然战争时期难以为继,但这个基调已成为1949年之后贡献祖传秘方的先声,不无启示作用。②

至于因为要因应战争需求,药品一定要方便携带。路登云也指出在内服药方面,中国药店之产品除丸散膏丹外,以饮片为大宗。用来治疗还须煎服,遇出外时颇感携带困难,所以军队、医院中用西药不过是因为便利。若开战后西药运输受阻,则医者必然束手无措,病人也将坐以待毙。他说:

> 试看西药之制法,例如植物,能结晶的,即提取其有效成分,如麻黄精、当归素等;不能结晶的,研成粉末,如甘草末、大黄末等药;或压榨其油,如杏仁油、茴香油等;或制成酊,如阿魏酊、芦荟酊等;或制成糖浆,如远志糖浆、陈皮糖浆等;或制成流浸膏,如商陆流浸膏、龙胆流浸膏等。如用散剂,以乳糖或白糖配伍;如用水剂,与糖浆、汽水等混合,用量小、功效大,不但比煎剂便利,且可使患者易于吞服。③

可见除了伤科、外科技术外,还需要改良国药剂型,使之便于携带和使用,才能应付未来战争之需要,这大抵是因应战争前期中医界改良学术的一些建议。

五 结 语

近代中国医疗史给人的印象,特别是中医,似乎多与国难与战争无关。即便论中医与政治的关系,也往往建立在抗议争取各种利权的历史之上。④本文初步揭露了在九一八事变之后、七七事变前的医界,特别是中医界之反应,来说明医者涉入国家政治、战争之另一种角色,为医疗史研究开创新的视角。

中医参与到战争之中,其可能性还在于陈志潜所言:中央卫生署登记全国医师,办了三四年,到现在还不知道全国究竟有多少医师。中华医学会成立将近二十年,到现在还不能代表全国的医界,政府更没有组织医师团体的计划,从何谈起医师的"社会责任"?陈认为还是要借由这次国难来思考,现代的国家必须要有整套的现代组织来规划医药之发展,符合社

---

① 李闳君:《我之骨科治疗谈》,《国医月刊(重庆1937)》1卷2期,1939年,第3页。
② 皮国立:《上海中医药的发展(1950—1965)——以〈人民日报〉为中心的考察》,《汉学研究通讯》35卷4期,2016年,第1—12页。
③ 登云:《国难期间中医应有之准备及工作》,《中央医学杂志》1卷1期,1937年,第12页。
④ Sean Hsiang-lin Lei, *Neither Donkey nor Horse: Medicine in the Struggle over China's Modernity*, pp.146-148.

会需求。①其实,多数西医心知肚明,中国当时西医可以支持战争的人数实在太少,故虽有人抨击中医,但却没有看到西医攻击"中医救护队"的言论;甚至在中日开战后,还出现鼓励性政策:"军政部通令,如合法颁有医师证明书之医生,可暂准缓役"、"凡国医界,宜知取得合法证明书。"当然,也适用于红十字会等相关机构的合格救护员,中医周复生也谈到:"凡我国医同人,宜急参加救护队,实行救护。"②可以说战争的危机,给了中医另一个发展的空间与可能性。中医救护队的诞生,给了中医参与军政事务的可能,也帮助中医思索他们过往的学术发展和可能的未来。不过,也有人批评,当时很多人轰轰烈烈地成立救护团,虽蔚为风潮,但多未见实际执行,只能算是一时热血冲动③,看数据时必须想到后面现实之因素。不过,本文并非着意检讨救护队的成效,而反而是将这样的脉络放在传统中医的发展来看。中医学习了过去从未接触过的知识,包括军事、救护、创伤、绷带、防毒等相关知识,这即是一种创新之可能;并且在1939年,促成了教育部公布之"中医专科学校暂行课目时数分配表"中,将传统骨、伤科纳进现代中医教育体制内"外科"的领域,还需兼习西医的手术,即与应对战争的思维有关。④而到底当时中医外科与伤科的技术发展为何,遇到何种困境?还可以再加以梳理,但已可知道当时中医一方面肯定传统中医内科与用药之长处,也呼吁要发展外科和伤科的知识,当然还是以药物为多,而非真正发展实际之手术;当日的思维本来就是"中国医药由整理而进步"⑤,是从传统中求创新,故可说比较多的还是在恢复古代传统技术的期待中来论述。今后必须更注意医师的社会性组织、团体与战争、救护的可能互动,才能开拓医疗史研究之新视域。

作者简介:皮国立,中原大学通识教育中心副教授。

---

① 陈志潜:《医师总动员从何说起!》,《大公报》(天津)1933年3月28日,第11版。
② 周复生:《救护队员准予缓役》,《国医月刊(重庆1937)》1卷2期,1939年,第3页。
③ 徐恺:《普及救护知识的训练》,《中医科学》1卷8期,1937年,第13页。
④ 朱建平、张伯礼、王国强:《百年中医史》,第243页。
⑤ 高素兰编:《蒋中正档案:事略稿本》第10册,1931年3月18日,第283页。

【文献与社会】

"人以地灵、地以人显"

——明代江浙私修乡贤传记探论*

张会会

【摘　要】明代的江浙是私修乡贤传的主要地区,存量丰富且具有地方性、集中性、"贤"类型化、私修性的文献书写特征。私修乡贤传在书写上具有很强的连贯性、延续性,"师弟相承"与"家族传承"是两种主要的传承形式;在入传人物的选取上秉持"非乡人不录""酌公衡""重贤"三原则。已致仕乡人、乡里处士、地方官与寓居者是主要的著录群体,他们具有极强的资料收集书写能力、"就地言地"的区位优势及广泛的文化影响力。主观的"立言"、为"乡邦吐气",加之困顿的政治境遇促使他们回归乡里书写乡贤,并于书写中完成"天下""庙堂"到"乡"的情感回归。

【关键词】明代;江浙地区;私修;乡贤传

生于其地而学行著于世者谓之乡贤。乡贤是中国传统社会对品行高洁、才学卓著的乡人的尊称,地方社会为了表达对乡贤的纪念往往以祭祀与书写的形式颂其功德。所谓乡贤书写指地方士人对已故乡贤一生行迹的文本叙述,乡里士人以传记、墓志、碑铭、序表等书写形式通过对乡里先哲行实的表述、论赞以此称颂、彰显乡贤风貌。明代是乡贤书写的重要时期,保留了大量的乡贤文献,诸如方志中的乡贤人物传、私修乡贤传记、散存于明人文集中的乡贤墓志、碑表、祭文及家谱中保留的先祖乡贤事迹等。其中尤以明人私修乡贤传发展最为繁盛,地方士人以"贤"为基准把一乡之贤进行时空整合,乡贤事迹以群像的形式被完整保存。近年学界对明人的乡贤祭祀情况多有探讨而鲜少对乡贤书写做以论述。[①]本文拟在对明代江浙地区私修乡贤传整理、分类的基础上,着力阐释私修乡贤传的特征、书写传承及人物收录原则进而分析著传群体的构成、优势及书写初衷。

---

* 基金项目:本文系辽宁省社会科学基金"明清时期辽东乡贤研究"(项目编号:L18BZS006)阶段性成果。

① 赵克生:《明代地方庙学中的乡贤祠与名宦祠》,《中国社会科学院研究生院学报》2005年第1期;刘祥光:《明代徽州府学乡贤祠研究》,《"中国近世以降教育与地方发展"研讨会》,台北:台湾大学东亚文明研究中心,2005年;牛建强:《地方先贤祭祀的展开与明清国家权力的基层渗透》,《史学月刊》2013年第4期;林丽月:《俎豆宫墙:乡贤祠与明清的基层社会》,黄宽重主编:《中国史新论:基层社会分册》,台北:联经出版公司,2009年。

一 江浙私修乡贤传记概貌与文献特征

乡贤记事由来已久,比较系统的对地方贤者的书写始自汉代的"郡书"。"郡书者,矜其乡贤,美其邦族,施于本国,颇得流行"①。《陈留耆旧》《京兆耆旧传》《庐江七贤传》《益州耆旧杂传记》都是记述乡贤的"郡书",也可视为最早的乡贤传记。晋代以后,"郡书"不在专记一地耆旧人物也兼及史地,逐渐演变为方志。与此同时,对地方先贤的记述也开始以"私修"的方式独立出现。

宋元时期私修乡贤传发展迅速,宋代袁绍的《钱塘先贤传赞》、蒋之奇的《广州十贤赞》、史浩的《会稽先贤祠传赞》、谢翱的《浦阳先民传》、元代吴师道的《敬乡录》、胡惑的《东阳人物表》都是这一时期的重要代表,其中尤以《敬乡录》最为著名,明代私修乡贤传多以为书写范本。至明代,私修乡贤传发展达到鼎盛,笔者仅据《千顷堂书目》《明史·艺文志》、四库系列丛书②等统计就有 120 余种,可见明代私修乡贤传数量之可观。这些乡贤传分布于江苏、浙江、福建、河南、江西、四川、广东、安徽、河北、山东等地,主要集中在江苏、浙江,据笔者统计江浙有乡贤传 78 部,以下即以这些乡贤传为对象深入探讨明代私修乡贤传的发展情况及文献特征。

表1　江浙地区私修乡贤传及作者信息列表(78 部)

书写区域		成书年代	乡贤传名称	作者	身份背景
江苏	苏州府	洪武	《吴下名贤纪录》	王宾	乡人,隐士
		成化	《成化间苏材小纂》	祝允明	乡人,举人,参与修撰实录
		成弘	《吴郡献征录》	朱存理	乡人,藏书家,隐士
		成弘	《同里先哲记》	吴骥	本乡人,进士,儒学教谕
		弘治	《新倩籍》	徐祯卿	乡人,文学家,"吴中诗冠",早年屡试不第,后中进士,国子监博士
		弘治	《吴中往哲记》	杨循吉	乡人,不得志三十即归乡,参与修撰《苏州府志》
		嘉靖	《续吴中往哲记》	黄鲁曾	乡人,举人,未仕,藏书家
		嘉靖	《吴中先贤传》	袁袠	乡人,刑部主事,忤当道而被诬陷下狱,赦归乡
		嘉靖	《昆山人物志》	方鹏	乡人,进士,不得志引疾归乡,著《昆山县志》
		嘉靖	《古虞文录》	杨仪	乡人,进士,藏书家、刻书家
江浙		隆庆	《吴中人物志》	张昶	乡人,隐士
		万历	《姑苏名贤小纪》	文震孟	乡人,进士,东阁大学士
		万历	《昆山人物传》	张大复	乡人,隐士,专戏曲音律
		万历	《东吴名贤记》	周复俊	乡人,进士,南京太仆寺卿
		万历	《续吴先贤传》	刘凤	乡人,进士,藏书家、文学家
		万历	《常熟先贤事略》	冯复京	本乡人,藏书家,"少治《诗》"

---

① (唐)刘知几:《史通》卷十《杂述第三十四》,《影印文渊阁四库全书》第 685 册,台北:台湾商务印书馆,1986 年,第 304 页。
② 这里的四库系列包括《文渊阁四库全书》、《续修四库全书》、《四库全书存目丛书》、《四库全书存目丛书补编》、《四库禁毁书丛刊》等几部丛书。

续表

书写区域		成书年代	乡贤传名称	作者	身份背景
江浙		崇祯	《姑苏名贤续纪》	文秉	乡人,文震孟子,隐士
		不详	《吴中往哲记补遗》	不知撰人	
		不详	《姑苏人物小记》	谢会	
	常州府	嘉靖	《毗陵正学编》	毛宪	乡人,进士,纳谏不报归乡讲学
		嘉靖,万历补	《毗陵人品记》	毛宪 吴亮	乡人,进士,纳谏不报归乡讲学;乡人,进士,大理寺少卿
		嘉靖	《锡山先贤录》	华云	
		万历	《晋陵先贤传》	欧阳东凤	湖北潜江人,进士,常州知府
	扬州府	嘉靖	《銮江人物志》	黄瓒	泉州人,进士
		嘉靖	《维扬人物志》	黄瓒	泉州人,进士
		嘉靖	《维扬人物续志》	张榘	
		隆庆	《广陵十先生传》	欧大任	广东顺德人,黄佐门人,南京工部郎中,致仕归
	应天府	成弘	《金陵人物志》	陈镐	乡人,进士,礼部主事
		不详	《溧阳人物记》	史学	
	镇江府	天顺	《润州先贤录》	姚堂、刘文徵	浙江慈溪人,进士,镇江知府
	淮安府	嘉靖	《淮郡文献志》	潘埙	乡人,进士,右副都御史巡抚河南
		天启	《两浙名贤录》	徐向梅	乡人,诸生,潜心著作
		明末	《浙学宗传》	刘鳞长	福建晋江人,进士,浙江提学
	徽州府	万历	《休宁理学先贤传》	范涞	本乡人,进士
		弘治	《新安文献志·先贤事略》	程敏政	本乡人,进士,礼部右侍郎,参与修纂《英宗实录》、《宪宗实录》,著《休宁志》
		明末	《新安学系录》	程曈	本乡人,学者,曾在姚江讲学
	宁国府	嘉靖	《宛陵人物传》	梅守德	本乡人,进士,户部主事、山东学政,忤严嵩谪绍兴知府,"宣城心学"奠基人,著《徐州志》《宁国府志》
	安庆府	万历	《桐彝》	方学渐	本乡人,未入仕,学者,桐城学术领头人,东林党魁
	金华府	洪武	《浦阳人物记》	宋濂	乡人,翰林学士
		洪武	《造邦贤勋录》	王祎	本乡人,学者,国史院编修官,翰林学士,与宋濂齐名
		洪永	《金华贤达传》	郑柏	乡人,宋濂门人
		永乐	《金华贤达传》	王稌	乡人,文学家
		弘治	《婺乡贤志》	章懋	乡人,明代大儒,编修官
		弘治	《金华乡贤志》	薛敬之	陕西渭南人,金华府同知
		正德	《金华渊源录》	董遵	乡人,章懋门人,忤当道归乡
		正德	《金华文统》	赵鹤	江苏扬州人,进士,金华知府,忤刘瑾谪官
		正德	《续敬乡录》	凌瀚	
		嘉靖	《义乌人物记》	金江	乡人,隐士,潜心经史
		嘉靖	《金华先民传》	应廷育	乡人,进士,争大礼被贬还乡,著《永康县志》
		嘉靖	《浦阳人物续记》	张应槐	乡人,进士,湖广参政
		嘉靖	《浦阳人物补遗》	张应鉴	

续表

书写区域	成书年代	乡贤传名称	作者	身份背景
	嘉靖	《金华献征》	徐与泰	乡人,徐学聚子
	明末	《婺书》	吴之器	乡人,藏书家
	不详	《浦阳人物补遗》	张德行	
	不详	《金华名贤传》	刘征	
	不详	《补金华贤达传》	杨璬	
	不详	《东阳人物志》	杜储	
台州府	成化	《尊乡录》	谢铎	乡人,进士,参编《英宗实录》
	成弘	《尊乡续录》	王启	
	弘治	《尊乡录节要》	王弼	乡人,进士,兴化府知府
	弘治	《台学源流》	金贲亨	乡人,进士,江西提学
	不详	《太平人物传》	谢理	
湖州府	嘉靖	《吴兴掌故集》	徐献忠	华亭人,知县,寓居湖州所作
	万历	《吴兴名贤录》	陆昆	
	万历	《吴兴名贤续录》	王道隆	乡人,《万历湖州府志》校刊者
	万历	《西吴琬琰录》	沈节甫	乡人,吴兴人,进士,礼部主事,得罪高拱致仕归乡
	崇祯	《吴兴人物志》	严有毅	乡人,进士,《嗜退轩语》
宁波府	明末	《四明人物志》	孙承泽	山东益都人,进士,收藏家
	不详	《四明名贤记》	黄润玉	乡人,举人,提督学政
	不详	《四明先贤记》	李本	
	不详	《四明名贤记》	李孝谦	
绍兴府	正德	《绍兴先达传》	吴骥	本乡人
	嘉靖	《绍兴名宦乡贤传》	王綖	河南人,进士,右副都御史巡抚浙江
	明末	《乡贤考》	刘宗周	乡人,儒学大师
嘉兴府	嘉靖	《国朝檇李名士传》	彭輅	乡人,进士,罢归所作
	万历	《檇李往哲前编》	戚元佐	乡人,进士,尚宝司卿,致仕归乡修《嘉兴府志》、《秀水志》
杭州府	明初	《富春人物志》	杨维桢	乡人,诗人、文学家
温州府	正德	《东嘉先哲录》	王朝佐	乡人,南京工部员外郎,致仕作

以上是明代江浙私修乡贤传的基本情况,从中可以看出这类文献的几个特征:

其一,从类型上看,明代江浙的私修乡贤传具有地方文献的明显特征。美国学者包弼德把地方史书写归纳为地方志、文化地理著作、人物传记三类,在对人物传记的分析上即以宋元婺州乡贤传为对象。① 由此可见,私修乡贤传在宋元时就已经成为地方文献不可或缺的部分。至明代,江浙地区的乡贤传更为繁盛,地方文献的特征也更加突出。表1显示的传记名称即已概括出著者记述的范围、对象及意欲抒发的情感,"乡"表其记述范围,"贤"指出记述对象。传记名大都以"地名"为首字,"贤"居中,"传""记""录"收尾,其中"贤"的字面表达方式颇为多样,如,《金华乡贤志》《两浙名贤录》《浦江人物记》《吴中往哲记》《苏材小纂》《西吴

---

① 参见[美]包弼德著,吴松弟译:《地方史的兴起:宋元婺州的历史、地理和文化》,《历史地理》2016年第21辑。

琬琰录》、《金华贤达传》、《尊乡录》等,其中"乡贤""名贤""人物""贤达""往哲"是对乡里贤者的最直接表达,一目了然;"苏材""琬琰"则较为含蓄地指出此地人才之盛美;"尊乡"主要是从著者本身的情感出发,点明书写目的。另有一些乡贤传则以文献、学术脉络命名,如《淮郡文献志》《金华献征》《台学源流》等,虽以文献、学脉冠名但仍是记述乡贤故事。江浙的乡贤传较完整、系统地记录了一地先哲行实、著作,其与地方志、文化地理著作一起被作为地方文献保留下来,明中期以后,一地有无乡贤传已经成为衡量该地文献是否健全的标准。

其二,从分布上看,江浙的私修乡贤传成书时间、书写区域相对集中。江浙的乡贤传始于元末明初宋濂的《浦阳人物记》,终于崇祯时文秉的《姑苏名贤续纪》。表1显示,有确切成书时间的乡贤传67部,洪永间成书6部,天顺1部,成弘13部,正德至万历间成书39部,其中嘉靖朝成书20部,天启至明末8部。由此可见,正德至万历间是江浙地区私修乡贤传的高峰期,嘉靖朝成书最多。在书写区域上,江浙的私修乡贤传有两大书写范畴,其一是广义"乡",即以"吴""两浙"文化大区为范围书写,如《两浙名贤录》,以此范围书写的乡贤传极少。另一是狭义"乡",即以具体的府县乡籍为记述范围,如《金华贤达传》《昆山人物志》等,明代江浙的私修乡贤传以此为常见。据上表,书写最多的府是苏州府和金华府,分别是21部和19部,其次是台州府、湖州府各5部,宁波、常州、扬州各4部,绍兴府、徽州府3部,嘉兴府、应天府各2部,淮安、镇江、杭州、温州、宁国、安庆府各1部。据此,江浙的私修乡贤传主要集中在苏州、金华两府。

其三,从传记结构上看,江浙私修乡贤传呈现"贤"类型化书写的特点。明以前的乡贤传大都以时代为序记述乡贤事迹,入明以后,乡贤传仿照正史人物传的记述方式分类列目书写,类目划分依据传主"贤"的具体表现,即按照传主突显的"贤"品质进行归类。明初乡贤传所分类目较少,宋濂《浦阳人物记》仅分"忠义""孝友""政事""文学""贞洁"五个类目。随着传记数量和内容的增加,私修乡贤传的类目也逐渐增入,尤其是嘉靖以后的乡贤传,人物分类更加精细,其在原有类目的基础上又增入了"儒林""理学""宦业""经济""隐逸""烈女""风节"等类目,又有乡贤传把"忠义"拆分为"忠烈""义行","政事"分为"辅弼""吏治",这源于乡贤传著者对人物品质的不同理解,至天启四年徐向梅的《两浙名贤录》,已增至22个类目。另外,还有以本地的学脉或文献传统对某一类型乡贤的记述。如以本乡理学发展为线索对理学乡贤的记述,金贲亨《台学源流》、刘鳞长的《浙学宗传》;还有以本乡文学为线索对文学乡贤的追溯,如欧大任的《广陵十先生传》。

其四,从著录性质上,"私修"特性明显。明代的乡贤传记主要有两种形式,一种是收于地方志中冠以"人物""乡贤""名士"等类目的官修乡贤传,另一是独立成册私家著录的乡贤传。在记述内容上,私修乡贤传与方志乡贤传多有重合,亦相互参照、互为补充。嘉靖《浦江志略》所记部分人物即参照了《浦阳人物记》。同时,私修乡贤传也取材于方志,《东嘉先哲录》所撰乡贤事迹"考之史传诸书及名贤集中可征者,参以郡邑志录之"[①]。二者书写渊源虽深但私修传较之方志传"私"特性更为突出。首先,私修传比方志传流传范围广、传播途径多。地方志编修的主要目的是为地方官提供在地的风土、民情、赋税以便于更好的管理地方,由此方志本身并不流通,仅作为政务参考往往被束之高阁,其存史功能更明显。而私修

---

① (明)王朝佐:《东嘉录》,《凡例》,《四库全书存目丛书》史部第89册,济南:齐鲁书社,1996年,第432页。

乡贤传除防止乡贤人物"久而湮灭"外,还强调阅读流通的意义。"故胪列其人、区分其事,使尚论者不必博稽,一展卷而如亲炙其人焉。所不动敬止思齐之念者非夫矣,兴起后学于此似有微功。"①"展卷"而"如亲炙其人"即体现私人撰述的乡贤传具有一定的流通性。私修乡贤传在明代被不断刊印,郑柏的《金华贤达传》永乐刊印后,宣德时又再次刊发。另有一些乡贤传为了更易于士民传颂,又以节要的形式进行再版,谢铎的《尊乡录》即由王弼"复以己意节其大略,取十大儒、五大臣、六忠臣、十五孝子各为之赞"②。名曰《尊乡录节要》。尽管没有直接史料说明乡贤传的刊发及再刊数量,但从乡贤传刊印的出资情况及与书坊的合作还是能略知一二。明代乡贤传的刊印并不是家族内完成的,商人出资是一种主要形式。援引《楚宝》序文中的一段话,"若使生于姑苏白门,一叶出即为好事者登场舞袖,其书久在四方纸客箬笼中,无一分生气矣。"此话本意是说《楚宝》刊印虽晚但却幸免流入图书商人之手,却从侧面恰恰也说明苏州一带乡贤传刊印之盛,并已然成为文化商品流入市场。同时,私修乡贤传也通过友人间的馈赠、乡人的携带等形式流传到"乡"外。上引《尊乡录节要》即是被王弼带往兴化府任上刊发,由此得以流传外乡。其次,私修乡贤传的教化功能、指向性更强。乡贤传本身即有以"乡贤"为楷模,以其生之言行规范乡间,引导士民风气的意义,而私修传的流通使其教化功能发挥得更透彻。"且使乡里后学观望而起者目击耳闻其范不远"③,地域的亲近感使民众更易去模仿学习乡里先哲的言行,更能感慕乡贤遗风而继起。同时,私修乡贤传还兼具了"善书"性质。④"善书"指劝人向善的书籍,明代敕撰劝诫书以各种俚俗的形式流传于民间,成为规范民众日常生活的主要手段。⑤有些私修乡贤传"劝善"性质明显,杨仪的《古虞文录》即在传后附录了民间怨词"以为戒者也"。⑥再次,私修乡贤传更易显现书写者的主观意志和倾向。江浙的私修传立意大都以聚合一乡之贤来美其乡邦,欲借本地"乡贤"之盛构成足以定位个人的文化传统,金华的乡贤传著者即是"通过文献、乡贤,把在学术文章上不尽相同,在人际关系上也未必有实际联系的人物组合起来"⑦形成"金华文献邦"以达到"人以地灵,地以人显"的目的⑧。同时,"私修"也显现出"为亲者讳"的现象。《成化间苏材小纂》作者祝允明对徐有贞的记述就多有回护之笔,清人对此解释道:"其叙徐有贞事颇有讳饰,盖允明为有贞外孙,亲串之私不能无所假借云"。⑨可见,亲缘、血缘关系是私修乡贤传难以回避的一个问题。

---

① (明)徐向梅:《两浙名贤录》,《凡例》,《北京图书馆古籍珍本丛刊》史部第17册,北京:书目文献出版社,1989年,第21页。
② (明)王弼:《尊乡录节要》,《四库全书存目丛书》史部第88册,第582页。
③ (明)汪循:《汪仁峰先生文集》卷十《里范序》,《四库全书存目丛书》集部第47册,第309页。
④ 参见[日]酒井忠夫:《中国善书研究》,南京:江苏人民出版社,2010年,第23页。
⑤ 参见[日]酒井忠夫:《中国善书研究》,第23页。
⑥ (明)杨仪:《古虞文录》,《跋》,《四库全书存目丛书》集部第304册,第287页。
⑦ 参见陈雯怡:《"吾婺文献之懿"——元代一个乡里传统的建构及其意义》,《新史学》2009年第2期,第51页。
⑧ (明)胡缵宗:《鸟鼠山人小集》卷十三《安庆乡贤祠记》,《四库全书存目丛书》集部第62册,第341页。
⑨ (明)祝允明:《成化间苏材小纂》,《四库全书存目丛书》史部第89册,第81页。

二 江浙私修乡贤传的书写传承及收录原则

明代江浙的乡贤传书写具有很强的连贯性、延续性。随着一地乡贤人物的涌现,原有乡贤传被不断增补、续写。表1所示乡贤传有很大一部分都是对府县已有乡贤传的增删补录,如:《续吴中往哲记》即是杨循吉《吴中往哲记》的续编,《姑苏名贤续记》是对《姑苏名贤小纪》的补写,《吴兴名贤续录》是《吴兴名贤录》的续录,《金华贤达传》在《浦阳人物记》之上增入金华各县乡贤。江浙乡贤传不断的增入补写不仅完整地保留了一地乡贤事迹,且有意识地形成了乡贤书写的传承。江浙地区的乡贤书写传承主要依赖两种关系,一是"师弟相承",即传的书写者为师徒关系,学生在其师的影响下为乡贤立传。由表1信息,《浦阳人物记》著者宋濂与《金华贤达传》著者郑柏,《婺乡贤志》著者章懋与《金华渊源录》著者董遵俱为师徒。以宋濂与郑柏的"师弟相承"为例,《金华贤达传》成书于洪永时期,著者郑柏,字叔端,浦江郑氏后裔,宋濂门人。该传不管是内容分类还是书写思想都完全继承宋濂的《浦阳人物记》。明人杨汝縠在《金华贤达传》的序文中阐释了二者的"师弟相承":

"(郑柏)先生为太史公高弟,其学本之六经,其才综夫诸史,其识见之去取,自足以服前人信后世。相传太史公西行时,尝束文稿而畀之曰:付子斯文之任。故所著贤达传一书口仿人物记而推广之者也。"①

杨氏说郑柏博观经史、才识过人,深得宋濂的器重。宋濂更在临终之时把文稿交于郑柏手"付子斯文之任",由此《金华贤达传》得以效仿《浦阳人物记》被广泛流传。"付子斯文之任"即指出了乡贤传的书写传承,宋濂把书写乡贤的责任交于学生郑柏,郑柏由作《金华贤达传》。"师弟相承"不仅是书写体例内容的沿袭,也是明代江浙士人为乡贤立传、彰显乡邦责任的传递,在一定程度上延续了江浙书写乡贤的传统。

"家族传承"是江浙乡贤传书写的另一承袭方式。"家族传承"指乡贤传的书写者同为家族成员,表现为后世子孙对父祖辈所著乡贤传的增补、续写。私修乡贤传因是个人著录,受作者隐逸思想及刊刻资金不足等问题影响其书写与刊刻并不一定是连续完成的,部分乡贤传成书后未能及时刊布,后经其子孙的整理、增删才得以面世。《吴中人物志》的著者张昶是一名隐士,该书完成后一直存于家,后经由其孙张溶收藏整理,直至隆庆年间才由张昶的裔孙张献翼"更为删次,系以论赞辞丽"刊刻问世。②另有乡贤传由于流传既久,乡贤人物事迹多有散佚,原著者的家族子孙即在原乡贤传的基础上加以校正、增删、续写。《金华贤达传》《昆山人物传》《姑苏名贤小纪》等都经过了著者子孙的增补与续写。《金华贤达传》成于洪永之际,"阅世既久未免中多毁蚀"。③宣德时,著者郑柏的裔孙郑子璧"乃复详加校订,重付枣梨"。④万历成书的《昆山人物志》也是由著者的族孙校正刊刻。《姑苏名贤续记》则是文秉在其父《姑苏名贤小纪》上的增补续写。明人皇甫循评价这种"家族传承"为"作者之意益彰矣,

---

① (明)郑柏:《金华贤达传》,《金华贤达传叙》,《四库全书存目丛书》史部第88册,第3页。
② (明)张昶:《吴中人物志》,《张景春吴中人物志序》,《四库全书存目丛书》史部第97册,第659页。
③ (明)郑柏:《金华贤达传》,《四库全书存目丛书》史部第88册,第4页。
④ (明)郑柏:《金华贤达传》,第4页。

若灵运著述德之篇,姚班广绍训之志,家风罔坠,世业攸徵。"①可见,家族后世子孙对祖辈传记的增补续写既使先辈之志得以彰显,又维系了家风、传承了家学。

"乡贤"的收录是传记书写的关键,在传主的选择上,江浙私修乡贤传有严格限定。虽然"乡贤入传"比"乡贤入祀"略显自由,但仍有其坚持的收录原则。首先,遵循"非乡人不录"的原则。入传者被严格限定,传主必须是"生于斯,长于斯",即具有乡籍的先贤,此为乡贤入传的首要标准。尽管明中后期的乡贤传也设"流寓"类收录对本乡有贡献的寓居者,但也仅是"取其增重吾邑",收录人数也很少。②其次,"盖棺论定"与"酌公衡"的收录原则。金江在《义乌人物记·凡例》中明确指出:"入记者皆先贤达,盖棺论定故也。"③"盖棺"指出了入传者必须是已故者,"论定"则说明要"酌公衡"。《金华先民传》即遵循这一原则收录乡贤,"于是远口列史、近网逸编,参遗论于旧闻,酌公衡於独断,辑《金华先民传》分为十类,列姓氏若干人以道艺汇其优劣,以世代次其后先"④。"参遗论于旧闻,酌公衡於独断"即指出选择入传人物首先要搜集"乡贤"事迹,考量乡人里老对其人的评论,然后依据"公论"定夺是否入传。也就是说,明代私修乡贤传虽然出于一家之手,但却并非"一家"之言,传主的选择是有"乡评"、"公论"依据的。最后,"重贤"是江浙私修乡贤传遵循的基本原则。"乡贤"一词即表明"贤"是这一群体的最基本特征,"虽名行不齐,皆酝藉醇明雅量,邃远清贞倬类矣"⑤。就是说所收录乡贤虽然名气和经历不同,但都是醇德雅量、超越于普通人的贤者。《金华贤达传》把"贤"具化为五大类,"迄今观其分门别类汇为一书,先之以忠义、次之以孝友、更次之以政事、儒学、卓行、由东汉以及明初,上下千数百年间凡其为达而且贤,与贤而未达者,一着不遗",也即忠义、孝友、政事、儒学、卓行是乡贤的主要特征,拥有其中特质的即被称"贤"入传。⑥而在"贤与达"的取舍上,郑柏把"贤""达"兼有者及"贤而未达者"一着不遗全部收录,从"贤而未达"即看出乡贤传的人物选择更注重"贤","贤"在"达"之上。

总而言之,明代江浙的地方士人以"公论""乡评"为依据把"生长于斯"的乡里贤达采择入传,并在"斯文之任""家风罔坠"的书写责任下借由师弟、家族的代代相承续延着为乡贤立传的地方传统。

三 江浙乡贤传的著录群体及他们的"桑梓之私"

"立德、立功、立言"是中国古代士人追求的三不朽,"立德""立功"更倾向于大人物大事件,而"立言"则被地方士人视为自我理想实现的途径。为乡贤立传是明代江浙士人"立言"的主要形式,江浙乡贤传的著录者在书写乡贤中完成了由"天下""庙堂"到"乡"的情感回归。以下笔者尝试从著录者的身份、家庭背景、履历等方面探究这一群体的构成、书写优势

---

① (明)张昶:《吴中人物志》,《张景春吴中人物志序》,第659页。
② (明)方鹏:《矫亭存稿》卷四《昆山人物志序》,《四库全书存目丛书》集部第61册,第550页。
③ (明)金江:《义乌人物记》,《凡例》,《四库全书存目丛书》史部第95册,第3页。
④ (明)应廷育:《金华先民传》,《序》,《四库全书存目丛书》史部第91册,第572页。
⑤ (明)周复俊:《泾林诗文集》卷五《叙东吴名贤记》,《四库全书存目丛书》集部第98册,第145页。
⑥ (明)郑柏:《金华贤达传》,《杨汝毂序》,第4页。

及书写乡贤的立意与初衷。

从表1显示的著者信息大致可把江浙的乡贤传作者归为三类:第一类是本籍的已仕或致仕官,其中致仕官是乡贤传书写的主要群体。明代致仕官员归乡,往往致力于乡里的文化建设,修建乡贤祠、编撰地方志、设教讲学、书写乡贤传都是重要部分。《槜李往哲前编》的作者戚元佐曾任尚宝司卿,致仕归乡后积极地参与本乡文化建设,参与编修《嘉兴府志》《秀水志》,又汇集嘉兴古今名贤作《槜李往哲前编》。《毗陵人品记》作者毛宪谢病归乡后一直从事讲学活动。

第二类是乡里隐士。他们虽不显于世,但终以著书立说为业,且对本乡先哲心存向往,更乐于为乡贤立传。《吴中人物志》作者张昶、《续吴中往哲记》作者黄鲁曾、《义乌人物记》作者金江、《昆山人物传》作者张大复都是著名的隐士。这些隐士或潜心儒学,或精通戏曲音律,或乐于藏书,为乡贤立传已然成为他们与"乡"的一种联系。

第三类是任职此地的地方官和寓居者。地方官下车伊始即要政化更新,推崇乡贤、教化百姓是政务的基本内容,表现即是修祠立祀、辑录乡贤传。欧阳东凤,字千仞,湖北潜江人,明万历十七年进士,万历三十年间出任常州知府,治理常州政绩卓著,复建"龙城书院",修立乡贤祠并辑录《晋陵先贤传》。姚堂,字彦容,浙江慈溪人,明正统年间进士,历知广信、苏州、镇江府,《润州先贤录》就是他任镇江知府时所辑。寓居者有时亦因感慕寄居地的贤哲而为其立传。徐献忠,字伯臣,华亭人,善写文章,嘉靖四年举人,初授奉化知县,不久即弃官寓居吴兴,《吴兴掌故集》即是寓居该地所作。欧大任,广东顺德陈村人,因感怀扬州人才之盛,故收录扬州文学乡贤十人作《广陵十先生传》。

以上三类人群在乡贤传的修撰上具有独到的优势。首先,这一群体都拥有较强的书写能力、编书经验且能够接触到丰富的人物传记资料。从表1的著者信息可以看出,江浙部分乡贤传的作者或曾参加过国史、地方志的编撰,或曾在翰林院任职,或是著名的文学家、藏书家。《尊乡录》作者谢铎曾参与编修明英宗和宪宗两朝实录,《明史》称"铎经术湛深,为文章有体要"①。祝允明著录《成化间苏材小纂》也与他修实录的经历有关,"弘治改元,诏中外诸司撰集事迹上史馆为实录,简允明等数弟子员司其事,因私纂纪为此书"②。祝氏正是利用参与编修《明宪宗实录》的机会搜集了苏州乡贤资料,而后私辑成传。还有些著者参与过地方志的编撰,应廷育曾编《永康县志》,戚元佐编《嘉兴府志》《秀水志》,方鹏著有《昆山县志》,杨循吉是《苏州府志》的主修者,地方志修撰使他们更易搜集乡贤事迹,书写能力更毋庸置疑。另有些著者虽身为隐士,但书写、阅读能力极强,明初的王宾、王稌都是明代文学大家,吴之器则是著名藏书家。

其二,都具有"就地言地"的地理区位优势。不管是在籍的乡人还是来此任职的地方官他们都对当地的风俗、人物有较深了解。乡贤传的传主材料基本取自国史、地方志、前代乡贤传及乡间见闻。前三者都来源于书籍,而"乡间见闻"则要依靠著者的见闻及乡人的口耳相传。"因取诸先贤之行事,合于少时家庭之所习闻者,疏为小纪,僭加论次。昉自国朝弗溯往代,远不敢征也,仅及吴门两邑而他邑无纪焉,恐耳目之未逮请有间也。"③文震孟即在自

---

① (清)张廷玉等:《明史》卷一六三《谢铎传》,北京:中华书局,1974年,第4432页。
② (明)祝允明:《成化间苏材小纂》,第81页。
③ (明)文震孟:《姑苏名贤小纪》,《小序》,《四库全书存目丛书》史部第115册,第737页。

序指出,《姑苏名贤小纪》所收人物多为作者少年时家中所见所闻之人。文震孟出身书香,其祖是著名文学家文征明,家族所结交者亦是当代大儒,这些地缘与亲缘优势为他书写乡贤提供了素材。同样,地方官也具有一定的地缘优势,他们下车伊始即要访查舆情,拜谒乡贤,因此能够接触到更多的乡贤事迹,任职期间编修方志也为他们提供了材料,《润州先贤录》《晋陵先贤传》《金华文统》皆为地方官任职期间所作。

其三,都具有较大的文化影响力。私修乡贤传能被刊布流转与著者本身的文化影响力密切相关。江浙的乡贤传作者大多在明代社会有着广泛的文化影响力,其中有当代名儒,薛敬之是明代大儒薛瑄的再传弟子,"与同舍陈献章并有盛名"①。谢铎、章懋"为南祭酒,两人皆人师,诸生交相庆"②。可见谢铎与章懋在明代士人中有很高声望。还有文学名人,他们不以儒学流派见于史传,但以诗文见长,为明代文人所追捧。《明史·文征明传》载:

"吴中自吴宽、王鏊以文章领袖馆阁,一时名士沈周、祝允明辈与并驰骋,文风极盛。征明及蔡羽、黄省曾、袁袠、皇甫冲兄弟稍后出。而征明主风雅数十年,与之游者王宠、陆师道、陈道复、王谷祥、彭年、周天球、钱谷之属,亦皆以词翰名于世。"③

此段文字表明,吴中诗文极盛,沈周、祝允明、文征明等名人辈出,领袖明代文坛,文人墨客莫不以与文征明交往为荣。这段史料还涉及《成化间苏材小纂》作者祝允明,《吴中先贤传》作者袁袠,二人俱以文藻华丽著称。还有《吴中往哲记》作者杨循吉,其文辞也与唐、祝齐名。另外如欧大任、欧阳东凤、徐献忠等均见于《明史·文苑传》。由此可见江浙乡贤传著者文化影响力之强。

高水平的书写能力、"就地言地"的区位优势及广泛的文化影响力为书写乡贤提供保障。与此同时,著者主观上的"桑梓之私"也使他们积极投身其中。《东嘉先哲录》作者王朝佐即慨然于"诵其诗,读其书,论其世吾儒事也,况生长生地见闻所逮者乎"。于是在"公务之暇穷搜遍阅经书、子史、传记集录"④。明代知识分子的这种"桑梓之私"使他们无论居乡还是在外都以书写乡贤、彰显乡邦为责任。王弻,字存敬,台州府黄岩县人,弘治元年出任兴化知府,因"念吾台文献之缺",故节选谢铎《尊乡录》重新刊印。⑤他在自序中言明书写初衷:"孟子论尚友之道必自一乡始,盖一乡者天下之积,未有愧于其乡而可进其善于天下者。予驽下窃不自安于今之人。因取所谓《尊乡录》者节其要,凡吾台先正诸君子之足师法乡慕者,各为赞以识吾私。"⑥王弻认为"乡"是"尽善天下"的起点,没有愧于乡还能善天下的人,由此记述乡贤以示"吾私"。文震孟则以《姑苏名贤小纪》为"乡邦吐气":

"姑苏故多君子无论,郡十五里其中贤士大夫语苏人则薄之。至用相排调一切轻柔浮靡之习咸笑指为苏,意见有稍自立者辄阳惊曰:此子亦苏之人耶?即告以往昔之贤达,亦仅谓风流文采,雍容便辟甚都而已,于所称行巳大节、经纬文武之概蔑如也。余每不平斯言,荏苒强年,肮脏空谷愧无从稍为乡邦吐气,长夏掩关。因取诸先贤之行事合于少时家庭之所习闻

---

① (清)张廷玉等:《明史》卷二八二《薛敬之传》,第7231页。
② (清)张廷玉等:《明史》卷一六三《谢铎传》,第4432页。
③ (清)张廷玉等:《明史》卷二八七《文征明传》,第7363页。
④ (明)王朝佐:《东嘉录》,《东嘉先哲录序》,第430页。
⑤ (明)谢铎:《桃溪净稿》卷三一《书尊乡录详节后》,《四库全书存目丛书》集部第38册,第470页。
⑥ (明)王弻:《尊乡录节要》,《尊乡录节要序》,第555页。

者,疏为小纪。"①

可见其为乡贤立传的目的是想用"乡贤"改变外界对苏人"轻柔浮靡"的印象,以此为"乡邦吐气"。

同时,仕途不畅也促使明代士人把理想由"治国"转换至"齐家","乡"成为"庙堂"的一个延伸。从表1显示的著者履历,这些人大部分都拥有功名,其中有明确作者信息的61人,进士就有34人,举人5人。科举是明代知识分子主要的仕进之路,他们在中第后立志以天下为己任,为朝廷尽忠职守。但从著者的实际境遇看却都颇为曲折,这些踌躇满志的士人在入仕后,要么从庶吉士做起从事简单繁复的书写工作;要么因直言纳谏、忤意权贵而被排挤,仕进不畅、官场不得志使他们黯然归乡。应廷育因争大礼被贬归"惟以问学为务";袁袠因得罪"议礼新贵"张璁而被诬陷下狱,后赦归乡"著书行吟豁如也";杨循吉因官场不得志年未三十即还乡著《吴中往哲记》;毛宪适逢武宗朝权佞当道,直言进谏不被采纳最后愤愤归乡,终以授徒讲学为业。还有部分乡贤传著者或屡试不第、或有功名却未登仕途,虽然他们长居于乡但同样以书写乡贤证明"以天下为己志"的抱负。《两浙名贤录》著者徐向梅多次参加科考,屡试不第,最后"脱屣功名,潜心著作",并以诸生身份历十余年完成名贤录的写作。明人黄国樊称:"其抱三长之才不遂志而猥之此耶,安知此录之不以金紫易乎哉!"②虽然徐向梅未遂己志获取功名,但他书写乡贤也是在实现理想,其意义与仕进等同,"金紫"尚不可换。《姑苏名贤续纪》的著者文秉明亡前与黄宗羲等联名上书《留都防乱公揭》以此挽救朝政,后以明朝遗民自居,终身不仕新朝。援引《楚宝》周圣楷的经历"周伯孔,湘潭奇士,谈古今事如刊眉如以镜取形,百不失一。初年慷慨以天下为己志,后稍不得意遂愤然击断古剑以身许诸古人"③。这也正是许多江浙乡贤传著者的经历,仕进的不畅使他们怀揣"天下"志而归乡研究经史,著书立说。

乡贤传著者无论从地域还是情感都与"乡"有着密切的联系,或是生于兹土的乡人,或是立志乡里建设的地方官,或是感慕此地文化的寓居者。他们怀着知识分子的"立言"追求,拥有高水平的写作能力,掌握着丰富的传记资料,或怀有儒家"修齐治平"的宏阔理想,以建设乡里文化为己任;或因仕途不畅,欲彰显乡贤,以明其志。

综上所述,明代是私修乡贤传的繁盛时期,江浙地区因其富庶的人文、浓厚的文献传统及兴盛的出版业,乡贤传出产尤为丰富。明代江浙的地方士人热衷于乡里文化建设,他们以书写乡贤、彰显乡邦为斯文之任,在师弟、族裔的代代相承下完成了在地乡贤群像的塑造。江浙的私修乡贤传不仅保留了大量的乡贤人物史料,丰富了地方文献,并以乡贤事迹的刊布、流转实现教化地方士民、后贤继兴、"借声光以自壮"的目的。④同时,乡贤传的著者也由为乡贤立传完成了"天下""庙堂"到"乡"的情感回归。

作者简介:张会会,辽宁师范大学历史文化旅游学院讲师。

---

① (明)文震孟:《姑苏名贤小纪》,第737页。
② (明)徐向梅:《两浙名贤录》,《序》,第17页。
③ (明)周圣楷:《楚宝》,《楚宝董工序》,《四库全书存目丛书》史部第118册,第5页。
④ (明)黄佐:《广州人物传》,《序》,《四库全书存目丛书》史部第90册,第443页。

呈现、互动与舆论

——《北洋官报》之副产品与文献传播

杨莲霞

【摘　要】作为清末最具代表性的地方政府官报,《北洋官报》在出版正刊的同时,依据一定的周期,结合社会转型时期政治形势发展,出版了《北洋学报》《北洋法政学报》《北洋政学旬报》《北洋官话报》《北洋法政官话报》等副产品。这些副产品与《北洋官报》都扮演着信息源或文献传递之角色。它们对于推动文献传播、智识传递、民众启迪、资源整合、信息互动、舆论引导等方面发挥了功用,部分程度上黏合了文化媒介与基层民众,在通内外、通上下、通中西中发挥了民众动员和社会启蒙作用。

【关键词】《北洋官报》之副产品；文献传播；舆论引导；社会启蒙

19世纪末20世纪初的清政府面临"甲午一败,庚子再败"的惨痛局面,为了挽救国家民族于危亡之中,清王朝采取了包括创办新式官报在内的一系列新政举措。直隶总督兼北洋大臣袁世凯于光绪二十八年(1902年)创办的《北洋官报》是清末最具代表性、报龄最长、最有影响的地方政府官报,也是中国历史上第一份邮政发行报纸。《北洋官报》在出版正刊的同时,依据一定的周期,结合社会转型时期政治形势发展的出版有《北洋学报》《北洋法政学报》《北洋政学旬报》《北洋官话报》《北洋法政官话报》等副产品。

关于《北洋官报》之副产品,仅有《中国近代期刊篇目汇录》[①]汇总了部分副产品所录文章之标题,未见有人专门梳理甚或研究过,其刊发之内容是谁撰写、编译、来自什么机构的文牍或者选自其他报刊,副产品上刊发的内容,是否又被其他报刊转录？[②]本文从《北洋官报》之副产品及其稿件来源、发行情况及舆论引导等层面入手,探讨清末官报副产品的内容来源及传播,以期分析清末报刊出版人在通内外、通上下、通中西中的民众动员和社会启蒙作用。

---

① 上海图书馆编：《中国近代期刊篇目汇录》,上海：上海人民出版社,1981年。
② 关于晚清时期报刊之文献传播,仅见中国青年政治学院丁文围绕《东方杂志》选报文本之节录、删改及舆论理想展开的研究：《"节录"的文本遮蔽——〈东方杂志〉"选报"文本的特殊体例》,《江西社会科学》2009年第6期；《传世意图下的文章经营——〈东方杂志〉"选报"文本的删改研究》,《中国现代文学研究丛刊》2008年第1期等。

一 《北洋官报》之副产品

清末,《北洋官报》的官报总纂、总办们,为了巩固国威、教化百姓,在不断调整正刊栏目、内容、印张的同时,还增刊《北洋学报》等,以辅助教育。这类副产品包括:《北洋法政学报》《北洋政学旬报》《北洋官话报》《北洋法政官话报》等。

(一)《北洋学报》

"概自壬寅以迄丙午已四阅年于兹矣,其间斟酌损益,(《北洋官报》)初由间日报而改为日报,继则增《(北洋)学报》"①。最初之《北洋学报》是作为官报之附录内容呈现给读者的,"一、分纂三编:甲编文学,乙编质学,丙编丛录。一、每期四页,必备三编,种类繁多输流间出。一、每种各不相混,年终分拆即成书数十种"②。《北洋学报》的宗旨、体例为:"一、发明中西学术以保持国粹输运文明。一、搜求精美图画以提供美术濬导智识。一、补助学堂教科以开通风气,裨益士林。"编发《北洋学报》最简单、最直接的目的是"以辅教科"③。

创办之初《北洋学报》只是作为官报的一部分,但又相对独立地排置于其他正文栏目后"告白"栏目前,此部分内容也较丰富,但因不属于副产品,关于其稿件来源、发行等情况属于《北洋官报》探讨之对象,非本文讨论之范围。《北洋官报》创办翌年,《北洋学报》作为北洋官报局的一种新的产品补充到清末报刊出版大系中:"《北洋(官报)》开办以来,销路十分畅旺,有益于在官者良非浅鲜,兹悉直督袁慰亭,又拟开《北洋学报》,专辑学界要务,其出报及报例亦如《北洋官报》办法,已呈明商部将于十月上旬出版。"④《北洋学报》单独刊行的时间,发生在三十年⑤初,"光绪三十年增刊《北洋学报》,与《(北洋)官报》相辅而行"⑥。此前的光绪二十九年十一月二十四日、二十八日和十二月初一日(1903年1月11、15和17日)《北洋官报》连续刊发了《〈北洋学报〉发刊辞一》《〈北洋学报〉发刊辞二》《〈北洋学报〉总叙》。自此截至三十二年,《北洋学报》都是单独成册出版:"学报五日一册,每月六册,收价银六角,零购者每册一角,两种合购,每月收银一元二角。"⑦

(二)《北洋法政学报》

古往今来,所有报刊都会随着时代的进步和社会的发展而调整栏目或更改刊名甚或休刊或停止出版,《北洋官报》及其副产品《北洋学报》也不例外,"报纸者,固组织宪政之机关、

---

① 《北洋官报》光绪三十二年四月十六日(1906年5月9日,第1000期)"《北洋官报》第一千册纪念辞"条,第12版。
② 《北洋官报》光绪二十九年二月初五日(1903年3月3日,第30期)"封面告白",第1版。
③ 《北洋官报》光绪三十二年四月十六日(1906年5月9日,第1000期)"《北洋官报》第一千册纪念辞"条,第12版。
④ 《大公报》1903年11月14日"《北洋学报》将出",第1版。
⑤ 清末官报存刊于光绪末年及宣统年间,为了行文方便,凡未提到具体日期之二十九年、三十九年,则指光绪二十多年、三十多年,凡提到元年、二年、三年则指"宣统元年""宣统二年""宣统三年"。
⑥ 《北洋官报》宣统二年十一月初七日(1910年12月8日,第2632期)"公牍录要"栏目"本局禀酌拟改良学报办法呈请批示立案文并批"条,第7版。
⑦ 《北洋官报》光绪三十二年正月初九日(1906年2月4日,第904期)"《北洋官报》第一千册纪念辞"条,第12版。

陶铸国民之利器也"①。开启君主立宪的光绪三十二年八月,随着《北洋官报》官方舆论喉舌为了宣扬宪政精神,对出版物的主旨、栏目等进行了一些调整,《北洋学报》也因要调整刊发政治、法学类内容而更名为《北洋法政学报》,《北洋官报》光绪三十二年八月初一日至初九日(1906年9月18—26日,第1132—1140期)"封面告白"栏目中的"本局广告"条对此有明确的记载:"本局奉督宪札开政治、法律之学,尚在萌芽,必借报章以开民智,官报局所编《(北洋)学报》应即改为《(北洋)法政学报》,前由法政学生所编《法政杂志》②可合并续办等,因本局遵于八月起停刊《(北洋)学报》,改出《(北洋)法政学报》,每月三册,逢十出版即以本月初十日为始,每册篇幅计合从前《(北洋)学报》两册之数,每月报价仍照旧章,零售者每册二角。"《北洋法政学报》共出版156期,设论丛、译汇、编辑、法令四栏目。专门刊载中外法政论著、讲义、规章,宣传君主立宪国家社会政治制度。

与《北洋学报》比,《北洋法政学报》在内容上更强调宪政、法律之学,《北洋学报》则呈现文学、质学、科学丛录等内容;形式上,《北洋学报》为五日刊,《北洋法政学报》则为旬刊,与此成正比,一期《北洋法政学报》之面幅数及定价分别是《北洋学报》之两倍。

(三)《北洋政学旬报》

宣统二年十一月十四日(1910年12月15日),随着《北洋官报》总纂、编纂主旨等的调整,《北洋法政学报》改名《北洋政学旬报》继续出版,由吴兴让任主纂。专辟宪政类栏目,鼓吹君主立宪,1912年1月停刊,共出45期。

在当时的报人看来:"报纸为文化之原[源],影响于国家者为最大,是以泰西各项杂志因时损益,体例逐渐改良。"以为预备立宪时,"观我国之趋势,外鉴列国之情形",如果不对"法政"之外的内容多有涉猎,"萃政治之精华,汇学术之渊海",则"不足濬沦智慧、灌输文明",以助宪政之发达。"经职道等督率编纂各员悉心核议,拟请自本年十一月上旬为始,改良体例,名曰《北洋政学旬报》。""以上各项门类输流间用,不必俱备,凡所甄录,皆以有关系者为归,集古今之大成,融中西而一贯,以期仰副宪台提倡宪政之至意。"③

与办刊宗旨凸显"法政"性的《北洋法政学报》比,《北洋政学旬报》则凸显其"政学"性,《北洋政学旬报》首约论著,次分六类:宪政类、财政类、军政类、外交类、教育类、实业类,另有附着三种:新法令、文苑、掌故;形式上,二者均为月出三册,细微之处的区分则是,与《北洋法政学报》几乎"逢十出版"相比较,《北洋政学旬报》出版周期规律性不强,说是旬报,年假前后外,有的月份出版4期(比如宣统三年五月,1911年6月);有的月份出版两期(如宣统三年十一月),《北洋政学旬报》之面幅数及定价均遵循《北洋法政学报》。

---

① 《北洋官报》光绪三十二年正月初九日(1906年2月4日,第904期)"《北洋官报》第一千册纪念辞"条,第12版。
② 清末留日法政学生创办的政法刊物,1906年3月14日在日本东京创刊,月刊,铅印,洋装。编辑人有张一鹏、林鸥翔等,每期约200页。其宗旨为"备当局者着手之方针","饷普通人民以法之知识"。它"介绍东西大家学说及本国名人著作",以期使中国"返弱为强,转败为胜"。以翻译日本法政类书籍报刊为主要内容,兼论纂述。设有论丛、译汇、讲演、法令一斑、法政琐闻、时事扼要等栏目。8月14日出至第6期后停刊。自第7期起与北洋官报局出版的《北洋学报》合并更名为《北洋法政学报》继续出版。
③ 《北洋官报》宣统二年十一月初七日(1910年12月8日,第2632期)"公牍录要"栏目"本局禀酌拟改良学报办法呈请批示立案文并批"条,第5版。

(四)《北洋官话报》

20世纪初的十年,是近代中国官报的高峰期及衰败期,各官报总纂、总办在编辑、印刷、发行各官报的同时,也编印一些材料,作为宣讲所宣讲资料,比如"编官话报以资宣讲"①,关于《北洋官话报》的其他信息,我们无从查阅,笔者仅从3053期《北洋官报》封面告白处见到梳理出光绪三十二年三月至七月每月出版一期,总计出版5期。

出版当期《北洋官报》之封面告白处告知订阅者《北洋官话报》当期出版:以第1期、第2期《北洋官话报》出版为例:"《北洋官话报》丙午年第一册出版……特此广告。"②"《北洋官话报》丙午年第二册出版:本局丙午年第二册《(北洋)官话报》现又出版……特此广告。"③

至光绪三十二年九月初八日(1906年10月25日),《北洋官话报》更名为《北洋法政官话报》:"直隶自治开办较先,光绪三十二年六月,经前任督臣袁世凯奏明试办在案,先于天津设天津府自治局,派员宣讲刊行《法政官话报》。"④强化此时报刊出版为宪政服务的功能。

(五)《北洋法政官话报》

清末预备立宪后,北洋官报局所编《北洋学报》改为《北洋法政学报》的同时,《北洋官话报》也相应改为《北洋法政官话报》。光绪三十二年九月初七日(1906年10月24日,第1168期)《北洋官报》封面告白告以广告的形式解释了这一现象:"《法政官话报》第一期出版:本局《北洋官话报》改为《法政官话报》,第一期现已出版。"并在每期《北洋法政官话报》出版当日《北洋官报》封面告白处做宣介:"本局第六期《(北洋)法政官话报》今日出版。"⑤"本局第五期《(北洋)法政官话报》今日出版。"⑥与《北洋官话报》的出版周期一样,《北洋法政官话报》也是每月一期,至宣统二年正月十六日(1910年2月25日)终刊,总计出版39期。

清末在中国报刊史上仅存刊十年之《北洋官报》创办了以上5种副产品。

二 《北洋学报》之稿件来源及被转录情况

报刊的稿件来源,不外乎以下四种情况:一是相关公牍类文件的选登,具体到晚清时期,此类稿件来源于各部及府厅州县新政相关的章程、公函、文牍、调查报告等;二是一些文人墨客的自投稿,官报及其副产品中多标注有"来稿"二字;三是选稿、译稿,由出版单位相关工作人员从已出版其他报刊中选择符合自身出版宗旨和读者范围的稿件或请有关专家学者翻译国外某些领域先进的经验、方法、措施、成果等;四是工作人员撰写或翻译的稿件,在清末官报副产品稿件中,各出版物的主编在此方面做了很多工作。

---

① 《北洋官报》光绪三十二年四月十六日(1906年5月9日,第1000期)"《北洋官报》第一千册纪念辞"条,第12版。
② 《北洋官报》光绪三十二年三月二十九日(1906年4月22日,第983期)"封面告白"栏目,第1版。
③ 《北洋官报》光绪三十二年三月二十九日(1906年4月22日,第983期)"封面告白"栏目,第1版。
④ 《北洋官报》宣统元年闰二月十九日(1909年4月9日,第2034期)"奏议录要"栏目"直隶总督杨奏遵章筹办地方自治折"条,第3版。
⑤ 《北洋官报》光绪三十三年二月十二日(1907年3月25日,第1310期)"封面告白"栏目,第1版。
⑥ 《北洋官报》光绪三十二年十二月二十三日(1907年2月5日,第1272期)"奏议录要"栏目"高邑县倪令鉴禀本局设立阅报处情形文"条,第4版。

1904年，为记载《北洋学报》的编辑、印刷和发行等出版情况，在《北洋官报》封二的位置，以"重订学报分编"代替"北洋学报汇编"①，"重订"的原因为学报之考虑其规模为以十册汇订，而未考虑内容的完整性，产生"东鳞西爪"的情况，造成"阅者每以未窥全豹"的局面。采取"分类重订"的措施，以期达到"俾便随意零购"②的目的。三十年《北洋学报》内容，其中甲编计58种，乙编计32种，丙编计17种；三十一年《北洋学报》内容，甲编计36种；乙编计10种；丙编计10种，通过梳理这三年《北洋学报》及三十一年《学报汇编》的目录，可以将《北洋学报》在文献传播信息③的贡献归纳为以下几种情况：

一、文献首次刊发于《北洋官报》，此文献又被作为其他报刊和《北洋学报》的文献来源。举例来说，《北洋学报》三十年刊发的《法兰西外国资本》《财政略论》《农学类要》转录自《北洋官报》三十年，《学报汇编》《北洋学报》三十一年、三十二年分别重复刊发；《北洋学报》三十年刊发的《巴拿马国小志》，《秦中官报》三十年转录自《北洋官报》，《学报汇编》三十一年重复刊发；《北洋学报》三十年刊发的《果树栽培法》《芦菔制糖大略》，《商务官报》三十年转录自《北洋官报》，《学报汇编》三十一年重复刊发；《北洋学报》三十年刊发的《美国东亚商务论》《说目》，《秦中官报》转录《北洋官报》，《北洋学报》三十一年、三十二年分别重复刊发；《北洋学报》三十年刊发的《女学议》，《四川官报》三十年转录自《北洋官报》，《学报汇编》三十一年重复刊发。

二、文献首次刊发于《北洋学报》，后被后面一个或两个年度的《北洋学报》或《学报汇编》转载，具体篇目如下：《齐武铁道议》《国际私法论略》《科学分类举要》《农学述要》（原著者为日本横山又次郎）、《营义铁道论》《论战机不可失》《近世公法宗旨论》《条约名义问答》《前世界》《动物学进化史》《女学与国际之关系》《修身科教授新法》《历史科教授新法》《地理科教授新法》《政治地理研究法》《中国地理学》《西伯利亚铁道志》《日将事略》《世界尚武主义》《最近国际公法要旨》《史学原论》《银行与国家、社会之关系》《世界商业发达之大势》《实业教育方针》《战争与教育之关系》《裁判所构成法》《手工学教科书》《河防述要》《水利存要》《演说美辞法》《亚东属地志略》《齐武铁道议》《对外政策概论》《俄将别传》《国际私法论略》《法学片谈》《心理学提要》《道德与经济之关系》《殖民政策条议》《西伯利亚最近之情势》《围攻要塞方略》《中立国权利义务》《最近日本财政考》《美国商务条陈稿》《周代大学学科论》《管理执拗儿童法》《日本维新进步论》《德国陆军述要》《天学释名》《世界石炭统计论》《种源论》《农学述要》《迈当尺用法详解》《造冰理法略解》《风雨寒暑表源流考》《农业补习学校略论》《植物利益说》《播种移植须知》《合金略说》《说热》《日本调查算学记》《论学校园之有益》《儿童想像推理论》《建置文部始末记》《满洲山脉海岸志略》《桦浦旅行记略》《政治地理概略》《巴拿马国独立记》《荷日通商逸史》《美散交涉小史》《美散交涉论》《奥俄内情分论》《东非洲属地论》《美国经营东方》《战时禁制品论》《政策论》《瑞那二国分立论》《西洋史讲义》《中国尚武证义》《中立公法例证》《论世界之保护国》《最新行政法纲要》《国家有形之要素论》《国家无形之要素论》《刑事诉讼法概要》《刑法新论概要》《改良刑法方针》《银行精义》

---

① 《北洋官报》光绪二十九年四月初四日（1903年4月30日，第59期），第2版。
② 《北洋官报》光绪三十二年正月十二日（1906年2月5日，第907期）"封面告白"，第1版。
③ 均见《北洋官报》光绪三十二年正月十二日（1906年2月5日，第907期）"封面告白"，第1版。

《日本财政与欧美比例论》《实业学校办法条陈节要》《美国农业新论》《渔业粹言》《矿物学新论》《照相法中之化学》《女子教育平议》《最近世西史通论》95篇文献来源于《北洋学报》,又被《北洋学报》和《学报汇编》重复刊发。

三、文献首次刊发于《北洋学报》,此文献又被作为其他报刊和《北洋学报》的文献来源。比如《北洋学报》二十九年刊发的《对外政策概论》,《大陆报》三十一年转录,《学报汇编》《北洋学报》三十一年、三十二年分别重复刊发;《北洋学报》二十九年刊发的《植物学略史》,《秦中官报》三十一年转录,《北洋学报》三十年、三十二年及《学报汇编》三十一年分别重复刊发;《北洋学报》二十九年刊发的《州县学校谋始》,《广益丛报》三十年、《江西官报》三十一年转录,《学报汇编》《北洋学报》三十年、三十一年、三十二年分别重复刊发;《北洋学报》三十年刊发的《普通教育制度论》,《江西官报》三十二年转录,《学报汇编》《北洋学报》三十一年、三十二年分别重复刊发。

四、文献首次刊发于其他报刊,此文献又被作为其他报刊和《北洋学报》的文献来源。比如日人清水直义著、沈纮译的《简便国民教育法》,《教育杂志》二十八年刊发,《湖北学报》《北洋学报》二十九年转录,《学报汇编》三十年、三十一年再刊发;《湖北学报》二十九年首次刊发的《论军备与地理之关系》,《北洋学报》三十年转录,《学报汇编》《北洋学报》三十一年、三十二年分别重复刊发;《北京杂志》三十四年八月二十日首次刊发的《考求土货公文》(《出使俄国大臣胡考求中国出口土货公文》),《济南报》三十四年八月二十八日、《万国公报》三十四年九月、《南洋官报》三十四年九月二十七日、《秦中官报》三十四年、《东方杂志》三十四年十一月二十五日、《北洋学报》三十年转录,《学报汇编》《北洋学报》三十一年、三十二年分别重复刊发;《亚泉杂志》①二十六年首次刊发的《平圆互容新义》《珠盘开方法》《微积答问》,《北洋学报》三十年转录,《学报汇编》《北洋学报》三十一年、三十二年分别重复刊发;《童子世界》二十九年首次刊发的《物理浅说》,《北洋学报》《学报汇报》三十至三十二年转录;《农学报》译日本《新农报》的《风与昆虫之关系》,《北洋学报》《学报汇编》转录;《外交报》三十一年正月二十五日刊发的《芬兰内情论》,《北洋学报》三十一年转录,三十二年分别重复刊发;《商务报》三十一年首次刊发的《造火药法略述》,《北洋学报》三十一年转录。

与二十九至三十一年留存到现在的《北洋学报》内容比,上海图书馆存藏有完整的三十二年的《北洋学报》,此为另一层面上之文献传播——时间纵轴上的文献传播,笔者将其完整目录梳理成下表,以便同行了解:

---

① 中国最早的自然科技型期刊。

表 1 《北洋学报》刊载内容一览表(1906)

时间	栏目①	内容	作者	备注
1/2,三十二年正月二十一日	学术部	丙午年北洋学报改良第一册发刊词	孙雄②	
		中西格致通论	杨毓辉③述并识	
	政艺部	日本裁判所编制法	唐宝锷④	
	政治文编类	论君主立宪政体之性质	杨毓辉	
		论国民对于宪法之义务	杨毓辉	
		论赏罚为图治之要素	杨毓辉	节录《南洋报》
3,三十二年正月二十五日	学界纪要	湘抚庞等会奏该设学堂以保国粹而励真才折	庞鸿书、支恒荣	《东方杂志》三十二年三月二十五日转录时题目为"护理湖南巡抚庞学政支会奏改设学堂以保国粹而励真才折"
	政艺部	最新泉币论		
	武备文编类	兴海军应先筹建根据地议		《东方杂志》三十二年四月二十五日转录
	实业调查类	调查美国农肥料之发明		节选《日本农报》新译本
		调查日本工业界之发达		"译东报"
4,三十二年二月初一日	学界纪要	美国教育之现象		"节选《教育杂志》东报译本"
		日本图书之壮观		"译东报"
		日本医学之计划		"译东报"
	政艺部	日本裁判所编制法	唐宝锷编译	
	教育文编类	论国民不可无政治思想	孙雄	
		强迫教育私议	陈清震⑤	
	政治文编类	论国家之编制报律意义		来稿
5,三十二年二月初六日	学界纪要	江督周礼发日本文部省留学章程文		公牍
	动物学说类	动物学源流说		译报
	风土调查类	阿根廷风土记		节选自《万国公报》
6,三十二年二月十一日	学界纪要	无机化学		
	实业调查类	发达农业利源说	杨毓辉	
		维持工业缺点论		
		俄国立宪之初基		节选自《万国公报》
		欧美民教之进步		

① 《北洋学报》包括甲编、乙编和丙编三编。根据具体内容,甲编为"学术部·学界纪要",乙编为"政艺部",丙编"科学丛录"下又包括"政治文编类一集""教育文编类一集",本文为了行文方便,只标注"学界纪要""政艺部""政治文编类一集""教育文编类一集"等。
② 孙雄(1866—1935),原名同康,字师郑,号铸翁,又号郑斋,江苏昭文(今常熟)人,二十年进士。
③ 杨毓辉,广东大埔人,曾任交通部主事,光绪末年入北洋洋务局。
④ 第一位从日本大学获得学士学位的中国人(三十一年)。他后来成为中国驻日本的外交官,并担任中国部长的翻译。
⑤ 晚清近代著名的教育家,曾与李廷玉、臧守义、陈宝泉、刘宝和陈清震等筹议《义务教育办法》十四条,曾重译奥匈帝国林笃奈尔著、日本汤原元一译补之《教育学》。

续表

时间	栏目①	内容	作者	备注
		日本警察之纲要		节选自《汇报》
7,三十二年二月十六日	学界纪要	浙江温处学务分处劝谕设立学堂文		
		王大令参观日本盲哑学校笔记		
	经济文编类	财政学中新发明之大义	孙雄	
		讲求女学教育法议		节选自《安雅报》
8,三十二年二月二十一日	学界纪要	美国教育视察记		
	植物学说类	植物性质说		
		美棉说		
	路矿调查类	铁路发达之原因		"选报",《关中学报》转录
		铁路间接之利益		
9,三十二年二月二十六日	学界纪要	上海道瑞澂任敬告学界文		
	政艺部	养蜂新法		
	地理学说类	地学源流说		译自日本《地理杂志》
		地球运转说		节选自(天津)《教育杂志》,《教育杂志》又标注此文"录《北京日报》"。
	路矿调查类	澳洲禁烟之新律		"译报"
10,三十二年三月初一日	学界纪要	吕清扬女士敬告女学界文	吕美荪①	
	武备文编类	英日同盟关系海军计划论		
	实业调查类	调查满洲实业界之利源		"节选东报译本"
11,三十二年三月初六日	政艺部	英国变政小史		
	实业文编类	振兴林业新法论		
	财政调查类	日本各银行之概要		
12,三十二年三月十一日	学界纪要	督宪袁札饬送日本游学生大略办法文		
		山东学务研究所第三次会议		
		世界女学进化史		
	子史学说类	东西古学复兴论	邓实②	
	经济文编类	论计学理财之公例		
13,三十二年三月十六日	学界纪要	日本大学校长勉励学生之训辞		
	政艺部	日本刑事诉讼法		
	动物学说类	动物学实验说		
	教育文稿类	论女学宜注重德育		
14,三十二年三月二十一日	学界纪要	福建学政秦劝各姓宗祠自设蒙小学堂		《南洋官报》三十二年正月二十九日首次刊发,《秦中官报》三十二年二月份第1期、《四川官报》三十二年三月下旬转录

① 吕美荪(1879—?),又易名美荪,字清扬,号仲素,别署齐州女布衣。近代女诗人,吕碧城二姐,工诗词,尤精古体诗。历任天津北洋女子公学监督、奉天女子师范学堂总教习等。
② 邓实(1877—1951),广东顺德人。早年师事广东著名经学家简竹居。光绪二十八年在上海创办《政艺通报》,光绪三十一年与章太炎等创办《国粹学报》。

续表

时间	栏目①	内容	作者	备注
	交涉文编类	论干涉主义不能越公法范围	杨毓辉	
		论法外治权不合于国际法理	孙雄	
	实业文编类	调查外国工艺界之进步		
15,三十二年三月二十六日	学界纪要	日本留学生李根源上滇督筹划学务书		
	格致学说类	论电学大发明之历史		
		论电学与琥珀之关系	〔英〕高葆真①	
	政治文编类	论地方自治之大义		
		论外国宪法之大义		
16,三十二年四月初一日	经济文编类	论国际商业之政策		
	路矿调查类	电气铁路之发达		
		世界铁路之统计		
17,三十二年四月初六日	法政调查类	法国新总统费律叶君之历史		
		那威新君主哈康第七之历史		
		英国新内阁人物之历史		
18,三十二年四月十一日	学界纪要	南京幼稚园开园演说记		
	实业文编类	经营水田新法论		
	法政调查类类	英国禁烟之计划		
		万国监狱之会议	日本赴匈牙利第七次万国监狱会议代表小河滋次郎	
19,三十二年四月十六日	学界纪要	江苏学政唐敬告上海商业中学校文		
	地理学说类类	山东沿海形式说		
		江西鄱阳形式说		
	教育文编类	论教育宜注重尊孔		节选自《顺天时报》
20,三十二年四月二十一日	学界纪要	四川奏定致用学堂办法纲要		
		山西省城大学堂开学训词		
	政治文编类	论国民义务之范围		节选自《南洋日报》
	财政调查类	日本消费物之税法		《东方杂志》三十二年十月二十五日转录
21,三十二年四月二十六日	学界纪要	法国留学界情形记		
	政艺部	中法商务纪要		《重庆商务公报》三十二年十月中旬转录
	交涉文编类	论公法领事裁判之权限		
22,三十二年闰四月初一日	天算学说类	泰西天学源流考	杨毓辉	
		泰西算源流考	杨毓辉	
23,三十二年闰四月初六日	学界纪要	图书馆建筑之大观		
	植物学说类	幼稚园设备之概要		
		剖验苹菌说		

---

① 高葆真（William Arthur Cornaby,1860—1921），英国传教士。1885 年由循道会派遣来华，在汉阳传教。旋调上海任广学会编辑，主编《大同报》和《中西教会报》。

续表

时间	栏目①	内容	作者	备注
	经济文编类	剖验麦菌说		
		防制植物细菌说		
		论世界银行之概要	〔日〕掘江归一著,林鸥祥译	
24,三十二年闰四月十一日	学界纪要	日本留学生姚明德上苏松太道整顿学务书		
	财政调查类	美国财政界之会计		
		列国邮政界之利益		
25,三十二年闰四月十六日	学界纪要	镇江学会实行教育之研究		
	政艺部	日本刑事诉讼法下		
	武备文编类	讲求民兵以固国防论		
	风土调查类	澳大利亚风土记		
26,三十二年闰四月二十一日	学界纪要	八旗学务处第一次研究会演说文		
	子史学说类	鹖子哲学发微论		
		两汉伦理学发微论	刘光汉①	
	教育文编类	讲求普及教育法论		留美学生稿
28,三十二年闰四月二十六日	格致学说类	论气球在空中之测验		选译
	实业调查类	调查中国工艺之现状		
29,三十二年五月初一日	学界纪要	严几道观察教育之讲义		《秦中官报》转录
	政艺部	欧洲考工记新编		
	植物学说类	驱除植物害虫说		
		培植草花要法说		
		预防果品萎病说		
	政治文编类	论国民权利之界限		选录自《申报》
		论国民法律之思想		选录自《时报》
30,三十二年五月初六日	动物学说类	利用动物说		
31,三十二年五月十一日	学界纪要	日本文部大臣教育之演说		
	天文学说类	日球考		节选自《汇报》
	交涉文编类	论条约批准拒阻之法理	〔日〕中村进午	《东方杂志》三十二年八月二十五日转录
		论世界研究国际法之要义		选自《日本法政杂志》之译稿
32,三十二年五月十六日	学界纪要	论校外休学之要素		
	地理学说类	马鞍群岛形势说		
		地理与文明关系说		
	财政调查类	鸦片专卖法之计划		王石鹏调查拟稿

---

① 刘光汉(1884—1919),又名刘师培,江苏仪征人,参与《俄事警闻》《警钟日报》和《国粹学报》的编辑工作,积极为《中国白话报》撰稿,用通俗的语言,向民众宣传普及革命主张,作《中国民族志》《攘书》《中国民约精义》等。

续表

时间	栏目①	内容	作者	备注
33,三十二年五月二十一日	学界纪要	婚德女学开学祝辞		选编
	政治文编类	论适者生存之原理		
	实业调查	调查日本樟脑业之实况		
		调查鸭绿江森林之繁富		
34,三十二年五月二十六日	学界纪要	袁观察告诫师范学堂文		
		黄君嗣艾旅湘学堂演说文		
	武备文编类	筹划新疆以固边防论	甘泉、曹振常	
		经理南田以固海防论	陈畬	
	路矿调查类	世界金钢矿产之概要		
35,三十二年六月初一日	学界纪要	日本古贺学士法政大学讲义		
	格致学说类	泰西格致家因苹果而悟吸力因田鸡而悟电力因沸瓶而悟汽力因悬灯而悟摆力与中古人创制同义论	子监	
		问声浪光浪电浪之速率及流行之远近生魂觉魂灵魂之异点及进化之先后能举其实验与其原理欤	于鸿仪	
	实业文编类	讲求农田水利论		选录
		整顿内地茶务论		
36,三十二年六月初六日	学界纪要	幼稚园谈话之意义		
	教育文编类	审定小学教科书论	严复	
		研究学校音乐法论		《国文报》三十三年六月转录
		拟设图画陈列所论		节选自《南洋报》
	法政调查类	日本警察厅之新制		
37,三十二年六月十一日	学界纪要	严几道观察女子教育会章程		
		地球各国盲哑之教育		
	子史学说类	中国哲学起源论		
		古学由于实验论	刘光汉	
	人物调查类	印度新总督摩登之历史		
		日本新首相西园寺之历史		
38,三十二年六月十六日	学界纪要	山西抚院恩师范学堂视学训词		
		山西臬司勤务学堂视学演说		
39,三十二年六月二十一日	博物杂志类	煤气燃灯之历史		
		海底电缆之历史		
		海底工作之器具		
		电机传字之发明		
		电气驱虫之利益		
		医治腹痈之奇品		
		光学厚生之实验		
		机器正音之新法		
		利用瀑布之公司		

续表

时间	栏目①	内容	作者	备注
40,三十二年六月二十六日	经学学说类	群经大意相通法论	刘光汉	
		公羊孟子相通考		
		公羊孟子相通考		
		毛氏荀子相通考		
	法政调查类	义国立宪之近状		
41,三十二年七月初一日	学界纪要	湖南官立小学堂教授法节要		
	实业调查类	论无线传电之原理		
		调查各内地山林之关系	季理斐译	
42,三十二年七月初六日	学界纪要	湖南官立小学堂管理法节要		
	风土调查	土耳其国风土记		
43,三十二年七月十一日	学界纪要	奉天提学张筱浦学使致江苏总学会书		《南洋官报》三十二年七月初十日首次刊发
	动物学说类	微生动物说		
		圆体动物说		
	教育文编类	普及教育为立宪基础论	王嘉荫	《通学报》三十二年四月二十九首次刊发;《直隶教育官报》三十三年正月十五日转录
		改用文字用简便草书论		
44,三十二年七月十六日	学界纪要	严几道观察实业学校之演说		
	政治文编类	论民社自治之关系		"节选南报"
	路矿调查类	世界金矿产额之概要		
45,三十二年七月二十一日	天算学说类	月球考		
		行星环绕太阳考		
46,三十二年七月二十六日	学界纪要	管君尚勋呈请苏抚中学堂以上增课法学文		
	财政调查类	研究鹅郎草性质说		

通过分析三十二年《北洋学报》之内容及传播与被传播等信息,可以信息传播情况总结为以下几种情况:

一、甲编部分稿件是由学报主纂、撰稿人孙雄、杨毓辉、唐宝锷、陈清震、邓实、沈秉衡、刘光汉、季理斐、严复等撰写,介绍日本裁判所编制法、君主立宪政体之性质、国民教育、法外治权、银行建设、伦理学等方面的内容。

二、乙编为政艺部,主要刊登政治、法律英国政变小史;丙编为科学丛录,主要刊登财政调查、武备文编、实业调查、格致学说、交涉文编、经济文编、路况调查、人物调查、教育文编、政治文编、风土调查、经济学说、博物杂志等。如调查美国农肥料之发明,日本工业、图书、医学之发达,电气、铁路、邮政、动植物学等,《北洋学报》刊发之此类内容,如调查美国农肥料之发明,日本工业、图书、医学之发达,电气、铁路、邮政、动植物学等,节选、节录自《南洋报》《东方杂志》《教育杂志》《万国公报》《汇报》《北京日报》《南洋官报》《顺天时报》《南洋日报》《申报》《时报》、日本的《地理杂志》等,部分内容又被《关中学报》《秦中官报》《四川官报》《重庆商务公报》《直隶教育官报》等报媒当作文献来源。

三、部分内容为奏折、公牍等,比如《湘抚庞等会奏该设学堂以保国粹而励真才折》《兴海军应先筹建根据地议》《兴海军应先筹建根据地议》《浙江温处学务分处劝谕设立学堂文》《上海道瑞莅任敬告学界文》《督宪袁札饬送日本游学生大略办法文》等。

学报的内容,基本上遵循"甲编文学,乙编质学,丙编丛录"的宗旨中所称:"发明中西学术以保持国粹输送文明",实际上,从学科划分与学报内容来看,"输送文明"的内容要远远超过"保持国粹"的内容,"泰西学术自希腊全盛,至文治复古,为二大枢纽"①。

三 《北洋法政学报》之稿件来源及被转录情况

《北洋法政学报》于1906年9月27日由北洋官报局创办,主要内容是编译法政讲义与制度等,主要包括论丛、译汇、法令与附录等栏目(以1906与1907年各栏目内容为例)。

表2 《北洋法政学报》刊载内容一览表(1906、1907)

期数及时间	栏目	内容	作者	文献传播信息
1,三十二年八月上旬	论丛	法政学报序	吴兴让	
	法令一斑	日本内阁官制	吴兴让译	
	译汇	宪法研究书	〔日〕福冈康郎,吴兴让译	
		市町村制讲义	松浦镇次郎讲述,吴兴让译	
		银行制度概要	〔日〕堀江归一,林鹗翔译	续(日本)《法政杂志》第5号
2,三十二年八月中旬	论丛	论公法私法之区别	徐家驹译	
	法令一斑	法令裁判所诸法令	吴兴让译	
3,三十二年八月下旬	译汇	欧洲外交之新形势(以德国为中心)	〔日〕望月小太郎,林鹗翔译	
		政治学大纲	〔日〕小野冢喜平次讲授,吴兴让笔述	
		法典论	〔日〕穗积陈重,张一鹏译	续《法政杂志》第5号
	法令一斑	日本行政裁判法及诉愿法	吴兴让译	《东方杂志》三十三年三月二十五日转录
5,三十二年九月中旬	论丛	论我国古代之国际法	徐家驹译	
	译汇	国际贸易论	张一鹏译	

---

① 《北洋官报》光绪二十九年十一月二十四日、光绪二十九年十一月二十八日(1904年1月11、13日,第187、189期)"《北洋学报》发刊辞"条,第5版。

续表

期数及时间	栏目	内容	作者	文献传播信息
		日本议院法讲义	林田龟太郎述,徐家驹译	
	法令一班	日本议院法	徐家驹译	《东方杂志》三十三年十二月二十五日转录
6,三十二年九月下旬	论丛	江苏试行地方自治制度议	何震彝	
	论丛	江苏试行地方自治规则附说	何震彝	
7,三十二年十月上旬	法令一班	日本贵族院令	林鹍翔译	《东方杂志》三十三年二月二十五日转录
		日本会计法	林鹍翔译	《东方杂志》三十三年一月二十五日转录
8,三十二年十月中旬	论丛	本报添编辑类质言	吴兴让	
	编辑类	法政用语杂解	吴兴让编	
		法学通论	张一鹏述	
	法令一班	日本府县县官志	吴兴让译	
9,三十二年十月下旬	论丛	国家组织内部之行动	〔日〕小原新三,林鹍翔译	
	法令一班	天津府自治局试办调查章程	林鹍翔	
10,三十二年十一月上旬	论丛	论国会之性质	〔日〕盐野庸一郎,林鹍翔译	
	法令一班	天津府试办审判厅章程		《政艺通报》三十三年十二月转录
11,三十二年十一月中旬	论丛	论法律上法律宗教道德之三大关系	林鹍翔译	
	编辑类	国际公法通论	徐家驹译	
	法令一班	日本交官试验规则	徐家驹译	
12,三十二年十一月下旬	编辑类	我国现行法制概论	徐家驹译	《东方杂志》三十三年三月二十五日转录
		地方自治之研究	吴兴让述	
	法令一班	日本所得税法(明治三十二年二月十日法律第十七号)	林鹍翔译	《政艺通报》三十四年一月转录
		日本所得税法施行规则(明治三十二年三月二十九日敕令第七十八号)	林鹍翔译	
13,三十二年十二月上旬	论丛	论小选区之利害	〔日〕美浓部达吉,林鹍翔译	
	法令一班	日本法律	徐家驹译	
16/17,三十三年正月上、中旬	论丛	丁未年法政学报发刊词	吴兴让	
	编辑类	警察行政	徐永启述	
18,三十三年正月下旬	论丛	教育家宜注意于不堪造就之人材	吴兴让	
	编辑类	国际公法通论	徐家驹译	
19,三十三年二月上旬	论丛	论急宜提倡民业与游戏	吴兴让	《东方杂志》三十三年三月十五日、《四川官报》三十三年五月中旬转录

续表

期数及时间	栏目	内容	作者	文献传播信息
	编辑类	自治制	齐树楷讲述	
22,三十三年三月上旬	论丛	论预算决算之难	吴兴让	《四川官报》三十三年七月下旬转录
	编辑类	地方财政学要义	王琴堂编辑	
23,三十三年三月中旬	论丛	论急宜编民商法	吴兴让	
	译汇	国法学	〔日〕筧克彦讲述,吴兴让译	
24,三十三年三月下旬	论丛	理财政策	吴兴让	
26,三十三年四月中旬	论丛	教育与犯罪之关系	〔日〕小河滋次郎,张一鹏译	
	译汇	保护国论	张一鹏译	
	编辑类	教育行政	徐永启讲述	
		户籍法讲义(附国籍法)	阎凤阁编	
28,三十三年五月上旬	法令一斑	日本改正新刑法	徐家驹译	
29,三十三年五月中旬	论丛	清韩考察记	〔日〕梅谦次郎述,吴兴让译	
		法律目的论	张一鹏译述	
	译汇	各国警察制度	〔日〕后藤狂夫,徐家驹译	
30,三十三年五月下旬	论丛	露国新宪法论		译报知新闻
	法令一斑	海牙会议病院船条约	徐家驹译	《政艺通报》三十三年七月下旬转录
31,三十三年六月上旬	编辑类	天津府属试办审判厅章程理由书	王晓涵编	
		日本自治理由	考证大臣编	
32,三十三年六月中旬	编辑类	法学通论	吴兴让	
33,三十三年六月下旬	论丛	论大清破产律	徐家驹述	
34,三十三年七月上旬	论丛	哀韩篇	吴兴让	
35,三十三年七月中旬	论丛	选举论	吴兴让	
36,三十三年七月下旬	论丛	预备立宪第一周年纪念会说	吴兴让	
		庆祝预备立宪第二年纪念会祝辞	天津章程师	
37,三十三年八月上旬	论丛	上泽公论财政书	熊希龄	
		议礼篇	吴兴让	
	编辑类	明治维新过渡史	野村浩一讲授,徐家驹译	
	法令一斑	各省官制通则	吴兴让	

续表

期数及时间	栏目	内容	作者	文献传播信息
38,三十三年八月中旬	论丛	上海商务总会致各埠商会拟开大会讨论商法草案书		上海商务总会稿,转录自《振华五日大事记》三十三年八月二十三日
		论天演与命运	吴兴让	转录自《津报》,《东方杂志》三十三年第9期标注:"录丁未七月二十三日《津报》。"
39,三十三年八月下旬	编辑类	试办天津地方自治章程理由书	吴兴让述	
		日本立宪史谭	考证大臣编	
40,三十三年九月上旬	论丛	地方自治论	徐家驹	
	法令一斑	国际新协约	徐家驹译	译自日本《国际协会》杂志
43,三十三年十月上旬	论丛	恭读九月十三日上谕谨注	徐家驹	
		恭读十三日上谕谨注	吴兴让	
44,三十三年十月上旬	附录	中国纸币起源考	浅进夫著,穆都哩译	转引自《大同报(北京)》三十三年第2期,文中标注:"《法学会》杂志第二卷第一号文学士浅进夫论著。"
		直省改订府厅州县官制说帖	严以盛	
45,三十三年十月中旬	论丛	曾左名言演	吴兴让	
	附录	宪政编查馆奏拟定办事章程折		《北洋官报》三十三年七月三十日首次刊发;《四川教育官报》三十三年十一月、《秦中官报》三十三年八月份、《吉林官报》三十三年十月转录
		修订法律大臣奏拟修订法律大概办法折		《政治官报》三十三年十月初八日首次刊发;《北洋官报》三十三年十月十二日、《山东官报》三十三年十一月初一日、《东方杂志》三十四年二月二十五日转录
46,三十三年十一月上旬	论丛	新旧学说演	吴兴让	
		论金货本位兼告度支部诸公	沈其昌	转录自《法政学报》三十四年三月二十九日
	编辑类	日本司法纲要	考证大臣编辑	
47,三十三年十一月中旬	附录	法部奏酌拟各级审判厅试办章程折		《政治官报》三十三年十一初六日首次刊发;《秦中官报》三十三年十一月、《南洋官报》三十三年十一月三十日、《山东官报》三十三年十二月初一日、《北洋法政学报》三十四年二月下旬转录

续表

期数及时间	栏目	内容	作者	文献传播信息
48,三十三年十一月下旬	论丛	活命问题	吴兴让	
		条陈币制意见书	上海商务总会商学分会	
	编辑类	日本丙午议会	考证大臣编辑	
	附录	帝国大学生上实行立宪折		由驻日李使代奏
49,三十三年十二月上旬	论丛	政治当利用天然说		《东方杂志》三十四年元月二十五日转录
	译汇	日本大藏大臣所管事务分配表	吴兴让译	
	法令一班	度支部奏拟印花税则十五条		《政治官报》三十三年十一初一日首次刊发;《北洋官报》三十三年十一月二十三日、《商务官报》三十三年十二月初五日、《山东官报》三十四年二月初一日转录
50/51,三十三年十二月中、下旬	论丛	述商法制定之由来及各国编订商法之沿革	吴兴让	
		整顿圜法条议	章宗元	转录自《东方杂志》三十三年九月二十五日;《吉林官报》三十三年八月、《南洋商务报》三十三年十月初十日再转录
		日本刑事诉讼法理	〔日〕石光三郎著,吴兴让译	
	法令一班	法部奏各级审判厅试办章程		《北洋官报》三十三年十一月十九等日首次刊发,《秦中官报》三十三年十一月、《南洋官报》三十三年十一月三十日、《山东官报》三十三年十二月初一日转录
	附录	宪法蘖首	黄寿衮	
		署广西提学司李翰芬奏敬陈预备施行宪政管见折	奏为应	

《北洋法政学报》文献来源于以下几个层面:

一、吴兴让等主纂们的撰写的、编译的稿件,比如:吴兴让,江苏吴县人,曾游学日本,光绪三十二年毕业于东京私立政法大学法政速成科第二班①,回国后任职馆。浙江籍的林鸥翔、徐家驹,曾游学日本,三十一年、三十二年分别毕业于东京私立政法大学法政速成科第

---

① 日本政法大学大学史资料委员会编,裴敬伟译,李贵连校订,孙家红修订:《清国留学生法政速成科纪事》(原《法政大学史资料集第十一集》),桂林:广西师范大学出版社,2015年,第147页。

一班①。张一鹏(1873—1944),字云搏,江苏吴县人,光绪癸巳科举人,也有留学日本的经历,回国后任清政府法部主事。何震彝(1880—1916),江苏江阴人,通日语等,光绪十五年副贡生,三十年进士,官内阁中书,既而分发直隶入北洋幕府未就。齐树楷,直隶人,三十一年毕业于东京私立政法大学法政速成科第一班。②王琴堂(1859—1932),三十二年毕业于东京私立政法大学法政速成科第二班。③阎凤阁,三十二年毕业于东京私立政法大学法政速成科第二班④,跻身于各省立宪派的名流。

二、《北洋法政学报》首次刊发的一些内容,被《东方杂志》《政艺通报》《四川官报》《山东官报》《吉林官报》《北洋官报》《南洋官报》《商务官报》《并州官报》《甘肃官报》《安徽官报》《预备立宪公会报》《福建教育官报》《云南教育官报》《国风报》《吉林司法官报》等转录,如吴兴让译的、刊发于三十二年八月下旬的《日本行政裁判法及诉愿法》,《东方杂志》三十三年三月二十五日转录;刊发于三十二年十一月上旬的《天津府试办审判厅章程》,《政艺通报》三十三年十二月转录。可见官报之副产品在文献传播方面也扮演着信息源的角色。

三、《政治官报》《北洋官报》《预备立宪公报》《宪政新志》《广益丛报》《并州官报》《万国商业月报》《南洋商务报》《东方杂志》《商务官报》作为宪政时期政府的舆论喉舌,经常首先发声。《北洋法政学报》二年八月上旬刊发的《法部会奏编辑秋审条款清单》,即由《政治官报》于二年七月二十日首次刊发。《北洋法政学报》元年十一月下旬刊发的《学部奏拟订视学官章程》,即由《预备立宪公报》于元年十月二十八日首次刊发。

四、有一些文献,直接来源于日本,比如二年九月中旬刊发的《现代生活之研究》,由吴兴让译录日本《太阳报》第十六卷第八号。

从《北洋法政学报》文献传播的角度看,当时的官报,《四川官报》《山东官报》《吉林官报》《北洋官报》《南洋官报》《商务官报》《并州官报》《甘肃官报》《安徽官报》《预备立宪公会报》《福建教育官报》《云南教育官报》《国风报》《吉林司法官报》等经常转录或被作为舆论构建平台在清末勃发时期发挥着重要的作用。《政治官报》扮演着非常重要的角色,绝大多数文献,都首先在《政治官报》上呈现。撰稿人几乎都有留学经历,从另一层面折射出清末民初中国"以日为师"的现实状况。

四 《北洋官报》副产品之发行及舆论构建

《北洋官报》之五种副产品几乎都是由不同栏目的不同内容构建而成,不同的报刊在其中都扮演着信息源或文献传播之角色,吴兴让等主纂等编、撰、译的成果也充实了副产品之

---

① 日本政法大学大学史资料委员会编,裴敬伟译,李贵连校订,孙家红修订:《清国留学生法政速成科纪事》(原《法政大学史资料集第十一集》),第141、147页。
② 日本政法大学大学史资料委员会编,裴敬伟译,李贵连校订,孙家红修订:《清国留学生法政速成科纪事》(原《法政大学史资料集第十一集》),第150页。
③ 日本政法大学大学史资料委员会编,裴敬伟译,李贵连校订,孙家红修订:《清国留学生法政速成科纪事》(原《法政大学史资料集第十一集》),第141、147页。
④ 王秀文、关捷主编:《中日文化交流研究》,北京:世界知识出版社,2002年,第219页。

内容。但作为一期期单独出版之官报的副产品,又都是独立的文献资源、出版产品,其发行状况及在阅报社、宣讲所中扮演的角色及舆论构建功能又是另一层面的文献传播。《北洋官报》的副产品《北洋学报》《北洋法政学报》《北洋政学旬报》《北洋官话报》等都按照一定的规律定期出版,与《北洋官报》本身一样参与派销、邮政发行等业务。

《北洋官报》开办之初,官学两报合装一册,每月定价库平银九钱,至宣统年间,则一律改收银元:"今则银元通行渐广,且度支部奏定国币制度将次实行,将来凡用银者,均须改作银币……以归一律,拟请自本年九月初一日起,官学两报照旧并发,按照原价,并连邮费酌中定作,每月共收大洋一元三角,以免折合之烦,实属两有裨益。"①而辛亥革命后之北洋公报局则将上缴报费之周期提前:"凡外埠订购公学两报,应先惠报资,空函不寄。"②可见,《北洋官报》与《北洋学报》及后期变更名称的《北洋法政学报》《北洋政学旬报》是与《北洋官报》构成捆绑式发行关系的,而《北洋官话报》《北洋法政官话报》又是"照曩例分发顺直各州县作为宣传之资,随报(《北洋官报》)分送"③的。可见,关于官报副产品之发行,它是适用于《北洋官报》发行之一切渠道和途径的,详细情况请见拙文《清末官报发行问题管窥——以〈北洋官报〉为中心的考察》《清末官报派销发行方式管窥——以〈北洋官报〉为中心的考察》。④

《北洋官报》及其副产品《北洋学报》等被派销往顺天府及"直隶百四十州县"⑤或"十一府七直隶州八厅一百四十四州县"⑥各级官署,清末预备立宪及《政治官报》创办前,《北洋官报》扮演着中央政府官报的角色,其派销数最多时超过7070份。因政府将推广发行官报作为核定功过的杠杆之一,"于销数多寡、解费迟速分别严核功过"⑦,各级官员除了完成督宪派定数之外,还"添购"或"增购"官报及其副产品。

代派处不仅仅代销《北洋官报》一种报刊,以天津李茂林为例,它是《汉声》"各发行所"处天津唯一的代理发行机构,《北洋官报》多处记载李茂林新接各报广告,比如"代派:《北洋官报》《北洋法政学报》,并(北洋)官报局所出各书均代售。诸君订阅以上各书报,本埠风雨勿[无]阻,外埠原班回件"⑧。反过来说,此处落款为"天津乡祠南北洋官报启代派处李茂林",可见李茂林获得代派包括副产品在内的诸多报刊的代派权,与《北洋官报》全国样板地位不无关系。《北洋政学旬报》也多遵循《北洋官报》等的发行方式:"李茂林新接各报广告:《北洋官报》《北洋政学旬报》,并代售(北洋)官报局所出各种书报……赐顾诸君订阅以上各

---

① 《北洋官报》宣统三年九月初一日(1911年10月22日,第2940期)"法令公布"栏目"本局禀定自九月初一日起报价改为银元照章公布由"条,第7版。
② 《北洋公报》1912年3月1日(第3061期)"广告"栏目"本局厘定报价及定报新章广告"条,第1版。
③ 《北洋官报》1907年3月25日(第1310期)"封面告白"栏目,第1版。
④ 详见《中国经济史研究》2016年第6期,第69—80页;《首都师范大学学报》(社会科学版)2017年第1期,第30—40页。
⑤ 《北洋官报》光绪二十八年十二月初二日(1902年12月31日,第4期)"上谕"栏目"语官二"条,第5版。
⑥ 《北洋公报》1912年3月19日(第3079期)"法令公布"栏目"本局为奉饬印发各属公布新旧合历公布执照"条,第5版。
⑦ 《北洋官报》光绪三十三年四月初五日(1907年5月16日,第1362期)"公牍录要"栏目"北洋官报总局详请饬催各州县积欠报费文并批"条,第5版。
⑧ 《北洋官报》光绪三十一年八月二十日(1905年9月18日,第767期)、光绪三十四年七月十七日(1908年8月13日,第1808期)、光绪三十四年八月初九日(1908年9月4日,第1830期)封底告白"李茂林新接各报广告"。

书报,本埠风雨勿[无]阻,外埠原班回件,空函不复……天津乡祠南北洋官报启代派处李茂林。"①

大清邮政局与北洋官报局签订免费邮发《北洋官报》《北洋学报》之前,《北洋官报》《北洋学报》的寄递系统之一是民信局,民信局"于各种运输方法,如商船河舶脚夫等等,咸予利用;举凡足以便利公众者,固已无不为之"②。

在清末新政、宪政宣教大潮中,各府厅州县都筹建了阅报社、宣讲所等社会教育机构,《北洋官报》之副产品成为部分宣讲所、阅报处等社会教育场所的购备报章及宣讲之资,使报纸的影响力进一步扩大到识字无多或不识字的下层民众。《北洋官报》及其附属出版物等成为各地宣讲所的重要资料,如静海等县的宣讲所"购选宗旨纯正教育新书及《北洋官报》……《北洋法政学报》《北洋法政官话报》,共十数种。遴选通达事务者为宣讲员,逐日宣讲,不论绅商士民,一体准其阅听"③。除了被用作宣讲资料外,各阅报处还按期选购"宗旨纯正"报刊,如《北洋官报》《北洋法政学报》《法政官话报》《商务报》《政治官报》《学报》《农话报》《学部官报》《白话警务报》《农务报》《顺天时报》《天津日日新闻报》,"不论绅商士民一体准其逐日到处阅视"④。类似情况还有获鹿县阅报社宣讲所购备有《法政学报》;宣化县阅报所购备有北洋各科学报;高邑县阅报处购备有《北洋法政学报》;晋州阅报处购备有《北洋法政学报》。

作为"宣讲之资"的《北洋法政官话报》,也是宣讲所、阅报社购备的内容之一,如静海等县的宣讲所都选购了《北洋官报》《北洋法政学报》等报刊作为宣讲资料,"购选宗旨纯正教育新书及《北洋官报》《政治官报》《学部官报》《警察汇报》《农务官报》《商务官报》《北洋法政学报》《北洋法政官话报》《白话警务报》《商报》《大公报》《中外时报》《竹园报》《天津日日新闻报》《采新画报》《爱群画报》,共十数种。遴选通达事务者为宣讲员逐日宣讲,不论绅商士民,一体准其阅听"⑤。

"专以宣德通情、启发民智为要义"⑥的《北洋官报》创刊不足三个月即设立了"学报"栏目,新学部分则最终以《北洋学报》的名义专刊刊行,出版达到一定量之后,结集成册出版,从此掀开了《北洋官报》副产品出版的序幕,它们介绍中西学术,"增辑战术、扩充智识"⑦,集思广益。这些文献来源于《政治学报》《北洋学报》等数十种报刊,其刊发的部分内容又被《并州官报》《东方杂志》等转录,此为《北洋官报》之副产品对于文献传播之直接作用;《官报》之副产品通过"派销""代派"等发行渠道及宣讲所、阅报社等社会教育场所将相关内容传递到各府厅州县官员及下层民众,此为《北洋官报》之副产品对于文献传播之间接作用。总体来

---

① 《北洋官报》宣统三年十一月十五日(1912年1月3日,第3013期)"告白"栏目"李茂林新接各报广告"条,第18版。
② 楼祖诒:《中国邮政驿发达史》,上海:中华书局,1940年,第354页。
③ 《北洋官报》宣统元年正月十七日(1909年2月7日第1973期)"公牍录要"栏目"静海县吴令增开办宣讲所阅报社文附章程并批"条,第4版。
④ 《北洋官报》(1908年11月27日,第1911期)"公牍录要"栏目"高邑县倪令鉴禀本局设立阅报处情形文"条,第8版。
⑤ 《北洋官报》宣统元年正月十七日(1909年2月7日,第1973期)"公牍录要"栏目"静海县吴令增开办宣讲所阅报社文附章程并批"条,第4版。
⑥ 《大公报》1902年9月26日"详定直隶官报局暂行试办章程",第2版。
⑦ 《北洋官报》1904年9月10日(第403期)附张"覆北通州来函"。

说,副产品对于推动文献传播、智识传递、民众启迪、资源整合、信息互动、舆论引导等方面发挥了功用,部分程度上黏合了文化媒介与基层民众,在通内外、通上下、通中西中发挥了民众动员和社会启蒙作用。

作者简介: 杨莲霞,天津理工大学马克思主义学院编审。

世系与地缘两因素在族谱制作过程中的价值

——以山东临沂杜氏宗族为例

杜 靖

【摘 要】族谱的研究应该从静态的阅读分析转向动态的修谱过程考察,重点关注族谱的书写与制作。族谱的书写和制作行为本身也是一种文本。世系与地缘是以往宗族研究中两个重要的分析维度,但是从整体上来考虑,尚未深入到这两个因素在修谱过程发挥作用的细部进行观察。本案例研究表明,修谱的第一步即派遣宗族信息采录员时,是从地缘单位入手的,即以村落为单位进行分工。第二步即到达一个村子内部时,则又按照房支和世系进行工作。最后,把收集上来的信息又逐级按房支或世系逻辑来合成支谱乃至合族谱书。

【关键词】地缘;世系;族谱书写或制作

这里的问题意识有两个。第一,近年来以笔者为主的一些学者转变了对待族谱分析的态度,即从静态的族谱文本阅读转向族谱的书写与编纂过程之考察,重点聚焦在族谱的"制造",即"making"上。[1]把族谱的制造或书写行为视作"文本"。

第二,自宗族进入现代学术视野内,血缘性和地缘性,一直是学者们思考宗族品性的两个重要支点。即,宗族究竟是血缘性群体还是地缘性群体问题。由此引发了近乎一个世纪的讨论。但是,这样的讨论主要围绕的是血缘群体在地方上的聚居还是分散问题,此前并未见有人讨论这两个因素在修谱过程的作用。比如,林耀华把宗族看成是一个血缘与地缘的叠合体,提出了"宗族乡村"概念[2];弗里德曼(Maurice Freedman)根据聚散程度,将中国宗族分为"地域化世系群"(local lineage)、"分散性世系群"(dispersed lineage)和"上位世系群"(high lineage)三种类型[3];而历史学家钱杭则从这两个要素出发,看出了宗族与联宗的区别,由此

---

[1] 杜靖:《历史如何来到当下——人类学的历史人类学观》,《社会科学》2015年第10期,第154—167页;杜靖:《田野与文献间的双向阅读——一条西方社会科学与中国传统人文学相结合的人类学道路》,《探索与争鸣》2017年第5期,第110—117页;刘金梅:《文献人类学对待族谱的基本态度——以汉人族谱在知识场中的使用为例》,《青海民族研究》2018年第1期,第62—66页。

[2] 林耀华:《义序的宗族研究》,北京:生活·读书·新知 三联书店,2000年,第1页。

[3] Maurice Freedman, *Chinese Lineage and Society: Fukien and Kwangtung*, London School of Economics, Monographs on Social Anthropology, No.33, London: Athlone, 1966, pp.20–22.

把弗里德曼定义中的许多宗族归之为联宗。①在钱杭的描述中，联宗是以宗族为构建单位的、介于血缘与地缘之间的组织，其比宗族更具地域的广阔性和分散性，只是出于某种功利的目的而联结在了一起，世系可能为真，也未必为真。

任何一个血缘群体，在其内部根据裂变原则又可被分为若干个不同的次级血缘群体，即房支、房派。从族谱上来看，宗族是由不同的房支或房派构成的世系体系，且世次分明。但也由此给我们造成了一种不言而喻的认识，即修谱人是单纯根据世系结构进行修谱的。果真如此吗？具体来说，修谱时是以村落为单位还是以世系为单位进行信息采录的？信息采录完毕后又是怎样合在一起而进行族谱撰修与编纂的呢？单纯静态的阅谱是很难回答这些问题的。

山东临沂杜氏族谱的修谱实践为思考这一问题提供了一些线索，值得我们做一番历史人类学考察。

一　对田野工作对象的一般性说明

本文考察的对象是笔者自己所处的宗族群体。为了使讨论的问题更加清晰，在此有必要对杜氏宗族的情况做一些介绍。

从族谱及口述记忆来看，这一姓氏人群跟周围村落人群一样自称属于山西大槐树移民。②相传，明代初年杜仲甫公带领他的弟弟杜效甫和杜荷甫，应迁民之役从山西洪洞喜鹊窝来沂州，寓居城北十五里大朱坞村。而后效甫与荷甫又向外迁徙，遂失去踪迹。因而，发源于临沂市兰山区大朱坞村的杜氏宗族皆杜仲甫之后。从宗族学意义上讲，杜仲甫为一世祖或开基祖。从第一代祖先命名看，似乎在追认唐代诗人杜甫。

杜氏前五世为单传，至六世上有弟兄三个，即杜维宗、杜维藩和杜维翰。从族谱记载上看，杜维翰失考。六世祖维宗生长卿、会卿，维藩生和卿、干卿。目前这一地域世系群分为四个分支，系从第七世开始的。即杜长卿的后裔为长支，杜会卿的后裔为次支，杜和卿的后裔为三支，杜干卿的后裔为四支。这四个分支实际上是整个杜氏宗族的第一级裂变分支。③从地缘分布情形来看，长支和后支主要居住在始迁地，即临沂市兰山区南坊办事处大朱坞村、小朱坞村和该区大岭办事处下辖的杜家朱许村。第三支主要向东北方向移动，从兰山区到

---

① 钱杭：《血缘与地缘之间：中国历史上的联宗与联宗组织》，上海：上海社会科学院出版社，2001年，第1—33页。
② 关于大槐树移民的故事和传说，目前学术界有不同的认识。一些文史学者和民俗学家认为，实有其事（参见潘永修、郑玉琢编著：《根在洪洞》，北京：中国档案出版社，1998年，第1—232页）；而人类学家张小军主张，这只不过是一个关于集体记忆的民族主义意识形态建构故事，故事建构的时间节点发生在民国初年，而之前的华北地区族谱上较少记载这一传说内容（张小军：《为何他乡成故乡——大槐树传说之集体记忆的民族主义建构》，参见庄孔韶主编，杜靖执行主编：《人类学研究》第一卷，北京：知识产权出版社，2012年，第66—92页）。
③ 世系群分级的概念来自非洲学家埃文斯·普理查德。他在《努尔人——对尼罗河畔一个人群的生活方式和政治制度的描述》第五章"宗族制度"中采用了这样的分级分类处理（具体可参见［英］埃文斯·普理查德著，褚建芳、阎书昌、赵旭东译：《努尔人——对尼罗河畔一个人群的生活方式和政治制度的描述》，北京：华夏出版社，2002年，第221—287页）

沂南县皆有分布,但以兰山区半程镇小合埠村为主要居住点。第四支系笔者所在的分支房派,主要向西北方向迁徙,以高庄、杜庄、庙后和诸满等为主要居住地。杜氏最初来大朱坞村,一、二支就近在附近村落繁殖,盖由于人口与土地资源关系的紧张,遂使过多的人口向外迁移,以减轻对土地的压力。这是中国汉人宗族人口迁徙的主要原因,其次才是战争、商贸、婚姻等因素。

杜氏宗族主要散布在临沂市辖区内。大部分人口分布在沂河的分支——祊河沿岸,少数流动进入沂蒙山区腹地及外省市。从自然原因说,是因为肥沃的祊河冲积扇平原给他们带来了生存与繁殖的便利条件。截至目前,该族已繁衍至27世。

然而,这一区域世系群①直到1930年才从事宗族建设运动。当时推动宗族建设运动的领袖是第四支的杜殿铭公(十七世祖)。具体而言,1930年首修族谱,同时修建了杜氏宗祠(族人仿明代官制而称为"家庙")。但祠内并无神龛、塑像、神主等物,唯有六幅谱轴在岁时节日挂出,以便合族祭拜。平素这些谱轴被收藏起来,由专人保管。1960年代,杜氏宗族又进行了一次修谱活动,但这次活动半途而废。1989年至1990年,临沂杜氏宗族进行了第三次修谱。此外,杜氏宗族历史并无祭田等公共财产。若修谱需要费用,则采取按人头摊派方式募集资金。尽管杜氏修谱活动发生在中国现代化叙事进程中,但前两次修谱的观念却是相当传统的,某种程度上反映了中国文化的连续性。这与梁洪生在江西所描述的断裂性与创新性的印象颇不一样。②

1930年的合族③谱分为四册,即一个房支一册,笔者只是见到了第四支的一册。1962年各分支完成了自己的调查工作及初步的世系整理,但未能合谱。具体到我所在的第四支则留下九册材料,尚未合成分支谱。1990年代整个临沂杜氏宗族做成了合族谱,凡五本。相比较而言,1930年杜殿铭公主修的族谱是较合乎欧苏谱法规范的谱书,有宗图④,有世系表,且每个宗族成员名字左侧皆用小楷书写个人传记,交代宗族成员的生卒、婚姻、子女及功名等。而1990年代的族谱极其粗疏,实际上仅是一份世系表,并无其他文字。也就是说,是一份偷工减料的谱书,且为计算机打印稿。此时的修谱人再也没有杜殿铭那样的学问与修养了⑤,不懂得什么是"五世一图"的谱法原则,从而使得谱书撰写的传统丢失殆尽。

然而,本文并不是以临沂杜氏全族为分析对象,我所聚焦的是其中第四分支。所依据的

---

① 这一叫法并不等同于弗里德曼的定义,弗里德曼的"地域化世系群"相当于村落宗族的意思。
② 梁洪生:《辛亥革命前后江西谱论与社会变迁——读谱笔记三则》,梁洪生等:《地方历史文献研究与区域社会研究》,北京:中国社会科学出版社,2009年,第43—67页。
③ 这一概念并不同日本学者牧野巽的用法。在钱杭看来,牧野巽的"合族"概念就是联宗,而联宗不是宗族(具体参见钱杭:《血缘与地缘之间:中国历史上的联宗与联宗组织》,第40页)。本文中的"合族"就是宗族,意指整个杜氏宗族的意思。
④ 1990年新修的族谱上收录了这份早年族谱的编纂体例。体例上讲有"宗图",并阐述了"宗图"的内涵。下文的讨论就是根据这份体例而来的。需要说明,我第四支分支谱上在前边并没有列宗图。
⑤ 杜殿铭,享年50岁,清末秀才,为临沂地方一重要士绅,写得一手馆阁体好字,民国年间任高庄高等小学堂校长兼教师。需要说明:台阁体,书体的一种,在明代称为"台阁体",清代称为"馆阁体"。台阁,本指尚书(系古代辅佐皇帝处理政务之官)。因尚书台在宫廷建筑之内,故有此称,后引申为官府之代称。作为一种公文书体,特点是字体方正、光洁、乌黑,大小一律,比较呆板,现在大多数书法家已不再研究这种书体。台阁体在当时是一种比较实用的书体,后成为书法品评时的一个贬词。

材料是杜殿铭公留下的《四支族谱》、族伯父杜元圣公留下的四支各房支世系材料以及20世纪90年代的《杜氏族谱》四支世系表。这三份材料各有特点:第一份是修完的分支谱,第二份是一些零散的待要合成的分支谱材料,第三份是一部完整的合成的全族谱(包含四个一级支系)。这样的材料结构暗合了修谱的过程,从而使得本文的议题得以讨论成为可能。

早在2002年初夏,笔者就前往临沂市兰山区大小朱坞村、临沂市半程镇小合埠村开展过一次田野调查。近些年,笔者每年春节都要回到故乡过年,闲时翻看族谱。同时,一些族人经常到我家中查阅族谱,并与笔者讨论交流。在与宗亲的互动中,也获得不少口述资料。本文就是在这些工作基础上所进行的一项研究。另外,最近几年,每次回到故乡,一些宗亲成员都鼓动我带头重修族谱。笔者虽然自知心有余而力不足,然也心所动。在这种状态下,自然在翻看族谱时会揣摩前人修谱的问题,了解他们修谱的原则和具体的实施情况。这是本文研究的一个直接缘起。

二 杜殿铭《四支族谱》给人的印象:关于世系的文书

杜氏四支的共同祖先,即七世祖干卿生有两个儿子,一个叫杜尚智,一个叫杜尚礼。从其二人名字的内涵看,显然该族崇尚儒家做人的道理。接下来到了八世,尚智生有二子,长曰杜森、次曰杜桂;而尚礼亦生有二子,长男曰杜标,次男曰杜槚。整个四支由第九世上再度裂变为四个房派,即所谓森公派、桂公派、标公派和槚公派(笔者便属于森公派名下的第二十世孙)。这四个房派应该属于第二级宗族裂变分支。

七世祖干卿由大朱坞村迁高庄村,死后葬于高庄村西北隅沟西崖橡子林内。余少年时见过其墓碑,但毁于"文革"后期。之后,他的子嗣由高庄村再度迁移他处。比如,有的迁到东北向三里外的庙后村,有的迁到西北近20千米的诸满村(即颜真卿、颜杲卿故里),有的迁到西南3至10千米内的葛庄村、碗窑村等。高庄村在朱坞村之西,二村相距8千米,皆分布在祊河北岸。高庄村在上游,朱坞村在下游。而在高庄北,两村比邻,相隔1千米;庙后村在该村之东,与之比邻,相距500米。八世祖尚智、尚礼兄弟俩自高庄村迁来,卒后葬于该村即杜家庄西岭之坤位,即笔者母亲坟后。从族群分散过程来看,高庄村成为一个中转站,由此再迁徙他处。从人类学家的角度出发,这个区域性世系群介于弗里德曼讲的"分散性世系群"和"上位世系群"两概念之间。具体到归属哪种情况,并不容易在技术上进行操作。这主要是因为弗里德曼界定的有些模糊:前者指一个地域世系群中的一部分成员分散居住到聚落之外,后者指若干个地域世系群根据系谱关系组成联合体。[1]不过,从弗里德曼的定义里,杜氏四支更倾向于"上位世系群"概念,但他说是一个"联合体",这又似乎不准确,因为杜氏四支不是靠"联合"而成为一个完整世系群的,而是有着相当清晰的赋定世系根据和关联。但不论怎样说,杜氏四支是一个分散在一定地域内的世系群,世系线非常清楚。

---

[1] Maurice Freedman, *Chinese Lineage and Society: Fukien and Kwangtung*, pp.20–22.

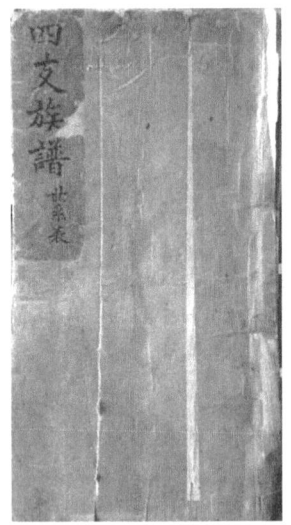 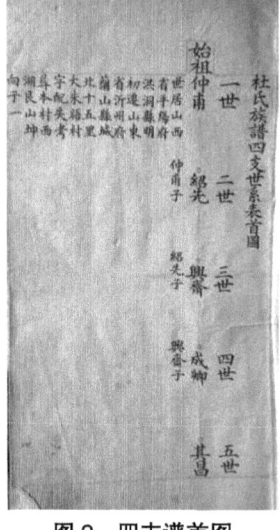 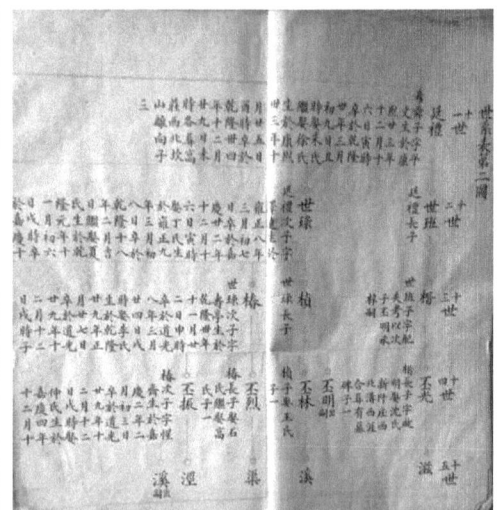

图 1　民国谱　　　图 2　四支谱首图　　　图 3　四支谱次图

仔细揣摩杜殿铭当年所纂族谱,笔者发现,他既遵循了"五世一图"的欧苏谱法精神,然又根据我族情况而有灵活调整。就整个临沂杜氏宗族全族而言,一世至五世为一图,并作为世系表的首图;五世至七世为另一图,并标明为次图或第二图。但当具体到第四支系暨干卿后裔的时候则严格遵循了欧苏谱法。在"四支分支谱"里,七世至十一世为第一图,十一世至十五世为第二图,十五世至十九世为第三图(当年根据出生人口世代数,止于第三图)。

这部谱书遵循着严密的世系逻辑。具体而言,该谱先序森公派后裔,叙述完毕,再续桂公派后裔,之后是标公派后裔,最后是槚公派后裔,讲究的是先长支后次支、先兄后弟的排行顺序和原则。

由于第一图并不复杂,我们可以对其十世、十一世情况在此加以介绍:

十世:杜森有三子,长曰杜希顺、次曰杜希理,三曰杜希圣;杜桂有一子,名唤杜希尧;杜标有一子,名唤杜希贵;杜槚有四子,长男失考,次男叫杜希周,三男叫杜应祥,四男叫杜应魁。

十一世:杜希顺有一子,名唤杜廷礼;杜希理生两子,长曰杜廷魁,次曰杜廷斟;杜希圣两子,名讳均失考;杜希尧有两子,分别叫作杜廷信和杜廷仁;杜希贵有四子,分别叫作杜继美、杜继善、杜继义、杜继业;杜槚名字失考的长男有一子,名唤杜廷忠;杜希周有子三,分别叫作杜松、杜林、杜槮;杜应祥有一子,叫作杜廷栋;杜应魁有一子,名唤杜棐。

在整部谱书中,第一图占用了三页,余下的 149 页全为第二图和第三图,即十一世至十五世和十五世至十九世的情况。

第二图依次叙述的是:廷礼派、廷魁派、廷斟派、希圣长子和次子的房派、廷信派、廷仁派、继美派、继善派、继义派、继业派、廷忠派、杜松派、杜林派(迁)、杜槮派(迁)、廷栋派、杜棐派。

第三图由于每一页不是从廷字辈或继字辈的人开始的,但为了读谱人清楚,便又在每叙述一个支系集团前标明了房派名号。比如,先标明"讳森公孙廷礼派"字样,其下录入了"杜滋""杜溪""杜渠""杜泾""杜汸""杜注""杜溱"(笔者的十五世祖)、"杜深""杜""杜沇"

"杜洵""杜淳""杜涓""杜泮""杜藻""杜潭""杜沐""杜法"等名字,及其各自子嗣。这种叙述法表明,这些带三点水的人及其子嗣都是廷礼的后人。而"讳森公孙廷礼派"这一说法又挑明了属于杜森的后人,即在整个临沂杜氏第四支系中的位置。这实在是一种上勾下连的叙述技巧。

整个第三图的叙述顺序都遵照了第二图的顺序。我们从"讳森公孙廷礼派""讳森公孙廷魁派""讳森公孙廷斟派""讳森公三子希圣派"(由于他的两个儿子失考,只好往上移动一代,系自希圣)、"讳桂公孙廷信派""讳桂公孙廷仁派""讳标公孙继美派""讳标公孙继善派""讳标公孙继义派""讳标公孙继业派""讳槚公孙廷忠派""讳槚公孙希周派"①"讳槚公孙廷栋派""讳槚公孙辈派"这些命名上可以看出。

实际上,所有的第二图、第三图反映的都是整个临沂杜氏宗族的第三级裂变分支状况。尽管我们能从众多的第三图上看出了第四级裂变分支的情况,但修谱者并没有给出一个个专有名词称谓,而是如上述介绍的那样归在第三级分支名下,因此我们断言,第四级裂变分支并不构成现实的功能或礼仪单位②,事实也正是如此。

——从这份介绍中完全可以得出一个印象:杜氏修谱时先是一个支系一个支系搞清楚,再然后登记、录入,最后通过汇总而合成一部族谱。这个印象也似乎可以在20世纪60年代的族谱修纂过程中看出。

三 杜氏族谱中宗图与世系表的差异

为了弄清楚20世纪60年代杜氏四支修谱情况,在此有必要了解杜氏族谱中的关于世系的一些概念。多年来,在笔者的研究意识里并没有宗图与世系表相区别的观念,以为都是世系表。其实,不然。

杜氏族谱采用了宗图和世系表两种形式。宗图,每九世一图,两图为十七世,三图为二十五世,即第一图是一世至九世,第二图是九世至十七世,第三图是十七世至二十五世。修谱时,从出生人口考虑,止于最小辈分一世。呈瓜藤状,很容易让人联想到"瓜瓞绵绵"的诗句。其纵线表示父子、祖孙直系关系,横线表示兄弟的旁系关系。宗图上并没有各个人物的具体传记。

世系表每五世一图,两图九世,三图十三世,四图十七世,五图二十一世。修谱时,从出生人口考虑,止于二十一世。即第一表从一世至五世,第二表从五世至九世,第三表从九世至十三世,第四表从第十三世至十七世,第五表从十七世至二十一世。世系表上在每一名字左边,小字注明了此人的父名、出生顺序、出生年月日时辰、学历、官历、埋葬地、墓穴方向、配偶和子女情况。世系表中没用纵横线标明世系关系,但从排列的顺序上无疑以世系的先

---

① 图上在"讳槚公孙希周派"下只录入了"慈"子"修明"及其后裔,并未见有杜松、杜林、杜槮等字样,盖由于杜林、杜槮都已外迁了。"慈"即杜松乳名。或许"慈""修明"等知名度皆不如希周,故修谱人杜殿铭采用了"希周派"这个表述方法。

② 杜靖:《九族与乡土——一个汉人世界里的喷泉社会》,北京:知识产权出版社,2012年,第1—466页。

后为依据。表达形式也是父子为纵,兄弟为横。这些情况大致合乎钱杭先生的见解。①只不过,钱杭用的概念是"世系(世系图)"和"世表",杜氏族谱用的是"宗图"和"世系表"。杜氏族谱里的"宗图"相当于钱杭说的"世系(世系图)",而"世系表"则与"世表"可对应。

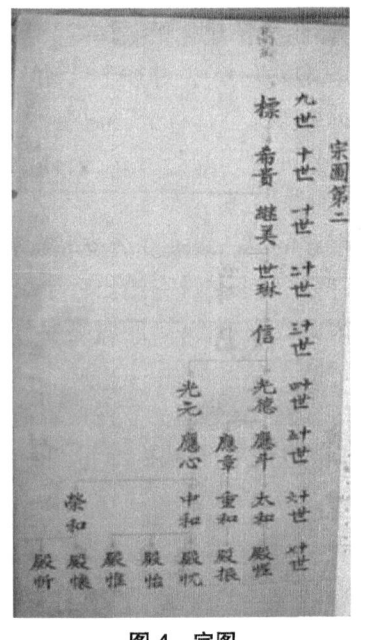

图4 宗图

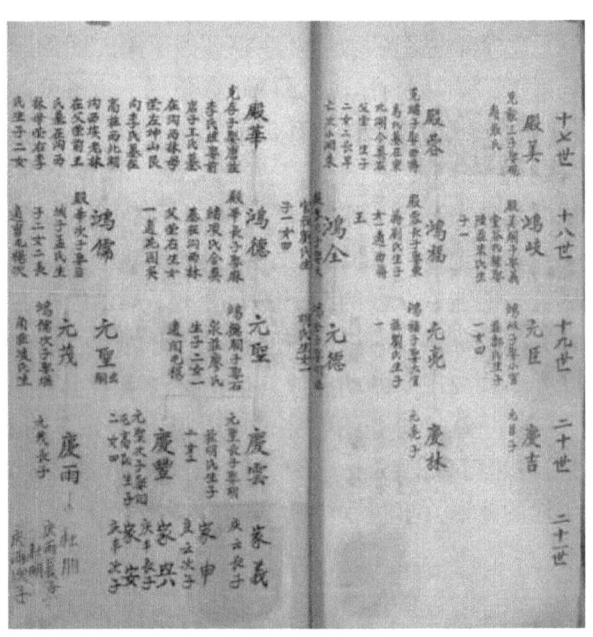

图5 世系表

钱杭说:"世表与世系图最大的区别:一是世表在每一人名下另行注明字和号;二是用小字在其人名旁低一格详注此人的父名、出生顺序、本人学历、官历、生卒年月日、葬地、配偶和子嗣等资料。"②相比较钱先生谈的情况而言,杜氏族谱中"宗图"和"世系表"有两个最大差别:一是宗图没有宗族成员个人的信息,而世系表则注明了个人的信息,可以看作是个人小传或简历③;二是宗图每九世一图,而世系表每五世一图,钱先生并没有谈及这个问题。另外,与钱先生的印象相比,还有些细微的差异。如,1.个人的字号、父名、出生顺序、本人学历、官历、生卒年月日、葬地、配偶和子嗣等资料,一律放在名字左边,且用小字书写;2.在书写父名的时候,往往把父亲的名字提上一格来书写,其余文字齐着人名书写;3.各项个人信息的排列顺序不一样。但这些都属于细小的变化,属于不同宗族集团甚或族谱书写者的个别偏好所致。但钱杭说:"……世表是吸取了世系图的成果并加以扩充后形成的。"④这需要从历史的角度去考察,还不能贸然下结论。

---

① 钱杭:《中国宗族史研究入门》,上海:复旦大学出版社,2009年,第129—130页。
② 钱杭:《中国宗族史研究入门》,第130页。
③ 在这里我们可以看到,"表"者表述或传述也。"世系表"这个概念准确地传达出了"表述"或"传述"的意涵。这一点不是"图"这个概念可以做到的。相反,"图"则给人以纵览全局之便。也许因为这个原因,"图"设九世,"表"设五世。
④ 钱杭:《中国宗族史研究入门》,第130页。

在谈到世系和世表结不结合情况时,钱杭云:

族谱采用世系还是世表形式,完全看编谱者的需要。有时是省略世系图只存世表,有时则省略世表,将其部分内容另行补入世系图。不过,由于两者在大多数内容上是互相补充的,所以各宗谱往往是有重点地兼顾两种。著名人物和特殊人物的资料,除了在世系、世表上做通常都有的记录外,另有专门的传记。①

杜氏族谱并无特别传记文类(Genre)。②这可能与其历史上没出现过著名或特殊人物有关。即便有一部分,也多是乡土社会里的低阶生员或士绅一类,故不需要作专门传记。但就世系和世表的结合而言,杜氏族谱恰如钱杭所云"重点地兼顾两种"(具体到下一节谈)。

但阅读杜氏族谱,还是有些疑问被提出来。比如,为什么宗图在前,而世系表在后?我觉得这反映了"大宗率小宗"的观念。杜氏族谱的"宗图"虽然未标明"百世不迁",但每一支皆从始祖序起,经过若干图的轴联或"以此类推",就能实现世系的无数延伸。③"九"这个数字,在中国文化表示"多""无数"和"无限"的意思。宗图犹如一个瓜藤,从始祖那里一拽,全族子孙在整个世系网上纲举而目张。世系表五世一图,恰恰反映了"五世则迁"的小宗观念。不论是宗图还是世系表,均是先长支后次支,以此类推地往下排列。这些印象合起来,很容易让人联想到"大宗率小宗"的亲属观念。

就杜氏四支族谱而言,宗图与世系表兼顾的形式自杜殿铭一修族谱开始,至1962年二修时延续了这个传统,但1990年修的谱却只有宗图了。为什么会出现这个现象呢?因为1962年的修谱人是族伯父杜元圣公,他是杜殿铭四十年代高庄高等小学堂里的学生。修谱体例可谓师徒相传。1990年三修族谱时,杜元圣已经去世,而接手的人并无这份古典文化修养,所以造成了现在的局面。

四 对1960年代杜氏四支修谱过程的考察

20世纪60年代初期,中国各地又兴起了一次修谱运动。④但随着1964年农村社会主

---

① 钱杭:《中国宗族史研究入门》,第130页。
② "文类"是王明珂从事族群研究时使用的一个概念。他说:"中国之正史、地方志、文人笔记、宋代以来的族谱、明清时期汉人士大夫的异域游记、近代民族志书写等等,都是一种'文类'。一种文类不仅承载着许多文本,文类本身也可视为一种文本。它的产生有其特定的社会与时代情境背景。一种文类持续被书写、流传,显示此种情境的延续存在,其内涵形式的改变或消失,也显示此种情境的改变与消亡。透过对文本或表征的分析,我希望了解的是一种'文类'所潜藏的'情境'或'社会本相'及其变迁。"(见王明珂:《羌在藏汉之间:一个华夏边缘的历史人类学研究》,台北:联经出版事业股份有限公司,2003年,"前言",第xxvii—xxviii页)
③ 杜靖:《从系谱宗族到实体宗族:明代中后期以来中国宗族的发育与演化——以山东滕阳冈氏宗族为例》,《中央民族大学学报》(哲学社会科学版)2017年第2期,第35—43页。
④ 冯尔康:《18世纪以来中国家族的现代转向》,上海:上海人民出版社,2005年,第322—329页;钱杭:《20世纪60年代浙江新谱的历史地位——由卷册规模论》,《上海师范大学学报》2015年第2期,第146—152页;钱杭:《20世纪60年代初河南中部农村的宗族与族谱——细读〈前十条〉附件中的〈偃师报告〉》,《社会科学》2016年第4期,第131—141页。

义教育运动的陆续开展,以及紧随其后的"文化大革命",这场普遍的修谱活动不久又被抑制了。[1]临沂杜氏宗族的修谱也遭遇了类似的命运。

不过,就第四支即杜干卿的后裔而言,这次修谱却留下了一些按照次级支系而修好的分支谱册,凡九本。每本页数不等,最薄的仅18页,最厚的达94页。具体而言,有两种情况:1.宗图和世系表合为一册,此种情况共计3册;2.宗图和世系表分两册书写,即宗图三册、世系表三册。为什么会出现这种情况呢?主要是由于各支人口多寡引起的。若世系人口少,便合在一起书写;若世系人口多,就分开书写。具体统计如下:

A."宗图"类(封面上标明了房派代表人物名称以及居住地)

第一册:计有"廷礼派"(高庄、杜庄)、"廷魁派"(许由城)、"廷斟派"(葛庄)、"希圣派"(高庄)。

第二册:计有"廷信—廷仁派"(高庄)、"廷信派"(杜庄)、"廷仁派"(小葛庄)。

第三册:计有"继美派"(高庄)、"继善派"(诸满、单家庄、西方城、墩头)、"继义派"(庙后、韩家官庄)、"继业派"(高庄)。

B."世系表"类(封面上标明了房派代表人物名称以及居住地)

第一册:计有"廷礼派"(高庄、杜庄)

第二册:计有"廷魁派"(许由城、高庄、碗窑、小葛庄、杜庄)与"廷仁派"(高庄)

第三册:计有"继美派"(高庄)、"继善派"(诸满、单家庄、西方城、墩头)、"继义派"(庙后、韩家官庄)、"继业派"(高庄)。

C."宗图兼世系表"类(封面上标明了房派代表人物名称以及居住地)

第一册:计有"廷斟派"(大葛庄、小葛庄)。

第二册:计有"希圣派"(高庄、杜庄)。

第三册:计有"廷信派"与"廷仁派"(高庄、杜庄、小葛庄、白毛村)。

面对上表,我们首先好奇:为什么有些房派要合在一起书写?

A.就"宗图"而言,1."廷礼派""廷魁派""廷斟派"和"希圣派"之所以合在一起,是因为他们是一个共祖父的世系单位(以"廷"字辈作为参考点的话),即系于第九世祖这个顶点。2."廷信派"和"廷仁派"合在一起,是因为他们是一个共父单位(以"廷"字辈作为参考点的话),即系于第十世祖。3."继美派""继善派""继义派"和"继业派"之所以合在一起,是因为他们是一个共父单位(以"继"字辈作为参考点的话),即系于第十世祖。

B.就"世系表"而言,1."廷魁派"与"廷仁派"合在一起的原因不是因为他们亲等距离小,而是因为"廷仁派"人口少而附在了"廷魁派"后面,从而造成了是一个世系单位的感觉。其实,若以廷字辈考虑,他们上溯至曾祖(第八世)才能系在一起。2."继美派""继善派""继义派"和"继业派"合在一起的原因同上。

C.就"宗图与世系表兼有"而言,第三册中"廷信派"与"廷仁派"合在一起,原因同上。

---

[1] 冯尔康:《18世纪以来中国家族的现代转向》,第328—329页。

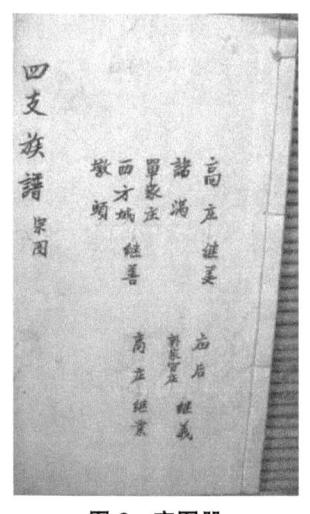 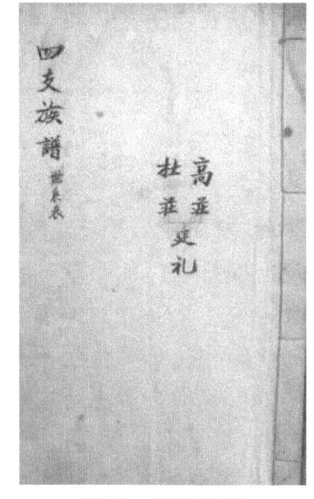 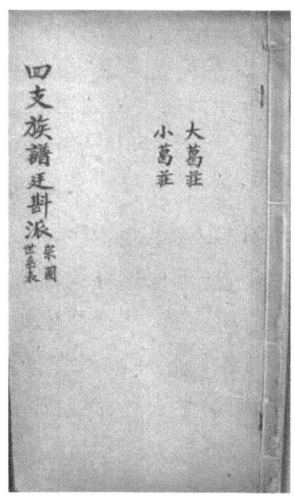

图6 宗图册　　　　图7 世系表册　　　　图8 宗图兼世系表册

无论各册或各世系单位往上追溯的顶点是否一致,或者说,所包含的亲等距离及世代数是否一样,这些"宗图""世系表"和"宗图兼世系表"都是以世系为单位进行书写的。修谱人只要按照"先宗图,后世系表"、"先长支,后次支"的顺序把这些宗图与世系表合在一起,就形成了一部完整的杜氏第四支分支谱。从每一册的封面来分析,都是以世系统村落,标明特定的分支世系单位分布在哪些村庄里。在这里透露出的信息是:地缘绝不是优先考虑的单位。这个印象会造成进一步的印象:修谱过程是绝对按照世系单位进行具体操作的。

需要说明:尽管大部分支系标明是十一世"廷字辈"或"继字辈",但1962年的诸谱册登录的实际是从十七世至二十一世,其顶点是十七世的人口。而杜殿铭主修四支谱在世系表中收录的范围是从七世至十九世。由此,新旧谱构成了某种衔接。那么,为什么要重复三代,即新旧谱要交叉十七至十九世三个世代呢?因为修民国谱时这三代的许多人口还未出生,至少还未婚配生子嗣,但等杜元圣修谱时,他们大多已经出生,并有了婚配和子嗣,所以,要尽可能上溯几代记录人口,否则就会有遗漏。其中的原因,主要是各支人口代数发展的不均衡。

五　田野访谈中的纠正

田野调查中的回答完全推翻了这一刻板印象之推测。以下是我对见证过1960年代修谱过程及参与1990年修谱的宗族成员的访谈。

问:你们最初下去调查信息时,是一个房支一个房支的调查,还是按照村庄为单位进行调查?

答:当然,按照村庄调查。在大朱坞小朱坞全族开会时,按村庄分派任务。不可能按照房份,一支股一支股的采录信息,因为那样很麻烦。

问:怎样个麻烦法?

答：同一支股的人不一定居住在同一村庄内，有的因为别的原因，比如，打仗、逃荒要饭、躲避仇家等，迁移到别的村子去了。如果我们按照房支进行信息采录，就会到处乱跑。不同人的会到达同一个村子做重复性劳动。

问：那，通常的情况下你们怎么做？

答：一般是一个村庄安排一到两个人负责入户收集信息，统计宗族人员名单。大庄安排两人，小庄安排一人。当然，有时候对于附近有零星族人分布的村庄，我们也会前往调查，因为这样的村庄并没有安排专门的采录员去登记人口。

问：哦。那都是安排什么人来庄里调查？

答：不。一般不安排外庄人来调查，因为他们不大熟悉。安排本庄热心人采录，谁跟谁近，谁跟谁远，谁和谁是一支股，他们自小生活在村庄里都很熟悉。

问：那，每个村庄人口信息收集上来以后呢？

答：收集完毕后，交给四大支股负责人。

问：四大支股负责人？

答：咱们杜氏共分四大支，我们是第四支，1960年那次由你元圣大爷（即伯父的意思）负责。再早由杜殿铭负责，他也负责整个临沂全族的修谱。杠杠都是殿铭定的。每一大支的负责人会根据房份重新排列、登记人名，一支股一支股的归拢。每一大支股合拢好后，最后全族四大支再按照一二三四顺序合并在一起。

问：那，进入一个村庄后是否按照房支来采录？

答：对。是根据房份进行采录登记。若房份中有外迁的人，可以叫他们打电话或写信询问，我们登记。若是在附近村庄，而且人口较多，我们就去跑一趟。

问：那是一件相当繁重的工作啊。

答：也不是。起初应该繁重。后边的续修就是把新出生的人口调查清楚，统计上去就行了。

这份访谈很清晰地揭示出：最初有关宗族成员信息采录工作分两个层次：首先，是以地缘即村庄为单位进行分工；其次，到达一个村庄内部后，则按照房支世系采录登记。这步工作完成后，再按照世系梳理、归拢与合并。之所以在最初分配采录任务时以村庄为单位，实出于经济学上的节约便利原则。据此，我们不难理解1962年杜元圣为什么留下了九份按照房支世系所做的谱册，进而我们可以推测出从一份份谱册到合拢成一本本分支谱乃至一套合族谱的过程，只是后续的工作没有来得及做就遇到了"社教运动"和"文化大革命"。

六 结论与讨论

对山东临沂杜氏宗族修谱过程的扒梳表明，在技术操作上，世系和地缘两因素都很重要。但研究中国宗族的学者当翻看一本本世次井然的族谱时会有一种不言而喻的假设，即以为宗族是一个世系单位，修谱时绝对按照房份或不同分支世系单位进行采录、登记与整理，最终汇总成一部族谱的。尤其是陈其南提出他那著名的系谱理念或宗祧理念（Descent

Ideology)学说时,大家更是信以为然。[1]其实,通过对山东临沂杜氏宗族第四支谱的编修过程之考察,我们发现:他们并不是绝对排斥世系以外的参考因素。具体来说,他们修谱的第一步即派遣宗族信息采录员时是从地缘单位入手的,即以村落为单位进行采访和登记。第二步即到达一个村子内部时,则又按照房支和世系进行工作。最后,按照世系秩序逐级来合谱。然而,这是很难单纯从静态地阅读一部完整族谱可以看出来的。

本文作者幸运的是,看到了1930年代的一份分支谱、1960年代该分支谱的若干次级单位的谱册或谱稿,以及1990年代修成的整个临沂杜氏的族谱。由此作者意识到修谱时是按照房份单位逐级合并而成的道理。进一步辅助田野访谈,发现了地缘因素在修谱过程中也有介入。

汉代今经学家班固在《白虎通》卷八"宗族"中说:"大宗能率小宗;小宗能率群弟,通于有无,所以纪理族人者也","族者何也? 族者凑也,聚也,谓恩爱相流凑也,上凑高祖,下凑玄孙。"[2]我们学者也习惯于从功能和社区运转角度来理解宗族中的"地缘"因素[3],却忽略了修谱过程中地缘因素的价值。

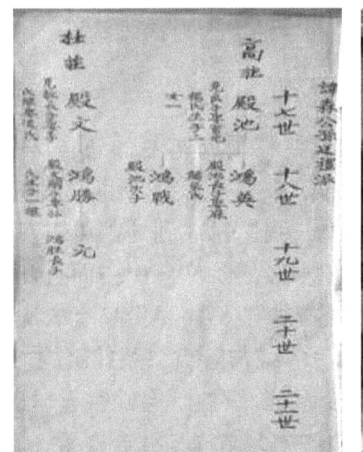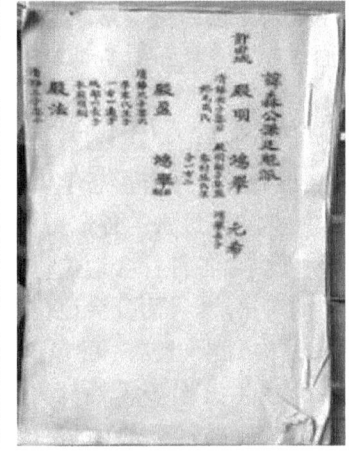

图9 页眉上的村名

事实上,在各地族谱中,修谱者多在每一图的页眉上标明村落。这也是证明修谱活动中没有忽略地缘因素的一个强有力的支持。

作者简介:杜靖,青岛大学中国法律人类学研究中心教授。

---

① 陈其南:《房与传统中国家族制度》,《汉学研究》1985年第3卷第1期,第127—184页;陈其南:《家族与社会:台湾和中国社会研究的基础理念》,台北:联经出版事业公司,1990年,第129—213页;陈其南:《汉人宗族制度的研究——傅立曼宗族理论的批判》,《考古人类学刊》1991年第47期,第51—77页;陈其南:《汉人宗族型态的人类学研究》,陈其南:《传统制度与社会意识的结构——历史与人类学的探索》,台北:允晨文化实业股份有限公司,1998年,第136—166页。

② 班固:《白虎通》卷三,乾隆甲辰抱经堂版,第14页。

③ Maurice Freedman, *Lineage Organization in Southern China*, London School of Economics, Monographs on Social Anthropology, No.18, London: The Athlone Press, 1958.

【学术评述】

七十年来的中国社会结构史研究

常建华

【摘　要】我国的中国社会结构史的研究，大致可以划分为前30年尝试阶级学说的实践阶段，和后40年改革开放背景下多元视野的时间阶段。依据研究的内容，可以分为阶级结构、等级结构、社会结构三种类型。社会结构史的研究除了断代性、长时段注重时间因素和变化之外，还有注重地域性的传统。随着社会人类学研究社会关系网络理论方法的影响，随着地域史研究的兴盛、新文化史的介入、日常生活史的开展，研究地域社会网络与结构以及动态把握的研究方式兴起。

【关键词】阶级结构；等级结构；多元视野；社会形态；社会史

社会结构作为社会科学的概念，在中华人民共和国成立之后，成为马克思主义历史学的史学实践，首先表现为社会经济形态学说下的阶级关系研究。同时，马克思主义认为古代社会是一个等级的社会："在过去的各个历史时代，我们几乎到处都可以看到社会完全划分为几个不同的等级，看到由各种社会地位构成的多级的阶梯。……而且几乎在每一个阶级内部又有各种独特的等第。"①而社会地位主要是由于不同身份享有的法律权利不同造成的。因此，古代社会结构，实际上是一种包含身份等级与阶级关系的结构。近现代社会寻求人们法律地位的平等，发生了从身份到契约的变化，阶级性阶层性突显，社会群体更加多元化。关于社会结构的定义，冯尔康先生的归纳是："社会结构是社会要素，或者说是广义的社会组织的组成方式，是具有各种社会身份的人及其群体的联结方式；这种方式是各种社会组织的有序排列，即各种组织有其社会地位，并依此由低级向高级发展，这种有序排列呈相对稳定状态，即形成社会结构的模式。……社会结构只是人类社会总体中的一种结构，与生产方式结构、生活方式结构的并存不悖。"②社会结构所研究的社会要素，大体包括：社会群体、社会组织、阶级与等级结构、社区结构、民族结构、人口结构等。就我国社会结构史的研究来讲，社会阶级、等级和群体的探讨占据绝大多数。我国学术界对于中国社会结构史的研究，大致可以划分为前30年尝试阶级学说的实践阶段，和后40年改革开放背景下多元视野的时间阶段。本文的写作分为阶级结构、等级结构、社会结构三种类型探讨，每种类型下注意学术研究的演变。

---

① 马克思、恩格斯：《共产党宣言》，收入《马克思恩格斯选集》第1卷，北京：人民出版社，1972年，第251页。
② 冯尔康主编：《中国社会结构的演变》，郑州：河南人民出版社，1994年。

一 社会经济视野下的阶级结构

社会形态是由生产方式决定的,而生产方式中生产关系也是社会经济关系,表现为阶级的形式。共和国是农村包围城市的革命运动胜利的结果,探讨农民战争史成为热点,这离不开对于历史上阶级关系与阶级斗争的认识。

(一)先秦秦汉

先秦秦汉时期在社会形态史、历史分期研究的背景下,阶级的产生以及在奴隶社会、封建社会的状况,受到重视。这一时期阶级产生和发展的历史过程、构成及相互间的关系,是学者探讨的问题。

在对先秦两汉时期的社会阶级的全局性的探讨中,早在20世纪50年代,就有王玉哲编著《中国上古史纲》(上海人民出版社,1959),内容包括原始公社制度、奴隶制度及初期封建制度的发生、发展和演变的过程。改革开放之后,晁福林对于先秦社会结构多有论述。他的《先秦社会形态研究》(北京师范大学出版社,2003)对老问题进行了新探讨。晁福林《夏商西周社会史》(北京师范大学出版社,2010)试图以新的角度来研究和探讨夏商西周时期的舒缓的历史变迁和社会的巨大运转,认为夏、商两代的社会性质应当是氏族封建制的社会,而西周则是宗法封建制社会,到了东周时期,宗法封建制逐渐解体。晁福林《春秋战国的社会变迁》(商务印书馆,2011)讨论了春秋战国时期社会政治历史的演变、社会经济的发展、社会生活的进步、社会性质的演变、社会结构与社会制度的变动、社会文化的发展等内容。

大一统的秦汉时代,阶级关系不同于前代。朱绍侯《秦汉土地制度与阶级关系》(中州古籍出版社,1985)论述了自耕农、依附农民、奴隶和其他劳动者,并从户籍制度讨论了阶级关系。林剑鸣认为,秦代社会主要是由地主阶级和农民阶级构成的,前者包括军功地主、宗法地主、非身份性地主,后者则包括自耕农和依附农;而这一时期的奴隶、奴婢数量少,仅是一个等级,分属于不同的阶级。[1] 有的学者将两汉时期乡村阶层归纳为大家、中家、小家或下户,马新则从官僚贵族与士绅地主、富商大贾与工商地主、大家与中家、中家与小家、乡村中的奴婢等几个方面,进行了新的探讨。[2] 杨生民就汉代地主的依附人口佃农、宗族和客的身份及其身份转化作了探讨。[3]

(二)魏晋南北朝隋唐五代

1949年以后,在古史分期讨论中,魏晋封建说蔚成劲旅,社会结构的研究大多是结合社会性质的讨论和社会阶级矛盾的分析进行的。唐代被公认为是封建社会的转折时期,对这时的雇佣劳动、阶级关系有不同的估计,也涉及唐代社会结构问题。魏晋隋唐社会结构研究还突出表现在重视人身依附关系。学者对魏晋南北朝部曲、客、私属、士家、杂户、奴婢、寺观依附人户及其他贱民、半贱民等级有着深入研究。也注意到唐代特别在后半期人身依附

---

[1] 林剑鸣:《秦王朝统一后的社会各阶级》,《社会科学战线》1989年第2期。
[2] 马新:《两汉乡村社会各阶层新论》,《山东大学学报》1999年第1期。
[3] 杨生民:《汉代地主门下封建依附关系的发展》,《北京师范学院学报》1990年第6期。

关系有所松弛。唐长孺的《魏晋南北朝隋唐史三论》(武汉大学出版社,1993)从分析两汉以来封建依附关系的发展历程,及"客的卑微化和普遍化"入手,论证了自己的"魏晋封建论",认为中国封建社会以及奴隶社会的特殊性即在于始终存在着一个强有力的集权制国家,国家的阶级性从两汉到魏晋发生了本质的变化,但国家的政体形式却没有变。魏晋时期的中央政权相对削弱,但体制上依然是专制主义中央集权制,它基本具备了秦汉以来中央政权所拥有的权力,皇权依然是至高无上的。

魏晋南北朝阶级研究。论文方面有熊德基《魏晋南北朝时期阶级结构研究中的几个问题》一文,是其魏晋南北朝阶级分析的序说部分,论及社会等级结构:六朝的等级划分,首先是沿袭了秦汉以来的"良贱"之分。"良"包括了贵族、官僚、士族及庶族平民,"贱"则包括了工匠、吏家、兵家、客户、屯户、牧户以及官私奴婢等"卑姓"人户。其次,良族中又分为"士族"、"庶族"。士即士大夫,亦称士人、士流、人士,当然也包括了贵族、官僚在内。而庶即所谓"庶民"、"百姓",是一个没有任何特权而有个人财产和某些自由的被统治阶级。我们可以称之为当时的人民。① 朱大渭认为,由于士族制度的形成,封建依附关系的发展,少数民族的内迁和建立政权,使魏晋南北朝时期的阶级结构发生重大变化,大体上可分为二十五种类别,三个等级,六个阶级,两大阶级营垒。总的特点是阶级层次增多,统治阶级中形成贵族特权阶层,被统治阶级中的相当部分对统治者的依附性加强,身份地位下降,奴隶制残余严重,从而使整个阶级关系复杂化。由于魏晋南北朝社会动荡,必然使阶级结构发生变化。② 简修炜、张鸿雁则对这一时期劳动者的阶层结构作了具体的分析,认为其特点是身份的多样性与多层次性。③ 李光霁指出这时期的封建依附关系按依附对象为准可分为封建国家依附关系和私人封建依附关系两大类。前者的表现形式是编户中的农民,特殊形式是屯田户和兵户。后者一般表现形式为客,特殊表现形式是奴婢。④ 著作方面,朱绍侯《魏晋南北朝土地制度与阶级关系》(中州古籍出版社,1987),认为该时期阶级关系复杂,统治阶级的特点是成为门阀士族,被统治阶级主要有三个较大的变化:一是佃客地位合法化,二是出现了各类介于自耕农与奴隶之间的中间阶级,三是奴隶制的回潮和奴隶的解放。张承宗等合著的《六朝史》(江苏古籍出版社,1991)设专章论述六朝的阶级结构。简修炜、庄明辉、章义和合著的《六朝史稿》(华东师范大学出版社,1994)也专设一章论述六朝的阶级阶层结构。

隋唐五代的阶级研究。侯外庐主编的《中国思想通史》第四卷,1959年写成,是专论唐宋明思想的,第一章有一节专门讨论中国封建社会的阶级关系、等级制度及唐代等级制度的再编制,还探讨了其间的变化。

研究农民战争离不开阶级分析。胡如雷《唐末农民战争》(中华书局,1979)论述了唐末的阶级阶层关系,包括大地主、中小地主、商人、手工业者、自耕农、佃农、骄兵等,分析其各自的政治、经济地位。

重要的论文,有韩国磐《隋唐五代时的阶级分析》,认为皇室、贵族、士族、各级官僚、宦

---

① 收入中国社会科学院历史研究所魏晋南北朝隋唐史研究室编:《魏晋隋唐史论集》第一辑,北京:中国社会科学出版社,1981年。
② 朱大渭:《魏晋南北朝阶级结构试析》,朱大渭《六朝史论》,北京:中华书局,1996年。
③ 简修炜、张鸿雁:《魏晋南北朝时期劳动者阶层结构的特点》,《历史研究》1986年第5期。
④ 李光霁:《魏晋南北朝封建依附关系的发展及其社会意义》,《天津师范大学学报》1987年第1期。

官、藩镇、以及庶族地主、地方恶霸等,构成了地主阶级。其中主要是皇室、贵族和士族、以及庶族地主构成了地主阶级的三大等级。持有小块耕地的自耕农(包括均田户)、依附于官府和私家的杂户、官户、庄客、客户、屯兵和佃民、部曲和客女,以及佣士等,则系农民阶级中的各个阶层。官私奴婢身份极低,虽然有别于奴隶社会的奴隶,实质上还是奴隶制的残余。豪商富贾勾结官僚贵族,仍是地主阶级的一部分,小商小贩则和个体农民差不多。还有一些官私工匠,如师父、徒弟、巧儿、匠人等,师父兼为店东,当为剥削者,余为被剥削者。至于乐户、太常音声人等,则专为官府所奴役。此外,僧道中也区分为僧侣地主和劳动僧众。①重要的著作,则是张泽咸1984年写成《唐代阶级结构研究》(中州古籍出版社,1996),论述了户等制度。贵族官僚地主、庶民地主、地主兼并土地、乡村次户与下户、佃农与屯田兵民、乡村雇佣、农民与地主阶级关系、农民与商品市场的关系、奴婢、部曲、官户、杂户及其他。认为唐代阶级关系存在唐中叶后封建社会转型的过渡性的特点。李斌城、李锦绣等合著的《隋唐五代社会生活史》(中国社会科学出版社,1998)对此时的社会阶级结构做了较为详尽的分析。

唐宋之际中国社会变化明显。葛金芳认为,当时我国中古社会正在经历由封建前期向自身后期转化的过渡时期。由当时社会生产力发展所推动的土地所有制关系在总体结构上的诸多变动,是这个过渡由以发生的原始动因;而契约租佃经济之取代中古田制经济和部曲庄园经济,则是这个过渡的具体表现。宋代佃户制的研究,之所以会成为宋史研究积年不衰的中心课题,其因即在于租佃经济的成立确是其时诸种变化中之关系最巨者。②

(三)辽宋西夏金元明清

改革开放前三十年,基本上是从生产关系入手研究阶级关系。大多数学者认为,宋以后的中国封建社会的基本阶级结构为租佃制下的地主与佃农两大阶级,此外还有一定数量的自耕农。地主、佃农成为研究的重点。改革开放以后,学界进一步探讨非基本阶级和等级,重视人们的职业生活,社会流动也进入研究视野。

辽代与契丹社会结构方面。张正明在《契丹史略》(中华书局,1979)中分析了辽朝的等级和阶级,认为辽朝的全体臣民在社会身份和法律地位上分为三类:贵族、平民(庶民)、贱民(奴婢)。这是等级,它以门第和职业为依据。从而与阶级的分界并不完全吻合。不过,等级地位与阶级地位的交错是有限度的,不至于颠倒秩序。大体上说,贵族是领主或地主、牧主,贱民是农奴、奴隶和医、卜、屠、贩之流。只有平民的阶级分化比较驳杂,包容着从地主一直到有上、中、下三等及自耕、佃耕等区别的农牧民。具体讲,契丹的贵族,狭义地谈,只有贵族及后族;广义地说,还包括遥辇家族以及其他享有册选特权的家族。就经济地位来分析,在贵族这个等级中,已分化出几个阶层:皇室有皇庄,诸王、贵戚和公主各有领地,其他贵族是大小不等的地主或牧主,也有些破落的贵族在经济上未必能同富裕的平民匹敌。契丹的贵族,与汉、渤海和奚的贵族、地主、牧主一起,组成了辽朝的封建统治阶级,契丹贵族是辽朝统治阶级的主体。契丹平民就是一般的部落成员。契丹的平民包括官户、部曲和奴隶。平民和贱民内部都有分化。张国庆《辽代社会史研究》(中国社会科学出版社,2006)探讨了辽

---

① 收入韩国磐:《隋唐五代史论集》,北京:生活·读书·新知三联书店,1979年。
② 葛金芳:《中国封建租佃经济主导地位的确立前提——兼论唐宋之际地权关系和阶级构成的变化》,《中国社会经济史研究》1986年第3期。

代的疆域与环境、户口、社区、家庭、社会阶层与社会群团、社会物质与精神生活方式、社会激励与社会保障、社会问题与社会调控等问题。

宋代阶级关系研究。王曾瑜主张以户等为基本的划分方法来总结宋朝的阶级结构。指出：在宋代社会生活中，最重要、最常见的，并与阶级结构有关的户，主要有以下四类：1.按身份区分，则有官户和民户，形势户与平户之别。2.按居住地区分，则有乡村户与坊郭户之别。前者居住农村，后者居住城市。3.按有无土地等生产资料、房屋等重要生活资料区分，则有主户与客户之别。4.城郭户和乡村主户又按财产分为十等和五等。乡村一、二、三等主户称乡村上户（三等户又称中户），四、五等户称乡村下户。他认为宋朝确实存在着一条阶级对立的鸿沟，一边大致是由乡村客户、下户和坊郭下户组成的被统治阶级，另一边大致是由官户、乡村上户和城郭上户组成的统治阶级。他还对简单地把户等等同于阶级，以占四和统治特权划地主阶级为大、中、小三个阶层的做法提出了批评。①接着，王曾瑜继续研究宋代户口分类制度与阶级结构的区别和关系②，最后形成《宋朝阶级结构》（河北教育出版社 1996 年初版，中国人民大学出版社 2009 年新版）一书，重点论述了乡村下户和客户的农民阶级，皇室、官户、吏户、乡村上户、僧道户和干人构成的地主阶级，以及坊郭户、商人、手工业者、奴婢和人力女使构成的非主体阶级。对各色人等有细致的探讨。后来，王曾瑜又探讨阶级与社会结构的关系，视野进一步扩展，不过坚持阶级在社会结构中的重要性。③梁太济《两宋阶级关系的若干问题》（河北大学出版社，1998）分 12 个专题，论述了经济与社会关系的若干特点、家业钱的估算内容及其演变、五等户制及其细分化形式化倾向、五等下户的经济地位和所占比例、乡村客户的侨寓特点和主要构成、客户诸称辨析、土地买卖的盛行及其社会影响、租佃的基本形式——分种和租种、夫役征发诸形式及其承担者、"五赋"及其所体现的两税法的演进、阶级对抗的若干新现象新形式。

朱瑞熙的《宋代社会研究》（中州书画社，1983）论述了宋代的社会经济、阶级结构、土地占有制度、租佃制度、人民群众的阶级斗争等。张邦炜认为，"取上不问家世"原则在北宋确立起来，是唐宋之际地主阶级内部士庶界限打破、等级差别缩小的必然结果。他还讨论了两宋时期的社会流动。④此外，龙登高认为宋代皇权强化，等级界限弱化，各阶层成员升降变动频繁。杨果指出湖北境内的客户数量多，比重大。⑤宋代租佃关系是 20 世纪 80 年代到 90 年代前期的研究热点，葛金芳、曾琼碧、穆朝庆等均是重要的研究者。⑥

王天顺指出，《律令》所反映的西夏后期社会生产关系是存在着浓厚的奴隶制残余的封建农奴制，党项宗族势力支配着西夏社会并成为其封建化的障碍。⑦

---

① 王曾瑜：《宋朝阶级结构概述》，《社会科学战线》1979 年第 4 期。
② 王曾瑜：《宋朝户口分类制度略论》，收入《中日宋史研讨会中方论文选编》，保定：河北大学出版社，1991 年。
③ 王曾瑜：《宋代社会结构》，周积明、宋德金主编《中国社会史论》下卷，武汉：湖北教育出版社，2000 年。
④ 张邦炜：《论北宋"取士不问家世"》，《四川师院学报》1982 年第 2 期；张邦炜：《两宋时期的社会流动》，《四川师范大学学报》1989 年第 2 期。
⑤ 龙登高：《略论宋代社会各阶层的演变趋势》，《中州学刊》1998 年第 3 期；杨果：《北宋时期主户客户的地理分布——以今湖北地区为例》，《湖北大学学报》1998 年第 6 期。
⑥ 熊燕军：《20 年来大陆宋代租佃制研究综述》，《韩山师范学院学报》2005 年第 2 期。
⑦ 王天顺：《〈天盛律令〉与西夏社会形态》，《中国史研究》1999 年第 4 期。

人们还讨论了少数民族入主中原后所推行的民族等级问题。张中政的《汉儿、签军与金朝的民族等级》(《社会科学辑刊》1983年第3期)认为，"汉儿"和"签军"不同。还指出金朝将各民族人为地分为女直人、渤海人、契丹人与奚人、汉儿、南人五个等级，实开了元朝四个民族等级的先例。宋德金的《金代的社会生活》(陕西人民出版社，1988)论述了各阶级、阶层的社会地位及生活等问题。王曾瑜还指出："金朝前期奴隶制的扩张和租佃制的局部性破坏，金朝中期至后期奴隶制的趋向衰落和租佃制的恢复，以及蒙古人南侵造成奴隶制的再度扩张和租佃制的再度局部性破坏。金代社会经济关系中也有雇佣制，但显然只占不大比例。至于奴隶制和租佃制的互相消长，都占有颇大比例，则是较为明显的事实。上述情况决定了金代社会阶级结构的复杂性和特征。"①

元朝将各族人分为蒙古人、色目人、汉人、南人四等，有学者就此讨论。②秦新林的《元代社会生活史》(河南大学出版社，1997)论述了元代的人口、阶级与民族、户籍与户等、村庄与里甲、土人、商人等问题。

傅衣凌是20世纪30年代中国社会史大论战后成长起来的马克思主义史学家，关注中国封建社会为何长期迟滞问题，探讨中国社会经济结构是其终生追求。早在1944年就由福建协和大学印行《福建佃农经济史丛考》一书，1949年后更加重视阶级关系的研究。20世纪50年代后期，傅先生发表了大量新作，对于明代江南及东南沿海地区地主经济、富户经济、城镇下层士民、富农经营问题发表开创性的论文。③同时，出版了三本专题性的学术论文集：《明清时代商人及商业资本》(1956)、《明清江南市民经济试探》(1957)、《明清农村社会经济》(1961)，第一本书除一篇论文之外都是1946年至新中国成立前所写，讨论商人的社会地位等问题。第二本是1949年后前述新写论文的结集。第三本是新中国成立前后论文的合集，除福建佃农经济外，还包括了徽州庄仆与长江中下游及东南沿海地区"奴变"问题。④此后，发表重要论文的还有李文治，就清代前期地主身份地位的变化以及在社会经济方面所产生的影响探讨，认为清前期土地占有者身份地位变化的主要特点，是具有功名官爵的"特权地主"的垄断地位有所削弱，无功名官爵身份的"庶民地主"有所发展。⑤

"文革"结束后，学术界反思过度夸大阶级斗争与农民战争作用的研究，傅衣凌针对当时历史学界争论的问题，阶级斗争是不是历史发展动力，发表《明清时代阶级关系的新探索》一文，指出："明清时代的阶级关系和阶级斗争是很错综复杂、暧昧不明的，它从不是简单的、纯粹的，而是有各种不同的类型，其对于历史的作用亦自不同。"⑥傅先生焕发学术研

---

① 王曾瑜：《金朝户口分类制度和阶级结构》，《历史研究》1993年第6期。
② 丁国范：《元代的四等人制》，《文史知识》1985年第3期；冉守祖：《从元朝四等级制看民族压迫的阶级实质》，《中南民族学院学报》1986年第2期；余大钧：《关于元代四等人制下的科举取士》，《国学研究》第7辑，2000年。
③ 主要有傅衣凌：《明代江南地主经济新发展的初步研究》，《厦门大学学报》1954年第5期；《明代江南富户经济的分析》，《厦门大学学报》1956年第1期；《明代后期江南城镇下层士民的反封建运动》，《厦门大学学报》1956年第5期；《明末清初江南及东南沿海地区"富农经营"的初步考察》，《厦门大学学报》1957年第1期。
④ 傅衣凌：《明代徽州庄仆制度之侧面的研究——明代徽州庄仆文约辑存》，《文物》1960年第2期；傅衣凌：《关于明末清初中国农村社会关系的新估计》，《厦门大学学报》1959年第2期，本文为《明清之际的"奴变"和佃农解放运动》的一部分，因全文篇幅较长，特节选其中有关明末清初农村社会经济关系的新变化发表。
⑤ 李文治：《论清代前期的土地占有关系》，《历史研究》1963年第5期。
⑥ 傅衣凌：《明清时代阶级关系的新探索》，《中国史研究》1979年第4期。

究的青春,在思考以往阶级问题研究的基础上,将自己对于明清时代的土地制度以及阶级关系和阶级斗争的研究系统化,推出有关这一时代阶级关系与结构的新认识。

傅衣凌于1981年在厦门大学开设"明清社会经济变迁论",至1987年讲稿最后定稿。①其中有论述社会结构的两篇重要论文。傅衣凌在《明清封建各阶级的社会构成》一文中指出:明清社会处于又发展、又迟滞的状态中,早熟又未成熟,老是"死的拖住活的",所以它的阶级结构十分复杂,阶级分化十分困难,阶级意识也表现得不够明显。并认为,明清时代封建各阶级不能成熟发展的原因是:一、既有阶级对立又有乡族结合;二、既有政治压迫,又有绅权压迫;三、既有经济强制,又有超经济强制;四、身份制与经济权的相对分裂而又包含在一起;五、城市居民与农村关系的紧密结合。由于上述各种因素的互相结合、相互联系、相互融通,遂使阶级分化、职业分化、城乡分化十分困难,中国封建各阶级,无论是资产阶级的前身或无产阶级的前身都发展得不够成熟,不是作为独立的工商业阶级出现于社会,而只是地主、官僚的一种附庸。②另一篇《明清土地所有制下的地主与农民》强调:"解放后,我国史学界曾对封建土地所有制开展过热烈的讨论,如国有制和私有制等。但这个讨论多从法律形式进行考察,其对于作为所有制中心的生产关系说明较少……研究所有制下的社会内容,即地主与农民的关系,研究地主与农民的经济,注意这两个对立物的动态,就可以理解封建主与农奴是统一的封建社会中彼此联系的部分,而生产力又是怎样在这阶级对抗中发展起来的。"他指出:"中国封建社会的历史发展,大体上可以分为两个阶段。第一个阶段是春秋战国时期(公元前770—221年),称为领主制的封建社会。秦汉以后(公元前221年后)为第二个阶段,是地主制的封建社会。从政治权力方面来看,前一个阶段是以地方分权为主的封建社会,政权操于各地领主之手。而地主所有制则与领主制不同,她是在中央集权制下通过官僚制度来统治农民的,这种官僚制度代替了封建领主和武士制度,但经济上还是地方分权的。"他还认为:"农民一词,按他的科学含义,应包括有自耕农、佃农、雇农诸种形态,但在封建土地所有制下,农民一词是以佃农为主,他是小生产者,有自己的独立经济。"此外,对于明清地主和地主经济、农民和农民经济又有专门论述。③

中国社会科学院经济研究所、历史研究所研究明清阶级问题,重视利用清代刑科题本。经济所的李文治所著《明清时代封建土地关系的松解》收录的《明清时代封建土地关系的松解》《明清时代的地租形态》《明清时代的地租剥削》等论文提出许多看法,如同族之间案件的多发说明长幼尊卑宗法关系的松弛,永佃农对地面权的转让顶耕,官绅地主和佃农间发生的刑事案件在法权关系上是平等的,地主利用押租保证地租、扣抵欠租等等。④他根据马克思主义原理,着重将自由劳动出现和形成作为论证资本主义萌芽的标志。他把自由雇工的出现作为论证资本主义产生的一个关键性问题。认为部分长工身份义务的解放应在万历十六年以前,明代中叶,可以找到大量雇工经营的事例。到清乾隆年间,"立有文契"的长工

---

① 傅衣凌:《明清社会经济变迁论》,收入《傅衣凌著作集》,北京:中华书局,2007年。
② 傅衣凌:《明清封建各阶级的社会构成》,《中国社会经济史研究》1982年第1期。
③ 傅衣凌:《明清封建土地所有制论纲》,上海:上海人民出版社,1992年。又,其中有关地主部分,以《明清封建地主论》为题,发表于《厦门大学学报》1985年第4期。
④ 李文治:《明清时代封建土地关系的松解》,北京:中国社会科学出版社,1993年。

也逐渐解除了法律上的身份义务关系。他在《明清时代中国农业资本主义萌芽》中,论证了农业资本主义萌芽的主要指标——封建雇佣向自由雇佣的过渡。①

1963年至1965年间,中国科学院历史研究所与中国第一历史档案馆合作,编辑该馆所藏清代乾隆朝刑科题本土地债务类(共分十三类)内有关清代农村社会经济和阶级斗争方面的史料。参加档案整理的人员有刘永成、周远廉、曹贵林、许曾重、韩恒煜和宋秀元、朱金甫、傅克东、胡明诚、张德泽等,还有华中师院历史系的吴量恺。②刘永成回忆说:"在一年多的时间里,我们从刑科题本(土地债务类)尚存的五万八千余件档案中,挑选了三千八百七十余件,其中包括土地占有关系、租佃关系、佃农抗租斗争和雇佣关系方面的史料,内容相当丰富。特别是对于清代农业租佃制和地租形态的发展变化、农村阶级斗争的新形势和农业资本主义萌芽等方面的研究,都具有非常重要的史料价值。"③他们整理编辑的刑科题本为"乾隆刑科题本租佃关系史料",出版了《清代地租剥削形态》(中华书局,1982)、《清代土地占有关系与佃农抗租斗争》(中华书局,1988)。参加整理乾隆朝刑科题本的部分学者,发表了研究成果。刘永成著《清代前期农业资本主义萌芽初探》(福建人民出版社,1982年),讨论了清代前期农业资本主义萌芽的历史前提,农业雇佣劳动的发展,农业经营新方式的出现,农业经营新方式发展缓慢的原因等问题。此外,他还发表了研究清代抗租斗争、租佃关系、粮食亩产量、永佃制、农业雇工工资的论文。④周远廉、谢肇华出版了《清代租佃制研究》(辽宁人民出版社,1986)一书,论述了清代土地占有关系、土地买卖、实物分成租制、实物定额租制、货币租制、押租制及其他剥削、永佃权、封建人身依附关系,问题意识在于从生产关系探讨封建社会发展的制约因素。吴量恺出版《清代经济史研究》(华中师大出版社,1991)一书,论述清代社会的生产能力、农村封建租佃结构的变化、商品经济与城市的发展、清代雇佣关系的发展及其特征、新的农业经营方式、农业雇工的工价、国内市场的发展趋向、封建经济结构对资本主义萌芽的束缚。参加整理乾隆朝刑科题本工作的其他人如韩恒煜、宋秀元、许曾重等发表了相关论文。⑤

汤纲、南炳文的《明史》(上海人民出版社,1985),深入分析了明代阶级状况,内容涉及皇室、贵族、地主、工商业者、农民、佣工和奴婢。韩大成1982年辑成论文集《明代社会经济初探》(人民出版社,1986)收有研究佃户、奴婢、富商巨贾、权贵的长篇论文,比较全面地探

---

① 收入李文治、魏金玉、经君健:《明清时代的农业资本主义萌芽问题》,北京:中国社会科学出版社,2007年。
② 吴量恺:《清代经济史研究》,武汉:华中师范大学出版社,1991年,第358页。
③ 刘永成:《乾隆刑科题本与清前期农村社会经济研究》,《历史档案》1981年第2期。
④ 刘永成:《清代前期佃农抗租斗争的新发展》,《清史论丛》第1辑,北京:中华书局,1979年;刘永成:《清代前期的农业租佃关系》,《清史论丛》第2辑,北京:中华书局1980年;刘永成:《从租册、刑档看清代江苏地区的粮食亩产量》,《中国史研究》1994年第4期;刘永成:《明清时期永佃制的发展及其演变》,《清史论丛1994》,沈阳:辽宁古籍出版社,1994年;刘永成、赵冈:《十八、十九世纪中国农业雇工的实质工资变动趋势》,中国第一历史档案馆:《明清档案与历史研究》,北京:中华书局,1988年。
⑤ 黎民:《乾隆刑科题本中有关农业资本主义萌芽的材料》,《文物》1975年第9期;韩恒煜:《试论清代前期佃农永佃权的由来及其性质》,《清史论丛》第1辑,北京:中华书局,1979年;韩恒煜:《略论清代前期的佃仆制》,《清史论丛》第2辑,北京:中华书局,1980年;宋秀元:《清代前期地租形态的发展变化》,《社会科学辑刊》1980年第6期;宋秀元:《从〈乾隆刑科题本〉看清代押租制》,《故宫博物院院刊》1983年第4期;许曾重:《乾隆刑科题本中佃农抗租斗争部分情况简述》,中国第一历史档案馆《明清档案与历史研究》,北京:中华书局,1988年。

讨了这些社会类别的状况。王兴亚《明代行政管理制度》(中州古籍出版社,1999)论述了明代的等级制度,将社会等级划分为特权、凡人、雇工人、贱民4个等级,认为等级特权与政治权力、宗法制度结合,等级固定但其成员不固定、工商业者和雇工人身份低下是明代等级制度的特点。商传也讨论了明代社会的阶级结构。[1]

冯尔康、常建华的《清人社会生活》(天津人民出版社,1990)一书,内容包括清代社会等级、公开社团与秘密宗教及结社、宗族、家庭等内容。冯尔康《顾真斋文丛》(中华书局,2003)内容侧重在阶层与社会经济结构、社会群体,收录论文《清代地主层级结构及经营方式述论》《清代自耕农与地主对土地的占有》《清代押租制与租佃关系的局部变化》《清代的货币地租与农民的身份地位初探》《十七世纪中叶至十八世纪中叶江南的商品交换、消费与本末观念》《试论清代皖南富裕棚民的经营方式》等论文,冯先生对于清代地主、自耕农、租佃关系、农民的研究支撑了他对清代社会与社会群体的基础性认识,这些论文主要写于20世纪80年代。韦庆远《清代奴婢制度》(中国人民大学出版社,1982)根据档案和文献资料比较系统地研究了奴婢。叶显恩《明清徽州农村社会与佃仆制》(安徽人民出版社,1983)是全面探讨徽州佃仆制的专著,认为佃仆的身份属于农奴。[2]

傅衣凌在对明清时代阶级关系新探索的同时,也在反思中国封建社会。他的《我对于中国封建社会的再认识》首先就封建一词的争议指出:"外国学者对封建一词就有争议,他们认为封建制度不单纯是指经济的意义,而是包括有政治、法制上的含义在内,如政权分裂、武士传统、主从关系、复仇观念,等等,因此,主张用传统社会来代替长时期的中国封建社会。我们则认为,中国历史学者一般在利用'封建社会'一词时,多从所有制方面进行考虑,意思是指由地主阶级占有土地——生产资料,而农民没有占有土地的状况所建立起来的一种生产关系。封建社会以自然经济为其特征,其时商品生产虽有存在。但只是作为自然经济的补充,作为地主经济的一种附庸,中国学者大体上是按着这样的概念来划分封建社会的。……中国历史的发展并没有背离世界各国的共同客观规律,但又有自己的特点。这个特点的形成,由于中国的封建制不同于欧洲和日本的纯粹封建社会,而是以地主制为中心所建立起来的一种生产关系。"接着,就中国的封建土地所有制谈了自己的看法:"中国的封建土地所有制不是欧洲的纯粹领主制,它是早熟而又未成熟的封建社会,这种地主制在封建社会的早期——战国秦汉时期就开放了土地,允许土地可以买卖,但又不是自由买卖,土地所有权亦非完整的,早就发生地权分割的现象,如一田二主,一田三主等。三种地租形态不是循序交替,往往同时并存,而钱租又出现得很早。农民有相对的离土自由,不那末隶属在土地上面,但又不是农民的自由化,人身依附关系仍相当严重。而商业资本和高利贷资本又发达得早,更助长了土地的买卖。于是,在这种封建土地所有制下,农民、商人以及下层的贱民,只要有钱都可以购买土地,改变了土地是封建特权者的垄断物,出现了身分性地主与非身份性地主的两种类型。不过在中国,这两类地主又不是截然分开的,非身份性地主,他可以通过科举、捐纳、赐爵、婚姻诸种途径,跨入身份性地主的行列。同时,他又调整了政权结构,以官僚制代替领主贵族世袭制,让社会上各阶级、各阶层、各地区的人物,通过考试或其

---

[1] 商传:《试论明代的社会阶级结构》,朱诚如、王天有主编:《明清论丛》第1辑,北京:紫禁城出版社,1999年。
[2] 关于徽州佃仆制的研究状况,可以参阅邹怡:《徽州佃仆制研究综述》,《安徽史学》2006年第1期。

他方式,得有机会参加中央或地方政府的活动,加强了中央集权制的大一统的封建国家。但又因中国在封建社会的早期就出现了中央集权制的封建国家,这个封建国家的经济基础,始终是以自然经济为主的,自然经济的分散性、地区性,必然影响到上层建筑的分散性、地区性,形成中央和地方的矛盾。是以他们为统治这广土众民的大国,仅仅依靠中央政府的官僚制是很不够的。还必须利用地方的乡族势力作为一种补充工具。所谓乡族势力主要是指由血缘和地缘所组织的一种社会力量。……当前史学界所争论很多的'乡绅',也应包括有这两类人物。这是中国地主制与官僚制相结合的产物,并代表着乡族势力的某些色彩。他们的组成分子是很复杂的,有的是现任的和退职的在乡官僚,也有一部分没有官位的人物,如里霸等在内。"最后,他强调了中国封建社会的特点:"我们一面看到中国封建社会里阶级压迫、阶级剥削是非常严重的,农民和地主的矛盾,始终是社会的主要矛盾。农民对于地主的关系,有经济上的隶属关系,也有人身依附关系,中国史上农民反抗斗争次数之多,范围之广,斗争的激烈,是世界史所少见的。但另一方面,她又允许各种新旧社会因素同时并存,自然经济和商品经济、村社制残余和奴隶制残余、游牧经济与农耕经济同时并存,他们互相排斥,互相制约,而又互相合作,形成极其错综复杂的社会经济关系。同时,还要注意到中国大量的小农阶层和其他小生产者,长期以来,是采取耕织结合、耕读结合的形式。这又常把中国社会引向邪路,牢固地保持着农业与手工业的直接结合,使得中国封建社会保有不易瓦解的特异的强韧性,形成一个既早熟又未成熟,既迟滞又有发展的弹性的封建社会。"①

王毓铨 1980 年所写《〈中国历史上农民的身分〉写作提纲》也是一篇重要的文字。王先生所论的"身分"指生产关系中的地位,旨在说明中国历史上的农民并非"自由的""独立的",不同于 18 世纪欧洲的农民,隶属于皇帝的"家天下"。②王文主要是从国家与农民的关系角度探讨农民身份的。

学者重新思考中国社会经济结构。1982 年 10 月中国社会科学院历史研究所《中国史研究》编辑部、中国社会科学出版社和中山大学历史系联合举办的中国封建社会经济结构、特点及其发展道路学术讨论会,著名历史学家傅衣凌、熊德基、李文治等参加了会议。③一些学者发表了理论性论著。周继旨认为,中国封建社会虽然王朝更迭,官吏升降,政治权力再分配等不断发生,然而社会中上下、尊卑、贵贱的等级秩序并没有也不可能有根本的转变。这种统治秩序不变而统治成员不断更换的现象证明,和封建社会中的物质生产过程中的经济结构富有弹性相一致,地主阶级的政治结构也是一个富有弹性的结构。④姜守鹏《明清社会经济结构》(东北师范大学出版社,1992)认为:"中国封建社会经济结构的核心是小农业与家庭手工业相结合,自给性生产和商品性生产相结合的小农经济。因为,第一,中国封建社会的土地所有制,主要是土地私有制,它包括自耕农所有制和地主所有制。自耕农经济无疑是属于小农经济范畴。地主虽拥有大块土地,但是他们却主要采取分散经营的方法,把大块土地分成许多小块,分别租给佃农。佃农经济亦属小农经济范畴。第二,无论是地主制经

---

① 傅衣凌:《我对于中国封建社会的再认识》,《中国史研究》1983 年第 1 期。
② 收入王毓铨:《莱芜集》,北京:中华书局,1983 年。
③ 黄启臣:《中国封建社会经济结构学术讨论会综述》,《中山大学学报》1983 年第 1 期。
④ 周继旨:《中国封建社会经济结构的基本特征》,《中国社会科学》1983 年 5 期。

济,还是自耕农经济,其基本的生产结构都是小农生产。第三,无论是自耕农经济,还是地主制经济下的佃农经济的这种小农生产,又都具有小农业和家庭手工业相结合,自给性生产和商品性生产相结合的特点。"(第4页)将中国封建社会经济结构的核心归结为小农经济,并将小农经济理解为自给性生产和商业生产相结合的统一体,为深入揭示中国封建社会的经济结构及其发展前途提供了极富启发的理论视角。[①] 1998年,方行发表《中国封建社会农民的经营独立性》一文,尝试理清中国封建经济发展脉络的工作。对中国封建社会经济史中的"地主经济""农民经济"以及"商品经济"进行了专题性研究。[②]

(四)近现代

近现代社会结构的综合研究体现在几部社会史著作中。乔志强主编的《中国近代社会史》(人民出版社,1992)分三编,第一编是社会构成。邵雍著《中国近代社会史》(合肥工业大学出版社,2008)介绍了1840至1949年的中国社会结构、社会组织等,讨论了各社会阶级、阶层、组织生存的历史条件、成员构成以及各自分布的地域,并从社会结构运行的整体性来考察各社会组织之间的关系。张静如等主编的《北洋军阀统治时期中国社会之变迁》(中国人民大学出版社,1992)分为社会经济、教育与文化、社会阶级与阶层、社会组织、家庭、社会习俗、社会意识、政治8章。《国民政府统治时期中国社会之变迁》(中国人民大学出版社,1993)从社会生活诸方面考察了1928年至1949年即国民政府统治时期中国社会的演化。

买办、资产阶级是近现代新出现的社会群体与阶级。聂宝璋《中国买办阶级的发生》(中国社会科学出版社,1979)重点考察了19世纪末叶买办的经济状况。黄逸峰、姜铎等的《旧中国民族资产阶级》(江苏古籍出版社,1990)是较早系统探讨资产阶级的形成问题的著作,而朱英的《中国早期资产阶级概论》(河南大学出版社,1992)、马敏的《过渡形态:中国早期资产阶级构成之谜》(中国社会科学出版社,1994)则是两部研究早期资产阶级的专著。

二 法律身份视野下的等级结构

中国传统社会重视身份等级。决定身份等级的因素,除经济和政治条件外,法律起确定性作用,可以说,传统社会的身份等级主要是通过法律体现的。在法律与身份等级关系问题的研究中,瞿同祖的《中国法律与中国社会》是一部重要著作。该书首先论述了法律对阶级衣、食、住、行生活方式的规定,对于婚姻、丧葬、祭祀的规定,使人们了解到各阶级在社会生活上的差异。其次论述了贵族的法律、贵族、官吏的法律特权,良贱间的不平等,种族间的不平等。对各阶级法律上的不同地位与权利进行了揭示。这部著作原有商务印书馆初版于1947年,补充修改后译成英文于1961年出版,中华书局1981年又重印了增补后的中文版,在海内外影响深远。受该书影响葛承雍的《中国古代等级社会》(陕西人民出版社,1992)从衣食住行、婚丧家族、财产法律、官制礼仪等方面论述了等级社会结构。

---

① 书评有罗冬阳、赵毅:《明清经济史领域的新成果——读〈明清社会经济结构〉》,《清史研究》1995年第4期;杨旸:《一部成功的明清经济史研究著作——读〈明清社会经济结构〉》,《史学集刊》1993年第2期。

② 方行:《中国封建经济论稿》,北京:商务印书馆,2004年。

(一)综论

改革开放之后,学界反思封建专制主义对社会带来的危害,剖析传统社会等级制度的基础和特征。研究这些问题的学者既有历史学者,也有法学者。粟劲论述了对封建等级制度及其思想基础的看法:在我国奴隶社会中,特别是周王朝是一个以氏族血缘关系为基础的奴隶主集团,统治了被征服的广大奴隶群众,建立了一个宗法、分封、世袭三位一体的政治制度。奴隶主阶级的最高统治者自称"天子",根据与他自己血缘关系的远近,分封爵位和确定政治等级,并决定其支配土地和拥有奴隶的数量。建立一个从天子、多种等级的诸侯,到多种品位的大夫,压在广大庶民和奴隶群众头上的宝塔式的等级制度。维持这个等级制度的韧带是血缘关系。不但天子,诸侯、大夫和士都是世袭的,各种官职如大宰、大师、司徒、司空、司寇都是世袭的,甚至"官人百吏"也是"父子相传"。他还讨论法和封建等级制度,认为封建社会里,法律保证不同等级的人们有不同的生活程度和生活方式。衣食住行和婚丧祭祀,依据法律规定都有明显不容混杂的标记,如果违犯了这种规定;就要受到刑事追究,除此之外,等级制度还赋予不同等级以不同的法律特权。等级地位越高,法律特权就越大。封建法律是等级的法律,在法律上的等级特权,实质上就是阶级特权。帝王因处于封建等级制度的顶端,故而可享有超越一切法律的特权,并是一切等级特权的保护者。皇亲、国戚、贵族、官僚则有通过议、请、减、赎、官当等形式,获得不受普通司法机构和一般法律程序约束并最后逃避法律制裁的特权。在此同时,对于一般百姓,刑罚则显然加重,有时还实行非常残酷的按与犯罪人血缘关系的远近的所谓"族诛连坐"的刑罚。①

还有学者探讨了礼法对等级制度的维护作用。张晋藩、刘海年认为,奴隶主时代的礼,是体现奴隶主贵族意志的关于政治制度、伦理道德和社会规范的总和。早在夏代,礼便随着阶级的出现和王朝的建立而逐渐形成,殷代时期,又有所发展,西周时期,又上承殷制,建立了一套更完整的宗法分封等级制度。为了维护这一制度而制定的礼,无论从内容到形式都比商朝充实和发展。周礼的内容十分广泛,涉及政治、军事、经济、司法、宗教、婚姻家庭等各个方面。礼虽不具备法的形式,但却具有法的性质和作用,是调整奴隶主阶级内部关系的不成文的法律。庶人和奴隶没有资格享受礼所规定的权利,而却必须遵行礼所规定的许多规范。刑是奴隶主贵族手中掌握的暴力。刑的主要锋芒是对准奴隶、镇压奴隶的反抗。随着奴隶占有制的发展,奴隶制的刑法也不断加强。西周时期的刑法比商代系统化,已有成文的刑律——《吕刑》三千条,并有了墨、劓、刖、宫、大辟五种刑罚。礼和刑作为奴隶主贵族专政的两种主要手段,各有其不同的适用对象。即所谓"礼不下庶人,刑不上大夫"。②不过也有不尽相同的意见,张全民就否定"刑不上大夫,礼不下庶人"之制③,张兆凯指出,这句话的实义是指"五刑"中,无专门针对大夫的刑条,大夫犯罪由"八辟"议其轻重并予以处罚;礼不下庶人则是庶人因忙于生计和没有条件置办行礼用的祭品,故而对庶人不做某些礼的要求。④张殿吉指出,在中国封建社会里,封建法制的立法原则之一是用封建伦常观念维护封建制的社

---

① 粟劲:《封建等级制度和法及其影响》,《吉林大学学报》1980年第3期。
② 张晋藩、刘海年:《礼不下庶人,刑不上大夫小议》,《学习与探索》1980年第5期。
③ 张全民:《"刑不上大夫"辨正》,《社会科学战线》1991年第4期;《"礼不下庶人"发覆》,《吉林大学社会科学学报》1997年第1期。
④ 张兆凯:《"刑不上大夫,礼不下庶人"释义》,《湘潭大学社会科学学报》2000年第6期。

会关系,特别是维护封建的等级制。封建法律确认封建社会的等级差别,在法律上规定各个等级的特殊法律地位,而礼教又从"尊尊""亲亲"的角度,把尊卑上下,长幼亲疏的一套伦理观念掺入法律中,使封建等级更加固定下来。历代封建法律在立法、司法方面都体现"尊卑贵贱、各有差等"的原则,而在这原则之下。贵族官僚享有种种特权,反映了礼教观念借助国家的强制力维护社会关系的作用。①

樊树志探讨了唐律部曲、客女,宋元刑法与佃户、驱口,明清律与雇工人、佃仆等问题,并由此得出其人身依附关系有一个逐步松弛的总趋势。②

(二)断代性论述

先秦时期开始出现的重要社会制度之一为等级制度,这一制度在秦汉时期又有了新的发展,并深刻影响了中国古代社会的演变。杨宽(1914—2005)《战国史》(上海人民出版社,1955)对各国的等级规定深入研究,认为三晋、齐燕之爵秩等级,大致有卿和大夫两级,其中卿有上卿、亚卿之分,大夫则有长大夫、上大夫、中大夫、五大夫之别。楚、秦两国爵秩等级和中原各国不同,楚有执珪、五大夫、三闾大夫等,秦的爵位,从商秧变法后,分为二十级。其中最高之彻侯(又称列侯)有食其租税的食邑,第十九级之关内侯,虽无食邑,但有指定地点一定户数的租税收入,其他各级、也都按爵位的高低,享受种种封建特权,如做官、取得土地、田宅、奴隶、享用食邑上的租税、赎身、减轻刑罚以至死后植树封墓等,并且用法律形式规定下来,这样就大大加强了地主阶级的特殊社会地位。秦二十等爵主要是用来奖励军功,但有时出于维护和巩固封建统治的需要,也对迁徙的人民、征召的军队、归附的少数部族、灾荒时献粮多的百姓予以赐爵。这种二十等爵制,为后来秦汉封建王朝长期沿用,并有所发展。作者指出,各国封建政权为了加强统治,相继制定了法律条文,以对封建的爵秩等级加以确认和维护。如秦国商鞅变法令即"明尊卑爵秩等级,各以差次。名田宅、臣妾、衣服以家次。"李悝《法经》也对尊卑爵秩等级及其占有的田宅、奴隶等特权做出了规定。在此同时,各国法律还按等级规定了各种刑罚。如《秦律》即对刑徒、奴隶的惩罚最重,对一般庶民也较重,对吏和有爵位的就轻得多。官爵高的还可以减刑,更可得到赎罪的优待。改革开放以后,有关周代等级制度的研究成果不断出现,杨为星指出,周代社会,在贵族、平民、奴隶中有许多等级,它们构成了一个严密的等级社会。③刘玉堂认为,楚国等级结构包括王、公、大夫、士、庶人、工商、皂、舆、隶、仆、陪台、牧、圉。④

秦汉时期的爵秩等级研究较多。朱绍侯的《军功爵制试探》(上海人民出版社,1980)探讨了秦汉时期等级制度,该书分上下两编,上编按春秋、战国、秦、西汉、东汉的顺序,阐述了"军功爵制"的产生、确立、演变、因袭改革、轻滥和衰亡;下编是有关爵制的十篇论文。作者对爵制的分析,多从阶级关系分析问题。如对比西周五等爵制与秦汉二十等爵制时指出:"如果说五等爵制是西周奴隶主阶级所建立的奴隶社会等级制度的话,那末军功爵制就是适应春秋战国时期新兴地主阶级在政治、经济等方面的需要而建立的封建等级制度。"又指

---

① 张殿吉:《试论我国封建法制的礼法融合》,《河北师院学报》1982年第1期。
② 樊树志:《论封建法律下农民的农奴身分》,《学习与探索》1981年第1期。
③ 杨为星:《周代等级制度述微》,《云南师范大学学报》1998年第4期。
④ 刘玉堂:《楚国的等级结构与阶级关系》,《江汉论坛》1997年第3期。

出:"到了春秋晚期,它甚至成了新兴地主集团向奴隶主贵族的夺权工具。"有学者评论:"尽管在中国社会史分期问题上我国史学界还存在不同看法,尽管更存在有西周五等爵制纯粹是统治阶级内部的等级划分,而二十等爵制中的民爵部分则下及编户齐民这个重大区别,但作者勇于把'爵制'这个上层建筑,密切照应于社会历史上阶级力量的升降变化来判断,确是试图用马克思主义理论之矢射中国历史问题之的的工作。"①高敏《秦的锡爵制度试探》《论两汉赐爵制度的历史演变》(《秦汉史论集》,中州书画社,1982)也较详尽地探讨了秦汉时期的爵秩等级。据学者研究:秦汉的军功爵制下"士大夫"多指士、大夫级爵群体,他们是当时基层社会编户民的主体,也是帝国征派赋役的对象。随着秦汉"爵秩体制"的发展,分赐官、民爵,促使官僚贵族化、吏民同质化。因爵制的变化,尤其是民爵日益轻滥,"士大夫"爵制的意义渐趋消亡。同时,因秩制的发展,秩级分化导致官、吏呈现分途之势,吏员群体内又分化为吏与役两个层次,"役"逐渐成为帝国控制小吏和编户民的主要手段。"吏"与"民"因役而同质化,"吏民"逐渐成为编户民的代名词。②

李天石《中国中古良贱制度研究》(南京师范大学出版社,2004)探讨了中国中古良贱身份制度产生、发展、演变、衰落的历程。李伯重也论述了唐代社会等级问题③。

元代的诸色户计得到进一步的研究。④

明清时期身份等级的研究方面,学者主要探讨了贵族中的明代宗室贵族、清代八旗王公贵族、明清孔府贵族,此外,一些学者对功臣、外戚及大官僚贵族进行了研究;缙绅与绅衿;平民中的农民;工匠、商人、军户、灶户、站户、船户、渔户、僧道、幕宾;还有以奴婢为主的贱民。

经君健(即欧阳凡修)是专门从法律的角度进行探讨的学者。20世纪60年代初,他从法律的角度研究了明清时期的"雇工人"⑤,对于经君健把乾隆三十二年清代法典上出现的"农民佃户"所雇请的农业长工,包括在明清法典上的"雇工人"等级之内,并最终得出不能把这看成是带有资本主义萌芽性质的自由劳动者的结论。罗仑等人在《清代山东经营地主经济研究》第七章提出了不同意见,刘永成也加以商榷。⑥ 20世纪80年代,经君健更加系统地研究了清代等级制度。他把清代的社会成员分列了七个等级,并在有的等级中又划分了若干等第,它们是:皇帝;宗室贵族等级,其中分衍圣公、王公贵族和闲散宗室觉罗等三个等

---

① 文以明:《评朱绍侯先生〈军功爵制研究〉》,《史学史研究》1990年第3期。
② 凌文超:《秦汉魏晋编户民社会身份的变迁——从"士大夫"到"吏民"》,《文史哲》2015年第2期。
③ 李伯重:《千里史学文存》(杭州出版社,2004)收录社会史方面的4篇论文,讨论了唐代社会等级的划分与命名以及部曲、奴婢问题。
④ 高树林:《元代民户研究:元朝"诸色户计"研究之一》,《河北大学学报》1993年第2期;《元朝匠户户计研究——元朝"诸色户计"研究之二》,《河北学刊》1993年第5期。高树林:《元朝盐户研究》,《中国史研究》1996年第4期;《元朝茶户酒醋户研究》,《河北学刊》1996年第1期。
⑤ 欧阳凡修:《明清两代'雇工人'的法律地位》,《新建设》1961年第4期;《明清两代农业雇工法律上人身隶属关系的解放》,《经济研究》1961年第6期。二文的修订版,收入李文治、魏金玉、经君健:《明清时代的农业资本主义萌芽问题》,北京:中国社会科学出版社,2007年。
⑥ 刘永成:《论清代雇佣劳动——兼与欧阳凡修同志商榷》,《历史研究》1962年第4期。关于1980年以前近四十年对明清两代雇工人的研究状况,可以参阅裘轼《关于中日学者对明清两代雇工人身份地位问题研究的评价》(《中国社会科学院经济研究所集刊》3辑,北京:中国社会科学出版社,1981年)一文。

第；官僚缙绅等级，又可分高官和一般官僚两个等第；绅衿等级，又可分举人和生监两个等第；凡人等级，分为地主、自耕农和佃户三个等第；雇工人等级；贱民等级，大体可分为四个等第，一是隶卒，包括各种衙门服役人等和长随、家人，二是奴仆，三是乐户，包括娼妓、优伶、惰民、九姓渔户、疍民等，而最低的等第则是奴婢，包括壮丁、投充人。经文还分析了清代等级制的四个主要特点：清代的等级制度贯彻着封建宗法伦理原则；清代等级制度的变化和解体异常缓慢；清代的封建等级制度中存在着资本主义关系的可能性；清代社会成员个人等级身份的可变性起着阻碍资本主义生产关系发展，巩固封建制度的作用。①经君健更对清代的贱民进行深入考察，其专著《清代社会的贱民等级》（浙江人民出版社1993），首次从等级的角度指出贱民在清代社会中的地位以及贱民等级内的等第划分，对清代的奴婢、堕民、丐户、九姓渔户、疍户、乐户、佃仆等各类贱民的来源、身份特征、法律地位、社会地位，以及法律身份解放的过程等进行了多方面的探讨，并讨论了清代等级制度的特点及其社会功能。

郭松义先生所著文集《清代政治与社会》（中国社会科学出版社，2015）讨论到等级结构、道德文化、思想信仰，都与社会总体环境有关。

值得注意的是，在探讨等级、阶层、职业的过程中，一些学者还注意到其中的社会流动问题。1962年何炳棣出版了《明清社会史论》（美国哥伦比亚大学出版）一书，研究了明清时期的社会流动。何氏认为官民之间的界线并非不可逾越，四民的层次也并不如字面的清楚，每一种职业又往往包含各等各级的从业者，而四民之中的"士"，更须明白地分别为已入仕的和未入仕的。他把进士、举人、贡生列入入仕的候选资格，明初的监生也应算作官吏候补人。但土木之变以后的监生和清朝的监生地位下降。最低下的是大批生员，算不上缙绅之列的。何氏指出财产一样也是入仕的重要资格。该书中所处理的只是科举中人及其流动性，尤其是进入官吏集团的流动程度。该书出版后，还有一些其他学者的后续研究。沈登苗质疑何炳棣下层士人向上流动的比例过高②，徐泓则再次证明何先生的研究可以成立③。

许大龄《清代捐纳制度》（燕京大学，1950）一书，姜守鹏的《清代前期捐纳制度的社会影响》（《东北师大学报》1985年4期）一文，都涉及捐纳对清代商人、庶民地主等级身份改变的问题。伍跃《中国的捐纳制度与社会》（江苏人民出版社，2013）着重官僚人事制度史和社会史，从捐纳和科举、捐纳和官僚铨选、捐纳和社会流动等方面，探讨捐纳的功用地位和影响。清晰揭示了捐纳对于社会流动的重要作用。

瞿同祖对于汉代身份等级与社会结构的关系，则对于如何认识社会结构做出了典范性的研究。他《汉代社会结构》英文版1972年在美国出版，中文版由上海世纪出版集团于2007出版。该书对于社会结构的理解，可以看到马克斯·韦伯理论的影响。《汉代社会结构》

---

① 经君健：《试论清代等级制度》，《中国社会科学》1980年第6期。
② 沈登苗：《也谈明代前期科举社会的流动率——对何炳棣研究结论的思考》，《社会科学论坛》（学术评论卷），2006年第9期；沈登苗：《就明代进士祖上的生员身份与何炳棣再商榷——以天一阁藏〈明代进士登科录〉为中心》，《中国社会历史评论》第12卷，天津，天津古籍出版社，2011年；沈登苗：《澄清对何著〈明清社会史论〉的评价》，《社会科学论坛》（学术评论卷）2015年第2期。
③ 徐泓：《〈明清社会史论〉译注及其后续研究：重论明代向上社会流动》，《中国社会历史评论》第17卷上册，天津：天津古籍出版社，2016年；徐泓：《明代向上社会流动再探》，《历史人类学》第15卷第1期，2017年。

正文分为亲属、婚姻、妇女地位、阶级、豪族五章,阶级、豪族两章篇幅最大。该书第四章《阶级》,开宗明义:"汉代社会存在许多阶级,每个阶级就是这样一群人,这些人出身于身份或者——借用马克斯·韦伯和其他一些社会学家的术语来说——等级地位(Status Position)大体接近的家族。阶级的存在可以如下几种方式表现出来,(1)社会上存在着约定俗成的价值标准,以这些价值标准为基础,整个社会形成了一套等级秩序,所有的社会成员都被按照相应的标准来衡量,并且在这秩序中有特定的位置。"人们进行等级划分的依据、在社会的层级体制中对人们进行评价归类的标准有四方面:职业、知识(受教育的程度)、财产、政治权力。他总结:"身份、财富和权力的分配,是社会层级划分的三个维度。每个维度都以一种特殊的价值理念,在社会成员之中形成一个独立的层级秩序。但它们之间又彼此关联,共同表征着社会价值的分配和人们在层级之中的确定地位。因此,在研究社会层级划分的时候,所有这三个方面必须一并加以考察。"

三 多元视野下的社会结构

改革开放以后,社会科学相继恢复,学术视野大开。学者尝试更多元、综合地看待中国社会结构问题。

(一)综论

傅衣凌对于中国传统社会结构的认识,最终在其遗作《中国传统社会:多元的结构》得以全面而系统的概括表达:"关于中国传统社会结构的讨论,必须从中国历史发展的实际出发。鸦片战争以前的中国社会,与西欧或日本那种纯粹的封建社会(Feudalism),不管在生产方式、上层建筑或者是思想文化方面,都有很大差别。为了避免在比较研究中出现理论和概念的混淆,本文使用'中国传统社会'一词。由于自然生态、生产条件、种族迁徙、农村公社原有组织形态等等因素的差别,在原始社会漫长的瓦解过程之后。中国社会形态的演变进程错综复杂,社会结构新、旧交错,融为一体,出现了多种生产方式长期并存的局面。……由中国传统社会内部产生的官僚专制主义国家政权,就是为了协调该社会多种并存的经济因素和阶级矛盾而产生的。与中国多元的经济基础是相适应的。……由于多元的经济基础和高度集权的国家政权之间既相适应及相矛盾的运动,中国传统社会的控制系统分为'公'和'私'两个部分。……与多元的经济基础和社会控制体系相适应的,是财产所有形态和财产法权观念的多元化。……与社会控制体系多元化相对应的还有司法权的多元化。……社会结构的多元化,在思想文化领域也有同样的表现。……在注意中国传统社会结构的多元化时,我们还不能忽视这种多元化是出现在经济、政治、社会发展极不平衡的辽阔国土上的。……这种情况使多元化社会结构更为复杂。……十六世纪开始中国商品经济空前活跃……以商品经济发展和社会关系变化为背景,劳动者与生产资料所有者的关系也有了一些质变的萌芽。在江南的一些手工业行业和山区的一些经济作物种植业中,出现了以商品生产为目的的雇佣劳动,也就是人们通常所说的'资本主义萌芽'。……对前述新的生产方式和社会形态的因素起更直接破坏作用的是明末的战乱和清兵入关,长达几十年随社会动乱以及清初实行'海禁'和文化钳制政策,使江南的社会生活、城镇经济受到严重摧残,市民阶层受到迫害,有反传统色彩的思想观念受到抑制,华北地区的人身依附关系又有所加强。当然,正如前面所讲的,农民战争和改朝换代正是中国传统社会多元结构矛盾运动的结果。康雍乾时期受到破坏的经济逐步恢复和发展,新的生产方式的因素重新出现,但是,资本主义社会形态最后终于未能在中国建立。"[1]

改革开放以后,南开大学历史系中国古代史专业在刘泽华、冯尔康两位先生的推动下,将阶级关系作为研究方向。南开大学历史系在国内积极推动这一研究,先是联合《历史研究》杂志社、云南大学历史系于1983年10月在昆明举行"中国封建地主阶级研究"学术讨论会,后来又与《历史研究》杂志社、天津师大历史系合作,于1985年5月在天津召开了"中外封建社会劳动者生产生活状况比较研究讨论会"。这两次会议将"地主阶级""劳动者"作为群体单独提出考察,不仅重视他们的"生产"而且关注"生活",一时别开生面。两次会议都出版了学术论文集。[2]

全面探讨社会结构的是冯尔康主编的《中国社会结构的演变》(河南人民出版社,1994)一书,系统考察了殷商至近代中国的社会结构及其变迁。书中对社会结构进行了勾勒,重点介绍了殷商、秦汉、明清、近代四个变化较大的时期,同时较深入地研究了家庭、宗族、民间宗教、职业、少数民族、社区、皇族、士人、兵士等社会群体、社会组织、社会身份的状态和演变,并根据古代社会的特点,强调社会等级结构的重要性。[3]冯尔康《古代宗族与社会结构史》(天津人民出版社,2019)则是他社会结构史研究的主要论文集。其中收录的《中国古代农民的构成及其变化》一文,作于1996年[4],主要从土地所有与农民的关系角度论述农民的构成及其变化,凝聚了冯先生数十年研究中国社会群体及其结构的思考与总结。马新则提出,中国古代农民并非一盘散沙,亦非"口袋中的马铃薯",而是具有较强合作意识与集体精神的社会群体,具有明显的群体性特质。使古代农民可以形成共同关系,甚至可以保护自己的群体利益;另一方面也使农民成为中国古代社会存续和变革的基本力量。[5]李治安、孙立群的《社会层级志》(上海人民出版社,1998年)分历史时期论述了中国古代、近代的各种社会层级。

通史方面,龚书铎主编,曹文柱、朱汉国副主编的《中国社会通史》(山西教育出版社,1996年),分先秦、秦汉魏晋南北朝、隋唐五代、宋元、明代、清前期、晚清、民国8卷,总计400万字,该书的主要内容是社会结构、社会运行、社会变迁。李泉、王云、江心力编著《中国古代社会史通论》(天津人民出版社,1996)一书,分总论、社会群体、社会层级、社会生活、社会调控、社会问题诸篇。中国社会科学院历史所承担的国家社科基金项目"中国古代社会生活史",由中国社会科学出版社陆续刊出的各卷,都有社会结构方面的内容。

---

[1] 傅衣凌:《中国传统社会:多元的结构》,《中国社会经济史研究》1988年第3期。
[2] 南开大学历史系中国古代史教研室编:《中国古代地主阶级研究论集》,天津:南开大学出版社,1984年;历史研究编辑部编:《中国封建地主阶级研究》,北京:中国社会科学出版社,1988年;南开大学历史系等编:《中外封建社会劳动者状况比较研究论文集》,天津:南开大学出版社,1989年。
[3] 书评有王玉波:《深化社会结构史研究——〈中国社会结构的演变〉读后》,《历史研究》1995年第6期;张仁善:《中国历史骨架的再现——评〈中国社会结构的演变〉》,《史学集刊》1995年第3期。
[4] 收入冯尔康、常建华编:《中国历史上的农民》,台北:馨园文教基金会,1998年。
[5] 马新:《试论中国古代农民的群体性特质》,《文史哲》2019年第6期。

三部理论性很突出的社会结构专著各具特色。李桂海《中国封建结构探要》（辽宁大学出版社,1987）从斗争形态的多样与复杂、经济组织的封闭与隔绝、政治制度的呆滞与僵化、思想意识的凝集与对抗等四个方面,探讨了中国封建结构的一些主要特点。沈大德、吴廷嘉的《黄土板结——中国传统社会结构探析》（浙江人民出版社,1994）探讨的则是小农经济、宗法家族制、专制皇权、礼文化所形成的超强聚合社会机制。何怀宏《选举社会及其终结——秦汉至晚清历史的一种社会学阐释》（三联书店,2004）承解释春秋时代的"世袭社会"概念提出"选举社会"的基本概念,用来解释中国在秦汉至晚清的历史发展中的社会结构,解释一个有别于春秋战国之前的"古典中国"（Classical China）,也有别今天"现代中国"（Modern China）的"传统中国"（Traditional China）。

还有一些值得注意的研究。林文勋著《中国古代"富民"阶层研究》（云南大学出版社,2008年）认为"富民"阶层是在唐宋以来中国社会变迁中崛起的一个新的社会阶层,推动了唐宋以来中国社会的发展与变迁。"富民"阶层是重新解构唐宋以来中国社会发展与变迁的一把关键性钥匙,本书将"富民"阶层置于唐宋以来中国社会整体发展的背景下,探讨唐代至清王朝这一历史阶段"富民"阶层的基本状况、"富民"阶层与基层控制、"富民"阶层与国家的关系、"富民"阶层与经济社会的发展,从不同的角度和方面透视这一阶层的成长壮大、社会活动,以及它对中国社会的影响。林文勋、张锦鹏主编《中国古代农商富民社会研究》（人民出版社,2016）收集了18篇论文和4篇专题报道,论述了"农商社会""帝制农商社会""富民社会"的基本理论框架和问题诠释,唐宋时代国家与民众的新型关系及其成长土壤,唐宋"富民"阶层兴起后社会经济关系所发生的变化及其社会调适,明清时期商人群体成长的宏观与微观环境及其社会影响。①

唐力行《商人与中国近世社会》（浙江人民出版社,1993年）探讨了16世纪到20世纪前叶商人阶层发展的脉络和商人与社会诸层面的关系,重点论述了商人组织、商人与资本主义萌芽、商人与社区生活、商人文化、近世商人的整合与资产阶级的兴起、商人在近世社会中的角色等,注重商人的社会性,内容新颖。

（二）断代性论述

商代社会结构的研究不断深入。王贵民指出,商代的族落组织即为其社会结构,其主导形态是宗教。②刘孟骧提出了武丁以前是部落联盟社会、以后是酋邦社会的观点,认为"多子"是王部落中的众氏族、氏族长,而"多生"是其他众部落及其首领。③王宇信、徐义华《商代国家与社会（商代史·卷4）》（中国社会科学出版社,2011）阐述商代社会性质、商王朝国体与政权结构形式、分封制与内外服制相兼的国家政治体制、社会等级分层、族氏家族组织机制,详细考察商代社会不同身份者的阶级属性和阶级矛盾,论述商王朝公共事务管理的具体运作、职官体系、刑狱法律等。

何怀宏《世袭社会及其解体:中国历史上的春秋时代》（三联书店,1996）提出以"世袭社会"的解释性范畴描述和分析中国春秋时代的社会结构（或可上溯到西周乃至更早）。所依

---

① 有关宋代富民的研究,可参阅康武刚:《宋代富民阶层研究综述》,《中国史研究动态》2015年第4期。
② 王贵民:《试论商代的社会和政权结构》,《中州学刊》1987年第4期。
③ 刘孟骧:《"多子"、"多生"与殷商社会结构》,《文史哲》2000年第1期。

据的标准就是看社会提供给个人的上升渠道和发展条件,看在这个社会中生活的人们有多少实现和发展自己的机会。对春秋时代中国社会的结构及其变迁提出另一种观察角度和解释框架。

田昌五、臧知非的《周秦社会结构研究》(西北大学出版社,1996)重点探讨了春秋战国时期的国家形态、政体、土地制度、农工商经济等。[①]

秦汉时期的研究活跃。马新著《两汉乡村社会史》(齐鲁书社,1997)涉及社会结构的部分,有两汉乡村社会的分野与农民的历史命运,两汉的乡里村落与宗族,两汉乡村的婚姻与家庭等。杨振红《出土简牍与秦汉社会》(广西师大出版社,2009)利用新出简牍材料,与传世文献相结合,对秦汉史研究中长期争论不决、关系秦汉社会结构与性质的三个重大问题——秦汉法律体系、战国秦汉土地制度,月令与秦汉政治关系进行了深入探讨。该书"续编"《出土简牍与秦汉社会续编》(广西师大出版社,2015)探讨了战国至魏晋时期官僚政治社会构造和赋役制度、货币经济等问题。王彦辉《张家山汉简〈二年律令〉与汉代社会研究》(中华书局,2010)着重探讨了《户律》与汉初土地制度、《置后律》与汉代继承制度、《杂律》与汉代的私债以及私奴婢的社会地位等问题,有助于认识秦汉时期的社会结构。刘敏著《秦汉编户民问题研究——以与吏民爵制皇权关系为重点》(中华书局,2014)一书三章,论述了秦汉时期的"编户齐民"与"吏民",封爵制与"赐民爵",编户民与皇权主义。

唐宋时期的研究探讨了一些新问题。林文勋《唐宋社会变革论纲》(人民出版社,2011)试图以中国古代"富民社会"体系为理论基石,对唐宋社会变革问题做一个宏观层面的探讨。全书的理论核心是中国古代"富民社会"体系,中心内容则是分析和揭示商品经济与唐宋社会变革间的内在联系。谷更有等《唐宋时期的乡村控制与基层社会》(天津古籍出版社,2013)探讨了唐宋基层社会构成问题,涉及隋唐乡村几种社会势力、唐代边缘群体的强势力量、唐宋富人的社会流动与资财流向等问题的研究。葛金芳提出,南宋辖下的江南地区因商品经济的发展已经迈入农商社会的门槛,而与此前建立在自给自足小农经济之上的汉唐社会和同时期的华北地区相区别。从商品性农业的成长,市镇网络的形成,早期工业化进程的启动,经济开放度因市场的扩展而提高,以及交换手段(纸币和白银)、商业信用、包买商和雇佣劳动等新经济因素的成长等角度可以概括出江南农商社会的五大特征。[②]

元代士人与社会的研究成果较多。申万里《理想、尊严与生存挣扎——元代江南士人与社会综合研究》(中华书局,2012)从十个角度对元代江南士人的生存状态行了全方位的探讨。他的《教育 士人 社会:元史新探》(商务印书馆,2013)探讨宋元之际士人处境与社会角色的转变、士人社会网络、士人与乡饮酒礼以及士人关羽崇拜等问题。

晚明的社会结构受到关注。东北师大组织"16—17世纪中国社会结构问题笔谈",编者按语:"16—17世纪的中国社会结构一直是史学研究所关注的一个焦点。无论以往人们对'中国缘何落后于西方'的思索,还是今天对中国现代化问题的探讨,都不可避免地要对此

[①] 臧知非的相关研究,可以参考臧知非:《秦汉里制与基层社会结构》,《东岳论丛》2005年第6期;《"闾左"新证——以秦汉基层社会结构为中心》,《史学集刊》2012年第2期。

[②] 葛金芳:《从"农商社会"看南宋经济的时代特征》,《国际社会科学杂志(中文版)》2009年第3期。有关"农商社会"的来龙去脉,可以参阅葛金芳、柳平生:《"农商社会"说的学术背景与理论资源》,《云南社会科学》2019年第1期。

时的中国社会结构进行一番谨严的考察与审视。因为中国在走向现代化道路中所形成的种种特殊模式在很大程度上受到传统社会结构的历史影响。"①笔谈计有赵毅、刘晓东《传统向现代的萌动》、董铁松《对中国16—17世纪社会结构的基本分析》、于宝航《交换关系的破坏与重建》3篇。万明主编《晚明社会变迁问题与研究》（商务印书馆,2005）注重社会整体结构的变迁,选取了人口、商业、货币、城乡社会、法律、军事、社会保障、政治、思想文化、内外互动关系等专题进行论述。赵轶峰著《明代的变迁》（上海三联出版社,2008）收录了作者自20世纪80年代中期以来有关明史的研究性论文19篇,探讨了国家制度、晚明知识分子与社会结构、下层社会生活、货币制度与国家财政、明清之际的历史趋势诸问题。

明清社会结构的综合性研究方面。值得注意的是赵轶峰于近年提出明清帝制农商社会说。他的《明清帝制农商社会研究：初编》（科学出版社,2018）探讨帝制后期即明清时期中国社会的结构性特质及其与现代社会的关联问题。尝试从比较文明和结构分析的视角重新审视明清中国,认为明清中国发生了多种不可逆转的深刻变化,已经从帝制早期的帝制农业社会发展成为帝制农商社会。作为人类历史上一种独特的社会形态,明清帝制农商社会以农商并为基础,与周边及西方世界发展变动密切关联,社会分层体系有向平面化演变的动向。与此同时,帝制政治结构进一步强化,科技革命并无迹象,思想学术领域也没有形成持续的挑战帝制体系的潮流。以商品经济繁荣为突出表征的新经济社会趋势与帝制体系构成了一种互洽格局,这是明清中国社会的根本特征。吴琦的《明清社会群体研究》（中国社会科学出版社,2009）紧紧抓住社会群体这一核心概念,从群体特征与群体互动的角度,分析明清不同群体,及其在国家与社会中的作用与影响,在理论和方法上有积极的尝试。全书收录了10篇长文,大致分为三个部分。前四篇为皇帝和朝廷要员的群体研究,中间三篇为士人群体研究,后三篇探讨群体互动以及群体与社会发展、时局变动的关系。胡铁球《明清歇家研究》（上海古籍出版社,2015）通过歇家这个中介组织来看明清社会运动,考察与之相关的制度变革细节,以及这些细节引起的社会结构变动。"歇家"介入了明清社会的各个领域,曾是乡民与政府对话的桥梁,是政府管理社会最为倚重的力量,因此通过考察"歇家"职能的延伸和变革,能够从细节方面把握明清时期上层制度变革与下层社会组织结构变迁的关系及其过程。冯贤亮《河山有誓：明清之际江南士人的生活世界》（复旦大学出版社2019）重点勾画了明末至康熙年间漫长的王朝更替进程中,那些内阁重臣、大乡绅、布衣、艺坛领袖、小秀才以及青楼杰出女性等人的命运遭际。

清代社会结构方面,秦宝琦、张研《18世纪的中国与世界·社会卷》（辽海出版社,1999）,论述了这一时期的社会环境、社会结构、秘密社会、士绅阶层。张研《清代族田与基层社会结构》（中国人民大学出版社,1991）探讨了宗族与基层社会结构的关系。《清代人物三十题》（岳麓书社,2012）为冯尔康数十年来所撰论述清代人物文章的合集,书中论述清代人物分为四类：一是皇帝,有康熙帝、雍正帝、乾隆帝、道光帝、咸丰帝;二是名臣,有施琅、徐元梦、田文镜、鄂尔泰、阮元;三是文人,有傅山、黄宗羲、曹雪芹、黄印、许思湄、朱次琦、吴汝纶、章太炎;四是女性,有袁氏三妹等。冯先生在该书《自序》中指出："人的历史的研究,首先要弄清个人、群体与社会与历史的关系问题,而后才能进一步明了史书中人物传记的社会作

---

① 《东北师范大学学报》1999年第1期。

用。"作者擅长从历史人物看时代、看社会,书中的论述体现了这样的特色。杜家骥以清代刑科题本为主要资料,主编了《清代基层社会关系研究》(岳麓书社,2015)一书,全书3编19章,这是一部系统全面考察清代基层民众的各种人际关系的研究著作,包括清代宗族、家庭关系,亲戚关系,乡里关系,流寓民社会关系,妇女社会关系,老人社会关系,医病关系,主佃关系,主雇关系,商业、矿业中的社会关系,戏剧界的社会关系,还讨论了宗族、家庭关系的某些变化,家庭关系中的突出问题,乡里关系的复杂状况,人口大幅度增加带来的社会问题,并对社会基层矛盾激化的原因及特点,官府的处理及其反映的国家职能提出了看法。

近现代社会结构研究方面。王先明《中国近代社会文化史论》(人民出版社,2000)以及《中国近代社会文化史续论》(南开大学出版社,2005)以近代乡村社会结构和传统文化结构变迁与转型为研究重点,并力求从中理解二者的相关性和互动性,试图从结构的深层变动去探寻近代中国历史演进的轨迹、特征与规律。内容包括乡村社会结构与社会控制、近代社会流动与结构性变动、社会转型与乡村权力结构、西学冲击与传统文化结构等。张静如《中国现代社会史》(湖南人民出版社,2004)是作者在其之前主编的《北洋军阀统治时期中国社会之变迁》和《国民政府统治时期中国社会之变迁》的基础上,对原书进行修改、调整、补充的新作,从经济、政治、教育文化、阶级与阶层、社会组织、家庭、社会习俗等方面展示了中国现代社会的风貌。

绅士与近现代社会结构的关系受到关注。马敏的《官商之间:社会剧变中的近代绅商》(天津人民出版社,1995年)探讨了近代亦官亦商的绅商阶层的形成、类型、社会属性、社会功能、政治参与,以期认识近代社会的转型,其分析借鉴了"市民社会"的理论。近代绅士一直是热门研究课题。王先明著《变动时代的乡绅——乡绅与乡村社会结构变迁(1901—1945)》(人民出版社,2009)论述了11个问题,对于民国以来的乡制变革作了较系统的考察。章开沅、马敏、朱英主编的《中国近代史上的官绅商学》(湖北人民出版社,2000)考察官绅商学四个近代活跃群体的形成演变及其互动关系,以探讨特定历史时期社会转型的特征,其中既有丰富具体的社会生活内容,又有社会历史趋向的总体把握,是著者多年来潜心研究的一个总结。清末民初,中国城市社会群体结构发生了巨大的变化,在传统社会结构之外产生出新的社会群体,如买办、企业家、职员、文教工作者、自由职业者、工人、城市贫民等;传统社会结构中原有的官僚、手工业者、商贩等群体身份地位也发生了很大变化。重要的论文也有。[1]

民国时期一些新的社会阶层影响着社会结构的变化。李明伟《清末民初中国城市社会阶层研究(1897—1927)》社会科学文献出版社,2005)将清末民初城市各类群体划分为官僚阶层、买办阶层、企业家阶层、城市知识阶层、城市中等市民阶层、下层市民阶层、工人阶层、贫民阶层等八大阶层,探讨了城市各阶层的具象与特征。有关社会结构的研究在持续进行。[2]徐小群《民国时期的国家与社会:自由职业团体在上海的兴起:1912—1937》(新星出版

---

[1] 如桑兵:《论清末城镇社会结构的变化与商民罢市》,《近代史研究》1990年第5期。
[2] 由南开大学中国社会史研究中心暨历史学院于2005年8月22—24日主办的"近五百年来中国社会结构变迁"国际学术讨论会,研讨了社会结构的特征及其变迁、经济发展与社会结构变动、社会阶级阶层结构、社会流动与社会分层、城市社会结构、国家与社会结构变动等问题,参见王先明、魏本权的会议综述,载《史学月刊》2006年第3期。

社,2007)追述中国现代史上一个被以往的史学家所忽略的社会群体——自由职业者群体——在20世纪初期上海的诞生和发展。通过探讨律师、医生、会计师、新闻记者,和大学教授这样的自由职业群体及其组织和他们得以发生其职业和社会功能的经济、社会、政治和文化环境,揭示了民国时期社会阶级形成的新的模式,和职业化作为现代化之产物在此过程中的作用。

共和国的社会结构研究也得以开展。李文主编《中华人民共和国社会史(1949—2012)》(当代中国出版社,2016)以民生为主线,探讨了社会结构、社会管理、民生保障和社会事业、社会生活、社会心态等。还有学者专门研究改革开放以来的社会变化,李强主编《中国社会变迁30年(1978—2008)》(社会科学文献出版社,2008)从人群、整体社会的原则,探讨了社会结构变化、农村社会、城市社会、单位体制、技术与社会、社会政策。陆学艺主编了《当代中国社会结构》《当代中国社会建设》(社会科学文献出版社,2010、2013)重点调查研究当代中国社会结构变动,分析构成社会建设的民生事业、社会事业、收入分配、城乡社区、社会组织、社会管理、社会规范、社会体制、社会结构、社会建设的历程等十个方面问题。[①]李文著《当代中国社会》(五洲传播出版社,2014)从"小社会"的角度来介绍中国的社会结构、社会建设和社会治理、社会生活和社会思潮等。

四 结 语

综上所述,七十年来中国社会结构史的研究取得了诸多学术成果,体现在对于阶级结构、等级结构以及合二为一或者结合多元因素的社会结构的研究成果上,多角度多侧面地丰富着人们对于中国社会结构历史与现实的认知。从学术研究的阶段性来看,前30年的研究以阶级以及身份为主,后四十年的探讨则是等级研究的比重增加,特别是结合阶级与等级以及多元因素的社会结构成为主流。就出现的学术成果而言,后一时段的20世纪八九十年代是学术成果最为集中的时期,这是以往社会史研究重视结构分析且重视断代研究的结果。出版的著作有唐长孺、朱绍侯、朱大渭、张泽咸、王曾瑜对于秦汉至唐宋阶级关系与结构的深入研究,傅衣凌、经君健、冯尔康对于明清阶级、等级以及社会结构的探索,马敏、朱英、王先明等有关中国近代绅士、资产阶级与社会结构的讨论,陆学艺、李强、李文对共和国社会结构的论述。通论方面,傅衣凌的中国传统社会多元结构论,王毓铨、冯尔康有关中国古代农民的综论,冯尔康主编《中国社会结构的演变》。这些研究成果皆具有重要的学术意义。进入21世纪以来,中国社会结构史的研究更加开放与多元,"世袭社会""选举社会""富民社会""农商社会"诸论令人有耳目一新的感觉。杜家骥主编《清代基层社会关系研究》被誉为是一部以"新视野对清代的社会关系进行新探的佳作,不失为一部系统而详细地论述基层社会关系的优秀成果。"[②]

---

① 社会学家陆学艺先生的当代社会结构研究受到学界重视,为此2017年5月13日举办了"当代中国社会结构变迁研究学术研讨会",2018年5月13日举办了"纪念陆学艺先生逝世五周年'中国社会结构与社会现代化'学术研讨会"。
② 李尔岑:《杜家骥主编〈清代基层社会关系研究〉评介》,《中国社会历史评论》第22卷,天津:天津古籍出版社,2019年。

值得注意，社会结构史的研究除了断代性、长时段注重时间因素和变化之外，还有注重地域性的传统，如傅衣凌、叶显恩二位先生的研究即是，新的尝试也有①。受社会人类学研究社会关系网络理论方法的影响，随着地域史研究的兴盛、新文化史的介入、日常生活史的开展，研究地域社会网络与结构以及动态把握的研究方式兴起。耶鲁大学人类学系萧凤霞教授的一篇英文文章讲到"结构过程"一词："我们一直以来往往不必要地把'结构'和'变迁'这两个概念截然二分。实际上，我们要明白'个人'在分析研究中所发挥的'作用'，要了解的不是'结构'（structure），而是'结构过程'（structuring）。个人透过他们有目的的行动，织造了关系和意义（结构）的网络，这网络又进一步帮助或限制他们做出某些行动；这是一个永无止境的过程。"①刘志伟借用这一概念，探讨珠江三角洲地域社会与文化的结构过程。他认为，土地垦殖、宗族发展，都展现了地域社会文化结构的动态过程。历史研究不仅要阐述人们在地域社会建构过程的能动性，也需要反省历史叙述本身如何在地域社会建构过程被结构化，而这种结构又如何推动和规限人们的行动。②有关地域社会结构的研究已有一些成果，并在继续发展，有助于人们认识中国社会结构的特性。只是本文并未将此作为重点评述。社会结构问题涉及各种因素，非常复杂，本文的介绍实在是挂一漏万。希望有关专家对拙文补充遗缺，有以教我。

2019年10月7日完稿，翌日增补，11月16日增补，12月17日增补

附注：本文的写作，参考了以下三书：冯尔康等编著：《中国社会史研究概述》，天津：天津教育出版社，1988年；常建华、郭玉峰、孙立群、闵杰编著：《新时期中国社会史研究概述》，天津：天津古籍出版社，2009年；常建华著：《新时期中国社会史学》，天津：天津人民出版社，2019年。

作者简介：常建华，南开大学中国社会史研究中心暨历史学院教授。

---

① 如余新忠：《清代前期浙西北基层社会精英的晋身途径与社会流动》，《南开学报》2000年第4期。
② 刘志伟：《地域社会与文化的结构过程——珠江三角洲研究的历史学与人类学对话》，《历史研究》2003年第1期。

近三十年来宋元时期的家族与地域社会研究综述

——以浙东地区为中心

楼一格

【摘　要】不论从社会史还是政治史出发,家族研究都十分重要。家族的发展随时代推移而时有变化,其类型也有所差异,而唐宋之际又被认为是中国家族发展的一个重大转折点,是故,宋代家族史的研究长期受到学者们的重视。台湾学者有关宋代家族史的研究尤为突出,他们深入探讨了家族与科举、士人间的关系,阐述了家族在地方社会的作用及其保持强盛的机制。近年来元代的家族史研究也取得了丰硕的成果。近三十年的宋元家族史研究固已取得了重要进展,但公式化也日趋严重。针对这一困境,文章拟对过去三十年相关问题的研究状况进行梳理,对家族史研究发展做一简要回顾,厘清近三十年来研究者努力的成果,并发掘其中不足。

【关键词】宋元时期;家族;地域社会;浙东地区

一　议题的展开

本文选题是宋元时期浙东地区的家族与地域社会,之所以以此为题,笔者有以下四个方面的考量。

(一)宋元时期

以宋元时期为时间界限,是因为宋代和元代在中国历史上的特殊划分。学界一直以来盛行"唐宋变革"说和"宋元明过渡"说,因科举造成的社会流动,宋代被视作中国"近世家族"的开端。韩明士在其论著《政治家与绅士:两宋抚州的地方精英》[①]中将750年至1550年这个长时段一分为二,从唐代到北宋为前期,从南宋到明后期为后期,以南宋为后一个时期的开端,表现为"世家"改变策略:士人从中央的朝臣转变为自己家乡的地方精英,从而体现出与北宋社会的差异性。如此一来,中国"近世家族"的起点被韩明士精确至南宋。但不少中国学者认为,北宋与南宋的延续面大于断裂面,北宋和南宋的家族虽有差别,但并不是根本

---

①　Robert P. Hymes, *Statesmen and Gentlemen, the Elite of Fu-chou, Chiang-hsi, in Northern and Southern Sung*, London: Cambridge University Press, 1986.

性的,远不能与唐宋之际的变革相比。①

林文勋和薛正超提出了"富民社会"这一概念,他们发现,自中唐兴起的富民阶层并未因蒙元入主中原而遭到破坏,相反,他们利用蒙元政权控制较为宽松的有利条件,在乡村社会中夺取更大的支配权和主导权,并进而谋求政治地位和社会地位的提升,这就不可避免地导致富民阶层"士绅化"。富民"士绅化"自宋元肇始,登峰于明清,从而分化出一个独立的社会阶层——士绅阶层,标志着"富民社会"发展到其最高阶段——士绅社会。他们进而认为,元代与宋、明两朝的发展存在前后连续性与整体性。②常建华反思以往宋辽金元宗族的研究,也号召"加强长时段的研究,注意历史断裂与连续过程中宗族的实态,将宋元宗族研究连接起来,进行整体探讨"③。

目前较具理论色彩的家族研究,无论是美国学人的精英地方化,还是日本学人的乡绅支配论,实际都是将眼光自明清上溯宋元,导致宋元过于明清化。然而宋元自己的时代特征何在?时段内部的演变过程又如何?由此,本文拟以宋元时期作为时间界限,以期对这一阶段的家族演变有更全面性的认识。

(二)浙东地区

本文专以浙东地区为研究地域。此处所谓之"浙东",特指钱塘江以东的浙江。唐乾元元年(758)置浙江东道节度使。南宋时,两浙路分为两浙东路和两浙西路:临安、平江、镇江、嘉兴四府,安吉、常、严三州,江阴一军,为西路;绍兴、庆元、瑞安三府,婺、台、衢、处四州,为东路。④元代置江浙等处行中书省,并在其下分置浙东道宣慰使司,下辖绍兴、庆元、台州、婺州、衢州、处州、温州七路。

宋室南迁,偏寓临安,浙东地区凭借其地缘优势,使得某些政治关系在浙东士人触手可及的范围之内。此外,自北宋发展而来的"浙东学派"到了南宋大放异彩,"浙学于南宋时为极盛"⑤。浙东地区在政治和文化上由边缘进入中心,一跃而成"京畿重地"。浙东地区的士人因而固守家园,积极参与地方建设。梁庚尧在研究居乡的南宋官户与士人时指出,皇权的实现不仅存于皇帝与官僚之间,国家必须得到乡里社会的支持才得以稳固,就连地方长官在施政上、照顾民众生活上都有赖于乡居士大夫的支持。⑥而由这些地方精英所控制的乡里同国家之间存在着错综复杂的关系,即地方精英有帮助中央政府的一面,也有加紧控制地方、与中央政治相矛盾的一面。

因此,以浙东地区为中心,或许能更深入地展现宋元时期基层社会的实态。

(三)家族

研究宋代家族首先要面临的议题是家族的定义问题。宗族、家族与家庭三者在定义及

---

① 包伟民:《精英们"地方化"了吗?——试论韩明士〈政治家与绅士〉与"地方史"研究方法》,载《唐研究》第11卷,北京:北京大学出版社,2005年,第653—673页。
② 林文勋、薛正超:《富民与宋元社会的新发展》,《思想战线》2017年第6期第43卷,第69—73页。
③ 常建华:《近十年宋辽金元宗族研究综述》,《安徽史学》2011年第1期,第108—115页。
④ (元)脱脱等撰:《宋史》卷八八《地理志四》,北京:中华书局,1977年,第2173页。
⑤ (清)黄宗羲:《宋元学案》卷五三《止斋学案》,见沈善洪主编:《黄宗羲全集》第五册,杭州:浙江古籍出版社,1986年,第77页。
⑥ 梁庚尧:《豪横与长者:南宋官户与士人居乡的两种形象》,《新史学》第4卷第4期,1993年,第45—95页。

实质上有何区别？学界对此存在较大分歧，杜正胜曾以《仪礼·丧服经传》界定此三概念：家庭"主要是父己子三代，最广可以推到同出于祖父的人口"，"大功以外至缌服共曾高之祖而不共财"则是家族，"五服以外的同姓虽共远祖疏远无服"仅能称为宗族。[1]王善军则主张宗族是"以父系世系联系起来的同一男性祖先的所有后代，在一定的社会条件下自然形成的血缘团体"[2]。而传世文献中"宗族"、"家族"模棱两可的使用情形使得概念的界定更为模糊不清。为求讨论便利，本文暂且采取"宗族即家族"[3]的笼统性说法来统一用词，若非引文，则文中研究对象皆以家族称之，其细部歧异不多加区分。

由乡居的地方精英组成的家族，成为宋元时期基层社会的重要势力。他们结合有同一父系祖先的个体组成家族，并与地方上的其他家族互动，通过设立学校、赈济贫弱等地方活动，与地域社会交流。而家族凭借其在地方社会上的力量，或有可能与中央合作，使得中央权力间接渗入地方，也有可能在干扰地方控制方面扮演重要角色。因此，以家族为单位，或许对于研究宋元时期中央权力如何控制地方，地方社会如何回应中央有更深入的认识。

（四）地域社会

张邦炜指出宋代家族史研究的一个拓展方向是"进一步凸现地域个性"[4]。粟品孝也认为"家族与地域空间"是继组织制度、兴衰沉浮两个热点后尚需深入研究的方向，他回顾近八十年来宋代家族史研究走向时指出，当前的家族研究注重个案研究，学者们总是试图重建家族兴衰史，并认为家族兴衰的关键在于是否产生了科举成功的仕宦之士，而"这个家族赖以依存的地方社会被严重地忽视了"[5]。

可以说，只有将地域社会纳入家族史研究的视野，才能更深入地认识宋元家族和宋元社会的特性，也才能真正揭示不同地区家族之间的异同，突破目前家族研究个案林立，而不同区域间家族的比较研究成果薄弱的困境。

本文以近三十年来论著的研究作为回顾、讨论的范围。选择近三十年为断限的意义在于，近三十年的研究不仅有对以往议题的讨论，更有延续至今仍备受关注的史学研究成果。而综述内容则以学术专著为主，通论、通史、通俗类书文因受众面不同，往往有学术议题之外的内容，因此暂且不论。另外，即使本文仅以近三十年学术论著为主，然而由于学者著述浩繁，无法遍览论尽，因此列举分析难免缺失，尚祈见谅。

二　研究概况

家族是构成中国传统社会的基本单位，不论从社会史还是从政治史出发，家族史研究

---

[1]　杜正胜：《传统家族结构的典型》，载氏编：《古代社会与国家》，台北：允晨文化实业股份有限公司，1992年，第784页。
[2]　王善军：《宋代宗族和宗族制度研究》，石家庄：河北教育出版社，2000年，第1页。
[3]　此一看法借用自徐扬杰：《中国家族制度史》，北京：人民出版社，1992年，第4页。
[4]　张邦炜：《宋代家族研究的来龙与去脉：黄宽重〈宋代的家族与社会〉读后》，《历史研究》2007年第2期，第177页。
[5]　粟品孝：《组织制度、兴衰沉浮与地域空间——近八十年宋代家族史研究走向》，《社会科学战线》2010年第3期，第81—87页。

都十分重要。家族发展随时代推移而时有变化，其类型也有所差异，而唐宋之际又被认为是中国家族发展的一个重大转折点，是故，宋元家族史的研究长期受到学者们的重视。

（一）综论

目前对宋元时期家族进行较为全面论述的是常建华的《宋元科举制下宗族制度的发展》①一文。

学界已有诸多文章论述宋代家族制度的发展。包伟民在《唐宋家族制度嬗变原因试析》②一文中，分析了家族制度的基本要素如族长、族谱、祠堂、族产和族规等的发展与变化，探讨了唐宋社会变迁中的家族。邢铁指出，唐代以前的家族组织以政治型的世家大族为主要形态，且多存在于北方；宋代以后血缘型的家族组织则成为普遍形态，并主要存在于东南地区，其变化主要是家庭组织自身发展的结果。③李文治、江太新在《中国宗法宗族制和族田义庄》④一书中的第2章探讨了宋代宗法宗族制度的演变过程，即由门阀权贵等级性宗法宗族制向一般宦室及庶民户类型宗法宗族制的过渡。王善军考察了宋代家族在地方社会上的影响力这一议题，并指出，宋代强宗豪族有雄厚的经济、政治势力，他们控制基层政权，并且具有强固的宗族组织，对基层社会秩序有巨大的破坏作用。⑤但是他又认为，家族并不是宋代地方社会的主要势力，其《关于义门大家庭分布和发展的几个问题》⑥一文指出，大家庭的存在和发展受多种因素，尤其是经济关系的制约，因此宋代不是大家庭的高峰期。

关于元代家族是如何兴起的这一问题，美国学者万安玲注意到了书院与家族发迹间的联系。她在《宋元转变的汉人精英家族：儒户身份，教育传统与书院》⑦一文中指出，终元一代，一些士大夫家族以兴办书院，作为提升其家族地位和入仕的途径。在恢复科举之前，儒士家族通过建立书院，受到官方任命作为奖赏，并获得入仕的有利机会。元朝建立后，书院对南方士大夫家族的命运更是起到了至关重要的作用：书院除了为书院山长提供潜在的仕途外，还帮助儒户维持特权，从而提高家族的社会地位和家族财富。

元代家族研究的一个特点是运用文集、族谱、序言等资料。台湾学者许守泯利用谱序等资料探讨了元人的家族观念，他在《元代金华士人的宗族观——从修谱谈起》⑧一文中发现，与前代相比，元代的金华士人更加注重宗族建设，并将理学与宗族结合。许认为这反映出元

---

① 常建华：《宋元科举制下宗族制度的发展》，载冯尔康等著：《中国宗族社会》，杭州：浙江人民出版社，1994年，第165—209页。
② 包伟民：《唐宋家族制度嬗变原因试析》，载氏著：《传统国家与社会 960—1279年》，北京：商务印书馆，2009年，第229—262页。
③ 邢铁：《唐宋时期家族组织的变化》，《河北师范大学学报》2008年第6期，第119—125页。
④ 李文治、江太新：《中国宗法宗族制和族田义庄》，北京：社会科学文献出版社，2000年。
⑤ 王善军：《强宗豪族与宋代基层社会》，《河北大学学报》1998年第3期，第24—30页。
⑥ 王善军：《关于义门大家庭分布和发展的几个问题》，《历史研究》1999年第5期，第163—173页。
⑦ ［美］万安玲：《宋元转变的汉人精英家族：儒户身分，教育传统与书院》，载常建华主编：《中国社会历史评论》第9卷，天津：天津古籍出版社，2008年，第78—89页。
⑧ 许守泯：《元代金华士人的宗族观——从修谱谈起》，北京师范大学古籍所编《元代文化研究》第1辑，北京：北京师范大学出版社，2001年，第70—89页。

代士人角色的"扩散"现象①，而将文化传统根植于宗族之上的这种行为，也促使元代士人更深入于地方社会之中。尹俊、席永春在《元人文集家谱序中的元代家族》②一文中，利用元人谱序及题跋，探讨了元代家族的分布、谱序反映出的家族延续性、家族组织的发展情况等问题，归纳了元代家族的发展特点。常建华在《元人文集族谱序跋数量及反映的谱名与地区分布》③一文中统计了现存元人文集中所存的族谱序跋数量，考订出现存元人文集族谱序跋共233篇，反映出的族谱总数有222种。谱名中普遍使用的名称依次是族谱（115种）、家谱（35种）、世谱（27种），可见"族谱"之名最为流行。同时也反映出了族谱的地区分布状况，前六名依次是江西（80种）、浙江（37种）、江苏（13种）、安徽（12种）、河北（10种）。常师指出，元代"族谱"一词的流行和江西地区修谱盛行的情况，表明了特定的社会历史特征。

(二)个案研究：以浙东地区为中心

学界有关宋元家族史的研究成果卓著，总体而言，个案研究较多，学者们深入探讨了家族与科举、婚姻的关系，阐述了家族在地方社会上发挥的作用及其保持强盛的手段。而目前关于宋元时期浙东地区家族的研究，主要集中在四明和婺州。

1.四明

有关宋元时期四明地区的家族研究可以说是根基深厚，受到中外学术界的普遍重视。代表人物包括戴仁柱（Davis RichardL）、黄宽重、柳立言、包伟民等，研究对象以史氏、楼氏和袁氏等家族为主。

《丞相世家——南宋四明史氏家族研究》④一书由戴仁柱的博士论文增补而成，是最早涉及宋代四明家族的著作之一。该书着重于探究史家的政治活动，以政治世家的角度来考察史氏。

四明袁氏的专门研究，最早应为黄宽重的《宋代四明袁氏家族研究》⑤一文，文章全面介绍了袁氏家族由起家到中衰，继而再次兴盛的六代族人，并从经济、婚姻、教育等方面剖析了袁氏家族的运作机制。该文后经修改而成《宋代的家族与社会》一书中的一个章节（《发明本心——袁氏家族与陆学衣钵》⑥），黄宽重在原先基础上，又考查了袁氏一族的学术传承，并指出，袁氏通过经营人际关系，巩固了其在当地的社会地位。张如安在《鄞县望族》⑦一书中分别对四明的三支袁氏：城南袁氏、南湖袁氏和城西袁氏做了研究，依次梳理了三支的发展脉络，并将城南与南湖两支做了比较，探讨了经营家族的两种手段。陈莉萍、陈小亮著有

---

① 此概念由美国学者牟复礼（Frederick W.Mote）提出，指士人因政治地位低落，无法在政治上一展抱负，而比以往与族人更加亲近，与居住区域的生活也更加紧密的现象。见Frederick W. Mote Chinese Society under Mongol Rule. In: DenisTwitchett, John k. Fairbank, ed. The Cambridge History of China, Vol.6. New York：Cambridge University Press, 1944. p.639.
② 尹俊、席永春：《元人文集家谱序中的元代家族》，《中共宁波市委党校学报》2005年第3期，第89—94页。
③ 常建华：《元人文集族谱序跋数量及反映的谱名与地区分布》，《史学集刊》2008年第6期，第28—34页。
④ [美]戴仁柱（Davis·RichardL）著，刘广丰等译：《丞相世家——南宋四明史氏家族研究》，北京：中华书局，2014年。
⑤ 黄宽重：《宋代四明袁氏家族研究》，"中研院"历史语言研究所编：《中国近世文化史论文集》，台北：台湾研究院史语所，1992年，第105—131页。
⑥ 黄宽重：《发明本心——袁氏家族与陆学衣钵》，载氏著：《宋代的家族与社会》，北京：国家图书馆出版社，2009年，第65—98页。
⑦ 张如安：《鄞县望族》，杭州：浙江古籍出版社，2009年，第29—134页。

《宋元时期四明袁氏宗族研究》①一书,该书详述了袁氏家族的发展历程,并深入分析了袁氏家族兴衰的原因。作者将四明袁氏的发展脉络置于四明地方的发展轨迹之中,发现二者走向具有相似性,并将其衰弱的原因归因于战火和宋元政权的更迭。

关于四明楼氏的研究成果十分丰富,主要成果有:包伟民《宋代明州楼氏家族研究》②,廖鹦军、孙旭红《两宋四明楼氏的盛衰沉浮及其家族文化——基于〈楼钥集〉的考察》③,庞桧存《宋代新兴士人家族研究——以楼钥家族为例》④。这些论著的内容主要包括两个方面:第一,对楼氏家族兴衰情况的考察,集中体现为对家族成员的描述;第二,对楼氏家族如何维持兴盛的分析,包括婚姻、交游、组织和参与地方公益及文化活动等。黄宽重在《南宋四明楼氏家族的兴衰历程》⑤一文的基础上,写成《宋代四明士族人际网络与社会文化活动——以楼氏家族为中心的观察》⑥一文,从楼氏家族的发展轨迹、家族与地方社会的关系、家族兴衰与社会流动这三个方面入手,将讨论范围扩大到婚姻、交游、教育、学术、社群、公共建设等活动,从而突破了以往研究只从家族内部分析楼氏兴衰的不足。

也有学者关注到了四明丰氏。孙竞昊在其硕士论文《家族与地域之间:宋明之际四明丰氏家族研究》⑦中对丰氏家族兴起、发展、衰弱的过程进行了全面概述。该文主要分为三个部分:第一部分概述了明州地区的发展以及家族成员丰稷的政治活动与学术往来,厘清了丰氏家族起家的经历,突出了楼氏家族与明州地域社会的紧密联系;第二部分通过概述丰氏家族自南宋至明初在学术、政治等方面的活动,来说明丰氏家族的发展,并指出,明初丰氏家族以修谱与迁居等活动,作为对宋代丰氏家族的继承;第三部分则是通过丰坊来探究明代丰氏家族的兴衰历史,并讨论了家族兴衰与地域认同之间的关系。

柳立言对宋元时期四明家族研究的贡献在于,他提供了家族史研究的具体思路。其《科举、人际关系网络与家族兴衰:以宋代明州为例》⑧一文,从科举及在此基础上产生的各种人际网络切入,探讨了科举对宋代明州地区的士人家族之兴衰的影响。《宋代明州士人的家族形态》⑨一文则以明州为例,探讨宋代家族的研究方向。柳指出,宋代明州社会最基本的单位是家庭,而不是家族或宗族,明州士人没有很强的家族意识,他们的家族组织和家族规范也未形成规模。柳继而质疑宋代"家族社会"的存在,并反思从家族出发研究士大夫的方法。有

---

① 陈莉萍、陈小亮:《宋元时期四明袁氏宗族研究》,杭州:浙江大学出版社,2012年。
② 包伟民:《宋代明州楼氏家族研究》,载氏著:《传统国家与社会 960—1279 年》,北京:商务印书馆,2009年,第262—282页。
③ 廖鹦军、孙旭红:《两宋四明楼氏的盛衰沉浮及其家族文化——基于〈楼钥集〉的考察》,杭州:浙江大学出版社,2012年。
④ 庞桧存:《宋代新兴士人家族研究——以楼钥家族为例》,《保定学院学报》,第25卷第2期,2012年,第38—42页。
⑤ 黄宽重:《南宋四明楼氏家族的兴衰历程》,载台湾大学历史学系编:《史学:传承与变迁学术研讨会论文集》,1998年,第237—261页。
⑥ 黄宽重:《宋代四明士族人际网络与社会文化活动——以楼氏家族为中心的观察》,载氏著:《宋代的家族与社会》,北京:国家图书馆出版社,2009年,第65—185页。
⑦ 孙竞昊:《家族与地域之间:宋明之际四明丰氏家族研究》,华东师范大学硕士学位论文,2015年。
⑧ 柳立言:《科举、人际关系网络与家族兴衰:以宋代明州为例》,《中国社会历史评论》,第11卷,天津:天津古籍出版社,2010年,第1—37页。
⑨ 柳立言:《宋代明州士人的家族形态》,《"中研院"历史语言研究所集刊》第81本第2分,2010年,第289—364页。

学者对柳的观点做出回应。周扬波认为,柳文的研究,在家族形态的判断方法、选取对象的典型性及引用的史料这三方面存在一些问题。周指出,就明州昼锦楼氏而言,其家族组织并非如柳所言之松散。①

李家豪注意到入元以后,四明家族存在新、旧交替的情况。②他指出,蒙元的统治使得士大夫面临两大挑战:华夷之辨与科举停废。面对此种危机,元代四明的士人家族在规模上有缩编的趋势。包伟民也将入元之后明州家族的衰弱归因于政权更迭,他以四明楼氏为观察对象,归纳出楼氏在宋代得以长期稳定发展的三个原因:(1)保持世代业儒的家族传统;(2)具备充裕的家产;(3)拥有广泛的社会联系。包总结道:"入元(1271—1368)后,政非人移,明州楼氏才归于衰弱。"③有学者对此论断提出异议,张兴武认为楼氏一族是因"庆元党争"才导致衰弱。④黄宽重对"政权更迭说"也持否定态度,他在《政治、地域与家族——宋元时期四明士族的衰替》⑤一文中试图对四明地区士人家族的发展历程,进行跨代研究。黄指出,在宋代,科举出仕是家族兴起的重要途径,然而由于南宋末的政治斗争,四明士族走向了分化与对立。黄敏锐地指出,早在入元之前,四明士族在政治和地方上的影响力就已日益衰退,政权更迭并不是家族衰替的关键原因。

除了四明家族的兴衰变动,也有学者关注到四明地区家族组织——乡曲义田的发展演变,梁庚尧考察了宋元时期四明地区乡曲义田的源起与演变。梁在研究中提出十分值得思索的一点:"明州士大夫的家族负担既然颇重,何以他们还要出钱出力,共同从事济贫活动?"⑥梁提醒到,除了道德责任感的驱使,这些公益活动也能够帮助家族提高社会声望,从而建立在地方上的领导地位。

2.婺州

柏文莉(Beverly Bossler)对宋元时期婺州的家族与地方社会做了整体描述。她在《权力关系:宋代中国的家族、地位与国家》⑦一书中指出,婺州地方社会与韩明士笔下的宋代抚州具有相似性。她选取个别宋代婺州家族做个案调查,对家族如何在地方上建立社会声望做了探讨,深入研究了宋代基层社会生活的运行情况。柏文莉指出,家族的兴盛与科举仕宦有关,"在宋元明各朝均有迹可循的家族往往是那些在宋代政坛上呼风唤雨之家……这些家族最突出的成就是积累财富与教育诸子"⑧。此外,柏文莉还洞察到宋代婺州的家族组织并

---

① 周扬波:《宋代家族史研究的创新——并就正于柳立言先生》,《华南师范大学学报》(社会科学版)2011年第3期,第18—24页。

② 李家豪:《没落或再生:论元代四明地区的士人与家族》,台湾大学硕士学位论文,1997年。

③ 包伟民:《宋代明州楼氏家族研究》,载氏著:《传统国家与社会:960—1279年》,北京:商务印书馆,2009年,第262—281页。

④ 张兴武:《两宋望族与文学》,北京:人民文学出版社,2010年,第240页。

⑤ 黄宽重:《政治、地域与家族——宋元时期四明士族的衰替》,《新史学》2009年第2期,第1—41页。

⑥ 梁庚尧:《家族合作、社会声望与地方公益——宋元四明乡曲义田的源起与演变》,柳立言、黄宽重等编:《中国近世家族与社会研讨会论文集》,台北:"中研院"历史语言研究所,1998年,第236页。

⑦ [美]柏文莉(Beverly Bossler)著,刘云军译:《权力关系:宋代中国的家族、地位与国家》,南京:江苏人民出版社,2015年。

⑧ 见柏文莉前揭书,第187页。

不发达,合族共居只是这些婺州家族"一个无法企及的理想"①,而以济寒赈贫为目的的义田义庄,在宋代也并未形成普遍现象。②她进而担忧以往学界拔高宋代家族的影响力,或许会导致学者"忽视其他类型的亲属关系和社会网络在中国人社会生活中的重要性,而这些社会网可能与地位经久不衰关系密切"③,例如由婚姻创建的网络。

目前学界关于婺州家族的个案研究,主要集中在浦江郑氏。

毛策在《浙江浦江郑氏家族考述》④一文中,对郑氏家族"九世同居"的变迁过程以及郑氏家族的藏书、家族成员的著述以及东明书院的概况均做了详细的考述。毛策在此基础上著成《孝义传家:浦江郑氏家族研究》⑤一书。该书分为上下两篇,上篇对郑氏一族的发展、家法的内容及其与明代法律间的关系、理学在家族内的实践等问题进行了研究;下篇则探究了对郑氏家族与浦江文化精英之间的关系、家族冠婚丧祭的仪程、郑氏家族的人才培养等问题,对郑氏家族做了全面概述。

日本学者对郑氏家族兴衰背后蕴藏的政治、文化等因素极为关注。铃满木男对当今的郑氏进行了田野调查,他将郑氏定义为"儒教家族",认为宋代以来的"儒教再兴",导致了所谓"模范家庭"(即"义门")的产生。⑥檀上宽则从江南社会结构的角度,考察了郑氏与元、明两代政权间的关系。⑦他认为郑氏家族代表了江南社会结构中所谓"乡村维持型"的"富民层",而其家规的运作不仅维系了家族的兴盛,也契合了明代政权的理念(即朱元璋所希望的,以"乡村维持型富民"来控制江南经济,并维持社会秩序)。

近年来,史学研究强调跨学科的研究方法,学者们开始尝试综合运用社会史、人口史、家族史等研究方法,关于郑氏家族的研究视角也有所拓宽。李静和孙昊利用统计学、人口学的方法,对郑氏家族的人口数量、人口增减速度、平均年龄、文化背景、职业选择及婚姻情况等问题进行了详细分析,试图找出累世同居共财家族的独特性。⑧李静的博士论文《义门郑氏——家族与基层社会的个案研究》⑨则对郑氏家族的居住环境、家族人口的结构特征、家族的教育平台、家族与士人间的关系及其在地方社会上的影响力等问题进行了深入研究。许守泯利用社会学的研究方法,从士人网络的角度对元代郑氏家族与士人间的互动情况进

---

① 见柏文莉前揭书,第194页。
② 见柏文莉前揭书,第199—200页。
③ 见柏文莉前揭书,第204页。
④ 毛策:《浙江浦江郑氏家族考述》,中国谱牒学研究会编《谱牒学研究》第二辑,北京:文化艺术出版社,1991年,第143—175页。
⑤ 毛策:《孝义传家——浦江郑氏家族研究》,杭州:浙江大学出版社,2009年。
⑥ [日]铃木满男:《"九世同居"——中国浙江省の或る儒教家教の历史》,《思想》849号,1995年,第90—116页。
⑦ [日]檀上宽:《義門鄭氏と元末の社会》、《元・明交替の理念と現実——義門鄭氏を手掛かりとして》、《〈郑氏规范〉の世界——明朝权力と富民层》,收入氏著《明朝专制支配の史的构造》,东京:汲古书院,1995年,《第二部 元・明革命と江南地主の动向》,第189—310页。可参见孙卫国所写该书书评,载《中国社会历史评论》第3卷,北京:中华书局,2001年,第594—598页。
⑧ 李静、孙昊:《家族内人口与生活:以浦江义门郑氏为例》,《史学月刊》,2002年第4期,第115—119页;李静:《义门家族的寿命与婚姻状况分析》,《江淮论坛》,2004年第5期,第96—99页。
⑨ 李静:《义门郑氏——家族与基层社会的个案研究》,复旦大学博士学位论文,2004年。

行了研究。其《江南第一家:元代浦江郑氏的发展及其社会网络》[①]一文,从郑氏家族与士人之间的互动入手,探讨了在蒙元统治之下,除科举一途外,郑氏家族发展壮大的运营机制。许指出,郑氏通过建立与士人之间的良好关系,获得了士人的认同,从而达到宣传名声的目的。可以说郑氏借助士人的力量,于社会(宣扬义门名声)、文化(延揽士人教书)、政治(依靠士人援引)等方面获得发展,以此巩固家族的社会地位。杨逸则从文化学的视野考察了郑氏家族的祭祀礼制,他全面梳理了郑氏《家礼》及相应祭产制度的演变过程和原因。[②]杨指出,自宋元至明,郑氏《家礼》经历了一个从"一遵朱子《家礼》"到损益《家礼》以"求可行于今"的转变。而郑氏家族的祭产制度也经历了由祭田制度到捐助式祠产制度的转变,这种祭产由共有到私有的转变导致了家族内部的权力结构发生嬗变,祭祀活动也逐渐蜕变为家族娱乐活动。

在对浦江郑氏家族及其家族成员进行研究的同时,学者们也开始思考支撑起郑氏一族同居共财十五世的精神支柱,并开始尝试通过《郑氏规范》对其家族思想进行研究。

漆侠从经济的角度探讨了郑氏家族的家规。[③]他认为,郑氏集"大地主"、"商人"、"官僚"三种身份于一身,其家族是在经济力量与政治力量的相互转换中发展而来的。许怀林对《郑氏规范》进行了深入研究。[④]他指出,郑氏家族依据家规而进行有序的运作,致使其具备较强的凝聚力并得以延续数百年。常建华在研究郑氏家族及其规范的社会影响时明确指出:"《郑氏规范》作为早期宗族性的规范,起到了承上启下的作用,开宋以后宗族制定族规进行宗族建设之先河,改变了宗族的日常生活。"[⑤]徐儒宗和芮顺淦则探讨了郑氏的"孝义"家风在中国儒学史上的意义。[⑥]

(三)社会网络

为了适应竞争激烈的科举社会,地方家族既要在族内经济、教育等方面增强竞争力,也要积极谋求有利的外部条件,如建立与士人或其他家族间的紧密联系,来作为互相之间援引的资源。家族的外部关系,成为观察宋元时期基层社会的重要指标。越来越多的学者注意到个人由家族出发,迈向社会而产生的错综复杂的社会网络。

许守泯在《元代江南士人的社会网络——以金华黄溍为例》[⑦]一文中,从黄溍的社会关系入手,探讨了元代士人的社会网络。黄溍的社会网络主要由耆老宿学、同乡同辈、同年座主、同僚和权贵构成。其中,遗老宿学与同乡同辈网络的区域倾向性质较强,呈现出师承的性质,诗文唱和与同出共游是保持此种网络的主要方式;而由同年座主、同僚和权贵构成的

---

① 许守泯:《江南第一家:元代浦江郑氏的发展及其社会网络》,《元史论丛》第 10 辑,北京:广播电视大学出版社,2005 年,第 278—301 页。

② 杨逸:《浦江郑氏家族的〈家礼〉实践——以家族祭祀活动为中心》,《文化遗产》2016 年第 6 期,第 1—13 页。

③ 漆侠:《宋元时期浦阳郑氏家族之研究——宋元社会阶级结构探索之一》,收入《刘子健博士颂寿纪念宋史研究论集》,东京:同朋舍,1989 年,第 159—166 页。

④ 许怀林:《〈郑氏规范〉剖析——兼论"义门"聚居的凝聚力》,《中日宋史研讨会中方论文选编》,保定:河北大学出版社,1991 年,第 153—165 页。

⑤ 常建华:《元明时期义门郑氏及其规范的社会影响》,《河北学刊》2011 年第 2 期,第 61—67 页。

⑥ 徐儒宗:《儒学治家的典型——论郑门的孝义家风》,《宁波大学学报》1995 年第 1 期,第 32—39 页。芮顺淦:《江南第一家——浦江郑门琐谈》,《东南文化》2003 年第 1 期,第 48—52 页。

⑦ 许守泯:《元代江南士人的社会网络——以金华黄溍为例》,收入萧启庆主编:《蒙元的历史与文化:蒙元史学术研究讨论论文集》,台北:学生书局,2001 年,第 655—681 页。

网络则更表现出利益的性质,为其撰写墓志、神道碑和行状,是黄溍维持这一社会网络的主要方式。许指出,黄溍的社会网络是在其仕宦经历的基础上建立的,他的进士身份与官宦地位,是其经营社会网络的主要凭借。许的另一篇文章《江南第一家——元代浦江郑氏的发展及其士人网络》[①],则从郑氏家族与士人间的互动关系入手,从士人网络的角度对元代郑氏的经营机制进行了探讨,考察了蒙元统治下的家族发展情况。

申万里注意到,宋元更替,使得江南儒士集团的社会地位急剧下降,他们因而更加注重建立社会网络,期图以此来维护自己的利益并改善生活状况。申在《从社会交往看元代江南儒士的社会网络——以戴表元为例》[②]一文中,以戴表元为观察对象,把他的社会网络分成了五个层次:前朝遗老与隐士、元政府官吏、仕元之儒士、儒学教授、浮屠氏,而江南儒士阶层占据其社会网络的绝大部分,申进而指出,戴表元的社会网络较为单一、狭窄,而这正反映了元代江南儒士集团的封闭性。

三 结 语

宋元家族史的研究至今方兴未艾,但同时又存在创新乏力的矛盾局面。目前的家族史研究仍局限于朝代框架之中。以四明家族为例,研究宋代四明家族的学者,重在研究四明士族是如何在南宋起家发展,从而形成一种具有时代特色的社会文化现象;而研究元代四明家族的学者,则看到这些家族在元代被一些新兴家族所取代,借以说明宋元政权的嬗变是导致四明地区家族与社会发生变化的关键。这样的研究显然都受到了朝代框架的限制。若能注重到社会历史的断裂与连续和家族之间的关系,对家族进行长时段研究,突破断代的限制,或许能对研究中国家族史的发展演变有所助益。

此外,目前学界关于家族史的研究,多着重于分析各家族发展壮大的运营机制。而对家族兴衰沉浮的研究,也似乎形成了一个固定的模式,即"先用财富、科举、仕进、婚姻和人脉等条件去界定家族的成功与否,然后到家族的历史里寻找田产数量、进士人数、官位高低、姻亲情况,朋友关系,最后用这些数字和人际关系来证明它们的确是家族成功的要素"[③]。但是,士人家族作为地方社会的精英阶层,其兴衰同样牵动着地方的发展,反之亦然。家族在其发展的过程中,必然与地方社会产生各种各样的活动和联系。只有将家族与地域社会放在历史发展的脉络中去综合理解,才能将家族的兴衰与地方社会的变化紧密结合,从而更准确地把握宋元家族的特殊性。

作者简介:楼一格,南开大学历史学院硕士研究生。

---

① 许守泯:《江南第一家——元代浦江郑氏的发展及其士人网络》,《元史论丛》第10辑,北京:中国广播电视出版社,2005年。

② 申万里:《从社会交往看元代江南儒士的社会网络——以戴表元为例》,《武汉大学学报(人文科学版)》2003年第4期,第402—407页。

③ 柳立言:《科举、人际关系网络与家族兴衰:以宋代明州为例》,载常建华主编:《中国社会历史评论》第11卷,天津:天津古籍出版社,2010年,第28—29页。

【书评】

"透物见人"的社会史研究典范

——《金道瓷行:商周时期北方地区印纹硬陶和原始瓷器研究》评介

程文博

考古学主要根据古代人们遗留下来的实物遗存研究古人的生活和社会状况,但在实际研究中常常陷入"见物不见人"的窠臼。中国社会史是研究历史上人们社会生活的运动体系,其主要研究对象是中国历史上的人们的群体生活和生活方式。[①]考古学和历史学所用的资料和方法虽大不相同,但都以研究古代社会历史为目标。黎海超著《金道瓷行:商周时期北方地区印纹硬陶和原始瓷器研究》,是从考古学器物研究上升到社会史探索的成功案例。

原始瓷器的发现与研究史伴随中国考古学的产生与发展的全过程,早在20世纪20年代安阳殷墟的发掘中便出土了原始瓷器。原始瓷器研究史上分歧最大、争论最多的问题是它的命名和北方地区原始瓷器的产地。20世纪60年代安金槐先生提出"早期瓷器"的概念,20世纪70年代夏鼐先生提出"原始瓷器"的概念。形成了"早期瓷器"和"原始瓷器"概念之争的学术讨论。20世纪80年代中国硅酸盐学会主编的《中国陶瓷史》采用了"原始瓷器"的概念,结束了命名之争。由于早期瓷器均属青釉系统,原始瓷器也称"原始青瓷"。目前它的命名已基本统一,称"原始瓷器"或"原始青瓷";北方地区原始瓷器的产地仍是原始瓷器研究领域聚讼不止的学界难题。

关于北方地区原始瓷器的产地,学术界有三种看法:"北方本土产地说"、"南方生产说"和"多产地说"(南方和北方皆可生产原始瓷器)。持"北方本土产地说"的代表性学者是安金槐先生,他认为北方的原始瓷器符合郑州当地陶器的特征而与南方遗址的同类器物差别较大,且郑州出土的原始瓷器有烧裂和带有气泡的残次品,残次品不可能由远方输入。[②]持"南方生产说"的代表性学者有周仁、罗宏杰、李家治、陈铁梅等先生,他们的主要研究方法是对南北方原始瓷器的取样标本进行化学成分检测和成分对比分析,后期还采用了中子活化分

---

① 冯尔康:《开展社会史研究》,《历史研究》1987年第1期。
② 安金槐:《谈谈郑州商代瓷器的几个问题》,《文物》1960年8、9期合刊;安金槐:《谈谈郑州商代的几何印纹硬陶》,《考古》1960年第8期。

析等先进技术手段。①南方和北方皆可生产原始瓷器的多产地说则是新近的学术观点,以王昌燧、朱剑等先生为代表,他们的论据同样以原始瓷器的取样分析为基础。②近年来随着新的科技手段的使用,研究检测日益精确化和多样化,为运用科技考古手段探索北方地区原始瓷器产地问题提供更多可能性。但是,由于原始瓷器文化属性复杂,和研究者选样标准的差异,故尽管研究思路相近,研究结果却大相径庭,基于科技考古方法支撑的北方地区原始瓷器产地研究陷入僵局。另外,探讨原始瓷器产地的论文虽多,但目前尚没有对北方地区原始瓷器产地问题做系统研究的著作。黎海超著《金道瓷行:商周时期北方地区印纹硬陶和原始瓷器研究》是一部系统研究北方地区原始瓷器和印纹硬陶产地的专著,它不仅对北方地区原始瓷器的产地问题提出了独到的见解,还为从社会史的广阔视野下探索南北资源流通与文化互动提供了可资借鉴的研究范例。

黎海超博士提出的"南方地区多产地说"可谓匠心独具,他认为在商和西周时期的不同阶段原始瓷器和印纹硬陶来自南方多个地区,这是对北方地区原始瓷器产地研究的深化和细化,打破了以往研究局限于产地问题裹足不前的学术瓶颈,将基础研究层面的器物研究纳入南北物料流通的宏大历史背景,把原始瓷器作为南北物料流通道路上的一种资源,使单维度的静态研究上升为多维度的动态研究,从而将以往"见物不见人"的考古学研究提升到社会史研究的高度,践行了"探索社会为目标的研究取向"。在本书中,原始瓷器和印纹硬陶作为研究早期中国黄河流域与长江流域资源流通与文化互动的研究切入点,对还原和重建商周社会历史研究具有重要的学术意义。

作为一篇值得推荐的优秀著作,笔者认为本书具有以下几个优点。首先,有效选取研究参照系,将印纹硬陶、青铜器和当地普通陶器等纳入对比研究范畴。文化因素分析法是考古学研究的重要方法,"通过分析一个考古学文化内部所包含的不同来源文化因素的面貌及其在该文化中所占的比重,以判定该文化主体文化面貌和属性,探索该文化的主流来源、形成机制和流变,最终判定其在文化谱系中的位置"③。分析一个考古学文化内部所包含的不同来源文化因素的面貌及其在该文化中所占的比重,是探讨文化因素来源的基础。印纹硬陶与原始瓷器物理性质相近,且印纹硬陶是长江流域有地域特色的器物,在南方各地区印纹硬陶时常与原始瓷器伴出,南方地区还有印纹硬陶与原始瓷器同窑共烧的现象;青铜礼器和普通陶器在北方地区居于贵族用器和普通民用器两种不同地位;原始瓷器和印纹硬陶是与青铜礼器、普通陶器、白陶,乃至漆器等是密切关联的器物。将原始瓷器与产自南方的印纹硬陶做比较研究,检验原始瓷器、印纹硬陶与青铜器和当地普通陶器是否存在仿制现象,以及对比研究原始瓷器、印纹硬陶与当地普通陶器同类器型演变规律等,有利于判断

---

① 周仁、李家治、郑永圃:《张家坡西周居住遗址陶瓷碎片的研究》,《考古》1960年第9期;罗宏杰、李家治、高力明:《北方出土原始瓷烧造地区的研究》,《硅酸盐学报》1996年第3期;陈铁梅、Rapp G.Jr 荆志淳、何驽:《中子活化分析对商时期原始瓷产地的研究》,《考古》1997年第7期;陈铁梅、Rapp G.Jr 荆志淳:《商周时期原始瓷的中子活化分析及相关问题讨论》,《考古》2003年第7期。

② 朱剑、王昌燧:《商周原始瓷产地的再分析》,《南方文物》2004年底1期;王昌燧、朱剑、朱铁权《原始瓷产地研究之启示》,《中国文物报》2006年1月6日第007版。

③ 王巍:《中国考古学大辞典》,上海:上海辞书出版社,2014年,第8—9页。

北方地区原始瓷器的文化属性,进而为探索该文化因素的来源、形成机制和流变奠定基础;还为辨别是单纯的器物流通,还是器物与器用观念的同时传播等社会文化史层面的研究奠定基础。作者没有将研究对象聚焦于北方原始瓷器的产地,而是将原始瓷器产地问题纳入南北物料流通和文化交流的宏大背景,不仅有助于解决原始瓷器产地问题,还能启发读者思考物料流通背后的社会、文化关联。

其次,作者根据研究目标灵活运用了类型学研究方法。类型学是考古学研究的基本方法之一,器物类型学研究通常是为了探究器物分期,解决遗存的年代问题,为考古学文化谱系研究奠定基础。由于夏商周考古年代框架均已基本建立,而且南方地区原始瓷器的年代学研究已取得丰富成果,在出土原始瓷器断代问题上类型学研究已无用武之地。作者灵活运用类型学方法,以印纹硬陶和原始瓷器类型学研究建立的器物类型特征分布为出发点,在确立了器物分期的同时,还阐明了它们的分布范围、出土情境的历时性变化以及器物发展演变的连续性问题,廓清了原始瓷器与印纹硬陶的文化性质。类型学研究还显示:早、中商时期的原始瓷器和印纹硬陶往往有式别变化,相比晚商而言拥有更加连续的发展状态,预示出更加稳定的来源地。在作者笔下,类型学方法由解决年代的基础性研究手段,转化为发现问题的基础性研究手段,为推动研究向纵深发展创造了条件。

再次,作者巧妙设计并运用了"类型分区"与"生产分区"等概念,逻辑自洽。"类型分区"是类型学研究的成果,反映器物类型的分布状态。"生产分区"意在区分区域间是否存在器物生产体系的差异。如此一来,器物区域性特征统一就表明它们可能有统一的来源地,反之则需进行更细致的类型学分区研究,以探讨不同来源地的"生产分区"。[①]"早、中商时期各地的器类、纹饰基本相同;晚商时期的材料基本集中在豫北冀南地区,风格较为一致","可将黄河流域作为整体看待"[②]。北方地区器物风格统一,可通过类型分布直接探讨生产分区,故作者挑选郑州商城出土的材料代表早、中商时期黄河流域出土的原始瓷器和印纹硬陶,以安阳殷墟出土的材料代表晚商时期,与南方地区出土的原始瓷器和印纹硬陶做对比研究,进而确认器物的来源地、探讨南北物料流通。原始瓷器在南方地区是广泛存在的大宗器类,区域间流通的可能性较小,器物的类型分布可作为生产分区的重要参考,原始瓷器底部的刻划符号所代表的生产体系则是类型分布与生产分区之间偏差的重要补充。

最后,本书将器物层面的考古学研究提升到社会史探索的高度。作者以北方地区原始瓷器和印纹硬陶的产地来源和产品流通结论为新的研究起点,进一步探索物料流通与社会、文化之间的关联,不仅"透物见人",还将物质文化史研究抬升到社会史研究的高度。在"资源与社会"的视角下,作者分别以"资源与社会""中心与周边""贸易与互换"三个角度分别探讨原始瓷器和印纹硬陶流通所表达的社会含义。"资源流通与社会构架的关系显然是与王朝的政治结构、政策倾向相关";"王朝中心与周边的关系本身也属于政治架构的内容,更直接影响到资源流通的方式"[③]。铜资源是与原始瓷器和印纹硬陶性质相类、关系最为密切的一类资源。早、中商时期,以郑州商城为中心,中心区域囊括垣曲商城、府城商城和东下

---

① 黎海超:《金道瓷行:商周时期北方地区印纹硬陶和原始瓷器研究》,上海:上海古籍出版社,2018年,第13—16页。
② 黎海超:《黄河流域商时期印纹硬陶和原始瓷器研究》,《考古与文物》2014年第3期。
③ 黎海超:《金道瓷行:商周时期北方地区印纹硬陶和原始瓷器研究》,第116页。

冯商城等地方中心,研究显示以盘龙城为资源据点,形成联结商文化内外的资源流通网络;金属资源是流通主体,原始瓷器和印纹硬陶居次要地位。晚商时期,盘龙城据点消失,商文化在南方的势力明显收缩,各地土著文化随之兴起,形成吴城、宁乡、三星堆、汉中洋固等地方青铜文明中心,"此时以殷墟为核心的商王朝和以上述铜器群为特征的长江流域土著文明之间形成了新的密切联系网络"①。殷墟遗址的铜料有多处来源,与此类似,北方地区殷墟时期的原始瓷器和印纹硬陶同样有着多元化的来源。早中商时期商文化对外的资源输出尚不明晰,但晚商时期殷墟向周边地区的资源输出可辨识的就有铜器产品、铜器技术以及青铜礼器制度。西周早期与"分封建国"的政治形式相适应,铜器流通以中央王朝的"分器"为主要方式,西周晚期随着各诸侯国的独立性增强,它们开始自行生产成套铭文礼器。西周王朝可能采用"定制"的方式在钱塘江流域获取原始瓷器,并向畿内贵族和各诸侯国分配,这种集中获取和统一分配的方式可能从西周早期延续到西周晚期。西周时期这种以中央分配为主导的资源流通模式与以"分封建国"为基本特征的中心与周边的关系相匹配。因此,西周时期的资源流通情状与早、中商时期和晚商时期一致,即所谓"金道瓷行"——"印纹硬陶和原始瓷器的流通路线可能也是铜料等其他资源的流通路线,是南北文化交流、互动的直接途径"②。

作为一部有待时间检验的学术著作,本书尚有两点问题值得商榷。首先,本书将研究的起点定在商代早期有待商榷。作者如此划定的依据是"早、中商时期是(北方地区)印纹硬陶和原始瓷器发展的初始期"③。考古发现显示在二里头遗址和东下冯遗址发现了北方地区年代最早的原始瓷器。④北方地区商和西周时期印纹硬陶和原始瓷器集中出土于商周王朝的核心区域和高等级遗址,二里头遗址和东下冯遗址属于同样性质的遗址;而南方地区最早的原始青瓷出自马桥遗址。⑤夏商周作为前后相续的三代王朝,二里头文化时期北方地区的原始瓷器也可能存在与商和西周时期类似的南北流通,作者研究商和西周时期的原始瓷器与印纹硬陶,未将研究溯源至二里头文化时期是值得商榷的。

其次,作者认为"西周早、中期原始瓷器主要为殷遗民所使用,并未被周人大范围接纳"有待商榷。作者以腰坑和腰坑中殉狗和殉人葬俗作为区分殷遗民和周人墓葬的标准,并参考铜器铭文对分类结果进行检验是客观、审慎的,故错误不在逻辑过程,而在结论本身。此论点与考古事实不符。首先,出土原始瓷器的商式墓在数量上少于周式墓。根据本书表3.4"墓葬的族群特征、等级标准和原始瓷器组合表"的统计结果,出土原始瓷器的商式墓共有15座,其中前掌大墓地有5座,其余各处均只有1座;出土原始瓷器的周式墓共有93座,其中洛阳北窑墓地就有72座,张家坡墓地有15座,平顶山应国墓地有4座。其次,周式墓出土原始瓷器在器类丰富程度上胜过商式墓。根据表3.4和附表一"商—西周时期原始瓷器、印纹硬陶统计表"知,有8座商式墓仅随葬1件原始瓷器,占半数以上,另外,还有3座

---

① 黎海朝:《金道瓷行:商周时期北方地区印纹硬陶和原始瓷器研究》,第124页。
② 黎海朝:《金道瓷行:商周时期北方地区印纹硬陶和原始瓷器研究》,第133页。
③ 黎海朝:《金道瓷行:商周时期北方地区印纹硬陶和原始瓷器研究》,第12—13、131页。
④ 中国社会科学院考古研究所:《中国考古学·夏商卷》,北京:中国社会科学出版社,2003年,第119页;中国社会科学院考古研究所:《山西夏县东下冯龙山文化遗址》,《考古学报》1983年第1期。
⑤ 上海市文物管理委员会:《上海市闵行区马桥遗址1993—1995年发掘报告》,《考古学报》1997年第2期。

商式墓随葬2种原始瓷器,有3座商式墓随葬3种原始瓷器。平顶山应国墓地 M232 出土豆、罍、尊、罐、连体三盘豆、盂、瓿形器等器型的原始瓷器,几乎囊括了西周早、中期北方地区出土原始瓷器的全部器型;洛阳北窑墓地出土器型虽以豆、罍等完整器为主,但多伴出簋、罐、尊、器盖等原始瓷器残片,也有墓葬出土多种器类的完整器,例如 M32 出土豆、罍、尊、簋等器型;尽管也有一定数量的墓葬只出土 1 件原始瓷器,但所占比例较低。当然,应该承认的是出土原始瓷器的商式墓的分布范围大于周式墓。"西周早、中期出土原始瓷器的商式墓分布极为广泛,不仅包括西安、洛阳等周王朝核心地区,还见于山西、甘肃、北京、山东等广阔地区的诸侯国。相比较而言,出土原始瓷器的周式墓分布范围较小,集中在陕西、河南、山西等西周王朝的核心区和邻近地区的应国、晋国等姬姓诸侯国地区"[①]。笔者认为这一考古现象是与周初分封的社会历史背景相契合的。《荀子·儒教》记载:"(周初)立七十一国,姬姓独居五十三人"。《左传·定公四年》记载:"分鲁公以……殷民六族条氏、徐氏、萧氏、索氏、长勺氏、尾勺氏,辑其分族,将其类丑,以法则周公,用即命于周,是使之职事于鲁,以昭周公之明德……分康叔以……殷民七族陶氏、施氏、繁氏、锜氏、樊氏、饥氏、终葵氏……分唐叔以……怀姓九宗,职官五正,命以《唐诰》而封于夏墟,启以夏政,疆以戎索"。杨宽先生认为:"周公不但把殷的贵族分配给封君,也还把殷的方国的贵族分配给封君"。[②]故有一部分商代贵族在西周初年延续了贵族身份,西周王朝在南方"定制"的原始瓷器在贵族之间分配流通时将部分商代贵族纳入其中,才出现了西周早、中期广泛分布的殷遗民墓出土少量原始瓷器的现象。

总之,本书是一部商周时期北方地区原始瓷器产地研究的力作,不仅提出了"南方地区多产地说"的创新性观点,还描绘出了商代早、中期与晚期和西周早、中期与晚期四个阶段南方地区原始瓷器和印纹硬陶来源地变迁的社会史图景,更从原始瓷器和印纹硬陶产地来源的变化为切入点,探讨南北物料流通与文化交流,从资源流通的变迁出发探讨了商周王朝政治架构和势力变迁,由静到动,见微知著,为从静态的、琐碎的器物研究上升到动态的、系统的社会史研究提供了范例。

作者简介:程文博,南开大学历史学院博士研究生。

---

① 黎海朝:《金道瓷行:商周时期北方地区印纹硬陶和原始瓷器研究》,第84页。
② 杨宽:《西周史》,上海:上海人民出版社,2016年,第400—401页。

从敦煌到河西,再到丝绸之路

——《敦煌学与五凉史论稿》读后

魏军刚

2017年3月,冯培红教授新作《敦煌学与五凉史论稿》由浙江大学出版社出版,被收录入《浙江学者丝路敦煌学术书系》第二辑,总32万字,共收录有《归义军官吏的选任与迁转》《归义军镇制考》《汉唐敦煌大族与西域边防》《敦煌大族与五凉王国》《粟特人与五凉王国》五篇论文,涉及归义军制度、敦煌大族、粟特人与五凉史诸方面,集中体现作者近十年在敦煌学、河西史领域的代表性成果。所收诸文,最初多分散发表在中国内地、中国香港及日本的刊物或论文集,寻觅不易,此次经作者编辑、修订重新结集出版,将惠及广大学界同仁。

长期以来,冯培红先生在敦煌学及河西史领域不断探索、辛勤耕耘、砥砺前行。作者在开篇《我与敦煌学及河西史研究》回顾了个人学术历程,首先点明研究范围、时代及学术重心,在随后梳理盘点各类研究成果基础上总结了治学路径的渐变轨迹。具体来说,作者以2004年在兰州大学博士毕业为界限,之前攻读硕、博士学位,从事科研主要围绕敦煌学尤其归义军官职展开,之后在深入研究敦煌文献和归义军史基础上继续拓展,将关注视野推及河西走廊,甚至整个丝绸之路,进而形成"基于以河西史为内核的西北、西南丝绸之路与内陆亚洲的广域研究"(第13页)。本书选用诸文,比较清晰地反映作者二十多年间学术研究"从敦煌到河西,再到丝绸之路"的演变路径,由此展现与时俱进的开拓精神和宏观广阔的研究视野,当是精心策划安排之结果,此亦笔者拜读全书后最直观的感受。

前两篇论文,主要从制度运作角度探讨晚唐五代敦煌归义军职官制度。第一篇《归义军官吏的选任与迁转》从辟署制与奏官制相结合的角度,从唐五代藩镇割据历史背景下全面考察敦煌归义军自藩帅以下包括幕僚、州县乡官等各层级官吏的选任、迁转及其加官现象,进而揭示当时藩镇职、官二元一体的选官制度。作者持续关注归义军职官问题,注意从多重视角展开相关分析,在以往研究基础上充分吸纳国内外学术成果,集中从制度运行方面讨论归义军藩帅的世袭与朝命、幕佐及州县乡官辟署与迁转及各自加官问题,并考察藩帅加官自称与州佐县乡官辟署化现象,进而揭示归义军藩镇既依附于中央朝廷又谋求独立割据的双重性格,将有关归义军及以其为个案的藩镇职官的研究向前推进一步。在具体分析中,作者广泛取材于丰富多样的敦煌文献的同时特别关照传世文献记载,由此出发强调归义军与中原藩镇相比,在职官选任和迁转方面表现的共性与个性问题。第二篇《归义军镇制考》

将对归义军镇制分析置于十六国到唐五代镇制演变的宏观背景下进行,在广泛吸纳和批判前人研究成果基础上,从微观个案视角澄清了晚唐五代归义军辖区诸镇设置、历史沿革、地理方位、镇将选派及军事功能等问题。以上两篇有关归义军官职研究,作者立足于各类丰富敦煌文献及其他传统记载,尽管集中于归义军藩镇的个案考察,但非常注重从宏观整体视角展开多维度的分析,而宏观阐释与细节考索充分结合也使作者能够从纷繁复杂的史料中理清归义军职官发展演变的基本线索,进而在中外学者已有丰富成果基础上进一步澄清若干争议性话题,涉及学术争议虽在今后仍持续进行并随着研究深入逐渐解决,但作者在相关问题上的推进之功值得肯定。

第三、四篇论文主要分析敦煌大族及其河西、西域地区历史关联问题,涉及敦煌大族历史作用的整体性理解,突破敦煌地域限制拓展到整个河西走廊甚至毗邻西域地区,进而有了在丝绸之路视野下更广泛的学术关照。《汉唐敦煌大族与西域边防》从中原王朝西北边防经略的角度探讨了汉唐时期敦煌大族与西域边防的关系,指出"从敦煌、吐鲁番出土的文献与墓志可以发现,很多敦煌大族在西域地区领兵作战,或者任职、移民于西域,为中原王朝和割据于河西的区域政权经营开发西域、维护西域边防做出重要贡献。"(第188页)由此纠正过去学界在敦煌与西域关系问题上相对笼统的认识,并在充分发掘出土文献与传世记载历史细节基础上提供了研究两者关系的资料支撑,使我们真正认识到汉唐时期敦煌在中原王朝经略西域问题上所扮演的重要角色。《敦煌大族与五凉王国》在继承批判前人研究成果基础上,综合运用多种史料从不同角度、层面剖析考论敦煌大族与河西五凉政权的具体关系,指出"敦煌大族的内部不是铁板一块,他们与五凉王国的关系既有支持与合作的一面,又有对抗斗争的一面。"(第238页)从而纠正之前学界有关敦煌大族与五凉关系的笼统观点。有关五凉史研究在20世纪八九十年代在中外学者中间掀起一股研究热潮,在讨论五凉建国基础问题上几乎一致认为河西大族起了决定性作用,尤其受国际敦煌学影响及基于传世文献记载相对丰富的现实,敦煌大族在五凉王国中的历史作用备受关注,但正如作者所说那样失之笼统,而且没有注意到敦煌大族与河西大族之间既区别又联系、既具代表性又不完全包含的关系,也没有注意到身处五凉王国统治阶层的河西大族间的地域之争和家族内部政治分野问题,作者敏锐地观察到上述研究缺陷和片面性,通过细节考证论证敦煌大族与其他河西大族之间矛盾及其敦煌大族内部甚至同一家族内部存在政治分野的现象,在关注敦煌大族的同时兼顾武威、西平大族政治动向。

第五篇《粟特人与五凉王国》,作者在搜集整理各种零碎资料基础上,通过细致甄别考辨人物族属和深入挖掘相关记载,钩沉性地论述五凉时期中亚粟特胡人在政治、经济、宗教、军事、外交诸领域成长崛起的情况,展现了十六国时期粟特人在丝绸之路河西走廊段的历史活动面貌。相对以往相关学者零散分析,此文是作者对五凉时期活跃在河西走廊上的粟特人历史活动的全面梳理,填补了学界研究的空白。作者对中古时期河西粟特人关注,最早是《历史研究》2001年第1期发表的《敦煌曹氏族属与曹氏归义军政权》对归义军节度使曹议金族属郡望的分析。近年来,作者集中探讨中古时期河西走廊上粟特人问题并将关注地域延展至陇右,除撰写发表《归去来兮:昭武九姓与河西郡望》、《北朝至唐初的河西走廊与粟特民族——以昭武九姓河西诸郡望的成立为出发点》《河西走廊上会稽与建康》《丝绸之路陇右段粟特人踪迹钩沉》《甘肃粟特资料概述》《粟特研究又一春》等论文外,还承担过兰州大学中央高校"一带一路"专项资金重点项目《丝绸之路商业民族——粟特人在甘肃的基础数据调查与研究》，这些成果集中体现了作者在中古甘肃粟特人研究方面的成绩，也反映了作者学术视野突破敦煌、河西走廊向西域、中亚乃至整个丝绸之路延展的治学轨迹。

以上，主要对本书收录五篇论文研究主旨，进行分门别类的简略阐述。通览全书，还有如下特征：

一、征引丰富，多元互证。征引史料丰富、全面、类型多样，是该书资料运用上的最大特点，包括传世史籍、古代文集、敦煌文献、石窟题记、石刻碑志及其他考古材料等。在具体论证上，作者非常注重传世文献与出土材料相结合"二重证据法"运用，特别注意挖掘传统史料的隐约信息，依据所论问题内容、性质进行不同史料具体筛选和搭配，形成"多元互证"论证特色，加之其独特视角和全局关照，常有发现，新见迭出。《归义军官吏的选任与迁转》运用资料虽以敦煌文书尤其邈真赞、石窟题记为主，但也充分考虑传统正史记载的价值，研究归义军藩帅加官授任与迁转问题，作者更多考虑传统史料的可靠性，认为"相比敦煌本地的出土文献，中原王朝编撰的传世史籍更具有权威性。"（第27页）《汉唐敦煌大族与西域边防》第二部分"十六国北朝敦煌大族之流寓高昌"（第200—213页）有赖于敦煌吐鲁番文书尤其是墓志资料才能实现历史线索的重构。《敦煌大族与五凉王国》则是挖掘考析旧史料和重新解读史传文本的典范之作。《粟特人与五凉王国》主要利用西北及中原发现粟特人墓志资料，尤其通过丝绸之路沿线出土有关粟特民族考古文物来论证相关问题，无疑是新的研究视角和有益尝试。

二、视野宏阔，广泛关照。通览全书，首先作者特别擅长从长时段考察制度史的相关问题，理清问题发展演变的历史线索和阶段特征。《归义军镇制考》开篇即从十六国至唐代的长时段考察军镇设立、发展、阶段特征与历史演变线索；《汉唐敦煌大族与西域边防》则从汉唐近千年时段里考察敦煌大族在历代中原王朝经略西域和巩固西北边防上的重要历史作用。其次，无论个案研究，还是微观考证，作者总能从时空两个维度关照全局，从整体视角出发探讨具体问题。研究归义军职官制度，"注重从全国性的制度层面去看待归义军藩镇的个案价值及局限"（第7页）；研究汉唐敦煌大族，作者的空间关注点并不局限敦煌一隅或是河西地区，而将敦煌大族历史活动与汉唐中原王朝经略西域甚至沟通繁荣丝绸之路相联系分析，试图"为研究中古时期世家大族及其与地域社会的关系提供一个个案例证"（第8页）；讨论入华粟特人与五凉王国关系，亦不仅限于河西走廊的地域意义，而将学术关注点始终投放到中古时期丝绸之路中西文化交流发展视野下展开具体细致的研究。

三、兼蓄诸说，开拓创新。纵观全书，一个贯穿于作者研究的很重要治史理念——重视学术史的总结梳理。作者注意全面搜罗诸家学说观点，但并非简单机械地排比或罗列相关论著，能够做到不盲从，不囿旧说，坚持论从史出，在批判继承前人观点基础上形成自己认识，最典型者莫过《归义军镇制考》。此文既是作者一贯擅长的将宏观研究与微观考证相结合研究的典型案例，亦是重视学术史回顾，在总结梳理前人研究成果基础上发现并解决问题的生动体现。在文章结构设计上，作者首先从十六国至唐代的长时段里考察了军镇设立、发展与演变的历史线索，然后专辟"归义军'六镇'、'八镇'研究述评"一节（第124—139页），对长期以来中外学者所关注曹氏归义军时代"六镇""八镇"研究成果进行全面爬梳，在评判总结各家论说基础上寻找研究突破口，并在接下来具体论证中有针对性地提出自己见解,颇令人信服。

当然,该书也不可避免地存在缺陷和不足之处。今试举几例并求教于作者:

一、《汉唐敦煌大族与西域边防》第二部分作者使用的四方吐鲁番墓表资料,在墓表断代问题上仅参考了侯灿、吴美琳观点,将三方无纪年墓砖时代判定在"沮渠氏北凉在高昌的流亡政权时期",没有对王素、张铭心以及荒川正晴、白须净真等人研究成果给予相应观照。二、《敦煌大族与五凉王国》第三部分"敦煌大族与西凉王国"涉及西凉王族陇西李氏的婚姻圈问题,主要利用传世记载和甘肃酒泉丁家闸6号墓出土《西凉嘉兴二年十二月陇西狄道李超夫人尹氏墓表》,除此外还应该充分关注信息丰富、价值更高的北魏《李伯钦墓志》[①]和《李蕤墓志》[②];第四部分"敦煌大族与北凉王国"论述沮渠氏北凉王国的敦煌大族人物,除分析考辨传世史料外,在本书后续修订和相关研究中应该注意并补充中原出土北朝隋唐敦煌人物墓志资料,例如墨香阁所藏东魏《张琼墓志》《张遵墓志》[③],河南安阳新出北齐《索泰墓志》[④],此类新公布墓志都提到敦煌张氏、索氏人物在北凉政权任官情况,非常重要。三、《粟特人与五凉王国》尽管综合运用各类资料,通过多元史料互证方法展现了五凉王国中粟特人样貌,填补学术研究的空白,但正如作者所言,"五凉时期粟特人资料较为欠缺,族属难辨,也造成研究上的障碍,故而存在很大空白。"(第337页)由于大量引用墓志材料,若充分考虑中古时期石刻碑志撰写普遍存在的"攀附"和"冒伪"现象,则无疑会增加粟特人族属籍贯判断的难度,而仅以姓氏为依据判断粟特族属则可能误入学界业已存在的"泛粟特化"倾向,而像后凉王吕光妻石氏是否如作者推测那样出身粟特家庭,笔者对此仍持保留意见。如此等等,不一一详论。

总之,冯培红先生的这本《敦煌学与五凉史论稿》虽然存在缺陷和不足之处。但总体而言,无疑是近年来敦煌学和五凉史研究领域一部篇幅宏大、资料翔实、论证严密、观点新颖的高质量论著,问题虽有,但瑕不掩瑜,值得推介。我们也真诚地期待并祝愿作者有更高质量的论著面世,以飨读者。

作者简介:魏军刚,西北师范大学历史文化学院博士研究生。

---

① 罗新、叶炜:《新出魏晋南北朝墓志疏证》,北京:中华书局,2005年,第58页。
② 朱亮:《洛阳出土北魏墓志选编》,北京:科学出版社,2001年,第14页。
③ 叶炜、刘秀峰:《墨香阁藏北朝墓志》,上海:上海古籍出版社,2016年,第72—76页。
④ 赵文成、赵君平:《秦晋豫新出墓志蒐佚续编》,北京:国家图书馆出版社,2015年,第131页。

卷入市场的社会,渗入社会的市场

——《籴粜之局:清代湘潭的米谷贸易与地方社会》读后

顾 浩

陈瑶《籴粜之局:清代湘潭的米谷贸易与地方社会》(厦门大学出版社,2017年,188页,约25万字,以下简称《籴粜之局》)一书,从社会经济史的视角考察湘潭市场网络与区域社会的互动关系,并最终回归到宏观经济史研究的学术脉络中,是为陈瑶在其博士论文基础上修改增删而完成的。正如蔡志祥先生为本书作序所言:"这是一项开拓创新的研究,一部可以带动思考的高水平著作。"笔者以为,《籴粜之局》在论题牵引、史料解读、论证逻辑等方面皆有独到之处,下文谨就相关问题略陈管见。

一 市场与社会的互动

《籴粜之局》以清代湘潭的地方社会和组织为研究对象,探讨了在17—19世纪湘潭卷入全国性米粮贸易过程中,市场网络如何影响地方社会的运作,而地方社会又如何参与市场贸易,并对其施加影响。

《籴粜之局》共分七章,第一章为绪论,第七章为结论,第二至六章为本书的主体部分。在绪论中,作者回顾了全国米粮市场问题和明清市镇的相关研究,并在此基础上提出了本书的问题意识和写作结构。学界长期以来关注江南市镇的发展,却忽视了湖南这样处于弱势地位的中部地区的研究,然而后者并非被动地接受市场机制的扩张,而是积极灵活地在市场贸易中发挥着自己的作用。在湘潭的米粮贸易中,各种地方社会势力参与其中,与市场发生着互动关系。

第二章介绍了湘潭地方社会的背景,明末清初以来,在江南经济发展红利和外省商人的参与下,湘潭的商品经济繁荣发展,并导致城市空间的变迁。然而,以利益争夺为核心的土客冲突,暗示当地长期存在着力量并不平衡的利益集团。第三至六章正式讨论清代湘潭社会与米粮收购、生产、运输和囤积的关系。第三章讨论了清代湘潭城乡米市的创立过程,在全国米粮市场体系形成的背景下,湘潭米市逐渐确立了在市场网络中的主导地位,米行等收购组织也逐步深入基层的乡村市集。第四章将目光放到城乡的余粮者身上,重点讨论了全国米粮贸易对米粮生产者的引导作用,即在经济利益的刺激下,宗族、书院等湘潭地方社会积极占有土地和水利资源,经营余粮甚至投身米粮贸易。运输是沟通供求关系的纽带,第五章关注河道这一交通命脉,通过探讨水运安全的制度设计和落实,我们看到地方官府通过对渔民和船户编立保甲来保障河道安全,地方宗族也立足自身利益,通过收编渔民来保障米粮运输。第六章从米粮囤积的角度考察地方社会与米粮市场的互动,从常平仓、民间仓储体系到积谷局的设置,这一过程揭示出官、绅、商合力"定市价"、垄断米粮市场的意图。在这个过程中,本地士绅的权势日益膨胀,逐渐掌握了地方事务的话语权。

第七章为结论,作者展现了自身的全球史视野。通过湘潭的个案分析,我们或许可以更为完整地看到中国各区域间社会经济发展的联动关系,从而正确评价所谓"弱势"地区对中国乃至世界格局的意义。

总之,本书的严谨论证与精彩布局,使得我们对"籴粜之局"的题目有了更深刻的认知。我们可以将它理解为积谷局这样一个地方社会力量的代表,也可视之为湖南在清代面临的市场网络发展的良好局面,然而湖南却陷于此"局"之泥沼不能自拔。换句话说,在商品经济发展的表面繁荣之下,市场网络未给湖南乡村社会带来实质性利益,反而使本地社会长期处于消极被动的状态。从中我们不仅可以发现长期游离于大历史叙事之外的湖南地方的独特研究价值,更可以跳出区域历史研究,对整个国家乃至世界的经济体系有更清醒的理解。以下试就此问题略加陈述。

二 立足区域,关怀整体

如上所述,《籴粜之局》是以湘潭为中心的区域性考察,然而作者的视野并未局限于此,而是通过这一"碎片",透视出更为宏观的社会经济史视野。

首先,明清以降的社会经济版图中形成弱势与强势、边缘与核心的区域性对比,作者在全球史视野下,在肯定江南等发达地区之历史意义的同时,也强调了湖南等经济地位相对弱势的地区,从而为开放、联动、一体的世界体系给予了自己的解释。美国人类学家埃里克·沃尔夫认为:"人类世界是一个由诸多彼此关联的过程组成的复合体和整体,这就意味着,如果把这个整体分解成彼此不相干的部分,其结局必然是将之重组成虚假的现实。"[①]这使我们注意处于主流书写框架之外的边缘地区。20世纪80年代以来,"核心"与"边缘"模型多用于解释中国区域社会的政治变迁。在社会经济史领域,彭慕兰(Kenneth Pomeranz)通过晚清民国时期黄运地区的实证分析,提醒我们"富裕和贫困地区都是现代世界的组成部分,一个地区的飞速发展,可能造成其他地区的停滞或衰落"[②]。《籴粜之局》的研究,不仅向我们证明了江南经济繁荣对湖南腹地发展的抑制,更使我们从另一个侧面看到,处于"弱势"和边缘地位的腹地,同样拉住了处于"强势"和核心区域的江南发展。然而,在彭慕兰的论证逻

---

① [美]埃里克·沃尔夫著,赵丙祥等译:《欧洲与没有历史的人民》,上海:上海人民出版社,2006年,第7页。
② [美]彭慕兰著,马俊亚译:《腹地的构建——华北内地的国家、社会和经济(1853—1937)》,上海:上海人民出版社,2017年,第70页。

辑中,帝国主义冲击所引起的国家政策转向是当地被边缘化的主要原因,它们"失去了与沿海经济相融合的政策扶持,并遭到人为的封锁,也就无法得到和消费沿海地区质优价廉的商品(主要是西方商品)"①,因此这种解释仍然没有跳出费正清先生的"冲击—反应"模型。孔飞力(Philip Alden Kuhn)在讨论19世纪中国的政治参与、竞争和控制时,已经意识到:"从本质上看,中国现代国家的特性却是由其内部的历史演变所决定的。"②因此,《籴粜之局》无疑通过湖南地方社会经济的个案考察,对上述问题进行了有力的补充。一方面,湖南与江南的关系是传统社会经济发展环境长期孕育和催化的结果,是地方社会和市场网络共同运作的产物,因此,中国经济的发展节奏有其内在动力。另一方面,《籴粜之局》在论述中尽量用弱势与强势的概念代替边缘与核心的对比,这实际反映了作者关照全球史视域的努力。长期以来,江南作为中国社会经济发展之中心,受到学界的普遍关注,并作为与世界经济发展道路进行对比的代表。③但江南发展与全国市场网络密切相关,尤其中西部对江南提供了必要的供应和支撑,它们在中国乃至世界的经济格局中同样具有不可替代的作用。

其次,除了区域间的联动作用,经济的发展就区域本身来说也并非孤立的现象,而是社会、政治、文化等多种因素综合塑造的产物。例如,关于社会与经济的关系,罗友枝(Evelyn Rawski)认为,18世纪湖南市场的扩张在很大程度上影响了社会层面的农民的选择。④蔡志祥先生讨论了20世纪初湖南米粮贸易中政府、米商、市民、农民、地主等各方利益的影响,认为各个社会阶层都参与到了米谷贸易中。⑤《籴粜之局》的关注点集中在18—19世纪的湖南米粮贸易,是对既有研究的有力补充。一方面,作者认为,以湖南为中心的全国米粮市场网络的形成,对当地社会产生了重要影响,米粮收购者为寻求更大利润,逐渐深入基层市集,米粮生产者积极占有水利和土地,加之河道管理体系和仓储制度的建立,这些都反映出市场贸易刺激与地方社会建设的关系。另一方面,地方社会也在试图通过控制地方资源,发挥自己对市场网络的影响。例如重田德认为富户地主既囤积米粮,又与牙行、客商联合把持行市、抬高米价,在基层市场中占主导地位⑥;黄永豪则讨论了在米粮贸易背后的湖南官绅关系、地方政治和经济利益纠葛⑦。在作者看来,宗族等社会组织的行动都对米价的变动产生影响,其中尤以积谷局的设立最为突出,罗汝怀在《救荒条陈》中将"定米价"视为买卖之局的主要功能。⑧此外,年鉴学派勒高夫指出:"历史的发展时快时慢,但是推动历史发展的

---

① 马俊亚:《国家服务调配与地区性社会生态的演变——评彭慕兰著〈腹地的构建——华北内地的国家、社会和经济(1853—1937)〉》,《历史研究》2005年第3期。
② [美]孔飞力著,陈兼、陈之宏译:《中国现代国家的起源》,北京:生活·读书·新知三联书店,2013年,第1页。
③ 如:[美]彭慕兰著,史建云译:《大分流:欧洲、中国及现代世界经济的发展》,南京:江苏人民出版社,2003年等。
④ Evelyn Rawski. *Agricultural Change and the Peasant Economy of South China*. Cambridge: Harvard University Press, 1972.
⑤ 蔡志祥:《二十世纪初期米粮贸易对农村经济的影响:湖南省个案研究》,《食货月刊》第16卷9、10合刊,第22—50页;第11、12期合刊,第50—62页,1987年。
⑥ [日]重田德:《清初における湖南米市场の一考察》,《東洋文化研究所紀要》第10册,1956年。转引自陈瑶:《籴粜之局:清代湘潭的米谷贸易与地方社会》,厦门:厦门大学出版社,2017年,第12页。
⑦ 黄永豪:《米谷贸易与货币体制——20世纪初年湖南的经济衰颓》,桂林:广西师范大学出版社,2012年。
⑧ (清)罗汝怀:《救荒条陈》,《绿漪草堂外集》卷2,上海:上海古籍出版社,1995年,第168页。

内在动力却只有在长时段中才能起作用并被把握。"①清代社会经济结构既是长期发展的结果,也对近代的市场形态有着深远的影响。明末清初湘潭的兴起伴随着全国市场网络的形成,而晚清以降,国家社会的变动使当地的权力体系重新洗牌,本地士绅和米粮商人逐渐掌握了地方事务的话语权,湘潭城市的社会经济机构亦随之转变。上述一系列的历史变迁,以地方社会与市场网络的互动为线索串联起来,这使我们对区域经济发展的整体脉络有了更清晰的认知。

最后,《籴粜之局》在史料和写作方法上富有创新意识。第一,本书所涉及史料除了史籍档案、地方志、笔记文集外,还广为搜集了积谷局档案、地方族谱等民间文献,因此,在传统材料所提供的线索基础上,作者可以利用民间文献对具体的历史变迁进行了实证性考察,这得益于作者自2003年起在湘潭地方的田野调查与资料搜集。相关问题在下文将详细讨论。第二,在对史料的利用上,《籴粜之局》有别于既有研究往往从定量视角的考察。②作者仔细梳理了湘潭各宗族的谱牒世系,进而分析各分支在祠产上的份额关系,从而揭示出宗族势力在渔户管理的中介作用,他们作为地方势力代表,与国家共同维护河道社会秩序。此外,再结合契约和诉讼档案,作者发现了在湘潭米谷贸易中的关键人物——中湘金霞山沙头郭氏宗族的郭花汀,以此为史料束,《籴粜之局》将湘潭地方史与宏观历史环境勾连起来。然而,相对定性的研究并不影响《籴粜之局》对数字信息的敏感。陈春声先生在讨论广东米价问题时引用美国学者爱德华·萨维斯的话说:"对历史计量法最适当的估价可能是把它当作历史学家所有许多技术和方法中的一种,在需要用它的地方用它,用不着像有些历史学家那样对它抱有过分的奢望,也不必像另外一些历史学家那样对它过于敌视。"③《籴粜之局》吸收了定量研究的合理因素,尤其是在以积谷局为中心的谷仓讨论中,作者通过详尽梳理《湘潭积谷局志》中的数据,以图表的形式清楚地交代了湘潭各都义仓及乡中仓谷的数量,从而揭示出在谷仓背后的民间基层组织势力。从湘潭积谷局所置买的房产中,我们也可以略窥积谷局在同光时期的发展壮大。最后,本书的文笔精彩,论证逻辑清晰。在绪论中,作者以清同治初年罗汝怀的《救荒条陈》自然引入对"米价"这个宏观经济史问题的探讨;在主体章节中,由以图画、诗词和歌谣开启严谨的学术论证,深入浅出,见微知著,而又使阅读不失趣味,彰显了作者对史料文字的掌控力。此外,米粮市场的正式流程本是按照生产、运输、囤积、交易这样的线性发展,但作者在交代湘潭地方社会背景后,却按照收购、生产、运输、囤积的顺序对市场网络的结构进行介绍。这种论证逻辑传达了一个深刻的问题意识,即湖南等中部地区的经济模式是以外向型为主导的。外省商人、江南发展是湖南商品经济繁荣景象和主要动力,正是在后者的刺激下,湖南的米粮贸易才得以渐次开展,地方社会才有能力参与到全国的市场网络体系中。

---

① [法]勒高夫主编,姚蒙编译:《新史学》,上海:上海译文出版社,1989年,第27页。
② 代表作如陈春声:《市场机制与社会变迁——18世纪广东米价分析》,北京:中国人民大学出版社,2010年。(初版于中山大学出版社,1992年。)黄国信:《区与界:清代湘粤赣界邻地区食盐专卖研究》,北京:生活·读书·新知三联书店,2006年。黄永豪:《米谷贸易与货币体制——20世纪初年湖南的经济衰颓》,桂林:广西师范大学出版社,2012年。等等。
③ [美]爱德华·萨维斯:《60年代的美国史学》,《世界历史译丛》1980年第2期。

三 史料取径的多元化

梁启超先生认为:"大抵史料之为物,往往有单举一事,觉其无足轻重,及汇集同类之若干事比而观之,则一时代之状况可以跳活表现。"①对于明清以降的社会经济史研究来说尤其如此,搜集尽可能全面的史料,并对这些多元记述进行比较和理解,是准确把握社会面貌的有效途径。正如桑兵先生所言:"所有类型的资料都只能部分地反映真实,只有尽可能完整全面地掌握各种相关记述,并且四面看山似地比较不同的记述,即以俱舍宗治俱舍学似地前后左右了解语境,理解文本,把握错综复杂的相关关系,或许可以逐渐接近事实的真相。"②回到《汆枭之局》本身,我们注意到在《湖南省例成案》《三省边防备览》等官方文献中,船户、船工大多被描述为社会秩序的隐患,或被称为"江湖盗匪"。从史料批判的角度来说,这些由统治阶级书写的、自上而下的历史文本,符合统治阶级"编户齐民"之社会秩序理想的政治需要。孙正军先生说:"分析文献成书背景,探讨政治环境、社会氛围、文化思潮等对历史书写的影响,由于中国古代以正史为代表的史传文献多与政治密切相关,因此从政治环境切入的研究尤多。"③这也正揭示出,官修政书虽然为我们勾勒了制度框架的样貌,但在描述船户、渔户等底层民众情况时却有诸多不足。

陈瑶在《汆枭之局》中不仅充分利用了史籍档案和地方志等材料,而且其搜集和使用的笔记文集、民间文献等其他文献,在一定程度上弥补了上述不足。例如,水路歌是内河船工的行船歌谣和劳动号子,作为一种口传文献,有不少被收入《中国民间歌谣集成》及各省市县资料册,其内容多为船户驾船的行船技巧与口诀。据陈瑶对老船工的口述访谈发现,水路歌也是船工葬礼的仪式曲目,这一点在注重"全面性、科学性、代表性"的民间文学三大集成的文字资料中被隐藏了起来。再如《汆枭之局》第五章对米粮运输问题的讨论,多元的渔户历史文献为我们展现了一个层次丰富的故事。一方面,《湖南省例成案》等材料自上而下地展现了管理湖南渔户的埠头制度;另一方面,鼓磉洲罗氏宗族、阳塘周氏宗族的族谱文献则从具体个案出发,进一步说明了埠头制度的运作,以及埠头制度与地方社会的关系。埠头制度的推行,不仅吸引地方社会参与管控渔户,维持河道社会秩序和经济利益,而且引起地域社会和宗族组织的重组,沿河宗族收编渔户的行为逻辑具有现实性的性质,最终对传统"敬宗收族"的宗族理念形成冲击。之所以形成这种创新的问题意识,得益于作者重视多元文献的对读与关联,并找到各种文献连接的关节点。因此,如何将地方社会史研究的个案纳入整个社会发展的脉络中进行理解,作者从史料取径的角度给出了一种可能性,那就是将地方史料与官方资料联系起来,两者的关节点通过民间族谱与《湖南省例成案》中的人名对应起来,勾勒出一个情节细致的故事。

总之,从《汆枭之局》中我们可以看到,关于船户、渔户、宗族等地方组织的历史文献包

---

① 梁启超:《中国历史研究法》,上海:上海古籍出版社,1998 年,第 69 页。
② 桑兵:《治学的门径与取法:晚清民国研究的史料与史学》,北京:社会科学文献出版社,2014 年,第 49 页。
③ 孙正军:《魏晋南北朝史研究中的史料批判研究》,《文史哲》2016 年第 1 期。

括传世文献与民间文献的两个来源,即船户自己创造的"内生文献"和官方记载等非自我认知的"外生文献",两类史料相互补充和配合,使我们看到市场与社会的互动。另一方面,笔者以为,这些文献生成和留存过程也有更深入推敲的价值。正如桑兵先生认为:"研究历史,一方面要通过比较不同的记述逐渐接近史实,另一方面则要探究不同的当事人何以记述不同,尤其是为何会这样而不是那样记述。探究史事的真与解读相关各人心境的真相相辅相成,只有更多地了解所有当事人记述的心路历程,才有可能更加贴切地接近所记事情的真相。"①渔户、船户等"没有历史的人民"是如何创制自己的历史文献?他们所创制的文献又具有哪些特性?例如,契约文献的使用历史悠久,"凡在社会生活中发生的种种物权和债权行为,需要用文书形式肯定下来,表示昭守信用,保证当事人权利和义务的履行,便形成契约文书。"②那么船户、渔户等群体的契约在格式、内容、使用方式等方面是否又有特殊之处?这种对民间文献的生成与流传进行更加细密的考证,不仅是保证史事之真的要求,同时对文献历史源流的考察本身,也即探究社会经济之历史变迁的过程。

四 湘潭内部的经济互动

《籴粜之局》在经济史、社会史领域彰显了自身牵引力,给予读者诸多启发。下文拟就两层问题略做讨论:一是在地方社会角力视角下的湘潭经济状况,二是不同利益集团在湘潭经济关系中的位置。

我们从作者的分析中可以看到,外省商人与本地商人是活跃在湘潭地区的主要经济利益集团,双方力量的长期不平衡构成当地经济和社会形态的主流特征,在此背景下,外籍商人、本地商人和官方三者的关系值得推敲。清初湘潭社会趋于稳定,但"原本由青靛行承担的湘潭驿马驿吏开销大半推卸到里甲身上"(第27页),这种财政开销为何,又如何由行商转移到里甲制度下的,《籴粜之局》并没有详细的说明,而这种社会负担的转移、后果及其背后反映的不同主体却值得我们思考。相似的问题也存在于嘉庆年间湘潭土客仇杀案的官方判决中,那就是当地政府在这场涉及土客利益的争斗中,倾向于支持哪一方的态度显得模糊不清。换句话说,湘潭政府并未奉行地方保护主义,且默许了垄断大额贸易利润的外籍商人在当地的经济活动。笔者据此假设,从官府的视角来看,高附加值产业由外籍商人主导、抑或是本地士绅主导都无关痛痒,国家需要的是能够与官方合作的利益集团,后者能够承担赋税,使国家和社会从财富增殖中获得好处,从而保持社会经济的平稳运行。

上述讨论促使我们重新审视湘潭区域的实际经济状态。何谓一个地方经济的有效增长?据经济学的定义,"有效经济增长"是指"包含基础消费水平变化、消费结构提升以及整体消费力增长因素在内的经济增长,是指在社会整体消费、人口等因素变化的条件下,超过基本生活标准以上的那部分人均国民收入的增长",它强调基准消费水平的提高,消费力增

---

① 桑兵:《治学的门径与取法:晚清民国研究的史料与史学》,第48页。
② 杨国桢:《明清土地契约文书研究》(修订版),"序言",北京:中国人民大学出版社,2009年,第1页。

长与经济增长的合力效应。①《籴粜之局》以米粮贸易为中心,对米粮的生产、运输、囤积、交易等各个环节展开了充分论述,由于史料限制等原因,虽然当地消费的实际状况不甚清晰,但从作者的论述中,我们仍可得到一种比较繁荣的整体印象,如外商在当地的基础设施建设,以及人口、财富的聚集所带来的消费、纳税水平的上升等等。这即是说,如果将消费、出口(商品输出)和资本作为经济发展的动力标准,外省商人在前两方面对湘潭本地经济的拉动是毋庸置疑的,但他们对当地经济的阻碍也同样明显。商业垄断使外省商人获得丰厚利润,然而这些巨额资本并未刺激湘潭本地的再生产,一旦外省商人带走资本,长期以来只能依靠米粮产业的本地商人显然无力支撑湘潭经济的正常运行,这应是限制湘潭经济有效成长的主要原因。

五 结 语

《籴粜之局》从湘潭个案出发,细致地剖析了地方社会与市场网络的互动关系,在史料搜集和分析方面皆有可圈可点之处。作为一部可能牵引学术热点的论著,笔者相信在未来还有更多深入的问题需要作者继续讨论,例如湘潭会馆、书院和积谷局的具体运作等等。此外,作为湖南本地人,作者对湖南地方社会经济的发展无疑投注了深切的关注,这充分反映在隐含在本书客观论证中的现实性关怀。国家的中西部崛起战略方针提出已久,相关政策在稳步推进的过程中也出现了诸多问题,作者回到历史现场的历史性解释,可以使我们对中国经济发展的宏观格局有更深刻的认识。

作者简介: 顾浩,厦门大学民间历史文献研究中心硕士研究生。

---

① 李月、张世晴:《有效经济增长》,天津:南开大学出版社,2011年,第9—10页。

人地关系中的环境变迁与影响

——评吴海涛等《淮河流域环境变迁史》

刘龙雨　晋　文

在中国历史上的水系中,江、河、淮、济号称"四渎",是我国最重要的四条河流。其中淮河又是划分我国南北方的分界线,它北连黄河,在历史上屡屡受到黄河南迁的影响;南邻长江,很早就有运河与长江相连,受长江与黄河文化的双重影响。淮河流域的文明曾高度发达,但随着黄河改道却出现了衰落,淮河流域的自然与人文环境也发生了巨大变迁。这种变迁,可视为了解环境与人类社会相互影响的一个范例。目前,学界对环境史的研究方兴未艾。从世界环境史到国别环境史,再到区域环境史,均有专著问世。[①]因此,无论是从社会现实出发,还是学术研究的需要,吴海涛教授领衔撰著的《淮河流域环境变迁史》(黄山书社2017年11月版,以下简称《环境》)都恰逢其时。书中除绪论和余论外,共分八章,以12至19世纪淮河流域社会和环境变迁为研究对象,深入探讨了淮河流域环境变迁的原因、政府对于淮河治理的努力以及由于淮河变迁导致的人文环境的变迁等问题。在讨论中,《环境》始终站在人地关系的角度,从淮河流域的环境变迁出发,既考察环境变迁对人类活动的影响,也分析人类活动对环境变迁的影响。本文试从三个方面评述其得失之处。

一　淮河自然环境变迁的应对

淮河位于北纬30°(±5°),我国0℃等温线与800毫米等降水量线均从淮河穿过,介于华北平原与长江中下游平原之间,水热条件好,本是非常有利于农业发展的区域。然而纵观淮河的发展史,其文明的发展,大大滞后于它的自然环境本应提供的便利条件。究其原因,则主要是外力的介入。

淮河变迁的根本原因,是受到黄河的影响。黄河作为一条含沙量大,径流量季节变化大

[①] 近年出版的主要著作有:[德]约阿希姆·拉德卡著,王国豫、付天海译:《自然与权利:世界环境史》,保定:河北大学出版社,2004年;[英]布雷恩·威廉·克拉普著,王黎译:《工业革命以来的英国环境史》,北京:中国环境科学出版社,2011年;[英]伊懋可著,梅雪芹、毛利霞、王玉山译:《大象的退却:一部中国环境史》,南京:江苏人民出版社,2014年;王建革:《江南环境史研究》,北京:科学出版社,2016年。

且年际变化大的华北型河流,极易决口与改道,形成了善淤、善决、善徙的特性。如黄河于西汉元光三年(前132)在东郡濮阳瓠子口(今河南濮阳县西南)决,洪水东南夺泗、淮入海,泛滥于相当于今豫东、鲁西南、淮北、苏北的16个郡境内的广大地区,成灾20余年。后晋开运元年(944),黄河在滑州(今河南滑县东旧滑城)决口,洪水淹没了鲁西南的郓、濮、单、曹数州,最后积聚在梁山周围,将原先的巨野泽扩大为著名的梁山泊。北宋天禧三年(1019),黄河又从梁山泊向东南夺泗、淮入海。《环境》以元明清时期淮河流域的环境为主要研究内容,尽管没有详细分析历史时期黄河变迁对淮河流域自然环境的影响,但也注意到此前淮河流域的自然环境,指出汉代淮北的人地关系十分协调。相对而言,淮南的人地关系处于低级协调状态。此后随着人口南迁规模的增大,淮河流域成为国家的重要经济区之一。

自南宋建炎二年(1128)东京留守杜充为阻止金兵南下,于今河南滑县西南李固渡扒开河堤,人为决河,使黄河东决经豫东北、鲁西南地区,汇泗入淮。从此黄河东流离开了春秋战国以来流经今河南浚、滑一带的故道,不再进入河北平原,在长达700多年里以东流入淮河为常,对淮河流域造成巨大的影响,严重影响了其自然与人文环境,影响了淮河流域社会发展的进程。因此,黄河的南泛是淮河流域环境变迁的根本原因。《环境》以表格的形式详细描述了黄河泛淮的具体过程,剖析了历代治河方略的得失,并指出历代治河的困难与对策。黄河的治理,主要是对泥沙的治理。但由于元明清三代黄河都兼做运河,治理的方向总要保证运河的畅通,因而治黄受到诸多束缚。元代运河虽通,但水量不足,水陆联运成为元代的解决方案。明代在治黄的同时还要兼顾护陵,问题更难解决。黄河北决,不利于运河的维护,而维持向南注入淮河的局面,则运河水量可以保障。在潘季驯的主持下,"束水攻沙"成为治河的根本措施。然而这是以牺牲淮河流域的自然环境为代价的。清代的治河延续了明代的思路,仍是以水攻沙,这样就影响了淮河的河道,也造成附近的洪泽湖的泛滥,整个淮河流域的自然环境遭到巨大破坏。因此,在元明清时期,其人地矛盾十分突出。在这样一个框架下,《环境》详细分析了每一个朝代面临的具体问题,所采用的对策,以及治理的利弊,可以说是目前了解淮河变迁及其治理的重要成果。

在对黄河干流治理的分析中,《环境》详细分析了各河段的治理方法及历史经验。黄河下游历来是政府防治黄泛的重点区域,皇帝十分重视,河东河道与江南河道分别进行了因地制宜的治理:前者"防"与"治"相结合,后者以木龙治河为特色。仪封决口与青龙岗决口是河东河道的两次大决口,尤其是仪封决口,是乾隆时期最大的堵截黄河泛决工程之一。为了堵住决口,六百里加紧传递文件,迁徙沿岸百姓,加紧修筑堤坝,耗费了大量人力物力。在堵筑决口的过程中,还运用了开挖引河以分黄河水流等措施,才使河东河道顺利通行。南河的治理除了"防"与"治"之外,木龙技术成为该段河道治理的特色。木龙技术是制作木质结构的装置放在水旁以保护堤岸,该技术始于宋代,后来失传,清代又恢复使用。[①]乾隆时期,木龙在黄河河工广泛使用,颇具时代特征,其应用的空间范围主要是黄淮运治理的核心地带,起到了改善堤防的作用。以上治河经验,限于当时的认识水平与技术条件,从后世的经验来看未必恰当,但还是为后世的治河提供了宝贵的经验,当时的一些术语也为后世所沿用。

《环境》讨论了治河决策机制问题,这也是该书的一大亮点。以往讨论治河,往往注重讨

---

① 童庆钧:《〈木龙书〉研究》,清华大学硕士学位论文,2005年,第2页。

论治理的方案策略,但对于决策是如何形成的却未加重视。短短一节内容,可以看出作者细致入微的考察。《环境》从君臣会议、臣工会议等程序,理清了治河方略的出台程序。有时是河道总督直接奏报,然后由皇帝与大臣商议决策,有时臣工先行讨论,最后由皇帝拍板。这反映了治河工程是群策群力的结果,并非由皇帝一人独断专行,这就保证了从多个角度综合考虑,治理方案是当时能够想到的最合理的方案。事实上,这是一项关于河工具体政治运作的问题。如果深入下去,会找出在政治的实际运作中,权利的分配与协调机制,例如皇帝的权力是颇受限制的。根据江晓成的考证,在乾隆七年(1742),聚集了江南的三位钦差、江南河臣与督抚,经过半年的争论,才达成一份各方都能接受的河工方案。[①]这反映了在实际的政治运作过程中,虽然名义上皇帝拥有最终决策权,甚至乾纲独断,但在对具体事务的操作中,实际负责的大臣也享有较大的发言权。

基于河流的变迁是造成淮河流域人地关系紧张的思路,《环境》用相当篇幅梳理了政府治河的具体方法与过程。自元至清,两次改朝换代的战争对环境造成一定破坏。战争结束,在统治者的努力倡导和人民的努力下,生态环境有所恢复,然而巨大的人口压力使得环境的恢复过程并不顺利。到乾隆朝,淮河流域的土地开垦已经基本达到饱和,人地矛盾更加突出,因而毁林开荒、围湖造田成为人民解决这种人地矛盾的自发行为。《环境》以明清寿州水利与芍陂治理为例,通过对史料的详细梳理,分析了人类在应对自然环境变迁的过程中的复杂性。寿州经常遭受洪涝灾害,过度垦殖导致寿州陂塘群萎缩,多处陂塘已有名无实。芍陂是寿州的水利命脉,其兴衰过程与寿州水利兴衰同步,因而治理境内的芍陂成为一项重要工作。这样一个重要的水利设施,却在明清两代湖水淤积,储水量下降,塘身面积缩小,屡屡淤废。其中固然有受到上游来水及自然环境变迁影响的原因,但人为因素也是不容忽视的重要原因。历代尤其是元代以降当地乡民垦种湖中淤地之势蔓延,地方豪强占垦行为屡禁不止,普通民众利益受损,政府屡次清理违规造田,成为治理芍陂的主旋律。直到万历年间才疏浚治理,但此后又屡有兴废。整个清代也是官府与豪强屡次展开拉锯战。官府能力强的时候,筹集经费,清退占田;能力弱的时候,豪强则持续占田,造成湖泊萎缩。因此,从芍陂的发展演变可以看出,自然环境的演变,固然是由于河流泥沙淤积造成陂塘淤浅,但出于自身利益的考虑,人类对自然环境的改造往往没有全局或大局观念,甚至相互掣肘,应是一个更重要的缘由。

在对环境变迁的应对机制分析中,《环境》既作了技术方面的分析,也充分考虑了人为因素的影响。对黄河干流的治理,政府各级部门,从皇帝到实际负责的官员,群策群力,方保证了黄河的顺畅通行。但是在对局部的水利治理中,公共利益与当地大族的私利始终是矛盾的焦点,政府不仅要应对自然环境本身的恶化,还要应对加剧环境恶化的豪强之家。自然环境本身的治理难度往往不大,难的是对不同利益方的协调。在这一方面,《环境》的论述也发人深省,令人信服。

---

① 江晓成:《工程、技术与帝制:乾隆七年江南河工之争的政治史解读》,《华北水利水电大学学报(社会科学版)》2015年第2期。

二 自然环境与人类活动的相互影响

《环境》认为,除了河流改道、泛滥等导致的环境恶化进而影响人类活动,人类活动也对淮河流域自然环境造成巨大影响,战争与人口压力是淮河流域环境变迁的人文驱动力。这种看法是完全符合历史逻辑的。

皖北的城市经常遭受水患影响,不同城市的应对不尽相同,《环境》研究了不同城市面对洪水的应对措施。处于上游的城镇,或多或少受到水患的影响。颍河水系的城市中,颍州城在城邑设计上,将护城河与颍河相互连通,城中的布局十分注重城区的防洪功能。太和县城为了防洪,加厚城墙并以砖石砌墙。颍上县因沙河水漫溢导致居民庐舍毁损,疏浚了护城河,加固了堤防,缓解了城市防洪的压力。涡河水系的城市中,亳州屡遭水患,采取了将城邑修防与周边水利兴废结合治理的方法,但仍屡受水患威胁;蒙城屡遭黄河决溢之灾,不得已缩小了城市规模。淮河干流的城市,寿州城不仅屡次遭受淮河水淹,还受到雨潦之害,最终修成跨越淝水的大桥;长淮卫设有重要军仓,然而被水之后不能及时修缮;凤阳卫屡淹屡修,直至万历年间修成石堤,才使居民免于水患。

皖北所有县级市都受到水患的影响,而对每个城市建设的影响又有所不同,其分析非常细致入微。怀远县受水患影响虽不大,但也有部分建筑(如察院)因水患改建的历史。灵璧县是明至清咸丰年间皖北州县中唯一"北、南同时涉及黄、淮干流河道的县域"(第241页),因此对该县的研究,便具体到每一道河渠。该县在清代也深受水患影响,改变了排水渠道才使县城免于水灾。五河县是受水灾影响较大的城市。其县名即来源于水系交汇,它曾经屡遭水淹,城身或部分坍塌,或全部倾圮,因而其城市建设或直接迁址重建,或修补城墙,正德年间完成了从夯土墙向砖筑城池的转变。《环境》详细分析了每座城市在面临水患时的不同应对措施。这既体现了环境变迁对人类活动的影响,也是人类为了适应自然环境进行的人文环境的改造。

书中重点考察了战争对生态系统的巨大破坏,这既包括如元末明初与明末清初的两次改朝换代战争,也包括地方上的匪患这样区域性的冲突。作者认为,这些战争对环境的影响,体现在多个方面,除了破坏当时的生产力,还对环境造成难以逆转的影响,甚至影响到城市建设,反过来说,环境的恶化又进一步激化了社会矛盾,匪患更加严重。这些结论都可以说是究心之谈。

《环境》详细讨论了匪患的影响,对淮河流域人地关系的相互影响做了深入研究。如在论述城市建设的影响因素时,作者不仅详细研究了水患对城市建设的影响,也研究了人为因素的影响。正德时期淮河流域匪患严重,为预防匪患对城墙进行了加固,在城防建设、城池用材、城市建筑规模以及配套设施的各个环节都十分注重城市的整体防御功能,正德年间成为由夯土筑基转变为砖石主城的重要时期。匪患的影响,不仅体现在对城市建设的影响,其产生与发展,是与当地环境的恶化互为因果的。捻军是当地最著名的"匪患",其根源之一,就是当地经常发生自然灾害,不仅贫民食不果腹,连少数百亩之家的地主也无隔宿之粮,最后走上土匪的道路。自然环境恶化导致社会环境恶化,而社会环境的恶化,如在灾害面前无所作为、土地抛荒、水利设施废弃等,又进一步加剧了该区域生态环境的恶化。自然环境与社会环境之间形成了一种螺旋积累的恶性关系,引起社会和经济文化的倒退。这一分析,指出了淮河流域经济和文化不昌的根本原因,是全书的核心思想所在。

关于自然与人文环境的相互影响,《环境》总结指出:影响淮河流域人地关系的主要驱动力是黄河夺淮和人类的农业活动。"从明清到近代,由于自然环境的改变,加之单一的农业景观格局,使该区域生态环境的脆弱性增强,农业生产条件恶化,经济社会的渐而衰落是必然结果。"(第51页)这一结论十分恰当,也为今后淮河流域的发展思路提供了参考。

《环境》还从城市建设、教育、风俗以及社会等层面探讨了淮河流域的人地关系。在这些方面,无一不受到自然环境的影响而呈现出当地特有的文化景观。地理环境对当地社会环境有巨大影响,主要表现在教育、经济和风俗等等方面。环境的恶化导致经济不昌,从而又导致教育的落后,形成了恶性循环。以往学界对此曾很少进行专门研究。然而研究问题的发生,不仅应从其繁荣昌盛中寻找成功的经验,也应该从失败中总结教训。《环境》为此对皖北的书院进行了详细研究。作为帝乡,明朝该区域受到国家政策的照顾,书院的数量较多,分布广泛,但清代就被完全边缘化,文化事业每况愈下。在经济困难的情况下,因为当地缺乏有实力的商人,所以官员的推动就显得尤为重要。书院的发展不仅受到日常经济下行的制约,水灾导致了书院田的歉收,也影响到书院的后续经费。其他如挪作军费,或赈济灾民,也都影响了书院的发展。人才的数量与分布,和书院的情况类似。《环境》认为,皖北教育落后的原因,一是由于生态环境的恶化,这自不必说。在此基础上,引起社会环境的恶化,才是更重要的原因。皖北民风剽悍,这固然是由于人民在与自然的斗争中看不到希望,然而这种风气也进一步恶化了皖北的经济。在毫无胜算的斗争中,政府本该发挥积极作用,给予救济或者政策倾斜,鼓励人民努力奋斗,扭转这一社会风气。然而清代政府做的恰恰相反,政府为了保证运河畅通,牺牲了当地利益,使得这一地区在"贫困—更贫困"的怪圈里难以走出。分析到这一层面,可见《环境》认识的深刻,也足见作者对社会发展中政府角色的思考。在对淮北风俗的分析中,可以发现作者十分注重环境的影响。民间的尚武传统,剽悍之风的形成,无一不是深受当地艰苦环境的影响。而这些民风,又反过来影响社会经济的发展。

社会的变迁是最能反映人地关系的。在人口的迁移中,学界往往从移民的流入地的视角出发,注重移民的积极影响,《环境》却从具体案例的分析中看到了移民的负面影响。诸如引发资源争夺,形成流民,激化社会矛盾,破坏社会稳定;因生产方式、经营理念、生活方式等不同,还改变了原有的经济结构;民风民俗趋于多元化、复杂化,方言出现新的特征等。其中最有新意的,是移民激化了社会矛盾。《环境》从"湖田案"的具体事例出发,分析了新移入的山东人与回迁的本地居民之间的争地问题,这就是一个典型的社会矛盾激化的案例。新移入的居民与回迁的居民发生争地冲突,导致了大规模械斗,后期捻军又占领了这些土地,政府也参与其中,对抗捻军。回迁的前居民利用政府与捻军之间的矛盾,与政府合作,最终抢回了土地。作者通过这一案例,验证了费孝通先生提出的"乡土中国"的观点。

总之,《环境》以人地关系为线索,立足于自然环境的变迁,并详细研究了自然环境的变迁对人文环境的深刻影响,两者互为因果,形成了现在淮河流域的自然和人文景观。全书逻辑清晰,论证充分,各章节既相互独立又紧密联系,新见颇多,是一部全面论述淮河流域变迁史的力作。

三 几点不足与缺陷

《环境》也存在一些缺陷和细小的瑕疵，在此一并指出，仅供作者参考。

首先，《环境》考察的时段与地域有些失衡。作者在文首交代，淮河流域的地域范围包括了湖北、河南、安徽、山东、江苏五省40个地区(市)，然而在实际研究中，却主要侧重皖北地区，即淮河中游地区。推测其原因，大概由于所关注的时间范围主要集中在元明清时期，对唐宋时期涉及较少，唐以前的时期涉及更少。在元明清这段时间里，黄河长期夺淮，造成淮河下游黄强淮弱，从理论上来讲属于黄河流域，作者基本不关注也有其原因。但在时间断限上，《环境》对较早时段的关注是比较缺失的。唐宋时期经济重心南移，唐代藩镇割据时期，淮西节度使能够据地自雄，与其优越的自然环境是有关系的。更早的时期，作者意识到淮南、淮北"发展不平衡"，淮北地区"人地关系相对协调。淮南地区人地关系仍处于低级协调时期"(第46页)。但书中并没有展开论述，多少有些遗憾。

其次，《环境》的一些提法值得斟酌。例如，为了强调淮河流域地理位置的重要，作者把淮河流域视为"京畿之地"，认为"由于国家的重视和原有起点较高，使得经济文化能够较快恢复"(第305页)。但淮河流域实际却并非"京畿之地"。在北宋时期，设有京畿路，其东南到达太康县，在行政区划上属于今河南省，淮河干流距离开封也有相当距离。北宋时期淮河流域之所以发展较快，是因为宋代漕运四渠(汴河、惠民河、金水河、五丈河)的开通。此时经济重心南移，淮河流域正当江南与首都的交通要道①，故而经济文化发展迅速。再如，作者在研究书院数量时，提出清代皖北"作为冲繁疲难之地被彻底边缘化"(第299页)了，亦恐怕不确。皖北环境特殊，清代将凤阳府、宿州、寿州、灵璧县、阜阳县、霍邱县等六府州县设为最要缺，这是事实。但是，这种设置的目的或者结果，并不是要将皖北地区边缘化，而是恰恰相反，在最要缺地区调派最得力的官员进行治理，才是冲繁疲难制度设计的初衷。②也就是说，失去了帝乡优待这种政策倾斜，虽然对皖北造成了很大影响，但却很难说成把皖北彻底边缘化了。

第三，《环境》对个别史料的理解存在问题。该书引用唐元海《淮河综述志》称："元天历二年(1329)，'连岁大旱，是岁特大旱，河南诸路流民十数万，死者枕藉'。"(第165页)如此大的灾害，《元史》中应有记载，然而核查《元史》，在《五行志》中的记载却为天历"二年夏，真定、河间、大名、广平等四州四十一县旱"③。再查《文宗纪》的记载，是年"陕西、河东、燕南、河北、河南诸路流民十数万，自嵩、汝至淮南，死亡相藉，命所在州县官以便宜赈之"④，确实发生了很大的自然灾害，与《环境》中提到的"流民十数万"相符，但是并没有提到此次灾害为

---

① 杨国宜：《略论两宋时期淮河流域交通的盛衰》，淮河文化研讨会，阜阳，2007年。
② 张振国：《论清代"冲繁疲难"制度之调整》，《安徽史学》2014年第3期；胡恒：《清朝的政区分等与国家治理》，《中华读书报》2018年7月11日13版。
③ （明）宋濂等：《元史》卷五十《五行志》，北京：中华书局，1976年，第1071页。
④ （明）宋濂等：《元史》卷三十三《文宗二》，第736页。

旱灾。同年四月,"河南廉访司言:'河南府路以兵、旱民饥,食人肉事觉者五十一人,饿死者千九百五十人,饥者一万七千四百余人。乞弛山林川泽之禁,听民采食,行入粟补官之令,及括江淮僧道余粮以赈。'从之"[①]。可见河南府确实发生旱灾。然而同月(即六月)又记录"陕西雨"。据此可知,记载包括陕西、河南诸路在内的流民有十数万,但并不确定发生的灾害为何种灾害,有可能是各种灾害同时发生。联系《五行志》的记载,此次灾害如果都是旱灾,应在《五行志》中记载其他旱灾时一并记载。另一方面,河南府路在元代属于黄河流域,并不在淮河流域。反而作者没有引用到的《文宗纪》史料提到"自嵩、汝至淮南,死亡相藉",至少在空间上包括淮河流域的一部分。且据上文资料,河南府路发生兵燹、旱灾,搜括了"江淮僧道余粮以赈",至少说明在四月时淮河流域的灾情并不严重,僧道仍有余粮赈济其他路,不能说明淮河流域发生了"特大"旱灾。此外,这些史料在正史当中均有记载,作者并没有核对和引用原文,而是直接引用别人整理的资料,也显然不够严谨。

作者简介:刘龙雨,南京师范大学历史系讲师。晋文,南京师范大学历史系教授。

---

① (明)宋濂等:《元史》卷三十三《文宗二》,第733页。

评辛圭焕《北京粪夫：一位中国劳动者的日常与革命》

(韩)崔芝僖

1990年以后历史学界开始关注医疗史，到如今深入到了各方面的研究。虽然韩国学界研究医疗史的时间不长，但是最近相关的研究数量增加，研究的主题和范围也逐渐扩展了，而且主要医科学院和研究机关设立了医学史或医疗人文的研究所。辛圭焕教授是韩国的中国近现代史研究者，同时也是韩国的中国医疗史研究的开拓者。他很早就在韩国学界传播医疗史研究的价值，培养后辈医学史研究者，并且奠定了中韩两国医疗学界交流的基础。他在之前的著作《国家·城市·卫生：1930年代北平市政府的卫生行政和国家医疗》中研究20世纪30年代北京市的城市卫生政策与实行情况，主要考察北京市的卫生政策对市民的日常生活产生的影响，市政府推行卫生政策的过程，及其在近代城市建设中"卫生"产生的影响。他的研究显示了北京市卫生体系建设的过程并不是西欧卫生体系的简单移植，并试图进一步从研究中总结出近代中国自主的城市卫生建设的经验。[1]

辛教授在《国家·城市·卫生》中有一部分探讨了北京市粪业的改革与粪夫的抗议，并且2007年已经在《中国社会历史评论》上发表了相关内容，向中国介绍了自己的研究成果。[2]但是研究的时间范围以20世纪30年代为主，所以在研究中不能充分把握20世纪30年代之前北京粪夫的面貌及以后粪秽处理改革的进程。因此，他在已有的研究基础上，将研究时段拉长，细致地考察了20世纪前半叶北京市卫生改革与粪夫群体的互动，完成了《北京粪夫》一书。[3]关于民国时期中国个别城市的卫生政策和粪业改革已经存在研究，本评论首先介绍辛教授研究的主要内容，然后说明与其他研究的不同之处和意义。

该书从1950年北京市人民政府公安局紧急逮捕粪夫20多人的事件讲起，开头部分借用小说第一人称的叙述手法，说话者"高子厚"是当时调查反动粪夫的共产党干部，他自述粪夫调查对北京市政的重要性，所以为了力求慎重留下调查的记录。这种摆脱僵硬历史叙述的方式激发读者的兴趣，同时引起疑问：为何作者将粪夫作为历史研究的主题？为何1950年代人民政府公安局以反动的理由紧急逮捕粪夫呢？

全书总共五章，第一章《粪夫的日常生活》探索北京粪夫群体的人际网络和社会背景。

---

[1] 辛圭焕：《国家·城市·卫生：1930年代北平市政府的卫生行政和国家医疗》，首尔：ACANET，2008年。
[2] 辛圭焕：《20世纪30年代北平市政府的粪业官办构想与环境卫生的改革》，《中国社会历史评论》第八卷，天津：天津古籍出版社，2007年，第163—182页。
[3] 辛圭焕：《北京粪夫：一位中国劳动者的日常与革命》，首尔：蓝色历史出版社(푸른역사)，2014年。

作者在1950年的调查中关注于德顺、孙兴贵和丁镇铨等有主要反动嫌疑的粪夫,通过显示这些人物的个人经历和背景来考察粪夫群体。大部分的粪夫是从山东北部恶劣的环境移居到北京的移民者,他们在北京没有可靠的人际网络、社会根底,所以选择城市底层的体力劳动工作。作者细心地考察粪夫社会群体的特色:北京的粪夫主要是山东人独占的非常闭塞的行业,群体内部也存在阶层,分为拥有粪仓的粪仓主、所有粪道的粪道主、被他们雇佣的粪夫,大部分的粪夫在非常恶劣的环境下工作。

第二章《北京移民社会》说明在北京的山东移民者从事粪业等社会底层体力劳动的背景,以及市政府开始改革粪业的情况。北京气候干燥水源不足,从明清时期开始城市人口不断增加,所以城市内一直存在供水不足和粪便、垃圾处理等问题。由于传统时期城市的供水和秽物处理不属于国家(官)直接管辖的对象,因此北京的移民从事这些体力劳动。最有代表性的群体是水夫和粪夫,其中粪夫更深地介入市民的日常生活。当时粪道属于粪仓主的私有财产,国家不容易控制或干涉。粪夫经常向市民抢钱或罢工,这些行为不仅给市民带来不便而且妨碍城市卫生改善。但是城市上下水道基础设施完备之前,他们还是不可或缺的劳动力。

市政府为了建设近代城市,必须实现城市卫生改革、基础设施的建设,其中粪业改革是最要紧的项目。市政府已经从20世纪20年代试图改造粪秽处理行业,但是没得到预期的成果。20世纪30年代袁良和秦德纯市政府以后才试图进行更全面的改革。虽然他们政策不完善、反复进退,但是建立了北京城市卫生的基础。市政府改善粪秽处理的核心有两个:回收粪道所有权,粪夫的注册。这些政策抢夺粪商和粪夫一直拥有的稳定的收入来源,所以粪夫极力反对新政策。但是于德顺等少数粪仓主选择协助市政府的改革,所以后来他作为粪商的代表人物独占了权力和财富。作者分析粪夫群体政治意见不一致的根本原因在于山东移民社会和粪夫群体的特色。他们背后没有具备政治、经济力量的同乡会馆,而且群体内部不存在强力的团结意识。他们虽然是封闭的同乡集团,但是他们之间政治意见很分裂。

第三章《卫生改革与环境暴动》梳理了市政府的卫生改革与粪夫引起暴动的过程。1930年代袁良市长上任以后北京市开始正式引入近代城市体系,其中建立卫生体系是最要紧的事业。市政府为了改善粪秽处理和生活用水供给不良的问题做出了不少努力。市政府以粪秽处理的国营化(粪业官办)为目标,试图收回粪仓和粪道所有权,也采取改良粪具、粪夫登记、粪车通行时间限制等措施。粪夫社会认为市政府实行的改革和管制威胁他们的生计,于是粪夫就在1935年和1936年采取了两次所谓"环境暴动"的集体行动。第一次环境暴动在袁良市长时候发生,这次暴动不仅带来袁良市长的下台,而且让市政府后退一步,把国营(粪业官办)改成官督商办,就是官只能监督的方式。新上任的秦德纯市长继续推行城市卫生政策,其中粪业改革是不可或缺的,虽然后退一步选择官督商办,秦德纯市政府实际上坚持改革,扩展市政介入的范围。所以粪夫界的不满与日俱增再次引起了暴动。但是秦德纯市政府的态度非常强硬,动员警察镇压粪夫的暴动,终于实现把粪道所有权揽于市政府的手中。

第四章《日占时期的遗产》说明从1937年到1945年之间日军占领华北时期实行的卫生政策和改革。日本将医疗和卫生政策的成功作为占领中国正当性的宣传手段,所以实施高强度卫生防疫、延长疫苗接种等努力,导致一段时期内传染病的感染和死亡率的数据下降。但实际上传染病的死亡率并没有继续下降的趋势。媒体故意降低死亡率,并且医疗服务主要集中于内城，外城与郊外的卫生和防疫情况反而恶化。卫生警察强制性的挨户防疫引起了市民的反感，虽然亲日团体"新民会"在郊外和农村地区提供防疫服务，但是大众对新民会并不友好。当时粪业政策还是表面上承认粪商的自治，但是实际上逐渐加强政治权力的控制。粪仓主于德顺和孙兴贵积极协助日本的粪业政策，从而掌握了权力与财富。相反，平凡粪夫的生活很艰苦，他们经常被粪仓主的压榨和拖欠工资所折磨，并且当时北京的物价暴涨也威胁了他们的生计。辛圭焕教授使用当时外城与郊外居民的经济水平和医疗情况以及疾病统计推测粪夫的健康状态。粪夫纷纷身患结核等流行病以及寄生虫引起的疾病或下肢静脉瘤等的职业病。而且他们那些低工资工人肯定没机会得到充分的医疗。

第五章《新中国诞生与卫生改革》描述国共内战时期国民党的政策以及1949年新中国成立以后的情况。国民党政府也推进公共卫生政策，但是没得到显著的成就。1949年人民政府设立以后，北京市成立卫生工程局掌管环境卫生和沟渠管理，投入了大量的资金。当时上下水道的建设、垃圾和粪秽处理、修路、免费医疗等卫生事业既是市政的最大目标又是最大成果。其中粪业改革的核心就是收回至今一直被粪商私有的粪道所有权。表面上看来粪业界自主运作，设立粪夫的公会提高他们的权利和生活水平，同时城市粪秽卫生处理也有了进步。但实际上粪仓主还把持公会，粪夫只是粪仓主的雇佣劳动者而已。并且当时流浪粪夫逐渐增加抢夺粪夫的活儿，以至于经常发生纷争或武力冲突，粪夫的生活并没有改善。粪夫之间的冲突给市民带来不便，而且粪夫仍然向市民抢夺辛苦费用或急工，所以市民还是向政府要求完善的粪业改革。20世纪50年代北京市对于德顺、孙兴贵等粪商代表进行调查和惩罚，公布于德顺等粪阀一直寄生于政治权力从而获得了财富，他们不仅有剥削粪夫、强奸妇女等丑恶行为，而且妨碍人民政府的粪道收回政策。彭真领导的北京市政府把于德顺等粪阀恶霸逮捕并处死，1951年11月终于实现粪道的收回和市政府的粪业管制。总的来说，经历四十年左右的改革和矛盾后，粪秽处理业终于包含于国家管理之下。

关于近代城市卫生体系的形成如今有不少研究，其中粪秽处理和粪业改革是跟城市的卫生有密切关系，除了辛圭焕老师以外已经不少研究者关注这一主题。熊远报（日）和邱仲麟教授提到过前近代城市的粪秽处理与清洁意识，但是没有具体论述粪秽处理和卫生的问题。余新忠教授比较具体地探讨了清末中国城市的粪秽处理与卫生的问题，他说明前近代江南城市已经存在雇佣粪夫处理粪秽的方法，清末社会开始认识到卫生和清洁的重要性，其过程中卫生意识和行为发生近代式的转变。[①]

其他粪业改革研究都集中在20世纪30年代的大城市，也即个别城市正式开始卫生政策的时候。杜丽红关注20世纪30年代北平市的粪业改革过程，北京市面临改善城市卫生以及改革粪秽处置的舆论要求，开始设置公厕并且管制粪夫的行业。北京市政府的粪业改革经过从市办到官商合办的过程，其过程中发生粪夫的强力抗议以及市政府的内部矛盾等的问题，杜教授评价1937年秦德春市政府才实现污物管理改革基本完成，其关键因素在于官商的合作。[②]彭善民表明近代上海城市粪秽处理乃一重要的公共卫生问题，租借和华界的粪业政策大致经历了从招商承办到政府办理的过程，但是因为粪秽市场不成熟以及政府的

---

① 余新忠：《清代卫生防疫机制及其近代演变》，北京：北京师范大学出版社，2016年，第163—198页。
② 杜丽红：《1930年代的北平城市污物管理改革》，《近代史研究》2005年第5期。

监控力量有限等原因,没收到预期的效果。①潘淑华关注20世纪二三十年代广州施行的粪业改革和公厕的设置,他除了粪业改革落实过程以外还关注粪业改革带来的城市如厕文化以及卫生观念的变化,而且他按照杜丽红的研究比较广州和北京两城市的粪业改革。②朱月琴、马红梅以粪秽处理为主探讨20世纪30年代南京政府卫生政策。南京也经过招商承包和政府自办等办法推行粪业改革,但是因为缺乏经费、强制性等原因,城市粪秽收运管理不能有效落实。③

以上的研究都讨论20世纪30年代个别城市的粪业改革,值得跟辛教授的研究比较。首先,上述研究显示其过程都有类似的特点:市政府有建设近代卫生体系的压迫感,所以粪业改革是要紧的事业;20世纪二三十年代个别市政府都正式实行粪业改革,市政府按照每个城市的条件、情况先后市办或商办,经历了矛盾和失误;大部分市政府都因财政缺乏、粪夫抗议等经受了挫折。总之,粪业改革没有实现预期的成果,但是都显示国家权力日渐深入到市民日常生活中的过程。

另一方面,从上述研究可以发现城市之间的差异:南京和上海等水运发达的城市除了粪车以外使用粪船运送粪秽,或邻近乡民收取城市的粪秽,没有像北京一样由闭塞的山东粪夫同乡集团掌握粪业;上海因为租借地区特殊性在19世纪60年代居民或租界当局已经开始试图改革粪秽处理的制度;广州的市民也没有一直支持市政府的改革,他们对政府征收马桶费等新的措置表示不满。从此比较可以发现每个城市都有建设近代卫生体系的目标,但是因为城市的传统或条件等因素,实际过程和结果存在差异。

辛圭焕教授的研究包含20世纪30年代北京市政府的粪业改革,跟杜丽红研究的时期和地点方面有共同点。但是两位学者对北京袁良市政府粪业改革的评价相异,这应该最明显表示两位老师观点的差异。首先,关于1934年袁良市政府的改革政策、粪夫界的抗议、袁良市长的下台以及其结果导致收回第一次粪业改革,杜丽红老师评价其失败的原因在于市政府的改革政策不完备,比如市政府没有充分把握粪夫社会的情况,而且财政、政治力量也未具备,也就是把袁良市政府的粪业改革以及彻底市办的计划评价为失败的政策,这种看法也在潘淑华的论文中可以发现。

但是辛圭焕教授通过细致观察袁良市政府时期粪业改革以及以后秦德纯政府和50年代为止的粪业改革的历程,再评价从前被低估的袁良时期的成果。他查考袁良政府的改革政策的态度非常积极,他们正式开始改革之前花了两年的时间做了缜密地调查和准备,所以推进政策的内容是比较合理的。辛教授认为虽然袁良的改革因为政治变动被中断了,但是其计划有可行性,得到舆论的强烈支持。以后秦德纯政府把袁良时候的准备和经验作为基础建立了基本的粪业体系,所以第一次粪业改革有重要的意义,与其说它被放弃,不如说它也在国家卫生体系的扩展和贯彻的延续线上。辛教授通过分析20世纪30年代北平市政府在建设卫生体系中下的功夫和投资,显示出北平市自主建设卫生体系的成就。

---

① 彭善民:《商办抑或市办:近代上海城市粪秽处理》,《中国社会经济史研究》2007年第3期。
② 范淑华:《民国时期广州的粪秽处理与城市生活》,《"中研院"近代史研究所集刊》第59期,2008年3月。
③ 朱月琴、马红梅:《民国南京环卫收运管理问题研究——以粪秽处理为研究对象(1927—1937)》,《江苏师范大学学报》2017年第4期。

辛教授已经在《国家城市卫生》和《20世纪30年代北平市政府的粪业官办构想与环境卫生的改革》中分析过20世纪30年代北平市的粪业改革，在《北京粪夫》中试图进一步扩展研究时段、观点、对象。他把研究时段拉长，观察20世纪前半叶整个北平粪业改革的历程，探讨国家卫生医疗体系的扩展和贯彻。该著的关注点不仅是卫生政策的变化本身，而且是政治和粪夫群体间的互动，立体地再现了北京近代卫生改革的情况。粪夫只不过是底层体力劳动者，却是维持城市卫生的不可或缺的存在。卫生和清洁是近代城市的重要条件，粪夫作为处理城市内秽物的劳动者自然跟卫生改革政策有密切的关系。其他研究也讨论过粪夫的示威，但是一般简单描写为"粪夫的抗议"或"粪夫的暴动"而已。但是辛圭焕教授把它命名为"环境暴动(Environmental Riot)"，而且关注粪夫如何介入时代的变化及其反应。同时作者分析粪夫群体的出身背景以及特色，更立体地表现出他们群体的性格，具体地考察了20世纪30年代粪夫引起环境暴动的动因。当时卫生政策和改革直接影响社会下层粪夫的日常生活，同时粪夫群体也直接或间接影响卫生政策的进行过程。这显示近代卫生政策在实行中存在着复杂多变的各种因素。

这些研究方式是从粪夫的角度来对北京近代卫生史进行微观的观察，而且试图对历史的正向发展式的说明提出疑问。辛圭焕教授不仅把历史研究对象扩展到粪夫群体，同时显示改革的过程并不是一帆风顺。中国的近代卫生制度的实行是市政府和专家共同努力的成果，也是各种民众时而遵循新的卫生规律或时而对之反抗等历史因素复合作用的结果。这些观点既立体地又深入地揭示出近代中国卫生的曲折史。

我们在该书中还是不容易发现底层粪夫自己的声音，有关粪夫的资料都来自统计或第三者的描述，这是因为当时粪夫很少留下自己的声音，作者肯定也不易写出。辛教授的看法还让读者联想到当时其他人群怎样应对卫生政策带来的变化，比如中医或产婆甚至妓女也被近代卫生政策改编，或者为受过近代教育或职业训练的群体取代，他们怎样应对时代的变化？另外，潘淑华的研究中提到，有关粪秽处理的卫生体系都是城市为主建构的，邻近农村和偏僻的乡村还是按照传统方式处理粪秽，还存在城乡之间的差异。潘淑华指出城市卫生制度和意识的改善带来城市和乡村之间社会关系及身份认同的变化，比如在广州新的如厕文化成为文明城市及文明城市人的指标。换句话说，卫生对近代城市人的身份认同也发挥了重要作用。那么随着北平城市的粪业改革或粪秽处理的改善，北平市民的卫生意识和行为发生了何种变化？我们也可以问北京的情况：北京市民有关粪秽处理或如厕的认识和行为发生了什么变化？有关粪秽处理的新规律或道德规范是否也影响北平市民的身份认同？

而且该书既是一部学术专著，又具有大众书的特色。独特的"粪夫"职业群体会吸引读者的关注，社会底层人群成为历史研究的主题，既能吸引对中国近现代卫生改革历史感兴趣的读者，也能拉近与大众读者之间的距离。

作者简介：崔芝僖，南开大学历史学院博士研究生。

《中国社会历史评论》第16—23卷目录(2015—2019)

第十六卷上(2015)

【佛教与社会】

论安史之乱和会昌灭佛对唐幽州佛教的影响
——以《大唐云居寺故寺主律大德神道碑铭并序》为中心(尤 李)
唐代福建佛教的几点观察
——刘轲《福州东山圣泉法华院记》佚文释证(陈文庆)
民国佛教的医药慈善研究(明成满)

【日常生活与社会空间】

神人共享:一个闽北村落庙宇的历史变迁及其权力意涵(李 军)
戏院还是戏园——清末民初北京传统娱乐空间的更新(张 忠)
漫步、出游与旅行:日常生活中的空间位移
——以民国时期上海知识群体为例(1927—1937)(胡悦晗)

【医疗社会史】

一产多子:社会文化与医疗视野下的多胞胎诠释(刘 佳)
清代医家对治疗决定权的争夺(张田生)

【社会变迁与政治】

清末"江宁兴学"研究(都 樾 王卫平)
拯救与抵制
——1930年代的杭州废娼与社会反应(罗衍军 刘 平)
水利纠纷有解,抑或无解?
——"水政治"视野下新丰坝水利纠纷的历史考察(欧七斤 张爱华)
小故事与大历史:费宫人故事流传演变探析(李旭东)
元朝境内的金银流通(刘明罡)

【书评】

从印度到中国,从菩萨到母亲
　　——评于君方《观音——菩萨中国化的演变》(王大伟)

"新法律史"这般发生
　　——评尤陈俊著《法律知识的文字传播——明清日用类书与社会日常生活》(赵　晶)

读陈宝良著《中国妇女通史·明代卷》(阚玮玥)

编后语

英文摘要

第十六卷下(2015)

【饮食生活与近代社会】

牛奶的近代性:以营养和卫生为中心的思考(王凤展　余新忠)

20世纪上半叶现代都市茶文化的形成(许哲娜)

【社会群体与时代变迁】

明代前中期武官"文教化"现象初探(秦　博)

近代萍乡煤炭资源开发中的官商关系(曾　伟)

民国理学家群体的政治认同及其嬗变
　　——以灵峰精舍为例(方勇骏)

【文化传播与社会】

明清时期福建四堡的宗族发展与雕版印刷业
　　——关于邹氏与马氏家族坊刻的调查与研究(项　旋)

抗战时期新闻传播的路径与传受互动
　　——以浙江省的抗日报纸为例(岳钦韬)

【地域与社会】

宋代《绍兴十八年同年小录》中出现的本贯的意义
　　——从比较史的观点来看韩国的本贯制度([韩]安光镐)

近代苏南义庄与基层社会控制(李学如)

【宗族研究】

晚宋吕氏家族初探(乔东山)

族谱撰修与宗祧承继
　　——以祁门高塘王氏为中心（刘　猛）

【研究述评】
"首届古史新锐南开论坛"会议综述（李　殷）
中国史上的日常生活与民生问题学术研讨会综述（郭瑞鹏）

【书评】
展现社会史研究的视角与方法
　　——评《宋代社会史论集》（孙　继　徐召霞）
柯律格《诸王之屏：明代的皇家艺术与权力》书评（胡箫白）
从日常生活出发：读《中国北方农村社会的民间信仰》（张纪伟）
《中国社会历史评论》第11—15卷目录
编后语
英文摘要

第十七卷上（2016）

【特稿】
《明清社会史论》译注及其后续研究：重论明代向上社会流动（徐　泓）

【宗族研究】
关于现代汉语辞典中"郡望"含义的探析（[韩]安光镐）
断裂与传续：元代徽州路仕宦家族的演变（章　毅）
卫所、藩王与明清时期的宗族建构
　　——以韶山毛氏为中心的考察（李　扬）
理学、商业与宗族
　　——祁门韩楚二溪汪氏研究（康　健）

【儿童研究】
明代社会中的神童与神童观念（刘　佳）
气枪与洋娃娃
　　——民国时期儿童玩具话语中的性别议题（张　弛）

【女性研究】

清中期女性的日常生活
——以嘉庆朝刑科题本为中心的探讨(阚玮玥)
民国时期女性美的科学建构(1920—1930)
——以"天乳运动"为中心的讨论(张　华)

【城市社会】

环境变迁与城市空间的生产:以汴京八景为中心的分析(武　强)
信任的崩溃:民国时期天津城市丧葬类合会的蜕变兴衰(冯　剑)

【其他】

"社会"一词的语义流动与新陈代谢(李　明)
公私观念下罪与非罪的界限
——以古代"杀人无罪"为例(李勤通)
卡尔·奥古斯特·魏特夫的早期中国研究(周雨霏)

【研究述评】

对近年来唐代区域史研究的概览与思考(徐　畅)
"视角转换与史实重建——第二届古史新锐南开论坛"会议综述(常博纯)

【书评】

余英时的变与不变
——再读《朱熹的历史世界》(陈　欢)
徽州民间信仰研究的一部新作
——读《明清以来徽州信仰与民众日常生活研究》(王　浩)
梁勇著《移民、国家与地方权势——以巴县为例》(郑　莉　赵　莉)
探寻"自开商埠"城市工商业组织发展的轨迹
——读马德坤《民国时期济南同业公会研究》(齐廉允)
编后语
英文摘要

第十七卷下（2016）

【生活质量】
明代社会变迁时期生活质量蠡测
——基于一种综合的考察（陈宝良）

【日常生活与社会空间】
"立塔写经"与"内外之际"：唐代妇女的佛教功德活动（李志生）
全球化视野下的礼仪、身体与日常生活
——以近代致意礼变迁为中心的考察（许哲娜）
民国时期上海知识群体的职业分层（1927—1937）（胡悦晗）

【家庭生活】
十六世纪官宦的家庭生活与地方社会
——以顾鼎臣的家书与奏疏所述为中心（冯贤亮）
家产与兄弟相处
——以杨继盛为例（范喜茹）

【医疗与社会】
制度变迁与明代官员病患叙事的演变（刘希洋）
清代山东的乡村医生
——以地方志为中心的考察（逯铭昕）
起源时间与传说流变：种痘术早期发展史二题（苗润博）

【社会经济】
清代归化城土默特地区的草厂纷争与蒙汉关系（田宓）
清代赣南农村的地权流转
——以石城县契约文书为中心（熊昌锟）
近代铁路土地的征购及其实现
——以萍乡铁路为例（曾伟）

【其他】
"社会"一词的语义流动与新陈代谢（李明）

【研究述评】

辽宋西夏金元日常生活史研究概述（王善军）

"长城抗战暨抗战胜利 70 周年"高层学术论坛述评（侯　杰　孙巍溥）

"中国史上的日常生活与物质文化"学术研讨会综述（陈思言）

【书评】

社会史视角下宋末元初儒士生活
　　——周鑫《乡国之士与天下之士：宋末元初江西抚州儒士研究》评介（洪国强）

明代女性研究的新视角
　　——评《史学与性别：〈明史·列女传〉与明代女性史之建构》（阚玮玥）

美国"新清史"的集成之作
　　——评罗威廉《中国的最后帝国：大清》（张笑川）

评方小平《赤脚医生与现代医学在中国》（许三春）

编后语

英文摘要

第十八卷（2017）

【日常生活与物质文化】

略论秦汉时期的一般庭院与房屋（刘尊志）

唐五代时期的凤冠
　　——基于物质文化史和形象史学的考察（李志生）

河北地区宋代墓葬及相关问题研究（耿　超）

【法制与社会】

元代江南地区的司法秩序与地域社会
　　——以湖田争讼案件为中心（郑　鹏）

习惯与国法的角力
　　——以龙映姜、杨翠桃争产案为例（谢开键）

【民国社会】

民国时期殡葬礼俗的奢华风尚及其成因
　　——以"大出丧"现象为中心（冯志阳）

民国定县、邹平卫生试验区比较研究(崔军锋　武小力)

【医疗卫生与社会】
新旧之辩
　　——20世纪50年代朱琏"新针灸学"的浮沉(张树剑)
以韩中日的医案分析17—18世纪时的韩国伤寒医学([韩]吴在根)
晚清中国的药物学术变迁中的日本因素(芦　笛)
渗透与同化:抗战时期日本在沦陷区的卫生防疫(石　嘉　安艺舟)

【研究述评】
新世纪的中国社会史研究(常建华)
生计、生命与生态:中国社会史研究的新进展(李平亮　晏雪平)

【书评】
赋役制度的变迁与市镇研究:《嘉定县事——14至20世纪初江南地域社会史研究》
述评(许存健)
编后语
英文摘要

第十九卷(2017)

【宗族与社会】
地方大族与王朝扩张:论汉隋间陇西辛氏之发展(牛敬飞)
金元交替华北地方家族及其在元代的发展
　　——以河南巩县张氏家族为例(于　磊)
近世山东宗族的重构与地域开发
　　——以鲁中山地乡土志为中心(周晓冀)
宗法与国法:从高谊看民国族谱编纂的现代性(朱新屋)
王朝制度、地方传统与宗族形态:闽南客家地区的"复合姓"宗族研究(朱忠飞)

【宗教与信仰】
激变中的承续:两宋间道教空间格局的变迁(谢一峰)
"生为烈妇,死为明神":博山颜文姜信仰考论(赵树国)
社会史视阈下的天津居士林(侯亚伟)

从兴唐观到玄真观:中晚唐长安一个道教师门的沉浮(管俊玮)

【其他】
休咎之征:中国古代多胞胎生育探微(王凤翔　岳云艳)
历史剖面:《中国土地法大纲》的华北乡村实践(马维强　白　卉)

【研究述评】
范式引导与记忆整合:魏晋南北朝日常生活史研究的回顾与展望(夏　炎)
20世纪以来明代卫所制度研究述评(吴才茂)
"中古社会史研究再出发——第三届古史新锐南开论坛"会议综述(李　潇)

【书评】
近代中国民族主义思潮建构下女性身体之重塑
　　——周春燕《女体与国族:强国强种与近代中国的妇女卫生(1895—1949)》介评(徐晨光)
编后语
英文摘要

第二十卷(2018)

【儿童与老年】
明代社会对老年的界定(张　雨)
印象童年:明代士人的童年记忆与书写(刘　佳)
在家中玩耍
　　——儿童娱乐、家庭教育与民国上海"儿童游戏室"话语的兴起(张　弛)

【政治与社会】
从对立到合流:汉代列侯与豪强关系刍议(秦铁柱)
"传奇"的背后:宋季忠义袁镛的历史书写及相关问题
　　——从《延祐四明志》未立袁镛传谈起(熊燕军)
汉北岩疆:宁陕镇与清代秦岭治理(赵永翔)

【日常生活与物质文化】
环境史视野下的唐代岭南饮食生活研究(夏方胜)
重识茶叶:以民国报刊茶叶广告为中心的解读(朱慧颖　姚晓燕)

别有奇芬日采撷:抗战初期的中学教员日常生活
　　——从社会生活史角度对詹安泰的考察(陈嘉顺)

【医疗社会文化】
走马楼吴简疾病词语"刑"拾遗(陈荣杰　王亚利)
汉唐医方中的生育技术与性别权力(王　晶)
从寄生草到寄生虫
　　——"寄生"概念的知识考古(肖中显)

【研究述评】
先秦日常生活史研究的回顾与展望(朱彦民)
隋唐五代日常生活史研究的回顾与思考(王力平)

【书评】
文武之道:读《刻画战勋:清朝帝国武功的文化建构》(郭瑞鹏)
历史社会学的新思考:《通向集体之路》何以可能？(李　甜)
刘超《历史书写与认同建构:清末民国时期中国历史教科书研究》评述(陈非儿)
编后语
英文摘要

第二十一卷(2018)

【信仰与社会】
从"东夷首领"到"一方正神":逢伯陵信仰演变考论(赵树国)
争衡圣域:两宋间杭州宗教空间的变迁与重构(谢一峰)
山岳效灵:明代齐云山与休宁地方社会关系研究(王　浩)

【石刻文献与社会】
　唐永淳元年关辅灾荒的社会史考察
　　——基于出土石刻文献的新证(徐　畅)
北魏刘晦墓志考释(刘　昕)
北京明代公主墓志初步研究(周　莎)

【宗族与社会】

明初"江西填湖广"移民现象的历史解读
　　——以湘中地区为中心的分析(李　扬)
清至民国河南西平的宗族建设
　　——以西平县权寨镇陈氏为中心(朱绍祖)
试述北方宗族祠堂的演变
　　——以豫北地区为中心(申红星)

【古史新论】

"孔子衣镜"不能作为刘贺的翻案依据
　　——基于汉代"孔子画像"的考察(何　丹)
先秦忌日礼俗考述(邓国军)
明中叶毁"淫祠"行动中的思想因素
　　——以魏校欲罢祀陈献章于乡贤祠为例(庄兴亮　黄　涛)

【近世变迁】

《蚕坡章程碑》考论：地方社会、国际市场与产业变迁(武　强)
晚清教育改革与乡村塾师的个人际遇
　　——以徽州府祁门县胡廷卿为例(董乾坤)
粗鄙之语
　　——民国时期作为叙事辅助的粤语脏话"丢那妈"(林旭鸣)
小历史与大历史勾连
　　——"生活与制度：中国社会史新探索"国际学术研讨会综述(王嘉乐)

【书评】

宣卷研究的新史料和新视野
　　——《中国农村の民间艺能》述评(朱小屏　张笑川)
浅谈《凤阳花鼓全书》的学术研究方法(张英聘)
思想史与社会史结合的佳作
　　——读《新天下之化：明初礼俗改革研究》(朱亦灵)
跳出范式的窠臼
　　——读《地方性流动及其超越：晚清义赈与近代中国的新陈代谢》(王　倩)
编后语
英文摘要

第二十二卷(2019)

【礼仪习俗与生活】
汉代墓地石刻与相关问题(刘尊志)
P.3644 店铺俫客叫卖词与唐五代宋初敦煌日常饮食生活(周尚兵)
唐宋文人寺院读书的习尚演进(左福生)
元代《增修教苑清规》中所见的教寺制度与生活方式(王大伟)

【图像与社会】
"旱魃"形象考辨(尹 承)
图像中的历史:民乐水陆画所见明清社会生活
　　——以"堕胎落孕"、"客死他乡"为中心(杨冰华)

【清代社会新探】
兵民之间:清代逃兵的生活众像(郭瑞鹏)
税收、生计、动荡:清季杂税频繁苛与民变频发
　　——兼论区域性抗争与整体性瓦解(王 燕)

【近代城市社会】
19世纪末20世纪初国际新闻报道与德国统治报告中的胶澳港市形象(韩威、马斗成)
代际的延续与断裂:近代天津典当业里的山西人(冯 剑)

【民国社会】
规训与愉悦:民国时期学校体育教学及学生生活的历史考察
　　——以天津为例(1927—1937)(汤 锐)
京沪沪杭甬客车与长三角地区民众日常生活(1927—1937)(谭 刚)
民国知识分子对西医的批判与反思
　　——从梁启超割肾事件谈起(王雨濛)

【学术探讨】
当代口述历史调查与社会性别研究中的几个问题(侯 杰 梁淑荣)
聆听来自民间的声音
　　——农民侯永禄所著日记、家书等出版的意义和价值(张学见)

小议 20 世纪泰山的百年历程
　　——兼评《20 世纪的泰山图片展》(任继新)
"第二届南开中古社会史工作坊:中古中国的知识与社会"会议综述(张　弛)

【书评】
让儿童从幕后走向台前
　　——评王子今著《秦汉儿童的世界》(刘　佳)
中国慈善史研究的新进展
　　——王卫平《清代江南地区慈善事业系谱研究》评价(黄鸿山)
杜家骥主编《清代社会基层关系研究》评介(李尔岑)
文化阅读与政治接受的"鸿沟"
　　——张仲民著《种瓜得豆——清末民初的阅读文化与接受政治》(邓倩倩　刁培俊)
社会文化史视野下的医患关系史研究
　　——马金生著《发现医病纠纷:民国医讼凸显的社会文化史研究》评介(赵士第)
编后语
英文摘要

第二十三卷(2019)

【制度与实践】
五德服色符号与改易服色制度的日常实践(许哲娜)
西汉丞相封侯考(师彬彬)
送死:清儒许楣的生平与丧葬活动(张传勇)

【物质文化与日常生活】
汉代画像中的夫妻生活图象(闫爱民　臧莎莎)
明代官员乘轿风尚论析(龚世豪)
清前中期玻璃制品在日常生活中的使用与消费
　　——基于同期文学作品的考察(李　坤)
从日常到非常:民间武器视角下的洪兵起义(林旭鸣)

【宗族问题】
北齐政权下房姓士族的命运沉浮(王春红　卢向前)

明初士人的修谱睦族热潮再探
——基于黄灵庚新编《宋濂全集》的讨论(曾龙生)
清代东北满洲共同体的构成初探([韩]金晙永)

【地域社会】
关于隋唐并州妒女崇拜现象的探讨(王力平)
区域社会视域下的宋代"童子举"
——以饶州为例(邹锦良)
明中后期赣南城乡基层治理的空间差异(吴启琳)
晚清民国萍乡煤矿产业契约与矿山产权交易(曾 伟)

【学术探讨】
唐张忠义墓志考释(刘 昕)
万里茶道上的中小晋商家族管窥
——以寿阳胡氏为中心(徐俊嵩 郝晓丽)
"考古学视角下的秦汉家庭与日常生活"会议综述(刘尊志 谢佳芮)

【书 评】
"中国传统法医学"近代化的复杂图景
——Daniel Asen《Death in Beijing——Murder and Forensic Science in Republican China》评介(杨晓越)
天高皇帝未必远
——读《皇权不下县?清代县辖政区与基层社会治理》(金 晶 刁培俊)
民国城市知识群体的生活场域与阶层建构
——读《生活的逻辑:城市日常世界中的民国知识人(1927—1937)》(范玉亮)
殖民主义笼罩下的近代东亚体育
——评《帝国日本与体育》(张 雯)
编后语
英文摘要

编后语

本卷刊发四组专题论文、一组学术述评、一组书评,共计21篇文章,附有本刊第15—22卷目录。

唐宋社会的多样性一组论文3篇。徐畅以樵采渔猎生计为中心,考察了唐代京畿地区民众生计的多样化。常志浩、李玉君从地域集团的视角考察了唐太宗东征与贞观末年政局。谢一峰借鉴"常态""变态"与"回归"的概念,论述了两宋常规祭祀体系中道教因素的变迁。

物质文化与生活俗尚一组4篇论文。王春花从礼仪与身体视角,考察了古代的帨巾的角色和功能。常乐利用考古资料,考察了山东地区的汉代家具。常莹利用大量碑刻墓志资料,探讨了元代的归葬习俗。吕天石、肖红松从日常生活的视角,考察了民国男子服饰变迁。

医疗社会史一组论文4篇。刘希洋从移风易俗的角度考察了医学方书与宋至清初的禁巫兴医活动,朱亦灵以医病关系为中心探讨了晚明"红丸案",赵璟、张树剑认为近代针灸教育模式及知识形态均发生了很大的转变。皮国立通过考察1931—1937年间中医救护队与西医知识的传输,有助于深化对于中国近代医疗史的认识。

文献与社会一组3篇论文。张会会探讨了明代江浙地区私修乡贤传的特征、书写传承及人物收录原则。杨莲霞探讨了清末官报副产品的内容来源及传播。杜靖讨论了两个问题:修谱时是以村落为单位还是以世系为单位进行信息采录,信息采录完毕后又是怎样合在一起而进行族谱撰修与编纂。

学术评述两篇学术综述。常建华介绍了1949年以后七十年来的中国社会结构史研究概况,楼一格以浙东地区为中心,总结了近三十年来宋元时期的家族与地域社会的研究综述。

书评有5篇。反映了文博考古界社会经济史、生态环境史、日常生活史等领域的研究成果。

Summary of Articles

Diversification of the Peasants' Livelihoods in Jingji of the Tang Dynasty——Investigation on Wood Chopping, Fishing and Hunting for a Living

Xu Chang

(School of History, Beijing Normal University)

Abstract: The Chang'an metropolitan area(Jingji) located in the traditional agricultural area of Guanzhong plain. As a densely-populated and resource-demanded region, people living here should carry out diversified management to meet the needs of their lives.

Previous scholars paid more attention to handicraft and commerce as means of livelihood, or the bureaucratic profession. Actually, the peasants will first carry out diversified operations within the agricultural sector. This article will discuss the peasants' livelihoods in Jingji of the Tang Dynasty, and pay special attention to their means of making a living by woodcutting, fishing and hunting, based on historical materials, literary works and archaeological achievements about Chang'an in medieval China.

Key Words: the Tang Dynasty; the Chang'an Metropolitan Area(Jingji); Diversification of the Peasants' livelihoods

Tang Taizong Attacks Gaoli and the Political Situation of the Last Year of Zhenguan under the Visual Threshold of the Geographical Group

Chang Zhihao; Li Yujun

(School of History, Culture and Tourism, Liaoning Normal University)

Abstract: From Tschen Yinkoh regional group theory that it can be speculated that Tang Taizong determined to attack Gaoli and Zhenguan 17 years Jin Wang had to be a prince. Guanlong Group recommended Li Zhi as a reservoir to raise Taizong's concerns, Taizong therefore considered fostering Shandong Haojie as Li Zhi to get rid of the control of the Guanlong

Group,balance the political situation measures,and build a political structure in favor of Li Zhi. In the case of solid territory,only Liaodong can attack,attacking Gaoli becomes Taizong to manipulate the balance of power of the two groups of breakthrough. In order to achieve this political goal,whether in the selection of handsome,or in the choice of combat strategy,Taizong was trying to suppress the Guanlong Group,to support Shandong Haojie. Such arrangements had resulted in the mutual restraint and even the defeat of the war between the factions within the army,but also to the failure of the vision of rebuilding the political landscape.

Key Words:The War between Tang Dynasty and Gaoli;Zhenguan Political Situation;the Geographical Group

Normality,Abnormality and Recurrence:the Transition of Daoist Elements in the National Ritual System of Song Dynasty

Xie Yifeng
(Yuelu Academy,Hunan University)

Abstract:Daoism,as a critical official religion,deeply involved in the regularly national ritual system in Song Dynasty(960-1276). Zhenzong(968-1022,r. 997-1022),the third emperor of Northern Song(960-1127),created a series of rituals including Daoist elements and established the standard mode of Daoism to participate in the national ritual system,to append and integrate Daoist rituals into the originally traditional system of Confucian centralism. However,Huizong (1082-1135,r. 1100-1126),the eighth emperor of Northern Song,basically inherited the "Zhenzong Mode" in his early reign,but generally broke it and tried to establish a new mode of Daoism-centrism,especially focusing on the Shenxiao School,the "Huizong Mode",to replace the former mode of Daoism to participate in national ritual system in his late reign. Unfortunately,with his failure and the collapse of Northern Song in 1127,Gaozong(1107-1187, r. 1127-1162),the first emperor of Southern Song(1127-1276),had to address the legitimacy crisis of himself and his court. In the process to rebuild and strengthen his absolute authority, the religious holiness and the continuity of sacred lineage was considerably necessary. For this reason,he had to accept the "Zhenzong Mode",to continually highlight the importance of Daoist elements in the national ritual system;but drastically abandoned the radical reforms on this issue in the political context at that time. To sum up,if the mode of Daoist elements to participate into the national ritual system can be identified as normality;the series of radical reforms in the Huizong Reign,especially his late reign,should be understood as abnormality in the circumstance of religious fanaticism. Until the early period of Southern Dong,the basic mode of Daoism to participate into the national ritual system returned to normalcy after a series of corrections,to reveal its forceful continuity.

Key Words:National Ritual System;Daoism;Zhenzong;Huizong;Gaozong

In the Perspective of Etiquette and Body Observe Shawl and Towel

Wang Chunhua

(Heze University)

Abstract: Shawl and towel has been used from Xia, Shang and Zhou Dynasties. With the development of society and people's material needs, it has slowly evolved into hand towels, handkerchief, sweat towels, and baggage. Under the guidance of the thought of Trickle and Cleansing, the towel plays the role of 'Cleansing is the greatest respect'. Complementarily, in the royal and scholars' etiquette, the towel retains its original name, which is one of the retro expressions of etiquette. The upper etiquette and society of the traditional society represents a highly clean and elegant culture. It is a symbol of status and conduct, and it is also a manifestation of the order of superiority and inferiority. Whether in the upper aristocracy etiquette, or folk customs, the towel is indispensable. In civil society, which is also polite and vulgar, the towel's role is more return to the clean standard than in the upper class. Regardless of men and women, high and low, it is necessary to have a towel with us. The towel is blind to our skin and has our body fluids. We use the towel as a part of the body. The towel with a clean function plays a role in body-cleanliness and objects-cleanliness in daily life. It was originally a scarf worn by men and women, but due to the establishment of the image of the female master, the towel became synonymous with the image of the female host. Handkerchief and other things have also became exclusive to women. From cleanliness to self-purification, and the body to gender, and the appearance of etiquette to the symbol of female stigmatization, the towel was been genderfirstly and then stigmatized, a major transformation has been accomplished with women. In the traditional society, the body and emotions are hidden, but our emotions still need to be expressed. Therefore, the towel carry the desire and sustenance of the emotions of men and women. It is an externalization of the body and mind.

Key words: Shawl and Towel; Etiquette; Body; Sexuality

Archaeological Observation on Furniture of Han Dynasty in Shandong

Chang Le

(Faculty of History, Nankai University)

Abstract: Han Dynasty is a significant period for the development and prosperity of low-rise furniture in ancient China. Judging from the furniture images on archaeological objects, stone reliefs, silk paintings and other materials, furniture of Han Dynasty in Shandong can be divided into five categories: sitting and lying, placing articles, storage, bracket and shielding.

The categories are diverse and the application range is especially wide. The prototype of furniture combination suitable for "sitting on the floor" living style has been initially formed. It is a typical representative of furniture in northern areas. The furniture style of the early and middle Western Han Dynasty in Shandong region was obviously influenced by the style of Chu culture in the south, and there may be some communication and interaction between Shandong region and the Central Plains region in the form and meaning of furniture in the Han Dynasty. In addition, in Shandong, courtesy and the life trend are important characteristics of furniture development in the Han Dynasty.

Key Words: Shandong Region; Han Dynasty; Furniture

Research on the Custom of Gui Zang in Yuan Dynasty

Chang Ying

(Faculty of History, Nankai University)

Abstract: The Chinese lay great emphasis on funeral rite. They believed that death and live are equally important. In the conception of ancient people, a natural death and a right death place would be satisfied. Unfortunately, a large number of people passed away in a strange land. For this group, carried the corpses to their hometowns, and buried them in family graves might be a remedial measure. The Yuan Empire is an unitary state with vast territory and multi-nations. On the basis of inheriting previous regimes, the custom of Gui Zang in Yuan Dynasty appeared some new changes, which was mainly embodied in raceand geographical spatial scope. Thus far, the subject is rarely studied. As one of the burial conventions in ancient China, Gui Zang reflected people's notion of death, attention to their birthplaces and ancestral tombs, and the social image of that time. This paper attempts to discuss several related issues by combining epitaph resources with hand-down literature.

Keywords: Epitaphs; Buried in Hometown; Interfering Factors; Financial Resources; Specific Characteristics in Yuan Dynasty

An Investigation on the Changes of Men's Clothing in the Republic of China from the Perspective of People's Daily Life

Lv Tianshi; Xiao Hongsong

(History Institute, Hebei University)

Abstract: Clothing is the necessity of people's daily life, as well as the weathervane of social customs. Clothing change during the Republic of China(1912—1949) were mainly reflected in the changes of hairstyle, size of feet and clothing. The change of Men's clothing is not so dramatic as the women's, and it took place quietly. For instance, Men's braids-cutting, haircuts and putting on western-style leather shoes. The reasons behind a series of hair and shoes' changes is government mandate and the aesthetic standard's change of people. In addition to suits and Chinese tunic suit, the mix and match of long shirts with trousers, leather shoes and top hats has also become the dressing habit of men in the Republic of China. At the same time, the people in the bottom of urban society and rural people wear "shabby"clothing, but there are also some "decent"psychology and a certain degree of change. It can be said that the gap between the rich and the poor and the antagonism between rural and urban areas make clothing remain the role in identifying the social class. Daily life services as not only an important content of historical research, but also a perspective or method of studying history. From the perspective of people's experiences and feelings in daily life, we can have a better understanding of the patterns and characteristics of the time interwoven with social tradition and modernity in the period of the Republic of China.

Keywords: Men's clothing; Personal Experience; Feelings; People's Daily Life; Republic of China

Altering Social Customs and Habits: Medical Formulary and Social Activities of Banning Wizards and Developing Medicine from Song Dynasty to the Early Qing Dynasty

Liu Xiyang

(School of Marxism, Ocean University of China)

Abstract: The state launched a movement that changing the situation that wizards played a dominant role in medical affairs of the public by spreading standard medical knowledge to ban wizards and develop medicine for the purpose of constructing a unified cultural system during the Song Dynasty, in which the main method were compiling, printing and spread medical formularies. In the process, many emperors and scholar-officials usually added some political or civilized words to the title of the books and engraved them in stone or stone tablet, and then displayed them in public. These actions blended medical knowledge and power together and made medical formularies that were used to treat disease become no longer value-neutral texts, which means that when the governments popularized medical knowledge backed by political power, the books symbolized country's ruling authority, so that the governments can realize the goal of altering social customs and habits. However, Under the influence of wide spread of a large number of medical books and popularity and commercialization of medical formulary in the late Ming Dynasty and Qing Dynasty, Such activities gradually disappeared from public view.

Keywords: Medical Formulary; Social Edification; Text; Spread of Medical Knowledge; Power

A Research on The Red Pill Case in the Late Ming Dynasty in the View of Medical History——Focus on Physician-patient Relationship

Zhu Yiling

(Center for Chinese Social History Studies, Nankai University)

Abstract: The Red Pill Case which occurred in the late Ming Dynastyhad long been seen as a suspicious palace intrigue. However, we could also acquire plenty of social and cultural information in the perspective of physician-patient relationship. There were three types of physicians in this case, including royal physicians from imperial academy of medicine, eunuchs from the imperial pharmacy, and courtiers from imperial government. Their interactions with T'ai-ch'ang emperor reflected the court as a medical space was a place where many factions competed each other for power. In this place, the power relationship was considerably complicate, entangled and everlastingly changing. The prescribing forT'ai-ch'ang emperorfrom CuiWensheng and Li Kezhuo respectively represented the strengthened medical power of eunuch since middle Ming Dynasty and the positive attitude of the courtier to interfere the emperor's healing process. The supreme power of the emperor in politics also made physician-patient relationship in which the emperor played the role of patient became extremely unequal. This circumstance led T'ai-ch'ang emperornearly arbitrarily intervened his healing process. However, he was still restricted by the alteration of power relationship in the court medical space, which finally influenced his healing effect. There were several emperors died of prescribing "mistakes" in Ming Dynasty. Perhaps we could reanalyze all of these medical accidents through this conclusion.

Keywords: The Red Pill Case; the Late Ming Dynasty; Physician-patient Relationship; Eunuch

Institutionalization of Education and Knowledge: Modern Transformation of Traditional Acupuncture

Zhao Jing; Zhang Shujian

(School of Marxism, Shanghai Jiao Tong University; The Chinese Medicine Literature and Culture Institute, Shandong University of TCM)

Abstract: The Modern Times is a crucial moment for traditional acupuncture, in which education style and knowledge of acupuncture had both changed significantly. The transformation of acupuncture education that time from apprenticeship to school systemshould be motivated by transplantation of western medical education system and striving for legitimate right forsystematic TCM education. Institutionalization of education was followed by knowledge institutionalization. Unificationof textbooks on acupuncture played the important role in the institutionalization process. Partly sublated traditional knowledge and integrated western medical knowledge, such as anatomy, physiology, were combined into a new acupuncture knowledge system. The construction and development of academic organizations of acupuncture reinforced the systemization of acupuncture knowledge. The modern transformation of traditional acupuncture had a far and deep impact on acupuncture, even to now.

Key words: Transformation of Traditional Acupuncture; Institutionalization of Education; Institutionalization of Knowledge

New Perspectives on Chinese Modern Medical History: Traditional Chinese Medical Rescue Team and Transfer of Western Medical Knowledge(1931—1937)

Pi Guoli

(Center for General Education, Chung Yuan Christian University)

Abstract: The existing academic studies on the medical history concerning the modern transformation of modern Chinese medicine mostly focus on epidemic prevention, development of health systems, and the contract and comparison of diseases, drugs and technologies. In addition, during the period of the Republic of China, Chinese medicine was rarely discussed, and neither did it have to bear any significant national and social responsibilities. In the past, historical scholars seldom paid attention to this issue. The crisis of the Sino-Japanese created another development space and possibility for TCM. It is an indisputable fact that modern Chinese medicine fell behind in the development of surgical technology and physiology knowledge. However, the "war" caused the Chinese medicine community to think about the connection between traditional knowledge and the survival of the country, as well as the treatment of injuries. The birth of the modern Chinese medical rescue team created the possibility for traditional Chinese medicine to participate in military and political affairs. In the process, Chinese medicine practitioners learned fields that they had never touched in the past, including military, ambulance, trauma, bandages, anti-virus and other related knowledge, as well as reflected on related surgeries, first aid, medicines, and other related therapies in ancient medicine, in order to play a practical role in the war. In addition to enriching the research of Chinese medical history itself, this study can supplement the overall connotation of the current Sino-Japanese war history as a pioneering study for political and military history.

Key Words: Military Medicine; Surgery; Sino-Japanese War; Traditional Chinese Medicine; Medical Rescue Team; Emergency Medicine

"Man is the Spirit of the Earth and Man is the Manifestation of the Earth"—Exploring the Biography of the Sages of the Private Hometown of Jiangsu and Zhejiang in the Ming Dynasty

Zhang Huihui

(School of History, Culture and Tourism, Liaoning Normal University)

Abstract: Jiangsu and Zhejiang in the Ming Dynasty were the main areas for private biography of country sages. They had abundant and had the literature writing characteristics of local, centralized, typified and private. The private biography of country sages has strong coherence and continuity in writing. "Inheritance of Teachers and Students" and "Family Inheritance" are its two main forms of inheritance. In the selection of imported characters, they adhere to the three principles of "non-villagers do not record", "discretion and balance" and "respecting the virtuous". The main descriptive groups are those who have become officials and villagers, village magistrates, local officials and residences. They have strong ability of collecting and writing data, geographical advantages of "local language" and wide cultural influence. Subjective "speech" and "venting for the countryside", together with the difficult political situation, prompted them to return to the countryside to write about the sages and accomplish the emotional return of "the world", "temples" to "the countryside" in their writing.

Key Words: the Ming Dynasty; Jiangsu and Zhejiang; Private Compiling the Biography of the Sages

Presentation, Interaction and Public Opinion—By-products and Literature Dissemination of *Beiyang Official Newspaper*

Yang Lianxia

(School of Marxism, Tianjin University of Technology)

Abstract: As the most representative local government official newspaper in the late Qing Dynasty, Beiyang Official Newspaper not only publishes its main publication, according to a certain period of time, combined with the development of political situation in the period of social transformation, but also publishes Beiyang Journal, Beiyang Journal of Law and Politics, Beiyang Decade of Political Science, Beiyang Mandarin Dialect, Beiyang Law and Politics Dialect, etc. These publications and Beiyang Official Newspaper both play the role of information source or document transmission. Their publication status and the role they play in newspaper reading and propaganda are another level of document dissemination. Those by-products have played a role in promoting the dissemination of literature, intellectual transmission, public enlightenment, resource integration, information interaction, public opinion guidance and so on. To some extent, they have bonded the cultural media with the grass-roots people, and played a role of mobilization and social enlightenment in the communication between China and the West.

Key Words: The by-products of *Beiyang official newspaper*; Literature Dissemination; Public Opinion Guidance; Social Enlightenment

The Value of Descent Factors and Geopolitical Factors in the Making of Genealogy: The Case of Lin Yi Du People, Shandong Province

Du Jing

(The Research Center of Chinese Legal Anthropology, Tsingtao University)

Abstract: The study of genealogy should change from the static reading analysis to the dynamic process of genealogy inspection, Focusing on the writing and production of genealogy. The act of writing and producing of a genealogy is itself a text. Descent and geography are two important analytical dimensions in previous Chinese lineage studies. However, it has not been observed in detail that these two factors play a role in the process of spectral modification. This case study shows that the first step of making genealogy is to send the information collector into the lineage village, namely, taking village as an unit of interviews and registration, not descent units. The second step is to reach the inner part of a lineage village, and then work according to the house branch or the branching descent group. Finally, the collected information is combined into a branch or lineage tree by the Lineage principle. The making of genealogy is such a process.

Keywords: Geopolitical Factors; Descent factors; Genealogy Written or Making

A Study of the History of Chinese Social Structure in the Past 70 Years

Chang Jianhua

(Center for Chinese Social History Studies, Nankai University)

Abstract: The study of the history of Chinese social structure can be roughly divided into the practical stage of trying class theory in the first 30 years and the time period of multiple horizons in the context of reform and opening up in the following 40 years. According to the content of the study, it can be divided into three types: class structure, hierarchical structure, and social structure. In addition to the generation and long-term focusing on time factors and changes, the study of the history of social structure also has a tradition of regionalism. With the influence of the social anthropological research on the social network theory method, the prosperity of regional history research, the involvement of new cultural history, and the development of daily life history, the research on regional social network and structure and dynamic grasp have emerged.

Key words: Class Structure; Hierarchical Structure; Multiple Vision; Social patterns; Social History

A Summary of the Research on the Lineage and Regional Society between Song and Yuan Dynasties in the Past 30 Years——Centre on the Eastern Part of Zhejiang

Lou Yige

(Faculty of History, Nankai University)

Abstract: No matter from the perspective of social history or political history, lineage research is very important. The development of lineage varies from time to time with the passage of time, besides, the types of lineages are also different, and it is considered to be a major turning point in the development of Chinese lineages during the Tang and Song dynasties. Therefore, the study of the lineage history of the Song Dynasty has been valued by scholars for a long time. The contribution of Taiwan scholars is particularly outstanding. They deeply discussed the relationship among the lineage, the civil service examinations and scholar-bureaucrats, and also expounded the role of the lineage in the local society, and the means to keep the lineage strong. In recent years, the study of lineage in the Yuan Dynasty has also achieved fruitful results. Although great progress has been made in the past three decades, the problem of stereotype is becoming more and more serious. In view of this dilemma, this article intends to sort out the research status of related issues in the past three decades, and make a brief review of the research and development of lineage study in order to clarify the achievements of researchers in the past three decades, and explore the shortcomings.

Key Words: Song and Yuan Dynasties; the Lineage; the Regional Society; the Eastern Zhejiang